中國古代哲學史

复旦大学哲学系中国哲学教研室　编著

下

上海古籍出版社

第五编　唐至南宋时期哲学

绪　　论

一、唐宋之际社会背景概说

在中国历史的演进过程中,唐宋两朝是一个承上启下的重要历史阶段,许多重大的历史变化——包括政治、经济、社会、思想文化等方面——都在这一时期涌现并完成,由此直接影响到宋代以后的整个中国历史的发展。这一时期所表现出来的种种历史转折,主要表现在如下方面:

政治上,主要表现为中央集权日趋强化、君主专制膨胀。中国古代实行君主专制的中央集权政体,它包括了君主专制和中央集权两层含义:前者指皇帝一人独裁;后者指由中央政府直接控制地方的行政、财政、司法、军事诸权力。这一政体萌发于战国,至秦朝正式建立,但它的完善和强化却经历了漫长的过程。至少在唐代之前,皇权独尊、中央至上的地位并未完全确立。唐宋之际是中国古代君主专制中央集权制演变的分界线,在此之前,其特征为权力由地方向中央集中;在此之后,其特征为中央与地方各级政府的权力向皇帝个人集中。宋以后则正式确立了君主独裁的专制体制,皇帝权力日益膨胀,至明清达到极点。

经济上,主要表现为贵族庄园经济没落,平民地主经济逐渐成为主流。唐宋之际,均田制已被破坏,土地国有制进一步被削弱。宋代"不抑兼并"、"不立田制"政策的推行,使得地主土地私有制发展起来,土地买卖频繁,土地转移过程加速,土地商品化程度提高,由此产生并加速了官田的私田化。在土地所有制形式改变的条件下,租佃制取代了荫户制,地租的形式也从分成制改变为按产量来固定租额的定额制,农民用自己的工具租种地主所有的土地,与此相应,农民对国家和地主的人身依附关系也就逐渐减弱,为他们中的一部分人进入手工业者的行列提供了条件,加上国家对轻商、抑商政策的修正,独立工商业者社会地位的改善,又促进了手工业和商业的发展。

社会结构上,主要表现为:其一,统治阶层由贵族门阀向平民化转变。魏晋南北朝以来,统治阶层内部士庶地位悬殊,界限森严,彼此隔绝,隋唐遗风犹存。但到宋代,随政治、经济制度的改变,士庶的界限被打破。科举取士制度使官僚构成平民化,地主经济打破庄园家族宗法纽带,"取士不问家世"、"婚姻不问阀阅";社会上层升降频繁、沉浮不定,使他们与皇权的关系密切,其命运与王朝的兴衰息息相关,进而对国家政治关心的程度大大提高。其二,随着土地所有制、租佃制形式的改变,作为社会主体的农民阶级,其结构也发生了重大变化,其趋势是自耕农不断减少而佃农大量增加。

思想文化上,更是发生了琳琅满目的变化,从人们的道德观念、价值取向到日常生活的风俗礼仪,都有深刻的变化。中唐以后的文化转型,与前述社会政治、经济变迁是相表里的。就总的趋势而言,文化转向是向平民化、理性化方向靠拢,当然这仅是相对先秦与汉魏文化而言的,如儒学的理学化、佛教的禅宗化、道教的内丹化、文学的散文化、知识的普及化、礼仪的通俗化,等等。晚清思想家严复曾说:"古人好读'前四史',亦以其文字耳。若研究人心政俗,则赵宋一代,最宜究心。中国所以成为今日现象者,为善为恶,姑不具论,而为宋人所造就,什九可断言也。"(《学衡》第13期)严复此言很有见地,指明了唐宋之际在思想文化上具有承上启下的特殊历史地位。

由于唐宋之际在许多重要领域发生了重大历史变化,因而海外的一些中国学家提出了"唐宋变革"说或"宋以后近世"说。① 按其观点,唐宋之际的中国已进入了"近世化"或"亚近代"、"前近代"的历史时期。此说当然未

---

① 日本学者内藤湖南(1866—1934)首倡此说,他在《中国近世史》中从政治、经济、文化等角度,对唐宋社会转型即"中世转向近世"作了较详尽的论证。这一观点不仅在日本学界获得广泛认同,且在欧美史学界至今仍有相当影响,有"内藤假说"(Naito Hypothesis)之称。详见《内藤湖南全集》卷十《中国近世史》,(东京)筑摩书房,1969年。中文译本见《中国史通论——内藤湖南博士中国史学著作选译》,社会科学文献出版社,2004年。

必准确,按通常理解,近代社会的基础是工业文明以及近代科学,而这个基础在唐宋之际并不存在。但从思想文化史的角度看,唐宋以后的思想文化之精神特质在不少方面确与欧洲的文艺复兴和宗教改革有某些类似的特点,可认为是摆脱了类似西方中世纪精神的一种进步。因此,"近世化"或"前近代"之说也能为我们重新了解和评估唐宋之际及此后的文化特征、时代精神提供一种可资参照的分析坐标。

二、儒佛道三家的冲突与整合

随着两汉以降整个思想格局的变化、新思潮的崛起和外来文化的撞击,儒家思想遭到了前所未有的挑战。

冲击首先来自魏晋时期的玄学思潮。玄学以"祖述老庄"立论,在哲学上出现了"以无为本"的本体论。儒家的"礼法"、"名教"等问题虽也是玄学讨论的内容之一,儒家经典(如《论语》等)虽也是玄学家所关注的对象之一,但其时代思潮的主流却是道家的,其思想资源也主要是《老》、《庄》、《易》,时称"三玄"。虽然玄学没有成为官学,但一度也蔚为时尚、风靡一时,吸引着对经典注疏及乱世变幻已生厌倦的知识群体。

接踵而来的是来自佛教的挑战。从汉末至南北朝期间,佛教作为外来的异质文化得到了广泛传播和迅速发展。佛教以其思辨的繁复巧密,很快从依附于玄学变为取代玄学而征服中国的知识界。此外,"信仰佛教"的实践如造像建寺、礼拜祭祀等,及适应民间的"因果报应"、"六道轮回"等教义,对中国老百姓的观念也产生了巨大影响。佛教的影响由小变大、其势力由弱转强,它与中国固有文化传统的矛盾不可避免地凸显出来,矛盾有政治的、经济的,但最突出的是思想文化的。整个东晋南北朝时期,双方的冲突十分激烈。

除了玄学、佛教外,中国本土的宗教——道教,也登上了历史舞台。但道教与儒学有共同的社会背景和文化上的亲和性,所以与儒学的直接冲突并不多。反之,当佛教与中国文化传统发生矛盾时,道儒两家往往结成同盟,共同反对外来的佛教。但不管怎样,道教的出现也是对儒学的游离,它的基本思想和价值取向与儒学的差别很大。

历史演进到隋唐,政治上固然实现了一统,但思想文化领域却远未统一,可谓三教并行、一尊未定。就儒学言,主要是经学的统一。唐太宗命颜师古统一文字,孔颖达等统一义疏。于是有《五经定本》和《五经正义》的问世,它们成为科举考试的标准。就佛教言,隋唐是其昌盛期,标志就是中国佛教宗派的形成和佛教中国化的完成。道教在政治上获得李唐皇室的支持,道家经典被列入科举考试的科目,道教的理论也有新的发展。此外,隋唐的科举政策重"取士"而轻"明经",这也是儒学不受读书人重视的原因之一。

然而,儒学所以能在汉代取得统治地位,是因为其与中国古代的社会经济、宗法制度及大一统政治格局的确立密切相关。儒学有其他思想所无法替代的社会功能,即能有效地维护社会统治秩序,提供必不可少的价值观念——"纲常名教"。儒学的这种社会功能,是之前的法家和黄老道家所无法替代的,同样也是佛教和道教所无法替代的。两汉以后,儒学地位虽每况愈下,但作为传统文化的主要支柱,在确立王道政治和宗法制度等方面,其理论作用并未丧失,尤其是在伦理道德的领域内,其权威也没有发生根本的动摇,"三纲五常"依然是包括割据政权在内的每一个朝代所依赖的指导思想。可以说,儒学能够成为中国古代占统治地位的思想学说,这是时代的选择,同时,儒学固有的人文关怀、伦理指向、理性精神等思想因素也为这一选择起到了决定性作用。但儒学的振兴,须克服来自佛道方面的思想冲击,其中主要是来自佛教。在此过程中,仅仅倚靠旧有的形态——以"天人感应"为理论模式,以章句注疏、名物训诂为表现形式的汉唐经学,则难以承担重振儒学的重任。儒学首先必须经历自身的改造更新,才能最终战胜它们。

儒学的改造更新是一场具有划时代意义的思想运动,这场运动的目标是,通过对佛道宗教文化的深入批判,重新确立人文信仰和道德价值,最终恢复儒学的思想统治地位。而要达到这一目标,一方面必须调整儒学的内部结构,对汉唐儒学的思想内容作出必要的扬弃;另一方面也需要对佛道学说中有关宇宙论、心性论的内容,经批判改造后整合到儒学中来。具体而言,儒学需要建构起一套心性哲学、理气哲学,以便为伦理说教奠定宇宙论及本体论之基础;并对佛道两家所提出的各种"形而上"的宗教哲学问题作出必要的回应和相应的解释;进而确立以实现"成圣成贤"、"修己安人"为理想追求的一套儒家的哲学伦理学说。

总之,儒学的复兴是历史赋予唐宋间思想家的时代课题。

三、思想文化的转型

肇端于唐代中期的儒学复兴运动,使得思想文化领域引发了一系列重大变迁,这里主要谈四个方面:

1. 经学变古

唐初制定了《五经正义》,对各种有关儒家经典的学说起到了统一的作用,一扫东汉以来经学家们的守旧风气,但随着《五经正义》的确立,却也逐渐束缚了人们的思想。"安史之乱"后,学界不满官定注疏的风气日盛,进而出现了舍经求传和疑经的现象,代表人物有啖助、赵匡、陆淳等,他们开启了当时的疑经思潮。经唐末五代动乱,赵宋立国,一度又回到了唐人的义疏。然而到宋仁宗庆历(1041—1048)前后,疑经思潮又重新出现。在这股思潮中,具有代表性的观点是,认为汉代以来儒家学者舍本逐末,使得儒学之真精神反而晦而不彰。因此,若要振兴儒学,必须由汉唐回归孔孟,从先秦儒家的原典中直接寻找思想"大义"之所在。这就导致了经学研究从一味训诂走向义理探索。到了宋神宗熙宁年间(1068—1077),随着《三经新义》的颁布,造成了"先儒传注,一切废不用"(《宋史·王安石传》),"士皆趋义理之学"(《续资治通鉴长编》卷二四三)的思想格局。这标志着义理之学取代了传注之学,宋学取代了汉学。应当说,宋以后道学思潮的兴起,对儒家经典开始重新审视,与唐中期以及宋初的疑经思潮是有密切关联的,同时也可以说,从旧有的经学模式中摆脱出来,注重儒家的义理之学,这为思想的创新提供了有利的条件。

2. 孟子升格

孟子及其《孟子》一书,在中国哲学史上有着极高的地位。然而宋代以前,孟子的历史地位一直不高。虽然东汉赵岐称其为"命世亚圣之大才"

《孟子题辞》),但此说并没有得到官方及其他学者的认可,在各种官私文献中,仍然以"周孔"或"孔颜"并提,而鲜有"孔孟"合称的。中唐以后,情况开始发生变化。韩愈竭力表彰《孟子》,将孟子置于孔子之后,认为孟子是接续古代儒家之道统的最后一人。不过,直至宋初,胡瑗和周敦颐等仍然称颜子为"亚圣",称孟子为"亚圣之次"。孟子得以厕身于孔子之后,成为仅次于孔子的"贤人",并受到政府的封号"邹国公",得以"配享"孔庙(时在 1084 年),则是在宋熙宁、元丰期间,主要是在王安石及其"新党"的推动下逐步实现的。另一方面,《孟子》一书也被刻成石经,成为儒家"十三经"之一(时在 1071 年),列入科举考试的科目之一,《孟子》一书终于由"子部"升格至"经部"。南宋后,又跻身"四书",成为当时士人必读的教科书。上述有关重估孟子之历史地位的变化过程,今学者或称"孟子升格运动"(《周予同经学史论著选集》,上海人民出版社,1996 年,第 289 页)。促成这一升格的代表人物很多,如韩愈、孙复、王安石、二程、朱熹、陆九渊等。从历史上看,唐宋间的孟子升格是适应当时思想转型的需要而形成的。唐宋间不少思想家之所以重视孟子,这是因为孟子思想具有丰富的心性哲学等内容,而这些内容又与如何重塑儒家的内圣之学这一时代课题有着密切的关联。另外,其思想所包含的道统论、辟异端、辨王霸等内容也为对抗佛道、重振儒学提供了重要的思想资源。

3. 排斥佛道

在唐宋间重振儒学的历史进程中,伴随而来的是儒家学者对佛道两教的严厉批判和激烈排斥,其中尤以排斥佛教为甚。从时间上说,大致上可分为四期,而且彼此之间,前后呼应:中唐以后有韩愈、李翱为代表的排佛道;北宋庆历之际,有孙复、石介等一批学者的排佛道;北宋熙丰前后有张载、二程等的排佛道;南宋中期有朱熹、陆九渊等的排佛道。以上所列的这些思想家,其学说主张有同有异,思想立场亦不尽一致。然而尽管如此,在排除佛道思想之影响,希望重振儒学这一点上,这些儒家学者却保持了高度的一致。可以说,对佛道两教的批判,是唐宋之际道学运动勃然兴起并且逐渐成熟的一大标志。

4. 古文运动

在唐宋间复兴儒学的过程中,古文运动也是其中一项重要的内容。六朝以降,四六骈文盛行,逐渐流于形式华美、内容空洞的贵族文字游戏。从形式上看,古文运动强调去除骈文之习气,代之以散文的自由形式,然而其实质却含有振兴儒学的深义。亦即主张回到"六经"朴实的文风去;要求文学能真正表达社会生活与人们的性情,主张恢复儒家的"修齐治平"的理想。及至宋代,不少学者继承了古文运动的精神,关心"文"与"道"的关系问题,着重探讨了"道统"和"文统"等思想课题。就唐宋古文运动发展演变的总趋势来看,由"文"、"道"并重到先"道"后"文",再到崇"道"抑"文",最终形成了"作文害道"、"道"在"文"之上的观点,造成了"文""道"分离的格局,从而为推动道学思潮的发展提供了条件。此外,唐宋古文运动与当时强调"夷夏之辨"、"尊王攘夷"的排佛思想也有某些关联(参看陈寅恪:《金明馆丛稿初编·论韩愈》,上海古籍出版社,1980年)。

四、道学思潮的崛起与演变

唐宋之际的儒学复兴,直接导致了宋代道学(又有"理学"或"新儒学"之称)思潮的崛起。

道学运动的兴起面临着两大任务:对外要求排斥佛道二教,对内要求抛弃汉唐经学粗疏的理论形态。通过批判佛道,从而恢复儒学原有的主导地位,重建一个足以取代佛道特别是佛教的新的儒家哲学形态;通过批判汉唐经学,就能从儒家原典中重新发掘思想资源,把儒家经学从训诂之学重新导向义理之学,建立起以性理为宇宙万物之本源的儒家道德哲学。

作为贯穿两宋的时代思潮,道学的发展大致经历了萌发、初兴、高涨、鼎盛和衰变五个阶段:

从中唐至北宋庆历之前是道学的萌发阶段。在这一阶段中,道学思潮只是一股潜流。其表现是:一、对魏晋南北朝以来儒学中衰的不满,要求对儒家的学术思想加以重新关注;二、出现了排斥佛道二教、批评汉唐经学、抵制浮夸文风等思想动向;三、要求对儒家道统的重新确认,于是有"尊孟"主张的出现,同时兴起了经学变古、古文运动等一系列的文化建设活动。

北宋庆历至嘉祐之际是道学的初兴阶段。在这一阶段中,道学作为一种思潮正式形成,道学萌发阶段的各种事象在此阶段中以质变的方式集中地表现出来。对儒学中衰的不满演变为理论的批判,其锋芒所向:一是汉唐儒生"破碎大义"的训诂之学,二是佛道二教的"异端邪说",三是"以文害道"的四六骈文。通过一系列深入的思想批判,旧有的理论框架基本被打破,新兴的学者群体开始涌现,思想学术的新趋向逐渐形成。这一切为接着而来的道学思潮的高涨奠定了基础。

北宋嘉祐至元祐之际是道学思潮的高涨阶段。随着批判的深入和汉唐经学"殿堂"的被拆除,道学开始进入其新理论的创建。在这一阶段中,涌现出一批有创造力的思想家,并形成了学派,他们提出了许多新的哲学主张。有些主张尽管差异很大甚至对立,但在总体趋向上却是基本一致的,那就是:为了挽救当时所面临的"家异道,人殊德"的思想危机,实现"一道德而同风俗"的社会理想,为儒家的伦常纲纪寻找哲学的依据。在这一时期,整个思想界呈现出一幅思想多元的繁荣景象。

南宋中期是道学思潮的鼎盛阶段。道学发展到南宋,建构的重心已由明"道"之何谓转向"学"之何由,或者说由人文信仰的重建转向知识理性的拓展。这一观念其实颇有可疑之处。而认同这一观念在思想上则或多或少地包含着将儒家学说只解释成为心性义理的内圣成德之教,可不包括经世济用的外王事功之学,这一问题直接指向对儒家之道的基本精神的再理解,牵涉颇大。但也因此之故,儒学在南宋的发展呈现出繁荣盛大之势,这不仅表现在南宋儒学学者、学派的增多,也表现在讲学活动、讨论辩难的兴盛上。仅以学派而论,取其大者,南宋儒学就有以胡宏为代表的湖湘学,以陆九渊为代表的江西学,以吕祖谦为代表的婺学,以朱熹为代表的闽学,以陈亮为代表的永康学和以叶適为代表的永嘉学,等等。南宋儒学经由这样的探讨、论争,不仅使得儒学的概念、命题得以逐步确立,其含义愈发变得清晰与精密,而且因了陈亮、叶適的问难,使得多少有些独断、闭锁的儒家道统观念撑开了多元解释的可能。

基本上,以朱子学为中心来讨论南宋儒学是不会有大问题的,不论是湖湘学还是象山、陈亮、叶適等,几乎可以说都是朱子的论敌。朱、陆之争,在理论上可以说表现为在相互认同的儒家之道的信仰前提下,如何确立对这一信仰的知识论基础问题,因此,为学之方成为两人争论的焦点;而朱熹与陈亮、叶适之辩则进之于涉及到对儒学的基本精神的再认识,以及对朱熹所确认的儒家道统谱系的合法性的质疑。尤为有趣的是,整个南宋儒学的演变,经由朱子的批评辩难,四通六劈,儒学基本上克服了北宋后期明道一脉体仁、识仁之学独盛的局面,带来了儒学在规模、格局和气象上的转变,而这种转变是以确立朱子学在整个宋明儒学中的地位为标志的。

宋室南渡后,二程弟子之中,谢良佐、杨时二人声望最为突出。谢良佐(1050—1103)号称"洛学之魁",但仅活54岁,卒于北宋后期,从自然时间的意义上,其思想并未直接构成南宋儒学的一部分。杨时(1053—1135)则寿长83岁,成为南宋初期二程一脉中影响最大的一人,故全祖望说:"明道喜龟山,伊川喜上蔡,盖其气象相似也。龟山独邀耆寿,遂为南宋洛学大宗。"(《宋元学案·龟山学案序录》)

南宋前期,儒学的基本问题大体是由谢、杨二人承接和引发的,就其主要方面而言包括体验未发、识仁之方以及反身格物等。就今天看来,这些问题大都集中在工夫的入路方面,而且表现出一个共同的特征,那就是趋向于对内在的主观意识的体悟和直觉。由杨时经罗从彦到李侗的"体验喜怒哀乐未发前作何气象"自不必说;同样作为南宋前期学者们热衷讨论的识仁之旨亦皆愈发变得内在化、主观化,谢良佐以生说仁、以觉言仁,杨时以"身体心验"说仁、以"忘于书言意象之表"言仁,在在可作表征;至于格物一说,程颐"物物皆有理"、"物格而后知至"的观念,转到谢良佐那里,穷理之理已不包括外在对象之理,穷理只是为了寻个是处,理便是我。而在杨时,格物也已被片面地规定为"反身而诚",由内在主观工夫的诚意取代了对外在之物的关注。若范围再稍作放大,则由杨时下传到王蘋、张九成那里,已不惟将"物"的客观性消融殆尽,甚或不免将儒家义理一顿扯入禅乘,此朱子所以有"此祸甚酷,不在洪水夷狄猛兽之下,令人心寒"之痛切,并为此而有"以追踪圣徒,稍为后人指出邪径,俾不至全然陷溺"(《朱熹集》卷四十二《答石子重·五》)之立志。假如上述问题成立,那么,南宋儒学健康发展的主题之一便必须勉力纠正这种内在体悟的偏向,在顾及体道的精妙与境界的同时,倚重于对客观性、知识性一路的建构与开拓。

毋庸置疑，这一时代的主题乃是由朱熹一系来完成的。

然而，值得一提的是，以朱熹为中心来讨论南宋儒学也是大有问题的，因为这一叙述方式在逻辑上多少预认了这样一个前提，即传统上所认为的由二程、朱陆等人所传扬的心性义理之学乃是儒学的正宗，而永康之陈亮、永嘉之叶适所主张的事功之学却多少被排拒在这一所谓正宗的儒学之外。朱熹虽十分不喜欢象山之学，但却认为对儒学而言，"陆氏之学虽是偏，尚是要去做个人。若永嘉、永康之说，大不成学问！"（《朱子语类》卷一二二）因此，朱熹全力于排斥事功之学，认为言谈功利乃是"弃舍自家光明宝藏"，"向铁炉边查矿中拨取零金"（《陈亮集》卷二十《寄陈同甫书九》），可忧可畏。这就牵涉到一个更为重要的理论问题，即儒学在讲求内圣成德之时，是否也应当包含外王的经邦济世、开物成务？毫无疑问，即便是二程、朱陆等所谓正宗的儒学家也不会怀疑儒学乃是内圣与外王并举的学问，然而，这种所谓的"并举"是否如他们言之凿凿所理解的那样，外王事业只是讲求内圣成德之后的某种自然通达的结果？抑或外王领域也有某种出于其自身的独立性？这里所反显出来的问题甚至并不在于事功之学本身在理论上究竟达到了何种意义上的成熟程度，而是通过或得益于他们的提问，让人们在理论上得一"通孔"，用以反省宋儒所用心建构的儒家道统谱系是否可能存在某些问题、困难及其狭隘性，甚至存在某种意义上的话语霸权。从这个意义上，我们不难看到，对于朱子学而言，陈亮和叶适所发出来的声音可能是不和谐的，然而，对于重新理解道学（大而言之，即儒学）而言，它的意义却是正面的。

南宋后期至元末明初是道学思潮的衰变阶段。在经历了长期被压制的磨难后，道学的主流派"程朱理学"开始得到官方的承认，逐步从民间学说向官方哲学方向发展。当道学最终成为了官方统治思想后，它的生命力也随之丧失，僵化了的道学将被新起的思潮取而代之也就成为不可避免的命运。

思考题：

1. 唐宋思想转型的主要表现有哪些方面？
2. 宋代道学思潮兴起的原因是什么？

3. 试述道学在南宋发展的特点。

参考书目：

1. 侯外庐等主编：《宋明理学史》上卷，人民出版社，1984年。
2. 王仲荦：《魏晋南北朝史》，上海人民出版社，1979年。
3. 陈寅恪：《唐代政治史述论稿》，上海古籍出版社，1982年。
4. 漆侠：《宋代经济史》，上海人民出版社，1987年。
5. 徐洪兴：《思想的转型——理学发生过程研究》，上海人民出版社，1996年。
6. [美]包弼德(Peter K. Bol)：《斯文：唐宋思想的转型》(刘宁译)，江苏人民出版社，2001年。

第一章 唐代儒学

隋唐时期思想界所呈现的是儒佛道三家并立的格局。这一时期，佛教昌盛，佛教中国化的进程基本完成，主要标志就是中国佛教宗派的形成。道教在此阶段也有长足发展，不同流派及其相关经典也大量涌现。而隋唐儒学则一方面表现为对汉魏经学的承续，另一方面表现为与佛道思想的交涉。就中国哲学史的发展而言，后者较前者要重要得多，因为它预示着儒家哲学将迎来新的重大发展。

第一节 王 通

王通字仲淹，隋河东郡龙门（今山西省万荣县）人，生于隋开皇四年（584），一说生于北周大象二年（580），卒于隋大业十三年（617），门人私谥"文中子"。

王通出生于世宦家庭，从小受儒学的熏染，颇有经世之志。他曾向隋文帝上《十二策》，但政见不为当道者所重。于是他退居河、汾，著书授徒。据说其弟子众多，时有"王孔子"之称，被后世誉为"河汾道统"。王通的著作有《续六经》、《中说》等，今仅存《中说》（又名《文中子》或《文中子中说》，有《四部丛刊》本）。《中说》一书，学术界一般认为有后人窜改的痕迹，但其中的基本思想还是属于王通的。

王通思想为后人所重视的主要有两点：一是关于"王道"的政治理想；一是关于儒佛道"三教可一"的思想。

一、"王道"理想

　　王通《中说》一书,首立《王道篇》,"明王道"可谓王通思想的核心。王通生当隋朝,此前南北朝长期分裂、战乱,隋朝革故鼎新,走向一统,然而旋即接以隋炀帝暴政,成为昙花一现的短暂王朝。这是中国历史上一个变化急骤、充满矛盾的时代。面对"王道难行","道之不胜时久矣"(《中说·王道篇》)的现状,富于造道精神的王通提出了自己的政治理想,那就是拨乱反正,依"王道"而行,以"皇极"为则,以"仁义"为本,以"礼乐"为用。他抱着"生以救时,死以明道"(《中说·周公篇》)的精神,以当代的周公、孔子自任,"如有用我者,吾其为周公所为乎!""千载而下,有申周公之业者,吾不得见也;千载而下,有绍宣尼(孔子)之业者,吾不得让也"(《中说·天地篇》)。由于政见不能为时所用,他退而著书立说,作《续诗》、《续书》、《礼论》、《乐论》、《易赞》、《元经》,合称《续六经》,宣传儒家传统的"王道"政治理想,以明其向往"王道"之志。这一政治理想对后来宋儒关心"治道",热衷于"回归三代",颇多启发,如南宋朱熹指出:"太宗朝一时人多尚文中子,盖见朝廷事不振,而文中子之书颇说治道故也。"(《朱子语类》卷一二九)实际上,范仲淹"庆历新政"、程颐上书仁宗言改革、王安石"变法"、陈亮讲事功等,都或多或少受到王通重"治道"思想的影响。

二、"三教"可一

　　针对当时儒佛道三家并行的思想格局,王通从政治着眼,认为三教对统治者都有用,但施行者需得其人,那些以为三教盛而亡国的说法没有道理:

> 《诗》、《书》盛而秦(周)世灭,非仲尼之罪也;虚玄长而晋室乱,非老庄之罪也;斋戒修而梁国亡,非释迦之罪也。《易》不云乎:苟非其人,道不虚行。(《中说·周公篇》)

在他看来,道教追求"长生",是人心贪得无厌的表现(参见同上);佛教是"西方之教",不适用于中国(参见《中说·礼乐篇》),但如北魏太武帝、北周武帝用行政手段强制灭佛也行不通。他的主张是把三教统一起来:

> 子读《洪范说议》,曰:三教于是可一矣。(《中说·问易篇》)

我们知道,在王通之前,也有不少人提出过"三教为一"的思想。但其说不是强调以佛为主,就是主张以道为主,要么就是三教平行。王通"三教可一"思想的价值,就在于以儒学为主来整合佛道二教的思想。此点他虽未明说,但从他以孔子自况、志于儒家"王道仁政"的取向来分析,有上述思想那是不言而喻的。当然,王通的思想还缺乏明确的体系,所以南宋的陆九渊批评他说:"王通则又混三家之学,而无讥贬,浮屠、老氏之教,遂与儒学鼎列于天下,天下奔走而向之者,盖在彼而不在此也。"(《陆九渊集》,中华书局,1980年,第289页)

王通短暂的一生富于传奇色彩,而其思想在当时亦可谓空谷足音,但却对后世产生了一定影响,并受到后来儒者的较高评价。宋明时期的许多儒者如司马光、程颐、朱熹、陈亮、王阳明等,对王通的评价都很高。

第二节 韩 愈

韩愈(768—824),字退之,河南河阳(今河南孟县西)人,因其先世居昌黎(今辽宁义县),故世称"韩昌黎"。

韩愈出生于普通官僚家庭,三岁父母双亡,就养于其兄韩会家,由嫂郑氏抚养成人。他于唐德宗贞元八年(792)中进士,曾任监察御史、阳山令、国子博士、刑部侍郎等职。因谏阻唐宪宗迎"佛骨"而被贬为潮州刺史,后又历任国子祭酒、兵部侍郎、吏部侍郎、京兆尹等职。卒谥"文",后世又称其为"韩文公"。韩愈的著作有标点本《韩昌黎文集校注》(上海古籍出版社)、《韩昌黎诗系年集释》(同上),其中的《原道》、《原性》、《与孟尚书书》、《师说》、《进学解》、《读荀》、《论佛骨表》等是体现其思想的代表作品。

韩愈是唐代著名的文学家、思想家、教育家。他一生以复兴儒学为己任,被公认为是宋代道学的先驱。

一、排佛道

韩愈之所以被认为是中唐后儒学复兴的开创者之一,首先是因为他高举起了排斥佛道二教的旗帜。进一步说,韩愈的思想也是围绕排佛道这一主题展开的。

自孔子以后,儒学所弘扬的主要是"齐家"之学和"治平"之术。儒家的心性学虽也有思孟一系的阐发,但却始终具体而微,不为多数儒者所重,更遑论有进一步的发展。所以,魏晋以降直至唐代,社会的伦常纲纪不断遭到破坏,而人们正心修身的思想资源儒家思想,大有被佛道二教夺代的势头。由此,唐宋之际,儒学界排佛道思潮屡屡兴起。究其主旨,不外是当时的儒家学者希望夺回失去多时的思想阵地,使儒学能重新全面地指导中国人的社会生活和政治生活,重新成为中国人精神的最终归宿。韩愈可谓这批儒者中的首出之人。

在韩愈看来,佛道二教的"异端邪说"是导致儒学中衰的最大原因,必须不遗余力地加以抨击。于是他身体力行,大张旗鼓地排佛道。唐宪宗元和十四年(819),凤翔法门寺佛骨迎入京师,王公士庶奔走施舍唯恐不及。时为刑部侍郎的韩愈,挺身而出,上《论佛骨表》,公开批判佛教:

> 夫佛本夷狄之人,与中国言语不通,衣服殊制,口不言先王之法言,身不服先王之法服,不知君臣之义、父子之情。(《韩昌黎文集校注》卷八《论佛骨表》)

结果韩愈被贬为潮州刺史。韩愈排佛道为后世所重的还是在理论方面。就韩愈的排佛道思想而言,其中不少是继承前人已有的说法,如夷夏之辨、浮图害政、桑门蠹俗等。但是,韩愈也提出了不少新的内容,其中最重要的就是儒家"道统"论。

二、倡"道统"

韩愈的《原道》是一篇具有时代意义的大文章,其中首创了儒家的"道统"论。

韩愈认为,"道"是最高的永恒的存在,它体现在天、地、人"三才"之中。"道"不仅是精神价值,还包含了一整套具体的内容,其中有:以仁义为代表的道德原则;以儒家经典为代表的文献体系;以礼乐刑政为代表的政治制度;以及儒家所确认的士、农、工、商的社会分工,君臣、父子、夫妇等的伦常秩序,服、居、食的社会礼俗和以郊、庙为代表的祭祀仪式等。但归根到底,"道"就是儒家的核心价值——"仁"和"义"。他说:

> 博爱之谓仁,行而宜之之谓义,由是而之焉之谓道,足乎己无待于外之谓德。仁与义为定名,道与德为虚位。(《韩昌黎文集校注》卷一《原道》)

韩愈辨别了儒道佛三家通用概念"道"之区别所在。在他看来,道家和道教所谓的"道",是强调"去仁与义"的"清静";佛教所谓的"道",则是"弃而君臣,去而父子"的"寂灭";而"仁义"才是儒家主张的"道",所以他特别强调:"斯吾所谓道也,非向所谓老与佛之道也。"(同上)

从"仁义"这个"道"出发,韩愈在中国历史上最先明确地提出了儒家的"道统":

> 尧以是传之舜,舜以是传之禹,禹以是传之汤,汤以是传之文、武、周公,文、武、周公传之孔子,孔子传之孟轲。轲之死,不得其传焉。(同上)

根据韩愈的观点,代表儒家传统的精神价值,有一个圣贤相续的传承系统,这个系统既有"圣君"的口耳相传,也有"圣贤"的精神延续。他还提出,"道统"自孟子后失传,原因是荀子、扬雄这些大儒"择焉而不精,语焉而不详"(同上),再加上秦始皇"焚书坑儒"的破坏和汉儒对"大义"的不明。于是,他便以继承"道统"自任:

> 释老之害,过于杨墨;韩愈之贤,不及孟子。孟子不能救之于未亡之前,而韩愈乃欲全之于已坏之后。呜呼!其亦不量其力,且见其身之危,莫之救以死也。虽然,使其道由愈而初传,虽灭死,万万无恨!(《韩

昌黎文集校注》卷三《与孟尚书书》）

一般认为，韩愈的"道统"论是吸取了《孟子》卒章中关于从尧、舜至孔子渊源系统的说法，同时多少也受到佛教禅宗"法统"、"传灯"思想的影响。韩愈的"道统"论，以及他对"道统"失传原因的分析，包括他对整个汉儒的基本评估，为后来的宋儒所全盘接受。而其自续"道统"的当仁不让精神，更为宋儒迭相摹仿，成为道学家"成圣成贤"理想人格的最高目标。

三、尊孟子、批汉儒、崇《大学》

韩愈"道统"论不仅列出了儒家圣贤相续之统，还透露出许多新信息，首先就是把孟子的地位大大提高了。从唐朝立国到"安史之乱"，孟子的地位仍与以前一样处在不著不察之列。是韩愈最先把孟子名字升到孔子之后，与那些"古圣先王"相提并论。他认为：

> 孔子之徒没，尊圣人者，孟氏而已……孟氏醇乎醇者也。（《韩昌黎文集校注》卷一《读荀》）

韩愈推尊孟子的理由，一是唯孟子得孔子"真传"：

> 自孔子没，群弟子莫不有书，独孟轲氏之传得其宗……故求观圣人之道，必自孟子始。（同上书卷四《送王秀才序》）

二是孟子有"卫道"之功：

> 夫杨墨行，正道废……孟子虽贤圣，不得位，空言无施，虽切何补？然赖其言，而今之学者尚知宗孔氏，崇仁义，贵王贱霸而已……然向无孟氏，则皆服左衽而言侏离矣！故愈尝推尊孟氏，以为功不在禹下者。（同上书卷三《与孟尚书书》）

韩愈尊孟子，实际上反映了当时思想敏锐者已开始自觉不自觉地回向先秦儒家思想中寻找新素材，以回应佛道二教的挑战。

韩愈尊孟子，也就是对汉代以来的儒学传统不满。在他看来，自孟子后儒家义理之学影响下降，"秦火"使儒学的真精神更遭劫难。汉儒虽推崇孔子,甚而宣布儒学为"国学",但他们抱残守缺,不重儒学"大义",唯斤斤于儒经的章句训诂注疏。这就使得佛道二教趁虚而入,进而与儒学分庭抗礼。魏晋以降儒学中衰,内在原因即在于汉儒丢弃了孔孟儒学的精髓。他说:

> 汉氏以来,群儒区区修补,百孔千疮,随乱随失。其危如一发引千钧,绵绵延延,浸以微灭。于是时,而唱佛老于其间,鼓天下之众而从之,呜呼,其亦不仁甚矣!(同上)

因此,要复兴儒学,就必须否定和抛弃汉唐儒生的那套理论和学风。

在批汉儒的同时,韩愈还积极从儒经中寻找"大义"。他拈出《小戴礼记》中向不为人所重的《大学》一篇大做文章,指出:

> 《传》曰:"古之明明德于天下者,先治其国;欲治其国者,先齐其家;欲齐其家者,先正其心;欲正其心者,先诚其意。"然则古之所谓正心而诚意者,将以有为也。今也欲治其心而外天下国家,灭其天常,子焉而不父其父,臣焉而不君其君,民焉而不事其上。(《原道》)

这一思想明显是在佛教影响下产生的,即佛教讲"治心",儒家也是讲"治心"的。而佛教讲"治心"是舍离此岸世界的无为,儒家之讲"治心"却在于"天下国家"的"有为"。到南宋时,《大学》成为《四书》之一,韩愈实开其先河。

四、兴古文、重"师道"

作为中国文学史上"唐宋八大家"之第一人,韩愈是唐宋间古文运动的主要发起者之一,被后人誉为是"文起八代之衰,道济天下之溺"的大师。

韩愈倡导古文,就思想层面而言,其目的还在于恢复儒家之"道"。所以,他一再强调:

> 愈之所志于古者,不惟其辞之好,好其道焉尔!(《韩昌黎文集校注》卷三《答李秀才书》)

> 愈之为古文,岂独取其句读不类于今者耶?思古人而不得见,学古道则欲兼通其辞。通其辞者,本志乎古道者也。(同上书卷五《题欧阳

生哀辞后》)

> 读书以为学,缀言以为文,非以夸多而斗靡也。盖学所以为道,文所以为理耳。(同上书卷四《送陈秀才彤序》)

韩愈所谓的"好其道"、"志乎道"和"学所以为道",说到底也就是要求儒学的复兴。这一思想到北宋发展为"文所以载道",即学古文是为了传播孔孟的"道"。

作为一个教育家,韩愈积极提倡"师道"。尊师重教本是儒家传统,孔子、孟子、荀子都是大教育家。两汉经学昌明,博士讲学之风盛行,师道不堕。降及魏晋乱世,此风始坏,这与当时的政治分裂、战争频仍、士家大族衰落等有相当关系。隋唐时期,"师道"不兴,韩愈作《师说》、《进学解》,抨击当时的现状,提出"师"的标准应具有"传道、授业、解惑"的职能,而"传道"最为重要;不应以地位、资历、贵贱、长幼来确定"师",认为"弟子不必不如师,师不必贤于弟子"。两宋教育事业有很大发展,这固然与当时物质条件允许、道学家的努力有关,但与儒家"师道"的提倡也有一定关系。

第三节 李 翱

李翱(772—841),字习之,唐陇西成纪(今甘肃秦安东)人,一说为赵郡(今河北赵县)人。唐德宗贞元十四年(798)进士,历任国子博士、史馆修撰、考功员外郎、礼部郎中、中书舍人、桂州刺史、山南东道节度使等职。卒谥"文",学者习称"李文公"。

李翱曾师从韩愈学古文,又是韩愈的侄女婿,他协助韩愈推进古文运动,关系在师友之间,人称"韩李"。其著作今存有《李文公集》,其中的《复性书》三卷是其思想的代表作品。

一、性情说

李翱在儒学方面的最大贡献,是试图重建儒家的心性理论。其《复性书》三篇,上篇总论"性情"及圣人的关系,中篇言如何修养成圣的方法路径,下篇勉励人们进行修养的努力。性情之说在韩愈那里已提出,但比较深入探讨的是李翱,他提出了"性善情恶"论。李翱认为,性与情两者不可相离,但性是根本的,性是情的根据,情是性的表现:

> 性与情不相无也。虽然,无性则情无所生矣,是情由性而生,情不自情,因性自情;性不自性,由情以明。(《李文公集》卷二《复性书上》)

就善恶言,性是善的根源,情是恶的根源:

> 人之所以为圣人者,性也;人之所以惑其性者,情也。喜、怒、哀、惧、爱、恶、欲七者,皆情之所为也。情既昏,性斯匿矣。(同上)

人性并无差别,都是善的,这是人可能成为圣人的依据。而人之所以会流于不善、会恶,是因为情扰乱了性的结果。

圣人与常人的区别就在于情这一点上。圣人也有情,但圣人的境界是"寂然不动,广大清明",故"虽有情也,未尝有情也";而"百姓溺之而不能知其本者也",因此"情之所昏,交相攻伐,未始有穷,故虽终身而不自睹其性焉"(同上)。

由于"人之性本皆善",而"情本邪也,妄也"(《李文公集》卷二《复性书中》),所以,人如果能够灭息邪妄之情,性的本质就可以恢复。他把人性比作水:

> 水之性清澈,其浑之者沙泥也。方其浑也,性岂遂无有耶?久而不动,沙泥自沉,清明之性鉴于天地,非自外来也。故其浑也,性本弗失;及其复也,性亦不生。人之性亦犹水也。(同上)

水本是清澈的,因沙泥而造成了水的浑浊,使水的清澈无法显现;如果澄清了沙泥,水就可以恢复它的清明之性。因此,人之性也是可以"复"的。

李翱所谓的"复性",关键就在于"灭情":

> 妄情灭息,本性清明,周流六虚,所以谓之能复其性也。(同上)

为此,他提出了"复性"之方。它可归结为两点,其一是"弗虑弗思":

> 弗虑弗思,情则不生;情即不生,乃为正思。(同上)

但问题在于人不可能不接触外物,也不可能对外物没有反应。于是他又提出了第二点"动静皆离",即应该保持心灵的"寂然不动"之状态,不为外物所动,这样虽对外物有所闻见,亦能不受其影响:

> 知本无有思,动静皆离,寂然不动者,是至诚也。(同上)

他认为,经过"弗虑弗思"和"动静皆离"的向内工夫修养,就可以达到虚寂宁静的状态,就会产生"至诚"的精神境界,从而恢复人的本性的"广大清明"。

二、排佛教

李翱的"复性"理论,以"去情复性"为旨归,以承仰"孔门四子"即孔子、曾子、子思、孟子的所谓"道统",以"开诚明"和"致中和"为其"复性"之至义,以"弗虑弗思,情则不生"为其"复性"之方,以"虚明"变化和参乎天地为致用,以昏昏然"肆情昧性"为可悲。这些思想,表面上用的都是儒家《中庸》和《易传》的语言,但很多实来自佛学的启迪。

不过,佛教思想对李翱的影响,主要还只是表现在形式、境界、思维方式这些层面上,并没有影响到他最基本的价值判断及价值取向。李翱并没有舍弃传统儒家的精神方向,这在他的《去佛斋》、《与本使杨尚书请停率修寺观钱状》等文中有十分明确的答案。

他竭力维护儒家的伦理纲常,认为:"列天地,立君臣,亲父子,别夫妇,明长幼,浃朋友,六经之旨矣。"(《李文公集》卷六《答朱载言书》)肯定"君臣、父子、夫妇、兄弟、朋友,存有所养,死有所归。生物有道,费之有节,自伏羲至于仲尼,虽百代圣人不能革也"(同上书卷四《去佛斋》)。在李翱看来,佛教"不蚕而衣裳具,弗耨而饮食充","以夷狄之风变乎诸夏,祸之大者也"(同上),而以往儒者为什么屡排佛而不能胜?原因就在于他们不能真正理解佛教:

> 惑之者,溺于其教;而排之者,不知其心,虽辩而不当,不能使其徒无哗而劝来者,故使其术若彼之炽也。(同上)

他的意思是说,要排除佛教就必须首先理解佛教的思想,亦即由"入室操戈",而后加以思想整合。所以,他的方法就是"以佛理证心"(《李文公集》卷十《与本使杨尚书请停率修寺观钱状》)。

从李翱的基本立场来看,可以说崇儒排佛是他一贯的主张。而他"以佛理证心"的方法,也正是后来道学家们普遍采用的"出入佛老"、回归六经的手段。

三、重《中庸》

唐宋之际那些具有思想创新意识的儒者们,大多有从儒家原典中重新发掘思想资源的努力,这一努力的目的在于为重构理论寻找经典依据。如果说,韩愈发掘的重点是《大学》的话,那么李翱的着眼点则主要落在《中庸》上。

《中庸》本也是《小戴礼记》中的一篇,传为子思所作,汉儒对之并不重视。但佛教东来以后,心性问题在中国重又开始受到重视。由此,偏重于讲心性之学的《中庸》篇,也开始受到一些学者的关注。如南朝的梁武帝就曾作过《中庸》的义疏,《隋书·经籍志》中还著录有其他学者有关《中庸》的一些研究著作,但数量并不多。

到了唐代,是李翱最先把《中庸》的地位大大提高了。他要以"佛理"来证儒家之"心",就需要有儒家的经典依据,而《中庸》就是他发现的经典:

> 遭秦灭书,《中庸》之不焚者一篇存焉。于是此道废缺。其教授者,唯节行文章章句,威仪击剑之术相师焉。性命之源,则吾弗能知其所传矣。(《李文公集》卷二《复性书上》)

既然《中庸》是儒家讲"性命之源"的"性命之书",而当时的"教授者"又不能传其"性命"之学,所以他就要写《复性书》,自觉担当起将儒家"性命"之学"传于时"的使命:

> 呜呼!性命之书虽存,学者莫能明,是故入庄、列、老、释。不知者谓夫子(孔子)之徒不足以穷性命之道,信之者皆是也。有问于我,我以

吾之所知而传焉,遂书于书,命曰《复性书》,以理其心,以传乎其人。(同上)

李翱把《中庸》视作儒家讲求心性之学的经典文本,进而他根据《中庸》,与佛道二教针锋相对地大讲"性命"问题。这一点对后来的宋儒影响很大。进入宋代后,先有宋初的僧人智圆重视《中庸》,以僧徒而自号"中庸子";后有范仲淹劝张载读《中庸》而不必"事兵"(参见《宋史·张载传》)。至于后来的道学家们则更重视《中庸》,如南宋的石𣑁曾编有《中庸集解》(后朱熹删定改名为《中庸辑略》)二卷,其中征引了周敦颐、程颢、程颐、张载、吕大临、谢良佐、游酢、杨时、侯仲良、尹焞等道学家有关《中庸》的论说(参见《四库全书总目提要·经部·四书类》);而朱熹更是把《中庸》视为孔门"心法"之要籍。首创之功,无疑当推李翱。

思考题:

1. 韩愈在中唐以后儒学复兴思潮中的地位和作用如何?
2. 李翱为什么要重视《中庸》? 他的"复性"思想的内容是什么?

参考书目:

1. 尹协理、魏明:《王通论》,中国社会科学出版社,1984年。
2. 陈寅恪:《论韩愈》,载《金明馆丛稿初编》,上海古籍出版社,1980年。
3. 陈来:《宋明理学》,华东师范大学出版社,2004年第2版。

第二章 道学思潮的先驱

道学的发生,学术界一般从中唐开始追溯。但从道学历史发展过程的实际来看,中唐只是远源,尚未形成普遍风气。北宋立国,维持着唐代以来的思想格局,至宋真宗、仁宗之际,仍处在"儒林之草昧"(《宋元学案·高平学案》)的状态中。一直到宋仁宗的庆历年间(1041—1048),伴随着当时求变呼声的高涨和"新政"的一度施行,学坛上兴起了一股批判的社会思潮。整个思潮在排斥佛道"异端"、否定汉唐经学和抨击科举时文三个层面上同时展开,而思潮的总倾向则是要求复兴儒学。在批判思潮中,唐代韩愈的价值得到了充分的肯定和发展,进而引起了整个士林风尚、思想取向和学术格局的变化。范仲淹、欧阳修、胡瑗、孙复、石介、李觏等,就是这一思潮的代表人物,在他们"筚路蓝缕,用启山林"(《宋元学案》卷首《序录》)下,开启了后来延续数百年的道学思潮。

第一节 范仲淹与欧阳修

一、范仲淹

范仲淹(989—1052),字希文,卒谥"文正",苏州吴县(今江苏苏州市)人。范仲淹二岁丧父,其母改嫁。稍长,知其家世,感泣辞母,去应天府(今河南商丘市)读书。他刻苦好学,终有所成。他一生历任多种职务,最高为参知政事(副宰相)。他为官清正,刚正不阿,忠亮谠直,敢于犯颜谏诤,不怕挫折打击。他关心人民疾苦,乐于为民谋利,主持修建的泰州兴化捍海堰延袤百余里,当地人为感激他而命名曰"范公堤",还为他立生祠。在宋夏战争中,他运筹帷幄,西夏军惧称"小范老子腹中自有数万甲兵",后人则称他为"儒将"。他有胆有识,锐意进取,勇于除弊,领导的"庆历新政"轰动一时,青史留名。他做大官后仍保持生活艰朴,对子孙管束甚严,设"义庄"赈济穷人,得"风水宝地"不建居室而盖学校,苏州"吴学"从此而兴。他多才多艺,精通儒学,善写文章,《岳阳楼记》传诵千古。

在学术上,范仲淹长于经学,史称"泛通六经,长于《易》"(《宋史·范仲淹传》),即在春秋学和易学方面他颇有造诣。但他一生忙于政务,没有学术著作留世。就现存的片断资料看,在经学上他颇认同于当时出现的否定传统注疏,怀疑经传的新学风。

范仲淹是北宋开风气之先的人物,这主要表现在以下几个方面:

一、倡导儒学复兴。范仲淹复兴儒学的思想首先是来自现实政治改革的需要。他坚决主张以儒家思想来指导现实政治,以取代宋初统治者奉行的黄老学说。他以《周易》"变通"思想为依据,主张修理政教,有所作为,不能因循守旧。

二、追求理想人格。范仲淹"少有大节,于富贵贫贱,毁誉欢戚,不一动其心,而慨然有志于天下"(《欧阳修全集》卷二十《范公神道碑铭》)。在《岳阳楼记》中他提出:"不以物喜,不以己悲。居庙堂之高,则忧其民;处江湖之远,则忧其君……先天下之忧而忧,后天下之乐而乐。"这成为儒家理想人格和忧患意识的名言。在与当时守旧大臣针锋相对的斗争中,他"以直言谠论倡于朝",一扫中唐、五代以来士大夫的陋习,开了尚名节、重廉耻、尊儒学的士林新风气,"于是中外搢绅,知以名节相高、廉耻相尚,尽去五季之陋"(《宋史·忠义传》)。后来道学思潮兴起,追求理想人格成为重要内容之一。

三、发展教育事业。在提倡复兴儒学的同时,范仲淹特别强调以经学造士,认为读书人不能只关心求取功名的科举时文,而应该熟悉儒家经典,通经致用。所以,他一生注重发展教育,无论是在地方还是中央任职,他无不把兴学校作为要务。由此也使他成为北宋"庆历兴学"的重要倡导者和实践者。

四、奖掖后进。范仲淹是在当时士大夫中很有影响的人物,他的周围团结了一批积极有为的学者,史载:"文正公门下多延贤士,如胡瑗、孙复、石介、李觏之徒,与公从游。"(《三朝名臣言行录》卷十一)此外如富弼、苏舜钦、欧阳修等许多人都受到过他的提携。特别值得一提的是,道学中"关学"一派的创始人张载,"少喜谈兵",颇有军功之志,21岁时,值宋夏战争爆发,范仲淹任陕西招讨副使,张载上书谒见范仲淹,仲淹"一见知其远器,乃警之曰:'儒者自有名教可乐,何事于兵?'"(《宋史·张载传》)引导他去读《中庸》,从此张载开始了成为哲学家的探索历程。

总之,范仲淹的真正贡献主要不在于理论方面,而在于对北宋道学思潮兴起的实际推动。

二、欧 阳 修

欧阳修(1007—1072),字永叔,号"醉翁",晚年号"六一居士",卒谥"文忠",庐陵吉水(今江西吉安)人。仁宗天圣年间进士,历任多种职务,官至参知政事,封开国公。他是"庆历新政"的积极参加者,主张革除弊政、减轻赋税、加强国防。晚年不满王安石变法,认为有敛财扰民之嫌。

在哲学方面,欧阳修注重儒家的理性,他始终把理性作为衡量事物的标准,认为"物无不变,变无不通,此天理之自然也"(《欧阳修全集》卷十八《明用》);"未有人理逆于下,而天道顺于上者"(《新五代史·司天考第二》);"盛衰之理,虽曰天命,岂非人事哉"(《新五代史·伶官传序》)。他提出了"不绝天于人,亦不以天参人"(《新五代史·司天考第二》)的天道观,指出"天"与"人"、"天道"与"人事"之间既有关联,又有明确区分。他批判汉唐儒学中"天人相副"的思想,尤突出批判汉唐时期的谶纬之学。总体上说,欧阳修所强调的"理",是历史的、人世的、实用的、理智的,与后来道学家所言万事万物本原的那个"理"不尽相同,可视为中国哲学史上由"天命论"向"天理论"的一个过渡。

在经学方面,欧阳修著有《易童子问》、《诗本义》、《春秋论》等著作,成为当时"疑传惑经"的经学变古思潮之重要代表人物。在"疑传"方面,他对

《诗》的毛《传》、郑《笺》，《春秋》的三《传》都有怀疑和批评，敢于与汉唐经学家立异，坚持从经典本身理解经典。在"惑经"方面，首推对《易传》的怀疑，认为它们非世传所谓孔子所作，而是战国到汉初儒家"讲师"解经的"传"，其中既有口耳相传的"圣人之言"，也有讲师们加进去的内容，不能盲目轻信。朱熹曾说："旧来儒者不越注疏而已，至永叔（欧阳修）、原父（刘敞）、孙明复（孙复）诸公，始自出议论，如李泰伯（李觏）文字亦自好，此是运数将开，理义欲复明于世故也。"（《朱子语类》卷八十）

欧阳修是当时排佛道思潮的重要人物。他的排佛道思想，已开始突破仅从实用层面去批判的范围，提出要想战胜佛教就必须"修本"，而这个"本"就是儒家的"礼义"。因此他不同意韩愈"人其人，火其书，庐其居"的排佛方法，主张"莫若修其本而胜之"。"修本"的内容则是"补其阙，修其废，使王政明、礼义充，则虽有佛，无所施于吾民也。"这一思想在当时产生了很大影响，是后来道学家从理论上排佛的先导。

欧阳修又是北宋古文运动的领袖，"唐宋八大家"之一，且长期居文坛执牛耳的地位。后来的古文大家"三苏"（苏洵、苏轼、苏辙）、曾巩、王安石等，或出自其门下，或曾得其提携。他受韩愈的影响很大，认为"学者非韩不学"（《欧阳修全集》卷七十三《记旧本韩文后》），主张"道胜者，文不难而自至也"（同上书卷七十三《答吴充秀才书》），突出了"道"对"文"的指导作用。

此外，在人格完善和名节砥砺、转移士风上，欧阳修的影响也不下于范仲淹。他在《新唐书》中提出："节谊为天下大闲，士不可不勉"；"天下士知大分所在，故倾城复支，不有君子，果能国乎？"在《新五代史》中他说："礼义廉耻，国之四维，四维不张，国乃灭亡……廉耻，立人之大节。"等等，在当时都起到了振作士风的作用。

总之，无论在思想、人品、气质上，欧阳修与范仲淹都十分相似。就对道学思潮所起的作用而言，他比范仲淹有过之而无不及。

第二节 胡 瑗

南宋的道学家们在追溯道学思潮产生的源头时，对庆历之际的胡瑗、孙复、石介很推崇,合称其为"宋初三先生",认为他们为道学的创立奠定了基础。而其中的胡瑗因为是程颐的老师,所以更受重视。

胡瑗(993—1059),字翼之,泰州如皋(今江苏如皋)人,一说为泰州海陵(今江苏泰州)人,其远祖世居安定(今甘肃泾川北),学者习称"安定先生"。

胡瑗自幼专意修习儒经,据说曾上泰山苦读十年不归。除精通儒经外,他还深谙音律。他曾数度应举,均名落孙山,遂在苏州以教书谋生。景祐元年(1034),范仲淹知苏州,一见胡瑗便"爱而敬之"。范仲淹创建苏州府学,延聘他担任教授。此后两人关系一直十分密切。不久范仲淹又荐胡瑗赴朝廷考较钟律。西夏侵宋,范仲淹出任安抚副使,举其为军事推官,后因丁忧去职。服阕后,范仲淹又荐其赴好友知湖州的滕宗谅处掌府学。在"湖学"的九年里,胡瑗的教学声名日显,庆历四年(1044)朝廷正式建立太学,有司取胡瑗在苏、湖两地的学规为太学法。从皇祐四年(1052)至嘉祐四年(1059),胡瑗在太学执教凡八年,兼任太子中允、天章阁侍讲和"管勾太学"的学政,直至病重致仕。

一、易学与"性情"论

胡瑗的学术以经学见长,他博通五经而尤精于《易》。但胡瑗的学术著作大多已亡佚,存世的仅有《周易口义》、《洪范口义》、《皇祐新乐图记》,另外在《宋元学案》中辑有其《论语说》、《春秋说》、《中庸义》片断。

胡瑗长期从事教育,其教育活动颇能配合范仲淹主张的以经学造士,所以他首重经学教育。在解经上,他强调"以理为胜"(蔡襄《端明集》卷三十七《太常博士致仕胡君墓志》),这与传统的训诂之学已有很大不同。

胡瑗以易学闻名于世,他是宋代易学中"义理"一派的开创者。所谓"以义理说《易》",指除了卦象外,不用长短符号、黑白点子或具体数字来解释,而专以文词来解释卦理。胡瑗的义理易学,不仅一扫西汉灾异之说、东汉谶纬之说,同时也不取王弼的玄学之说,而代之以儒家的纲常名教之说和性命道德之言,这与后来的道学思潮如合符节。

胡瑗认为,《易》之本义专取"变易之道",传统所谓《易》之"简易"、"不

易"和"变易"的"三义"说,于"圣人之经谬妄殆甚",他说:

> 《易》之作,专取变易之义,盖变易之道,天人之理也。以天道言之,则阴阳变易而成万物,寒暑变易而成四时,日月变易而成昼夜;以人事言之,则得失变易而成吉凶,情伪变易而成利害,君子小人变易而成治乱。(《周易口义·发题》)

胡瑗的易学,对其学生程颐的影响不小,这不仅表现在形式上,也体现在内容上。程颐曾前后师从周敦颐和胡瑗,他的《伊川易传》是道学家著作中的经典之一。但在形式上,《伊川易传》不取周敦颐的《太极图易说》的"象数",而取胡瑗的以"义理"解《易》的方式。在内容上,《伊川易传》也多处引证胡瑗的观点。程颐还让其学生熟读三家易学著作,胡瑗的著作就是其中之一。

胡瑗对"性情"问题也有一些探讨,其高足徐积尝言:"安定说《中庸》始于情性。"(《宋元学案》卷一)胡瑗认为,"性"是"天所禀",因此是"至明而不昏,至正而不邪,至公而不私"(《周易口义》卷十一)的;喜、怒、哀、乐、爱、恶、欲"七情"是由外物引发的,所以就会有"正与不正"(《宋元学案》卷一);而圣人则"能性其情","不使外物迁之","小人则反是,故以情而乱其性"(《周易口义》卷一)。这些观点已经透露出一点道学的气息,尽管胡瑗没有更为深入的论说。

二、"明体用之学"

胡瑗是北宋著名的教育家,当他在苏、湖地区执教时,学生已经遍及东南一带。后来入主太学,社会影响更广,"天下之士不远万里来就师之"(《宋史·胡瑗传》),以致太学无法容纳,只能旁拓军署为学舍。胡瑗的弟子遍布朝野,北宋中期许多知名学者和执政的公卿大夫,往往出自胡瑗门下。当时,王安石曾特撰诗寄赠,誉其"文章事业望孔孟","魁冠大带满门下",甚至以宰相之业期许之(《王文公文集》卷三十四《寄赠胡先生》)。在胡瑗学生中,最出名的当推后来成为道学创始人之一的程颐。

胡瑗在长期的教学实践中形成了一套严格的学规和行之有效的教学方

法。他制订了"科条纤悉备具"的学规,从学习到言行举止等各方面都严格约束学生,自己更能做到"以身先之"。他在"湖学"时,创立"经义"、"治事"二斋,因材施教,造就了不少人才。宋仁宗嘉祐初,青年程颐以布衣身份上书改革未果,入太学就读。胡瑗以"颜子所好何学"为题,考核诸生,程颐"学以至圣人之道"的答卷,深得胡瑗赏识,因而授之以学职。后来程颐始终十分尊敬胡瑗。

胡瑗的教育对道学的影响,集中体现在他的教育宗旨——"明体用之学"。那是胡瑗水利科高足刘彝在一次答宋神宗问王安石与胡瑗孰优时阐述的:

> 臣闻圣人之道,有体、有用、有文。君臣父子、仁义礼乐,历世不可变者,其体也;《诗》《书》、史、传、子、集,垂法后世者,文也;举而措之天下,能润泽其民,归于皇极者,其用也。国家累朝取士,不以体用为本,而尚其声律浮华之词,是以风俗偷薄。臣师瑗当宝元、明道之间,尤病其失,遂明体用之学,以授诸生,夙夜勤瘁,二十余年,专切学校,始于苏、湖,终于太学,出其门者无虑二千余人。故今学者明夫圣人体用,以为政教之本,皆臣师之功也。(《五朝名臣言行录》卷十之二《安定胡先生》)

这里,胡瑗把"道"——儒家的"圣人之道"——规定为体、用、文三个方面,这是一个较为全面的论述。所谓"体",属于形上学的范畴,那是根本原则,即支配人们各种关系的原则,它是不变的;所谓"文",属于文化价值传统的范畴,那是以儒家经典为代表的各种文献,也包含了经史辞章的文与史,它们是传递"圣贤"思想的载体;所谓"用",属于政治的范畴,那是如何以儒家学说为指导来建立社会政治秩序,即经世致用,"润泽其民,归于皇极"。

胡瑗的教育宗旨,实际触及的就是道学思潮的主题。道学思潮的兴起与展开,就是在哲学思辨、文化价值和经世致用三个层面上展开的。就胡瑗的宗旨而言,虽然是"体"、"文"、"用"三者并举,但就实质言则是以"体"和"用"为本,即所谓的"明体用之学"、"明夫圣人体用"。这一思想,后来被其学生程颐发展为"体用一源,显微无间"。

我们知道，"体用"本来不是儒家思想的范畴，而与佛道二教关系甚密。胡瑗把"体用"范畴引入儒家思想，这对以后的道学思潮乃至心学思潮都关系重大，它标志着儒学开始向哲学本体论方向的发展。即儒学不再仅限于人伦道德的实践及宇宙生成和"天人相副"的解释，而是努力确立起人伦道德之所以成立的最终依据，然后从中引申出各种"修己"的道德践履工夫，以及"治人"的经世致用、治国平天下的政治方略。虽然胡瑗本人并未对儒学"体"的问题作出重大的理论贡献，但其"点题"之功是不可没的。

第三节　孙复、石介与李觏

孙复、石介是庆历之际与胡瑗齐名的经学家和教育家，朱熹在回答弟子问道学发生过程时说：

> 某问："已前皆衮缠成风俗，本朝道学之盛，岂是衮缠？"先生曰："亦有其渐。自范文正以来已有好议论，如山东有孙明复，徂徕有石守道，湖州有胡安定，到后来遂有周子、程子、张子出。故程子平生不敢忘此数公，依旧尊也。"(《朱子语类》卷一三〇)

朱熹还指出，除了上述诸人之外，"李泰伯(李觏)文字亦自好，此是运数将开，理义欲复明于世故也"，尽管"理义大本复明于世"要到周敦颐、二程兄弟之时(参见《朱子语类》卷八十)。所以，孙复、石介和李觏对道学的兴起确有其重要贡献。

一、孙　复

孙复(992—1057)，字明复，号富春，晋州平阳(今山西临汾)人，曾客居泰山讲学多年，学者习称"泰山先生"。

孙复年轻时很贫困，曾受过范仲淹的经济资助和学术指点。他多次科举落第，后应时已成名的学者石介之邀，居泰山讲学，石介等都成为其弟子。在泰山讲学七年，孙复的名声渐显。范仲淹推行"庆历新政"时期，孙复在范仲淹、石介等人的极力推荐下，以布衣超拜，任国子监直讲。他与石介一起，在太学积极支持范仲淹等的"复古劝学"主张，北宋太学从此而兴。庆历七年(1047)孙复因徐州举子孔直温利用宗教图谋兵变一案坐贬外任。至和二年(1055)，在翰林学士赵槩等十余人联名上书后，孙复重新回到太学执教，三年后病逝。

孙复的著作有《春秋尊王发微》、《春秋总论》、《易说》等，今仅存《春秋尊王发微》十二卷，另有后人辑佚的《孙明复小集》。

孙复与胡瑗齐名，但时人一般认为，"瑗治经不如复，而教养诸生过之"(《续资治通鉴长编》卷一八六)，即孙复的经学造诣超过了胡瑗。

作为北宋前期著名的经学家，孙复为学界所重的主要是其春秋学，今存的《春秋尊王发微》十二卷，可认为是他学术思想的代表作品。孙复的春秋学，就学风而言，是远师中唐啖助、赵匡、陆淳、卢仝等"舍传求经"之风，"本于陆淳而增新意"(《续资治通鉴长编》卷一三八)。其特点在于置"三传"于不顾，凭己意诠释，实际则暗采"三传"，断以己意，而尤重所谓"微言大义"的发挥。他以"尊天子，黜诸侯"立论，认为《春秋》"有贬无褒"，突出孟子"孔子成《春秋》而乱臣贼子惧"思想，把传统春秋学中"一字褒贬"的《春秋》笔法变成了只贬不褒，这可算是他的特见。

正是这一特点，使孙复成为庆历之际经学变古的代表人物之一，他对传统的注疏有过许多批判，其批判的激进程度在当时恐无人能出其右。这一点受到后来道学家的高度评价，如程颐指出，孙复在太学讲《春秋》而使"当时《春秋》之学为之一盛，至今数十年传为美事"(《二程集》)。朱熹也说："他虽未能深入圣经，然观其推言治道，凛凛然可畏，终是得圣人个意思。"(《朱子语类》卷八十三)可以说，孙复开了宋代治经跳出传统章句训诂的风气，以后治《春秋》出名的如刘敞、胡安国等就是沿着他的学风特点展开的。

孙复是当时推尊孟子的重要代表人物之一，他提出：

> 孟子既没，千古之下，攘邪怪之说，夷奇险之行，夹辅我圣人之道者多矣，而孟子为之首。(《孙明复小集·兖州邹县建孟庙记》)

而扬雄称赞孟子"辟杨、墨"之言，孙复以为远不及韩愈称赞孟子之功"不在禹下"来得"深且至"。而他自己则是"学孔而希孟者也"(《孙明复小集·信道堂记》),从"尊孟"出发,他也是当时儒家"道统"的提倡者。他在泰山上立了"信道堂",所列出的儒家"道统"名单,既不同于在他之前的韩愈,也不同于在他之后的程、朱,可以说是介于两者之间的一个过渡形态。

孙复又是当时排斥佛道二教、抨击科举时文的积极参与者。他认为,汉魏而下"佛老之徒,横乎中国,彼以死生、祸福、虚无、报应为事,千万其端",使中国"去君臣之礼,绝父子之戚,灭夫妇之义",这是儒者的耻辱,儒者应该起来"鸣鼓而攻之"(《孙明复小集·儒辱》)。他还指出:"国家踵隋唐之制,专以辞赋取人,故天下之士皆奔走致力于声病对偶之间,探索圣贤之阃奥者百无一二"(《孙明复小集·寄范天章书一》),"世之号进士者,率心砥砺辞赋,唏觑科策为事"(《孙明复小集·答张洞书》)。所以,他强调"夫文者,道之用也;道者,教之本也",作文"但当左右名教,夹辅圣人而已"(同上)。这一思想比周敦颐的"文以载道"说更早,对道学家的"道统"与"文统"思想有相当影响。

总之,可以说,孙复的思想与当时的儒学复兴思潮关系十分密切。

二、石　介

石介(1005—1045),字守道,一字公操,兖州奉符(今山东泰安东南)人,家居徂徕山下,学者习称"徂徕先生"。

石介于宋仁宗天圣八年(1030)中进士,历任秘书省校书郎、郓州观察推官、镇南军节度掌书记、嘉州军事判官、国子监直讲等职。他积极参与了当时的"新政",仿效韩愈《元和圣德颂》而写《庆历圣德颂》,指名道姓地品评人物、分别邪正、褒贬大臣。在太学时,他与孙复一起配合范仲淹"复古劝学"的兴学活动,北宋太学从此而兴。他还利用讲坛议论时政,訾訾大臣,甚至出入大臣之门,直接参与朝政。"新政"失败后,他遭人陷害,被迫自请外任,得判濮州。不久,在家待次的石介一病不起,卒年仅四十一岁。石介的著作有《易口义》、《易解》、《唐鉴》、《三朝圣政录》、《徂徕集》等,今有中华书局标点本《徂徕石先生文集》(1984年)。

石介是当时为儒家争"正统"、排斥佛道二教和抨击四六骈文的健将。

石介言必称"道",认为"道者何谓也?道乎所道也"(《徂徕集》卷二十《移府学诸生》),"夫天地、日月、山岳、河洛,皆气也。气浮且动,所以有裂、有缺、有崩、有竭。吾圣人之道,大中至正、万世常行不可易之道也,故无有亏焉"(《徂徕集》卷十九《宋城夫子庙记》)。这个"道"就是"孔子之道",它表现为"君臣也,父子也,夫妇也,朋友也,长幼也"(《徂徕集》卷八《辨私》)和"治人之道也,一日无之,天下必乱"(同上)。他排出了一个比韩愈要详尽得多的儒家"道统",其中包括了从伏羲一直到孔子的十四位"圣人",以及从孟轲到韩愈等许多"贤人"(参见《徂徕集》卷七《尊韩》)。

在石介那里,"文"和"道"同样重要,儒学中重要概念都包括在其中:

> 两仪,文之体也;三纲,文之象也;五常,文之质也;九畴,文之教也;道德,文之本也;礼乐,文之饰也;孝悌,文之美也;功业,文之容也;教化,文之明也;刑政,文之纲也;号令,文之声也;圣人,职文者也。(《徂徕集》卷十三《上蔡副枢书》)

他还把"文"的内容规定为仅是"圣贤"之书,因此他的"文"就等于"道","斯文"即"斯道","道统"即"文统"。

石介坚信,道应该"万世可长行,一日不可废",而文则必"本于教化仁义,根于礼乐刑政,而后为之辞"。然现实却是"异端乖离放诞,肆行而无所畏;邪说枝叶蔓引,寝长而无所收"(《徂徕集》卷十五《上孙少傅书》)。他所谓的"异端邪说",一是指佛道二教,二是指当时风行的"西昆体"美文。石介把它们称为"三怪",认为是"坏乱破碎我圣人之道"的罪魁祸首,只有"去此三者,然后可以有为"。所以他以"卫道"者自居,自称"吾道固如是,吾勇过孟轲"(《欧阳修全集·徂徕石先生墓志铭》),大张旗鼓地进行挞伐。他写了《怪说》、《中国论》等为时所重的文章,痛斥"佛、老妖妄怪诞之教"和"穷妍极态,缀风月,弄花草,淫巧侈丽,浮华篆组"的杨亿"西昆体"。为把儒家正统抬到绝对的高度,他不惜抛弃了历来排佛者所惯用的一个有力武器——经济因素,完全从文化意识的角度出发,从思想上来批判佛教。他还把中国的老子,硬说成是一个"自胡而来"、欲"以其道易中国之道"、名曰"聃"的"庞眉"(《徂徕集》卷十一《中国论》);把老子出现的时间故意排在"杨、墨、韩、庄"之后而与"佛"并列(《徂徕集》卷七《读〈原道〉》)。

尽管石介在理论上并无多大创新,但由于他身居太学教官之职,所以以上这些观点在当时产生了很大影响。后来的一些道学家对石介的评价也一直很高,如朱熹称赞他"发明一个平正底道理",是超过韩愈而仅次于"关、洛诸公"的"第一等人",是一个"刚介"的、有"不动心"的人(《朱子语类》卷一三〇)。这是对石介所给予的一个较为中肯的评价。

三、李　觏

李觏(1009—1059),字泰伯,北宋建昌军南城(今江西南城)人,因南城在盱江边,而李觏又创建了盱江书院,故学者习称"盱江先生"。

李觏一生关心时政,但举进士、制科皆不中,所以只能以教学为业。他在盱江书院时,从学者常有数百人(参见《宋史·李觏传》),是当时誉满东南的著名学者。李觏与当时主张改革政治的士大夫如范仲淹等颇有过往,常把自己的一些著述寄给他们。后经范仲淹、余靖等的多次推荐,晚年出任太学助教、直讲,曾一度继胡瑗而管勾太学,卒年五十一岁。

李觏的著作有《盱江文集》(又名《直讲李先生文集》),今有中华书局校勘标点本《李觏集》,其中的《礼论》、《易论》、《周礼致太平论》、《富国策》、《强兵策》、《安民策》、《庆历民言》等是其思想和学术的代表作。

北宋中期的江西学风重经世致用。对这一学风,以往人们多关注欧阳修和王安石,实际上李觏思想的重要性不在他们之下。

李觏思想主要依据的经典是《周易》和《周礼》。其思想学说中也有一些讨论哲学的内容,如其论"气"、论"性"、论人之认识等。如在宇宙观上,李觏重视"气",认为宇宙万物由阴阳二气的会合而成,"夫物以阴阳二气之会而后有象,象而后有形"(《李觏集》卷四《删定易图序论》)。在人性论上,他认为韩愈的"性三品"说较之孟子的性善、荀子的性恶和扬雄的善恶混更有说服力(参见《李觏集》卷二《礼论第六》)。在认识论上,他强调"习"和"见",认为"习之是而见之广,君子所以有成"(同上书卷三《易论第四》)。

但是，李觏更多也更为人所重的则是那些"愤吊世故，警宪邦国"（《李觏集》卷二十《潜书》）、"以康国济民为意"（同上书卷二十七《上孙寺丞书》）的政论文字，故其书被时人誉为"真医国之书耳"（同上书《外集》卷二《祖学士五书》）。就其思想的特点而言，可概括为：以实用为主，重视人事，主张有为，强调功利。一句话，也就是"经世致用"。正因为如此，他重易学，自云"援辅嗣（王弼）之注以解义，盖急乎天下国家之用"（同上书卷四《删定易图序论》）；他重礼学，认为"夫礼，人道之准，世教之主"（同上书卷二《礼论》），而《周礼致太平论》则"岂徒解经而已哉！唯圣人君子知其有为言之也"（《李觏集》卷五《周礼致太平论序》）。也正因为如此，他亟思"富国"、"强兵"、"安民"；他激烈地批判佛道二教；他驳斥刘牧的图书象数易学为"虚妄"；他著《常语》以反对孟子的"重义轻利"……以上这些，都可谓是深契于道学思潮"明体用"之主题的，尽管它们都偏重于"用"的层面。

总之，李觏的思想学说给予范仲淹的"庆历新政"以理论上的论证和支持，也成为后来王安石"变法"的思想渊源之一。因此，有学者甚至提出，李觏是"一个不曾得君行道的王安石"（参见《胡适文存》二集卷一）。

思考题：
1. 范仲淹与欧阳修对道学思潮的兴起有什么作用？
2. 胡瑗的教育宗旨是什么？它对道学思潮有什么影响？

参考书目：
1. 侯外庐等主编：《宋明理学史》上卷，人民出版社，1984年。
2. 石训等：《中国宋代哲学》，河南人民出版社，1992年。
3. 夏长朴：《李觏与王安石研究》，（台北）大安出版社，1989年。

第三章 道学思潮的兴起

自北宋仁宗末年的嘉祐(1056—1063)以后,道学思潮迅速兴起,经宋神宗的熙宁、元丰,到哲宗的元祐(1086—1094)之际达到高潮。在这一阶段中,随着汉唐经学体系的瓦解,学者已不必再囿于所谓的"先儒旧说",宋代道学进入了理论的创建期。周敦颐、邵雍、王安石是当时的代表人物。

第一节 周敦颐

周敦颐(1017—1073),原名敦实,因避宋英宗旧讳改为敦颐,字茂叔,北宋道州营道(今湖南道县)人。晚年定居于庐山莲花峰下,以家乡营道的水名"濂溪"名其书堂及堂前小溪,故学者习称"濂溪先生"。

周敦颐十五岁丧父,随母往京师依舅父龙图阁直学士郑向。以舅父荫,任将作监主簿,转洪州分宁县主簿,后历任南安军司理参军等州县小吏,晚年任广东转运判官、提点刑狱、知南康军等职。所到之处颇有治声。周敦颐精易学,其学属于宋易中"象数"一派,南宋的朱震、胡宏等认为其学源自于五代至宋初时的华山道士陈抟。周敦颐一生著作不多,存世的更少,加在一起不过五千余字,后人辑为《周子全书》,今有中华书局标点本《周敦颐集》(1990年)。

周敦颐一向被学术界认为是北宋道学的"开山祖师",但从实际历史过程看,周敦颐在北宋道学崛起时影响很小,这主要是由于他始终没有处在当时的政治和学术的中心。程颢、程颐兄弟少时曾从周敦颐短暂问学,但他们不甚推崇其早年的老师,程颢曾说:"吾学虽有所受,'天理'二字却是自家体贴出来。"(《河南程氏外书》卷十二)南宋时,在朱熹、张栻等的推崇下,周敦颐其人其学才渐为人知,其在道学史上的开创性地位才最终确定下来。的确,从道学的理论层面来看,周敦颐的思想学说具有鲜明的道学特征,他留下的文字虽不多,但是所涉及的问题却非常广泛,许多都是关乎时代思潮的主题。尤其是他的宇宙论和关于"诚"的论述,对以后的道学发展有很大影响。

一、"无极而太极"

周敦颐思想突出之处,就是他最先为道学理论形态建立起了一个初步的宇宙论架构。具体点说,那就是他整合了道家和道教思想而作的《太极图说》。周敦颐在《太极图说》中提出:

> 无极而太极。太极动而生阳,动极而静;静而生阴,静极复动。一动一静,互为其根,分阴分阳,两仪立焉。阳变阴合,而生水、火、木、金、土。五气顺布,四时行焉。五行,一阴阳也;阴阳,一太极也;太极,本无极也。五行之生也,各一其性。无极之真,二五之精,妙合而凝。"乾道成男,坤道成女"。二气交感,化生万物,万物生生,而变化无穷焉。

按上面的说法,宇宙原初是太极元气;经分化后成为阴阳二气;二气变化交合形成五行,它们各有其特性;五行的进一步分化凝聚就产生了万物。也就是说,世界是从某种混沌当中产生出来的,是某种发展起来的东西;它在

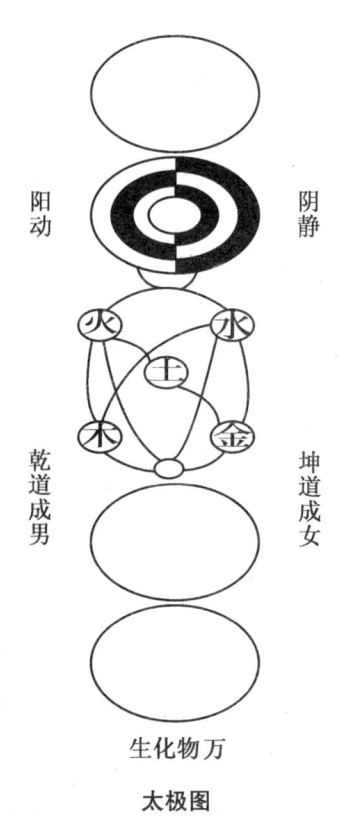

太极图

某一时间过程中逐渐生成,以后又不断发展变化;而发展变化是一种运动过程,即由"动"与"静"两个对立面的交替与转换。

如果周敦颐的宇宙论仅仅如此,那并不能说有什么突破,这些思想前人大都已经有了。问题的关键在于他提出了"无极而太极"这一重要命题,以及关于太极"动静"问题论述,从而在本原问题的探讨上,突破了以往的思维习惯,开始进入一个新的论域。也正因此,所以"无极而太极"命题引起后来道学家很大的争论,其中最为突出的是朱熹与陆九渊、陆九韶兄弟之间的争论。

二陆是从传统思路即生成论的角度来理解的,认为《易》之"太极"即是"中",即是本原;在"太极"之上(或之前)再加"无极",既是"叠床上之床,架屋下之屋",而且落入了老子"有生于无"之旨(参见《陆九渊集》卷十二《与朱元晦》)。朱熹的辩解则是一种新思路即从本体论的角度来理解的,认为非"太极"之外复有一"无极",两者本一,"无极即是无形,太极即是有理";"不言无极,则太极同于一物,而不足为万化之根;不言太极,则无极沦于空寂,而不能为万化之根"(《朱熹集》卷三十六《答陆子美书》)。简言之,"无极"之"无"不是不存在,而是无形无状却实有此理之意,它也是存在,只是无形、无状、无名、无限罢了,但它却是"太极"之所以为"太极"的存在依据。这是把"无极"和"太极"两者结合起来,把本原的实体规定为"实有而非物"、"本无而不空"的绝对体。

朱熹的辩解有过度诠释之嫌,但却不无道理。因为在道学思潮出现之前,中国本土哲学探讨本原问题多是通过对《周易》或《老子》的诠释来进行的。人们普遍重视《周易》的"易有太极,是生两仪,两仪生四象,四象生八卦",及"天地絪缊,万物化醇,男女构精,万物化生";或则《老子》的"天下万物生于有,有生于无",及"道生一,一生二,二生三,三生万物"。这些思想资料虽然含有一些本体论的意味,但主要是从生成论角度来论述的。由此,形成中国人讨论本原问题多习惯于从生成论角度着眼,即从顺的思路直贯下来。可以说,在宋代以前中国哲学的宇宙论中,生成论问题与本体论问题始终纠缠在一起。如就性质言,两者虽有关联,但毕竟不同。

在朱熹的诠释下,周敦颐"无极而太极"的命题有了新的意义,即试图从

横的层面来探讨宇宙的本原问题。当然,朱熹也不纯是无根之谈,因为在周敦颐论"动静"问题时确也有这层意思在。他说:

> 动而无静,静而无动,物也。动而无动,静而无静,神也。动而无动,静而无静,非不动不静也。物则不通,神妙万物。(《通书·动静第十六》)

如果按《太极图说》的说法,人们很自然地会产生如二陆生成论的理解,即顺序地从"无极"到"太极"到"阴阳"到"五行"(无极→太极→阴阳→五行),这里隐含着一个时间的流变过程。而《动静》章指出,"物"仅仅执"动"或"静"之一端("动而无静,静而无动"),要么"动",要么"静",非此即彼,故为"不通";阴阳虽非限定之物,但却始终只是在一动一静的流变之中("太极动而生阳,动极而静;静而生阴,静极复动;一动一静,互为其根"),对它们更多只能是靠感性经验来体会,却很难用先验思维来把握,因为静的思难以抓住动的流;"太极"虽是本原,是动之发动,但其动之发动如何成为可能?是因为"太极"具有神秘不测的性质或曰功能;只有"神"是"动而无动,静而无静"却又"非不动不静"的,它跳出了生成流变的过程,消解了时间因子,成为动和静之所以能够动静的原因;"神"是无形无状的,但却可以"妙万物";这个"神",实质上也就是"无极";"无极"和"太极"本是二而一、一而二的,实无先后上下之分,如果硬要说"无极"先于"太极",那也只能理解为是逻辑在先,而不是时间在先或空间在先。朱熹正是抓住了这一点大加发挥的。

周敦颐的宇宙论,在中国思想史上有重大意义。因为在魏晋南北朝到隋唐时期,作为外来文化的佛教,以其特有的一套精致的思辨哲学风靡于中国的思想界,并向传统的儒家和道家及道教思想提出了严峻挑战,中国传统的文化价值理想面临一场严重的危机。当时,佛教徒认为,中国传统文化的哲学基础即宇宙论和心性论过于浅薄,根本不足与佛教相抗衡。如唐代的华严宗大师宗密,在其《原人论》中,就攻击儒道二家共同的宇宙论——"太极"元气论,认为这种宇宙论仅仅相当于小乘佛教中所说的"空劫"阶段:"不知空界已前早经千千万万遍成住坏空、终而复始。故知佛教法中小乘浅浅之教,已超外典(儒道二家之学)深深之说。"依佛教大乘的教义,宇宙本是人心生灭妄想所变之境,其本身是虚幻不实的,因此称之为"假有"。而中国传统的元气论,实质上是一种"迷执",即执迷于所谓的"假有"。因此,必须破除"迷执",返照心源,终归于涅槃静寂。佛教的这种宇宙论,显然是为以儒道两家为代表的中国传统思想所不能接受的。在中国传统思想中,一向把宇宙看成是一个生生不息、大化流行的整体,即肯定其为实有,不曾怀疑过它的客观实在性和存在的合理性问题。体现这一思想的最重要典籍就是《周易》。所以,《周易》成为儒道两家所共同重视的经典。周敦颐的贡献在于试图为发源于先秦的儒家学说建立一个新的、足以与佛教思想相抗衡的宇宙论的理论框架。他从《周易》阴阳哲学立论,以"太极"为世界万物生成演化的本原和动力,肯定宇宙的本原为实有,从而批判了佛教的宇宙论,为重新确立中国传统文化的价值观奠定了基础。

当然,宇宙本体论在周敦颐那里只是一个粗粗的架构,很不成熟,其思想中混杂着不少传统生成论的成分,尤其是以"有无"来论宇宙本体,很容易与道家思想混在一起。所以后来的张载、二程兄弟和朱熹对此不断做出修正。但在北宋道学家中,是周敦颐首先尝试从新的维度思考宇宙的本原问题,因此可认为他对中国本土哲学做出了一个重大的推进。

二、"诚者圣人之本"

在周敦颐的思想中,传统儒学中"诚"这个概念得到了凸显,其《通书》的开首二章即是论"诚":

> 诚者,圣人之本。"大哉乾元,万物资始",诚之源也。"乾道变化,各正性命",诚斯立焉。纯粹至善者也。故曰:"一阴一阳之谓道,继之者善也,成之者性也。""元、亨",诚之通;"利、贞",诚之复。大哉《易》也,性命之源乎!(《通书·诚上第一》)

> 圣,诚而已矣。诚,五常之本,百行之源也。静无而动有,至正而明达也。五常百行,非诚,非也,邪暗塞也。故诚则无事矣。至易而行难。果而确,无难焉。故曰:"一日克己复礼,天下归仁焉。"(《通书·诚下

第二》）

这里，他首先把"乾元"规定为"诚"之"源"，而"乾元"就是《易》之"太极"，"太极"既为宇宙之本体，那么"源"之于"太极"的"诚"也就具有了宇宙本体的意义。当然，这中间需有一个转化，因为"太极"是就天地自然说的，它须转化为性，于是有"乾道变化，各正性命，斯诚立焉"。《周易》以"一阴一阳之谓道"为"性命之理"，这个性命之理是统天、地、人而言的。天、地莫不有阴阳，莫不受此性命之理支配，人作为天地万物中一个组成部分，当然也不例外。"诚"在自然之道而言，就是真实无妄，自然无为，即"纯粹至善"。但人不能如自然那样直接体现出这个"纯粹至善"的"诚"，而须修养功夫以"复"之。所以，关键就在于"继"和"成"。所谓"继之者善也，成之者性也"，前者就本原意义言，强调人若不继承天道，就没有本原的善；后者就人而言，强调人若不主动实现此本原意义的善，也就不能成就其性即人之为人的本质。"乾"之四德"元、亨、利、贞"，前二者为"诚之通"，即继善；后二者为"诚之复"，即成性。乾之四德因此而具有了伦理的属性，表现了人性本质生成的全过程。不过，真正能把人性实现得完整无缺的典范，只有"圣人"，因为"圣人"以"诚"为本，达到了天人合一的境界，即所谓"诚者，圣人之本"；"圣，诚而已矣"。而"圣人之道，仁义中正而已矣"（《通书·道第六》)，圣人即以"诚"为本，所以"诚"又是伦理范畴的"五常"、"百行"之本、之源。"诚"与"太极"相通，因此也具有"静无而动有，至正而明达"的本体意义，"静无"与"无极"通，其表现为"至正"；"动有"与"太极"通，其表现是"明达"。"五常"、"百行"，人类社会中的道德规范和道德行为，如不以"诚"为本，那是为"邪暗"所塞，"邪"即不正，"暗"即不明，所以"非诚，非也"。

从以上内容看，周敦颐基本是以《周易》与《中庸》互训的方法，论证"诚"这一传统的儒家范畴具有天道的本质属性，而试图重新沟通天道与性命的关系，进而为儒家的道德论建立一个天道自然的哲学基础。

"诚"这个范畴，一般是指"真实无妄"。儒家所谓的"诚"，是从人的道德实践中抽象概括出来的，指的是道德实践中高度自觉的品质或心理状态。在先秦儒家思想的发展过程中，"诚"的概念经历了一个逐步完善的过程。

孔子并未直接言"诚",而是通过言"仁"来透显"诚"之意蕴。孟子开始言"诚",但"诚"在孟子那里还不如其论"性善"那样明确。荀子言"诚",多从用的层面即工夫上讲。《大学》也言"诚",但只是作为其"八条目"之一。真正把"诚"作为核心概念来论证的当推《中庸》,《中庸》从二十章到二十六章集中论"诚"。《中庸》之"诚",是一个统贯天人的概念,体现了先秦儒家"天人合一"的思想。但是,"诚"毕竟是一个伦理的范畴,它主要用于表述人性的本质。《中庸》论"诚"虽详,但却没有具体回答何以它会具有天道的性质,天道又何以会具有伦理的属性。这是先秦儒家所面临的一个理论难题。两汉以降,儒学尽管被定于一尊,但更多是以经学的形态出现的。就理论层面言,汉儒非但没有发展,反较以往的人性理论有所倒退。而统治者对于教化之事,更重视其功效和实用,却向来不重视理论的探讨,也不需要高深的理论,只要一般地论及到人性的状态层面和操作层面就完全够了。

自魏晋以降,当儒学遭到佛教学说挑战后,它就变得越来越重要了。佛教讲生、死、心、身,其理论体系无不从宇宙论、世界观和认识论来论证自己的学说,亦即从讨论现实世界的真幻、动静、有无,人们认识的可能、必要、真妄等出发来构建自己的心性理论。这就迫使儒家学者必须对最高存在问题加以探讨,以回应佛教的挑战。问题的重要性还不仅在于针对外来的佛教,它同时也是针对本土的道家和道教思想的。因为,儒道两家虽然共同尊奉《周易》,但在价值取向上,两家却有本质区别。道家和道教取向于天道自然的自然主义,从不以为天道具有伦理的属性。道家和道教虽然没有如佛教那样斥现实世界为"虚妄"的说法,但其价值判断最终落在自我超越的自由性上,因此,也就从不认为现实世界中可以有什么作为。其之所以重视《周易》的"太极",是出于其以自然为性命的理论,以为从中可以相对容易地发展出一套炼精化气、炼气化神的养生之道。但儒家的文化价值理想是属于人文主义的,儒家更注重的是仁义礼乐和名教规范,由此再转向人的道德性命的修养即心性论上面。儒家讲"太极",是要把它最终落实到"立人极"上去;而其肯定世界的实在性,最终也无非是为了肯定现实的社会生活秩序。正是在这一层面上,儒家与道家和道教分道扬镳了。

周敦颐通过他的一番论证,把人与宇宙重新贯通起来,从而使儒家核心思想与天道的一致性得到了确定。这一理论不仅表明了儒家的心性论与佛教心性论之本质不同，也与道家和道教的思想区别开来，因此可说是在新的历史条件和思想背景下，发展了先秦儒家的"天人合一"思想。

三、"主静立人极"

周敦颐之所以要讲"无极"、"太极"，其真正的目的是要讲"人极"，即《太极图说》中所谓的"主静立人极"：

> 二气交感，化生万物，万物生生，而变化无穷焉。惟人也，得其秀而最灵。形即生矣，神发知矣，五性感动而善恶分，万事出矣。圣人定之以中正仁义而主静（自注：无欲则静），立人极焉。

按周敦颐的解释，人同万物一样是由阴阳二气交感而生的，但人之所秉是宇宙间最灵秀的气，因此其一旦有了形体后就同时具备了知觉能力和思维能力，由此也就产生了对善与恶的辨别；而"圣人"以"中正仁义"作为做人的原则，又以"主静"的方法来进行修养。何为"主静"？周敦颐解释为"无欲"。何为"无欲"？周敦颐则用"一"来解释。他说：

> 圣可学乎？曰：可。曰：有要乎？曰：有。请问焉。曰：一为要。一者，无欲也。无欲则静虚动直。静虚则明，明则通；动直则公，公则溥。明通公溥，庶矣乎！（《通书·圣学第二十》）

周敦颐的"主静立人极"的思想谈的是修养工夫问题，但他实际上没有对这一问题展开具体的讨论。而且，他的这一理论有把宇宙本体与价值本体强分先后、打为两橛之嫌。后来其学生程颐曾说过："冲漠无朕，万象森然已具，未应不是先，已应不是后。如百尺之木，自根本至枝叶，皆是一贯，不可道上面一段事，无形无兆，却待人旋安排引入来，教人涂辙。即是涂辙，却只是一个涂辙。"（《河南程氏遗书》卷十五）程颐这则语录，虽未明言批评何人，从其内容来分析似是批评周敦颐的。因为周敦颐的"圣人定之以中正仁义而主静立人极"之说，确有"人旋安排引入"的意思。但不管怎么说，周敦颐开了后来道学家们重视工夫问题的先声。

四、"孔颜乐处"

在宋代道学的探讨中,寻求"孔颜乐处",实现理想人格,是一个相当重要的课题,它也是由周敦颐首先提出的。

从历史上看,儒家一向有一种追求"乐"的传统。《论语》中"学而时习之,不亦悦乎!有朋自远方来,不亦乐乎";"饭疏食饮水,曲肱而枕之,乐亦在其中矣!不义而富且贵,于我如浮云";"知之者不如好之者,好之者不如乐之者";"知者乐,仁者寿"等等,充分体现了孔子对人生所抱的那种乐观进取的态度。而颜渊则"一箪食,一瓢饮,在陋巷,人不堪其忧,回也不改其乐"。在孟子那里,我们看到他一方面提出"乐以天下,忧以天下"的经世思想,一方面又以万物皆备、"反身而诚"的自我修养为人之大乐。魏晋时期,玄学思潮风靡一时,但儒者乐广却提出了"名教中自有乐地"(《世说新语·德行》)的观点。到了宋代的范仲淹,结合上述孟子和乐广的思想,提出了"先天下之忧而忧,后天下之乐而乐","儒者自有名教可乐"的著名观点。这些都可谓是在周敦颐之前儒家学者追求"乐"之精神境界的例证。

二程兄弟在其青少年时期,曾问学于周敦颐,程颢后来回忆道:

> 昔受学于周茂叔,每令寻颜子、仲尼乐处,所乐何事?(《河南程氏遗书》卷二上)

周敦颐所说的"孔颜乐处",讲的是一种精神境界、一种人生理想。他曾提出:

> 圣希天,贤希圣,士希贤。(《通书·志学第十》)

"希"就是以之为榜样,周敦颐认为,成圣成贤应该是读书人的理想,而"圣人"与"天"合德,所以是一种"天人合一"的境界。周敦颐又提出:"志伊尹之所志,学颜子之所学"(同上),伊尹代表的是儒家入世辅君济民的典范,颜渊则代表了儒家讲求自我修养的榜样,这又是一种"内圣外王"的境界,也是当时一批儒者倡导"明体用"思想的具体表现。这一点也体现在他那篇传世名作《爱莲说》中,他以莲花自况,因为莲花象征着儒家积极"入世"而又具有

"出淤泥而不染"的高尚品格。

周敦颐还特别强调了颜渊追求"圣人"境界的"乐",他说:

> 颜子一箪食,一瓢饮,在陋巷,人不堪其忧,而不改其乐。夫富贵,人所爱,颜子不爱不求,而乐于贫者,独何心哉?天地间有至贵至富可爱可求而异乎彼者,见其大而忘其小焉尔。见其大则心泰,心泰则无不足,无不足则富贵贫贱处之一也,处之一则能化而齐。故颜子亚圣。(《通书·颜子第二十三》)

这是一种超越功利的人生境界。因为,富贵是常人追求的对象,对一个君子来说,世界上有比富贵更值得追求的东西,那就是心之所性的"仁",而富贵只是耳目之欲。相较之下,前者是"大",后者是"小";因为耳目之欲只是身外之物,只有心所具有的东西才是"至贵至富可爱可求"者。这种"乐"的境界,实质是道德和美的自我体验及自我评价。

第二节 邵 雍

邵雍(1011—1077),字尧夫,谥"康节",世称"邵康节"。其先世是河北范阳人,至其父亲时移居河南共城(今河南辉县),后来他长期定居于洛阳。因邵雍三十岁以前曾在河南共城"居苏门百源之上"勤奋苦读,所以后人又称其学派为"百源学派"。

邵雍擅长于易学,自称其学为"先天学"。作为北宋象数学主要代表之一,邵雍有一个师承授受谱系,据说也是从五代道士陈抟那里传承而来,而其真正的授业之师则是当时的共城县令李之才。与周敦颐追寻儒家"孔颜乐处"思想相呼应,邵雍的人生理想在于追求老庄的"安乐逍遥"。这说明他与道家和道教的思想有着密切关系。尽管如此,他的基本立场仍是儒家的。邵雍以隐居不仕而闻名,一生不事科举,屡受荐举而不应。但他与当时的一批达官显贵及一时名流如司马光、富弼、吕公著、二程兄弟等过从甚密,对当时的王安石变法持抵制的立场。那些高官们为他在洛阳购置了一座花园,他把此园命名为"安乐窝",自封为"安乐先生"。他的一生过得很洒脱,自云"平生不做皱眉事"。

邵雍的著作有《皇极经世》(又名《皇极经世书》)和《击壤集》,明代徐必达编为《邵子全书》,其中的《皇极经世》是其哲学思想的代表作品。

由于邵雍是以隐士的身份度过其一生的,所以和周敦颐一样,他对当时道学思潮的实际影响也不大。他的象数学在道学思潮中虽有自成一家的地位,但他的弟子很少且多早夭,因此能传其学者甚少。此外,二程等北宋道学家对邵雍其人虽很尊重,但对其象数学则不甚为然。只是到了南宋的朱熹那里,邵雍的象数学才开始得到重视。朱熹认为,邵雍之学关乎哲学的本原问题:"不推本伏羲作《易》画卦之所由,则学者必将误认文王所演之《易》便为伏羲始画之《易》,只从中半说起,不识向上根原矣。"(《朱熹集》卷三十八《答袁机仲》)所以他不仅把邵雍的象数学纳入了自己的易学体系之中,还把邵雍推许为道学开创者的"北宋五子"之一。

邵雍的易学自称为"先天之学",实际上它可归入中国传统易学中的象数一派。北宋的部分道学家为复兴儒学,援道入儒,形成了宋代易学中的象数一派。南宋初的朱震曾勾勒过北宋易学象数学的传承谱系:

> 陈抟以《先天图》传种放,放传穆修,修传李之才,之才传邵雍。(种)放以《河图》、《洛书》传李溉,溉传许坚,坚传范谔昌,谔昌传刘牧。(穆)修以《太极图》传周敦颐,敦颐传程颢、程颐。是时张载讲学于二程、邵雍之间。故(邵)雍著《皇极经世》之书,(刘)牧陈天地五十有五之数,敦颐作《通书》,程颐述《易传》,(张)载造《太和》、《参两》等篇。(朱震《汉上易传·进周易表》)

这里把二程、张载归入宋易象数一派的说法并不准确,但指出周敦颐、邵雍、刘牧的象数学之传承谱系,还是学界所基本认可的。从中国易学发展的历史来看,宋代象数学有自己的特点。其中最突出的,就是摈弃汉儒的阴阳灾异和"天人感应",使象数学哲理化。所以,宋代的象数学成为道学中一个不可或缺的组成部分,而邵雍"先天学"则是其中的主要代表之一。

一、"先 天 之 学"

邵雍自称其象数学为"先天学",那是为了要与他提出的"后天学"区别

开来。所谓"先天"、"后天",按他的说法:

> 尧之前,先天也;尧之后,后天也。
>
> 先天之学,心也;后天之学,迹也。(《观物外篇》)

邵雍认为,汉易象数学中以《坎》、《离》、《震》、《兑》为"四正卦"的图式,那是"文王之《易》",它只是对伏羲《易》的推演,因此是"后天图";而伏羲《易》则以《乾》、《坤》、《坎》、《离》为"四正卦"图式,因此是"先天图";两种图式在次序和方位的排列上都不同(参见下图),由此引出"后天之学"和"先天之学"之别。

八	七	六	五	四	三	二	一	
坤	艮	坎	巽	震	离	兑	乾	八卦
太阴		少阳		少阴		太阳		四象
阴				阳				两仪
太极								

伏羲八卦次序图

伏羲八卦方位图

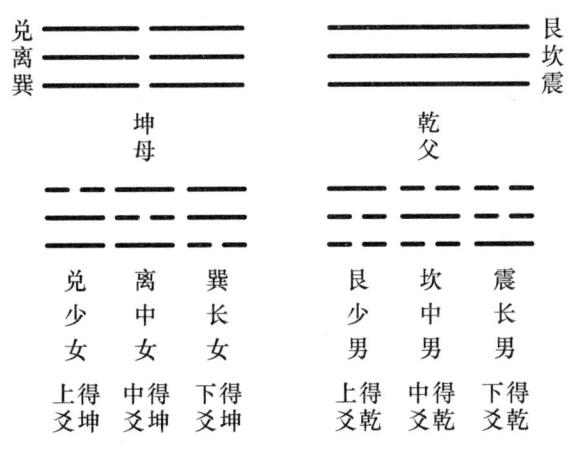

文王八卦次序图

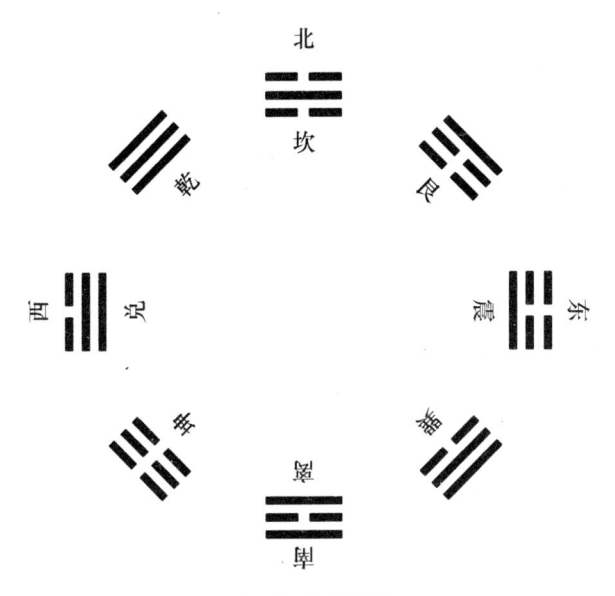

文王八卦方位图

邵雍对"先天图"和"后天图"都有解说,但他推重的则是"先天图"。在他看来:

先天之学,心法也。故图皆自中起,万化万事生乎心也。图虽无

文,吾终日言,而未尝离乎是,盖天地万物之理尽在其中矣。(《观物外篇》)

按朱熹在《答袁机仲》一书中的解说:"先天图"是"画前之《易》",它是"自然而生"的,却囊括了"天地之文,万事之理",因此是"根原"、是易学的"第一义"。而"后天图"是文王推演伏羲"画前之《易》",进而又经过孔子推演的结果,这已经是加入人为因素的"中半",是有"文义"的《易》书,已非"自然而生",已非"第一义"了。因此,就探究本原而言,先须强调"先天之学",因为"后天之学"毕竟是"效法",是从"先天之学"而来的。

邵雍的"先天图"虽说源自道教,但其思路却也可说来自《易传》"太极生两仪,两仪生四象"的八卦生成次序说。如他指出:

> 太极既分,两仪立矣。阳上交于阴,阴下交于阳,四象生矣。阳交于阴,阴交于阳,而生天之四象。刚交于柔,柔交于刚,而生地之四象。于是八卦成矣。八卦相错,然后万物生矣。是故一分为二,二分为四,四分为八,八分为十六,十六分为三十二,三十二分为六十四。故曰"分阴分阳,迭用刚柔,故易六位而成章"。十分为百,百分为千,千分为万,犹根之有干,干之有枝,枝之有叶,愈大则愈少,愈细则愈繁。合之斯为一,衍之斯为万。(《观物外篇》)

他所用的方法即"一分为二,二分为四,四分为八……"这样推演下去,"犹根之有干,干之有枝,枝之有叶",可推至于无穷,所以是"合之斯为一,衍之斯为万"。按程颢对其方法的理解,这就叫作"加一倍法",即一、二、四、八、十六、三十二、六十四……的等比推衍。邵雍的"加一倍法",表面上看是数的简单等比推演,实质上也是"阴"、"阳"的有序展开。按朱熹的诠解:

> "易有太极,是生两仪"者,一理之判,始生一奇一偶,而为一画者二也。"两仪生四象"者,两仪之上各生一奇一偶,而为二画者四也。"四象生八卦"者,四象之上各生一奇一偶,而为三画者八也。爻之所以有奇有偶,卦之所以三画而成者,以此而已。是皆自然流出,不假安排,圣人又已分明说破,亦不待更著言语别立议论而后明也。此乃易学纲领,开卷第一义,然古今未见有识之者。至康节先生,始传先天之学而得其

说,且以此为伏羲氏之易也。《说卦》"天地定位"一章,《先天图》乾一、兑二、离三、震四、巽五、坎六、艮七、坤八之序,皆本于此。若自八卦之上,又放此而生之,至于六画,则八卦相重而成六十四卦矣。(《朱熹集》卷四十五《答虞士朋》)

我们不妨参照其"伏羲八卦次序图"、《观物外篇》及朱熹的论述来看一看:

"太极,一也","一者数之始而非数也",但"非数而数以之成";数的本质是奇偶,所以"乾坤起自奇偶,奇偶生自太极",于是作为"一"的"太极"进入"两仪",即阴(--)、阳(—);两仪之上各加阴阳而成"四象",即"太阳"(⚌)、"少阴"(⚏)、"少阳"(⚎)、"太阴"(⚍);四象之上各加阴阳而成"八卦",即太阳之上加阳为"乾"(☰)、太阳之上加阴为"兑"(☱),少阴之上加阳为"离"(☲)、少阴之上加阴为"震"(☳),少阳之上加阳为"巽"(☴)、少阳之上加阴为"坎"(☵),太阴之上加阳为"艮"(☶)、太阴之上加阴为"坤"(☷)。这就是朱熹说的"乾一、兑二、离三、震四、巽五、坎六、艮七、坤八之序,皆本于此"。

依此推演下去,即"放此而生之,至于六画",那就可推出"伏羲六十四卦次序图"。把"伏羲八卦次序图"(又称"小横图")从中间拆开,拼成圆圈,那就是"伏羲八卦方位图"(见前)。其中"顺天而行"的"左旋"(从"震"到"乾"),是"数往"的"皆已生之卦";"逆天而行"的"右旋"(从"巽"到"坤"),是"知来"的"皆未生之卦"。同理,如把"伏羲六十四卦次序图"(又称"大横图")从中间拆开,拼成圆圈,那就是"伏羲六十四卦方位图"了。

朱熹对邵雍的这四个图式推崇备至,全部收入到他的《周易本义》之中。他还总结出了邵雍的两点方法:一是阴阳的自然有序展开。"伏羲画卦皆是自然,不曾用些子心思智虑";"东边一画阴,便对西边一画阳";"'自太极生两仪',只管画去,到得后来,更画不迭";"盖东一边本皆是阳,西一边本皆是阴。东边阴画,皆自西边来;西边阳画,都是自东边来"(《朱子语类》卷六十六)。二是以"四"起数。"康节其初想只是看得'太极生两仪,两仪生四象',心只管在那上面转,久之理透,想得一举眼便成四片。其法,四之外又有四焉"(《朱子语类》卷一〇一)。以"四"起数也就是程颢说的"加一倍法",朱熹认为,只有邵雍以"四"起数的加一倍法,才能真正合理地解释《周易》八卦的变化之由及六十四卦的生成之序,所以他一定要把这一说法引入自己的理论体系。

二、"心法"与"理数"

邵雍的"先天学"还有两点亦值得重视,一是"心法",一是"理数"。

邵雍曾反复强调他的"先天学"是"心"、是"心法",而"先天图"只是对"心法"的图解,他的整个易学体系无非就是围绕着"心法"这个核心而展开的。在《观物外篇》中,邵雍又明确指出,"心为太极","道为太极"。所以可以说,在邵雍那里,"心"是与"太极"、"道"相通的。

邵雍所说的"心",首先是指"天地之心"。如其所说:"天地之心者,生万物之本也"(《观物外篇》);"身在天地后,心在天地前"(《击壤集·自余吟》)。邵雍所谓"天地之心"的说法,本于《周易》,《周易》的《复卦·彖传》中有"反复其道,七日来复,天行也。利有攸往,刚长也。复,其见天地之心乎"。这里的"天地之心",也就是宇宙之心。天地本无"心",但天地自有阴阳消息之"迹",这是天运之本然,是自在之理。关键就在于人去把握它,当然这个人不是常人而是"圣人"。所以,邵雍讲的这个"心",又是指"人心"——"圣人之心"。因为只有"圣人",才"能以一心观万心","能以心代天意"(《观物内篇》)。北宋道学家都强调要接续"圣人"之"道统",邵雍于此自是当仁不让。后来张载的"为天地立心"、二程兄弟自家体贴"天理",也都是如此。

以邵雍为代表的宋代象数学的最大特点在于突出了哲理意蕴。故邵雍不同意把象数学归入"术数"的那种传统说法,而提出了"理数"的观点。他说:

> 天下之数出于理,违乎理则入于术。世人以数而入于术,故不入于理也。(《观物外篇》)

在"理"的问题上,邵雍同意二程所讲的天下万物出于一"理"的观点,只是在邵雍看来,这个"理"所呈现出来的就是"数",天地间的一切事物正是依"理数"生成变易的,而其生成变易的规律就是"心法"。"心法"所表现的即是一套以"数"为形式的"理",只要按照这个"理数"推演,就可以获得有序的宇宙图式,进而就能整体地把握世界。据载,程颐曾问邵雍:"知《易》数为知天?知《易》理为知天?"邵雍的回答是:"须还知《易》理为知天。"(《河南程氏外书》卷十二)可见,尽管二程对邵雍的象数学不以为然,但却承认他能"推数及理"(《河南程氏遗书》卷十九)。由此可以说,邵雍的"理数"与二程倡明的"理学"实际上是有相通之处的。

三、"元 会 运 世"

邵雍为了处理"先天图"如何产生天地万物、"先天学"如何解释世界的问题,提出了一系列概念范畴,这其中许多是继承前人而赋予己意的概念范畴,如"太极"、"道"、"心"、"阴阳"、"刚柔"、"体"、"性"等等。但也有不少概念范畴却是他独创或曰杜撰的,如"月窟"、"天根"等。其中最有特色的,应该说是那些为满足其"以四起数"的"先天学"逻辑结构而提出的四个一组的概念,如:"日日之物"、"日月之物"、"日星之物"、"日辰之物"、"月日之物"、"月月之物"、"月星之物"、"月辰之物"、"星日之物"、"星月之物"、"星星之物"、"星辰之物"、"辰日之物"、"辰月之物"、"辰星之物"、"辰辰之物"……这里,我们仅提一下较为人们所熟知的"元会运世"。

"元会运世",是邵雍探讨宇宙演化和历史变迁之时间问题的一种大年历法。邵雍认为,自然的历史是以"元会运世"来计算时间的,他以 12 与 30 交替进位的计算方法,提出:30 年为 1"世",12 世为 1"运",30 运为 1"会",12 会为 1"元"。若用数学式来表示,亦即:

$$1 元$$
$$1 \times 12 = 12 会$$
$$1 \times 12 \times 30 = 360 运$$
$$1 \times 12 \times 30 \times 12 = 4\,320 世$$
$$1 \times 12 \times 30 \times 12 \times 30 = 129\,600 岁$$

邵雍以"天干"重复三次来记属于 30 这一项的具体名称,以"地支"来记属于12这一项的具体名称,就如同一般用干支来记年、月、日、辰之名一样。他提出:"一元"代表自然史的一次生灭。在这一生灭过程中,"天开于子",于第一会(子会)中形成天;"地辟于丑",于第二会(丑会)中形成地;然后"人生于寅",于第三会(寅会)中产生了人。自然界自有了人类后,发展到第六会(巳会)为唐尧盛世,第七会(午会)就开始由盛向衰的演化,满十二会(即一"元")则天地归于毁灭,这样共计为129 600年。然后下一个周期重新开始。就是说,"元"并不是宇宙终结(同样,他认为"辰"也不是最小的时间单位,但他更强调往上讲的无限性)。如果一个"元"满了,旧天地毁灭,新天地诞生,这是一种循环,可至于无限。而统计方法也以12、30这样类推,因此可以有"元之世"、"元之运"、"元之会"和"元之元",以至于无穷。

很明显,这个宇宙的"年表"是邵雍杜撰出来的,就如黄宗羲在《易学象数论》中评论的那样:"其意总括古今之历学尽归于《易》,奈《易》之于历本不相通,硬相牵合,所以其说愈烦,其法愈巧,终成一部鹘突历书而不可用也。"这个评价自然不错,但如果从另一个角度看,那么邵雍的用心所在还是不难理解的。邵雍的真正用意,实际上并不在于讲什么历法,而在于提出他的一个哲学解释的视角,即宇宙既是有限的又是无限的,而宇宙的无限过程只是由129 600年为周期的单元不断地重复循环所构成的;宇宙的发展、变化,乃至宇宙万物的品类,都是由"数"所规定的,所以"数"就是宇宙演化的最高法则。

四、"以物观物"

"观物",是邵雍哲学思想中的一个重要概念,他把自己的著作定名为《观物篇》,可见他对"观物"的重视。邵雍的"观物",除了包含对外部自然世界的观察、了解之外,更主要是指人对身在其中的整个世界的态度和觉解。邵雍讲"观物",主要想表达两层含义。

其一,是"以物观物",即:

> 不以我观物,以物观物。(《观物内篇》)

他认为:

> 以物观物,性也;以我观物,情也。性公则明,情偏于暗。(《观物外篇》)

这是要求人们在认知、观照、体验、实践及各种社会生活的活动中,不要有任何基于"我"的情感、要求、意见参与其中。因为:

> 不我物则能物物。圣人利物而无我,任我则情,情则蔽,蔽则昏矣。因物则性,性则神,神则明矣。(同上)

一个事物引起"我"的喜悦或悲哀,并不是因为它与"我"预设的要求有满足或不满足的关系,而是它本来就会在一切人中引起同样的情感反应,即:

> 以物喜物,以物悲物,此发而中节者也。(同上)

其二,是"观之以理",即:

> 夫所以谓之观物者,非以目观之也。非观之以目,而观之以心也。非观之以心,而观之以理也。(《观物内篇》)

"观物"并不是对外物的感性直观,并不谋求感性地反映外物,而是用"心"去观。用"心"去观,也不是指用理性去抽象或分析,而是指人基于一定的精神境界去观照事物的态度。为什么要持这种态度呢?邵雍认为:

> 以目观物,见物之形;以心观物,见物之情;以理观物,见物之性。(同上)

这是说,"以目观物"只能获得一些感性直观的外部形状,"以心观物"受个人心智所限只能认识一些事物变化的状态,只有"以理观物"才能把握事物本性。而邵雍所说的"理",也不是指规律、法则,而是指一定的精神境界,即顺应物之自然本性的境界。

邵雍的"观物"思想,其核心在于"无我"。它强调要顺应事物本性,不要以自己的好恶掺杂在对待事物的态度中,即使在社会生活中也应如此,这样就可以达到"安乐"。二程(尤其是程颐)对这一点有所批评,认为其"安乐"、"无我"的境界陈意虽高,但常人却难以企及,难免有道家"玩物"和"玩世"的味道,因此不是儒学意义上的"自然之道"和"自处之道"。

第三节 王安石

王安石(1021—1086),字介甫(一作介父),北宋抚州临川(今江西抚州)人,学者称临川先生,因曾受封"荆国公"、卒谥"文",故又有"王荆公"、"王文公"之称。

王安石出身于下层官吏家庭,于宋仁宗庆历二年(1042)登第进士,签书淮南判官,以后历任知鄞县、舒州通判、提点江东刑狱、三司度支判官等职。仁宗嘉祐三年(1058),上《万言书》主张变革政治,未被采纳。以母忧去官,居江宁,潜心学术,聚徒讲学,陆佃、龚原等投其门下。终英宗朝,他屡受召而不起。宋神宗即位,起知江宁府,旋召为翰林学士兼侍讲。进《本朝百年无事札子》,历陈北宋建国百年来"因循末俗之弊",鼓励神宗做一个"大有为"之君,得到神宗赏识。熙宁二年(1069)拜参知政事,次年拜同平章事,实行改革,推出水利、青苗、均输、保甲、免役、市易、保马、方田均税诸法,号称"新法"。其间又设经义局,修订并颁行《三经新义》,实行贡举改革,在太学行"三舍法"。变法在朝廷内外引起激烈争议,但他不为所动,提出"天变不足畏,祖宗不足法,人言不足恤"的主张,坚持变法。前后执政凡六年,后终因内部分裂、外部反对、神宗决心动摇等原因,罢相,于宋哲宗元祐元年病逝。

王安石善诗文,其诗文清新高峻,写景、状物、抒怀、明志无不胜场,名入"唐宋八大家"之列。在学术上,他学宗孔孟,兼及诸子百家、佛道之学,旁及医书小说之类,于书无所不读。苏轼在其死后奉旨所作的"制词"中概括他的一生:"名高一时,学贯千载。智足以达其道,辩足以行其言。瑰玮之文,足以藻饰万物;卓绝之行,足以风动四方。用能于期岁之间,靡然变天下之俗……少学孔、孟,晚师瞿(佛)、聃(老)。网罗六艺之遗文,断以己意;糠粃百家之陈迹,作新斯人。"(《苏轼文集》卷三十八《王安石赠太傅》)东坡之语虽不无"微词",但谓其"学贯千载"、"少学孔、孟,晚师瞿、聃。网罗六艺之遗文,断以己意;糠粃百家之陈迹,作新斯人",极为传神。

王安石一生著述颇富，有《易传》、《淮南杂说》、《洪范传》、《老子注》、《周官新义》、《论语解》、《孟子解》、《字说》、《性说》、《楞严经疏解》等，惜多亡佚。存世仅《临川集》、《王文公文集》、辑本《周官新义》、残篇《老子注》等。

王安石之学影响颇大，且形成了自己的学派——"荆公新学"。"新学"初成于仁宗后期，当时已有部分学子从王安石游。后其执政，设局修经义，不少学者参与其事，"新学"遂成为官方之学。"新学"的主要成员有王雱、吕惠卿、蔡卞、常秩、陆佃、蹇序辰、邓洵武、王令、龚原、许允成、沈括、王子韶、章惇、蔡京等。从神宗开始至北宋灭亡前的近六十年里，除元祐初司马光"复辟"时略微受挫外，"新学"是当时最有势力的学派。《三经新义》、《字说》，乃至"新学"中人的经学著作如《易解》、《论语解》、《孟子解》等，通行于场屋，为青年士子所宗。"新学"余绪一直延至南宋中期。

一、"新学"与道学思潮

王安石的"荆公新学"是北宋道学思潮中一个有很大影响的学派。所谓"新学"，一般是指由王安石主持编定的《三经新义》（即《诗义》、《书义》、《周官义》），以及王安石为释经而作的《字说》，反对"新学"者对这四部书也尤多攻击。《三经新义》的撰修，体现了王安石"以经术造士"的思想。按其观点，"经术造士"乃是"盛王"之事，诠释经义，教育士子，这是符合"盛王"的做法；在衰世中，伪说诬民，私学乱治；孔孟经学的精义自"秦火"后散失，章句传注陷溺了人心，也淹灭了经义中的所谓"妙道"，遂使"异端"横行不已；因此，他们要重新训释经籍，使义理明白，解除以往对经学的曲解，从而能够以经学来化民导俗。在《三经新义》中，以《周官义》为最重要，因为它是王安石变法的理论依据，因此由王安石亲自训释；而《诗义》、《书义》，则由其子王雱和吕惠卿等共同参与训释。《三经新义》成书之后，由官方在全国正式颁行，"一时学者，无敢不传习，主司纯用以取士，士莫得自各一说，先儒传注，一切废不用"（《宋史·王安石传》）。由此，标志着汉唐经学的真正结束和宋学的全面展开。

王安石"新学"注重经世外王，那是为人们所熟知的。但需要说明的是，

"新学"与道学也有着某种相关的联系。如从其批判汉唐经学、主张以义理解经的观点来看，可以认为王安石的"新学"是符合道学思潮之发展方向的，因此就广义而言，称其为"道学"也无不可。

王安石的政见与司马光、二程、张载、苏氏兄弟等相左，那都是事实。但这并不等于说，王安石的思想学说不具有道学思潮的一般性质。只需翻检一下《王文公文集》即可以发现，王安石对传统章句训诂之学的否定，他对佛道思想的批判汲取，他对孟子其人其书的推崇，他对道德义理的提倡，他对儒家理想人格的追求，他对性命、情欲、义利等问题的辨析探究，丝毫不逊色于同时代的任何一位思想家。这都说明，处于时代思潮的激流漩涡之中，王安石并没有也不可能游离或超越当时的历史取向。他只是用他的方式和理解，来研究和阐发道学思潮所关注的"明体用"的时代课题。

"新学"一派虽雏形于仁宗嘉祐后期，但真正形成并产生影响却在神宗的熙宁、元丰之际，即道学思潮的高涨时期。所以，"新学"除了继承道学思潮第一阶段重视现实"治道"的特点之外，更具有自己的特色，这个特色主要表现为开始重视"治道"之如何可能的本体层面的问题，试图为儒家的"治道"理论奠定其哲学的基础。由此，所谓的"道德性命之学"或曰"性理之学"，开始真正登上了历史的舞台并逐渐成为主流，而王安石的"新学"恰恰就是这一新起思潮的"弄潮儿"之一。

王安石学生蔡卞曾这样评价乃师：

> 自先王泽竭，国异家殊。由汉迄唐，源流浸深。宋兴，文物盛矣，然不知道德性命之理。王安石奋乎百世之下，追尧舜三代，通乎昼夜阴阳所不能测而入于神。初著《杂说》数万言，世谓其言与孟轲相上下。于是天下之士，始原道德之意，窥性命之端。（晁公武《郡斋读书记·后志二》引）

北宋末马永卿记乃师刘安世语的《元城语录》中，也提到王安石"《淮南杂说》行乎时，天下推尊之，以比孟子"（《元城语录》卷上）。元城（刘安世）乃司马光高足，与"新学"一派素来不合，故其此言必是事实。如果把蔡卞之语比照程颐称颂其兄程颢、范育、吕大临表彰其师张载，不难发现其中惊人的相似之处,即当时各个学派都认为自己才真正上承了孔孟的"不传之统",才是儒家"道德性命"义理的真正的发掘、继承和弘扬者。

当时反对王安石的人,同样也认为其学为"道德性命之学"。如哲宗、徽宗间的陈瓘,他为辩王安石《日录》是诬伪之书、据《日录》改修的《神宗史》变乱是非,而专门作了《尊尧集》,其中把王安石及其后学的主要思想如"大有为"、"一道德"、"同风俗"等,以及"新学"派的要著,统统说成是"性命之理"之学,且认为"新学"派讲求外王的"国是",也"皆出性命之理"(参见《邵氏闻见后录》卷二十三)。金朝的赵秉文在《性道教说》一文中,不仅揭示了王安石之学汲取佛老思想的实质,而且直接把之与"道学"联系在一起,以与传统的训诂传注之学"俗学"相对举(参见赵秉文《滏水文集》卷一)。

这说明,当时人都认定王安石的"新学"是以发明"道德性命"为旨归的,与所谓的"道学"殊途同归,在取向上基本相同,只是看问题的角度、解决问题的途径不同罢了。

二、"道德性命之学"

清儒蔡上翔指出:

> 自诸儒讲学,专于道德性命,而学术为之一变。惟公(王安石)云:"先王所谓道德者,性命之理而已……"又曰:"先王之道德,出于性命之理,而性命之理,出于人心。《诗》、《书》能循而达之,非能夺其所有而予之以其所无也。"方与《论语》子所雅言"博学于文,约之以礼"之旨相合,即鲁直(黄庭坚)所谓"相与讲明学问之本"近之矣。(《王荆公年谱考略》卷十一)

蔡氏深谙于王安石之学,此段话中王安石数语引自其《虔州学记》,其中的"诸儒"即指张载、二程、苏轼等人,蔡氏用意在于证明王安石的"道德性命"之学与当时各种流行的"道德性命"之学的不同,此语不虚。

与当时其他道学家一样,王安石的理论兴趣也开始转向"道德性命"这一"明体"层面的问题,试图论证"先王"的"治道"出于"道德性命"之理,而归本则出于"人心"。但王安石的"道德性命"之学与当时"诸儒"确实有所区别的。此点在同时代的二程兄弟那里感受最深。他们是极力排佛道的,而尤重于排佛,指出:"如道家之说,其害终小。惟佛学,今则人人谈之,弥漫滔天,其害无涯。"(《河南程氏遗书》卷一)其原因就在于佛教"先言性命道德,先驱了知者,才愈高明,则陷溺愈深"(同上书卷二上)。但他们强调指出,当时最有害于世道人心的还不是佛教,反而是王安石的"新学":

> 今异教之害,道家之说则更没可辟,唯释氏之说衍蔓迷溺至深。……然在今日,释氏却未消理会,大患者却是介甫(王安石)之学。……如今日,却要先整顿介甫之学,坏了后生学者。(同上)

二程为什么会有这种看法,原因就在于王安石之学讲"道德性命",而这种"道德性命"之学表面上与他们所讲很相似,实质上却与佛教有着莫大的关联,因此必须加以"整顿"。

王安石之学确实也是一种"道德性命"之学。如在其名著《洪范传》中,他这么说道:

> 五行,天所以命万物者也,故"初一曰五行"。五事,人所以继天道而成性者也,故"次二曰敬用五事",五事,人君所以修其心、治其身者也……盖五行之为物……性命之理、道德之意皆在是矣。(《王文公文集》卷二十五《洪范传》)

王安石认为,"天道"中包含了"性命之理"和"道德之意",人可以"继天道而成性",这和当时二程等道学家的观点没有太大的不同。

王安石对道学家们所关注的所谓"穷理尽性"问题也有所探讨,如在《洪范传》中他说:

> 通天下之志,在穷理;同天下之德,在尽性。穷理矣,故知所谓爵而弗受,知所谓德而锡之福;尽性矣,故能不虐茕独以为仁,不畏高明以为义。(同上)

对"道学"的一些重要概念如"气"、"命"、"心"、"诚"、"性"、"神"、"形"等及其关系,王安石也有自己独到的论述,如他在《礼乐论》中说:

> 气之所禀命者,心也。视之能必见,听之能必闻,行之能必至,思之能必得,是诚之所至也。不听而聪,不视而明,不思而得,不行而至,是性之所固有,而神之所自生也,尽心尽诚者之所至也。故诚之所以能不测者,性也。贤者,尽诚以立性者也;圣人,尽性以至诚者也。神生于性,性生于诚,诚生于心,心生于气,气生于形。形者,有生之本。故养生在于保形,充形在于育气,养气在于宁心,宁心在于致诚,养诚在于尽性,不尽性不足以养生。能尽性者,至诚者也;能至诚者,宁心者也;能宁心者,养气者也;能养气者,保形者也;能保形者,养生者也;不养生不足以尽性也。(《王文公文集》卷二十九)

对道学家热衷的所谓"性情"问题、"中和"问题,王安石也有自己的独到看法,他提出了"性本情用"、"性情一也"等命题,指出:

> 性情一也。世有论者曰:性善情恶,是徒识性情之名,而不知性情之实也。喜、怒、哀、乐、好、恶、欲,未发于外而存于心,性也;喜、怒、哀、乐、好、恶、欲,发于外而见于行,情也。性者,情之本;情者,性之用。故吾曰:性情一也。(《王文公文集》卷二十七《性情》)

> 先王知其然,是故体天下之性而为之礼,和天下之性而为乐。礼者,天下之中经;乐者,天下之中和……圣人之遗言曰"大礼与天地同节,大乐与天地同和",盖言性也。大礼性之中,大乐性之和,中和之情通乎神明。(《王文公文集》卷二十九《礼乐论》)

从《中庸》的"未发"、"已发"出发,来讨论具体的"性情"问题,王安石似乎要比程颐与吕大临早,而此点以往论述宋代道学者往往忽略。

对道学家所注重的"内求"、"去情却欲"等"内圣"的修养工夫,王安石也很关注。如其说,"圣人内求,世人外求,内求者乐得其性,外求者乐得其欲";"去情却欲以尽天下之性,修神致明以趋圣人之域"(同上)。另外,如从动机与目的、公与私的区别来辨明儒家的义利、王霸问题;对传统儒学反复讨论的人性善恶问题等,王安石也有他自己独到的见解。

因此可以说,王安石"新学"是当时道学思潮中的重要思想代表之一,王安石所从事的也是新理论的探索,也是对道学思潮主题的回应。至于王安石"新学"与当时张载"关学"、二程"洛学"之间观点互异,结论不同,对道学思潮的贡献大小,那是另一回事。

三、"万物一气"与"道立于两"

在宇宙论方面,王安石受老子思想的影响较重。他经常用"道"、"太极"、"天"这些概念来指称世界本原,如他说:

> 道者,天也,万物之所由生,故为天下母。(《王安石老子注辑本》)
> 太极者,五行之所由生,而五行非太极也。(《王文公文集》卷二十七《原性》)
> 天与道合而为一。(《王安石老子注辑本》)

王安石讲的"道",不是独立存在物,"道"是以"气"为本的。他说:

> 道无体也,无方也,以冲和之气鼓动于天地之间,而生养万物。(同上)
> 道有体有用。体者,元气之不动;用者,冲气运行于天地之间。其冲气至虚而一,在天则为天五,在地则为地六。盖冲气为元气之所生,既至虚而一,则或如不盈。(同上)

以上表述看似矛盾,其实是对"道"之性质的巧妙规定。前者"道无体",是说"道"本身没有形体,流动于天地之间,不是独立存在的实体;后者"道有体",指"道"必须附着在一个实体上,必须有一个实在的东西作为其存在的依据。这个负载"道"之实体,王安石规定为是"元气"。所以,他一方面说"冲气为元气之所生",另一方面又说"冲气生于道":

> 一阴一阳之谓道,而阴阳之中有冲气,冲气生于道。(同上)

而他从老子那里借用来的"冲气"概念,则指阴阳交合之"气"。所以,"气"可认为是王安石哲学的最高范畴,他也反复申论:

> 生物者气也。(《王文公文集》卷二十五《洪范传》)
> 万物一气也。(《周官新义》卷十)

万物同一气。(《王文公文集》卷三十九《今日非昨日》)

通过对"气"的论述,王安石建立了他的宇宙生成理论,即:

道立于两,成于三,变于五,而天地之数具。(同上书卷二十五《洪范传》)

这里,"道"是"元气";"两"是"阴阳";"三"是"阴阳和"即"冲气";"五"是"五行"。它们都是"道"所固有的,也就是"气"所固有的。如果用图式来表示王安石的宇宙生成论,也就是:元气→阴阳→冲气→五行→万物。

总之,王安石的宇宙论与当时张载的理论比较接近,即承袭传统的"元气"说而有所发明,但其理论深度不及张载。

思考题:
1. 周敦颐对道学的贡献表现在哪些方面?
2. 邵雍的"先天之学"讲些什么?
3. 为什么说王安石的"新学"与道学思潮有关?

参考书目:
1. 陈　来:《宋明理学》,华东师范大学出版社,2004年第2版。
2. 余敦康:《内圣外王的贯通——北宋易学的现代阐释》,学林出版社,1997年。
3. 徐洪兴:《〈周子通书〉导读》,上海古籍出版社,2000年。
4. 余英时:《朱熹的历史世界》(上),北京三联书店,2004年。
5. 李祥俊:《王安石学术思想研究》,北京师范大学出版社,2000年。

第四章　张　　载

张载是继周敦颐、邵雍之后最重要的北宋道学家之一。

张载(1020—1077),字子厚,陕西凤翔府郿县(今陕西眉县)人,祖籍大梁(今河南开封)。因其久居家乡横渠镇讲学,学者习称"横渠先生"。

张载于宋仁宗嘉祐二年(1057)中进士,历任祁州司法参军、丹州云岩县令、签书渭州判官公事等职。宋神宗熙宁二年(1069),张载出任崇文院校书。时当王安石行"新法",很希望得到张载支持。张载并不反对变法,但提出不能"教玉人追琢",遂与安石"语多不合"。后因其弟张戬反对变法获罪,张载辞职回乡,以讲学著书为生。晚年他出任同知太常礼院,但不久就因病辞职,归途中卒于临潼馆舍。

张载少喜谈兵,曾欲结客收复洮西失地,后受范仲淹劝导读《中庸》(参见《宋史·张载传》)。张载读后,"虽爱之,犹未以为足",于是长期泛滥于佛道及诸子百家之学,注意当时天文、历算、医学等自然科学成果,最后反求儒经,确立了他对佛道思想的批判立场,建立起以"气"为本的哲学体系。

张载是个真正的哲学家,他一生穷神研几,思学并进,其弟子记他"终日危坐一室,左右简编,俯而读,仰而思,有得则识之。或中夜起坐,取烛以书。其志道精思,未始须臾息,亦未尝须臾忘也"(吕大临《横渠先生行状》)。他勇于"造道",传诵千古的"横渠四句"——"为天地立心,为生民立命,为往圣继绝学,为万世开太平"是其志向的鲜明写照。在学术上,他强调要有"心解"、"心悟",追求的是儒家义理之学。他不仅精思过人,且强调践履,注重"外王"。他重视《周礼》,其重视的向度或与李觏、王安石有别,但主张通经致用的立场则完全一致。他以"躬行礼教"倡道于关中,甚至想把《周礼》关于"井田"的论述,结合自己的构想,在关中集资购田以付诸实施(参见同上)。

张载是二程兄弟的表叔。二程在哲学上与张载观点多有不同,虽时有争论,但他们对张载的才学很推崇,认为张载的《西铭》,乃"孟子以后,未有人及此"(《河南程氏遗书》卷二上);他们对"关学"中人"语学而及政,论政而及礼乐兵刑之学"的特点则许为"善学"(《河南程氏粹言》卷一)。如果从道学理论体系发展的逻辑顺序而言,张载的思想上承周敦颐、邵雍,下开程颢、程颐兄弟,尽管他们都是深造自得,并没有什么预先的分工。

张载长期讲学于关中,道学中的"关学"一派,萌芽于北宋庆历之际的申颜、侯可,至张载而正式创立。所谓"关学",即关中(函谷关以西、散关以东)之学,这是就地域而言的,因为无论申颜、侯可,还是张载及其弟子,多为关中人。如就性质言,它属于北宋道学中以"气"为本的一个哲学学派。当张载之时,"关学之盛,不下洛学",《宋元学案》中记有不少"关学"弟子。但张载死后,"关学"分化而衰微,其中不少人转投二程门下,在守持"关学"师法的同时,增加了"洛学"色彩。

张载的著作颇丰,惜在元明时期有所散佚,今存通行本是明朝沈自彰辑的《张子全书》,1978年中华书局标点整理出版了《张载集》。

第一节 "太虚即气"

张载之学,以《易》为宗,《中庸》为体,《礼》为用,孔、孟为法。在哲学方面,他首重《周易》,其代表作《正蒙》就是在《易传》基础上写成的,其中表述了以"气"为本的宇宙论和本体论哲学思想。

一、"太虚无形,气之本体"

张载思想中最重要也最具特色的就是关于"虚空"和"气"的理论,这是他的整个哲学的基础。

"气"本来是中国传统思想文化中最古老、最常用的基本概念之一，其适用范围之广泛，几乎无所不包。"气"的理论，在宋明时期又有了重大的发展，"气学"成为很有影响的一个流派。北宋道学崛起之初，范仲淹、李觏等已有论及"气"的一些思想。到了道学发展的第二阶段，周敦颐、王安石等更强化了"气"的哲学意蕴。但真正确立以"气"为最高哲学范畴，建立"气"本论哲学体系的则是张载。

张载以"气"为本的宇宙本体论，在其《正蒙》之首的《太和篇》中有较多论述。如他说：

> 太虚无形，气之本体，其聚其散，变化之客形尔；至静无感，性之渊源，有识有知，物交之客感尔。客感客形与无感无形，惟尽性者一之。
>
> 天地之气，虽聚散、攻取百途，然其为理也顺而不妄。气之为物，散入无形，适得吾体；聚为有象，不失吾常。太虚不能无气，气不能不聚而为万物，万物不能不散而为太虚。循是出入，是皆不得已而然也。
>
> 知虚空即气，则有无、隐显、神化、性命通一无二；顾聚散、出入、形不形，能推本所从来，则深于《易》者也。
>
> 气聚则离明得施而有形，气不聚则离明不得施而无形。方其取也，安得不谓之客？方其散也，安得遽谓之无？

所谓"太虚"，本指虚空，在先秦文献中多指天或天之虚空的空间，自汉代宇宙论兴起，"太虚"又增加了天地始源、宇宙本根的含义。张载认为，"太虚"并不是绝对的空间，他曾说：

> 太虚者，天之实也。万物取足于太虚。（《张子语录·语录中》）

在张载的理论体系中，无形无状的"太虚"是"气"的本然存在状态即"本体"。至于"气"，在张载那里即可指阴阳未判的元气（张载有时也用"太极"来表述），又可指阴阳已分之气。

张载说："太虚无形，气之本体，其聚其散，变化之客形尔。"又说："太虚不能无气，气不能不聚而为万物，万物不能不散而为太虚。"按此说法，宇宙的构成分为"太虚"、"气"、"万物"三个层次。而"太虚"与"气"并不是一种时间先后的生成关系，而是一种本体与现象的关系，即所谓：

> 太虚为清,清则无碍,无碍则神;反清为浊,浊则碍,碍则形。(《正蒙·太和篇》)

> 散殊而可象为气,清通而不可象为神。(同上)

"太虚"与"气"只是同一事物的两种属性,它们的区别在于形上与形下,用张载的话说就是"可象"与"不可象"之别。前者"至静无感"、"无感无形",是"性之渊源";后者则有"聚散"、"客形"、"客感",可使人"有识有知"。二者经由"尽性者"而统一起来。"气"是有聚有散、有形质而表现为万象生化的现象之存在,"太虚"则是超越聚散、形质的本体之存在。所以,就"太虚"言即是"死之不亡者","气"无论聚散,它都是"吾体",如张载在其语录中指出的那样:

> 凡有形之物即易坏,惟太虚处无动摇,故为至实。(《张载集·张子语录·语录中》)

在张载"气"论中,"太和"也是一个重要概念。《正蒙》开篇即开宗明义地指出:

> 太和所谓道,中涵浮沉、升降、动静、相感之性,是生细缊、相荡、胜负、屈伸之始。其来也几微易简,其究也广大坚固。起知于易者乾乎!效法于简者坤乎!散殊而可象为气,清通而不可象为神。不知野马、细缊,不足谓之太和。

"太和"一词始见于《易传》,《象辞·乾》云:"乾道变化,各正性命。保合太和,乃利贞。"张载对此概念并无十分明确的言说。按一般理解,"太"指极至,"和"指和谐。合起来讲,"太和"就是指宇宙中阴阳二气变化运动而不失其序的和谐状态。按清儒王夫之注解《正蒙》中的说法:

> 太和,和之至也……阴阳异撰,而其细缊于太虚之中,合同而不相悖害,浑沦无间,和之至矣。未有形气之先,本无不合;既有形器之后,其和不失,故曰太和。(《张子正蒙注》卷一《太和篇》)

王夫之的这一解释是根据传统注解立论的,基本上符合张载的原意,而较诸张载之说显得明确。

从上可知,"太和"无非是指太虚中阴阳二气的和谐状态。换言之,阴阳二气互相作用、互相推移而"不相悖害",亦即"太和"。同时,在和谐统一当中,又包含了对立,如浮沉、升降、动静等等,这一观点富有辩证的思想因素。

此外还应看到,张载所讲的"太和"已经不局限于《易传》"保合太和"的原始涵义。阴阳二气的和谐统一,自是张载"太和"概念的题中应有之义,这从"中涵浮沉、升降、动静、相感之性"的表述中即可窥出。但张载既以"太和"名篇,且置于《正蒙》全书之首,恐其意旨不止于此,因此学术界对此有不同看法。我们可以说,张载把"太和"提升到"道"的高度来解释,以此构成他气本论思想的一个理论基点。

二、"神化"与"参两"

张载《正蒙》中有《神化篇》和《参两篇》,这是探讨宇宙间运动变化问题的。张载曾说:"由气化,由道之名"(《正蒙·太和篇》),"道"就是"气化"的过程。

"气化"是如何展开的呢？张载认为:

> 神,天德;化,天道。德,其体;化,其用。一于气而已。(同上)

这是说,"神"和"化"统一于"气","神"是气之本质("体"),"化"是气之功能("用")。

从起源上看,"神"、"化"概念最早见诸于《周易》,如:"神也者,妙万物而为言者也。"(《周易·说卦》)"阴阳不测之谓神","知变化之道者,其知神之所为乎！"(《周易·系辞传》)这些文字都说明,"神"是指阴阳两气的神妙不测之作用,"化"则主要是指阴阳两气的变化运动之现象。

关于"神"这一概念,张载有这样的说明:"气之性本虚而神",因为气具有"神"之属性,故气能"体物而不遗"(《正蒙·乾称篇》),成为万物之本体。可以看出,"神"之概念与气本体论紧密相关。

至于"化"这一概念,在张载那里,则主要是指"气化",亦即指通过气化产生万物之过程。可见,"化"是指气之本体的一种功能性概念。"化"与

"变"又关系密切,他说:

> 变言其著,化言其渐。(《横渠易说·说卦》)

> 变则化,由粗入精也。化而裁之谓之变,以著显微也。(《正蒙·神化篇》)

至于"神"与"化"的关系,在张载看来有如"体"与"用"的关系,不能分离。化以神为体,神以化为用;有神必有化,化以显其体。在此意义上可以说,神化又是宇宙万物的根本法则,而非人的意志所能转移,如他说:

> 神化者,天之良能,非人能。(同上)

由此,"穷神知化",便成为人们把握世界的重要途径。张载的"神化"范畴对后世的"气"学思想影响不小。上承二程之学的南宋道学家朱熹也对之十分赞赏,认为"'神化'二字,虽程子说得亦不甚分明,惟是横渠推出来"(《朱子语类》卷九十八)。

在张载那里,神化又与动静、一两等概念有关。他说:

> 一物两体,气也。一故神(自注:两在故不测),两故化(自注:推行于一)。此天之所以参也。(《正蒙·参两篇》)

这段话内涵十分丰富,其中含有对"两一"、"参两"等范畴的阐述。所谓"两体",是指阴阳二气,指对立的两个方面;所谓"一物",则是指一气,指气之两个方面(阴阳)的统一。因此,"两"与"一"实际上也就是指阴阳二气的对立统一关系。关于这一点,张载还有深入的阐发:

> 两不立则一不可见,一不可见则两之用息。两体者,虚实也、聚散也、清浊也,其究一而已。(《正蒙·太和篇》)

可见,"两"与"一"是彼此不离、互相影响的,而气则是包含了两个构成部分的统一体。因其对立,故有"化"之过程;因其变化,故有"参"之结果,参即三,是对立而统一之意。

与"一物两体"之说相关联,在张载哲学中又有"二端"、"本一"的概念。如他说:

二端,故有感;本一,故能合。(《正蒙·乾称篇》)

其意思基本上与"一物两体"说是相同的,也是强调阴阳二气既对立又统一的道理。

三、佛道二教"以言乎失道则均焉"

解决宇宙本原问题并不是道学的最终目标,道学的最终归趣还是儒家的人生论。道学家们之所以要去探讨宇宙本原的问题,实际上是为了应对佛道二教的形上学之挑战。儒学要肯定现实生活秩序,就必须先肯定这个感性的现实世界,肯定这个世界的实在性及其存在的合理性,以对抗佛道二教以存在为空幻、否定现实世界、追求寂灭或长生的理论。所以,尽管宇宙本体论不是道学的华彩乐章,但却是它的序曲,是其理论体系赖以出发的基点。有了这个基点,它才能进而讨论乃至重建以人的伦常秩序为轴心的道学主题。

张载的理论体系建构,正是循着上述顺序展开的。代表其宗旨的"横渠四句",道出的也是这一顺序。其中的第一句"为天地立心",实质说的正是在佛道的挑战下必须确立起儒学宇宙本体论的任务。这一点张载弟子范育讲得非常明确:

自孔孟没,学绝道丧千有余年,处士横议,异端间作,若浮屠、老子之书,天下共传,与六经并行。而其徒侈其说,以为大道精微之理,儒家之所不能谈,必取吾书为正。世之儒者亦自许曰:"吾之六经未尝语也,孔孟未尝及也。"从而信其书、宗其道,天下靡然同风,无敢置疑于其间,况能奋一朝之辩,而与之较是非曲直乎哉!子张子独以命世之宏才,旷古之绝识,参之以博闻强记之学,质之以稽天穷地之思,与尧、舜、孔、孟合德乎千载之间。闵乎道之不明,斯人之迷且病,天下之理泯然其将灭也,故为此言与浮屠、老子辩,夫岂好异乎哉?盖不得已也。(《正蒙》范育序)

张载是当时批判佛道思想的主要代表之一,其批判的理论水平大大超过了前人。他站在自己的哲学立场上,大谈那些一向被认为是"儒家之所不能谈"的"大道精微之理",以"有六经之所不载,圣人之所不言"的新理论,从宇宙本体论的高度批判了佛道二教的虚妄本质。他的批判,代表了儒家在经历了佛道二教长期挑战后,真正开始从理论上迎战它们,重新确立儒学的主导地位,如他指出:

> 彼语寂灭者(指佛教)往而不反,徇生执有者(指道教)物而不化,二者虽有间矣,以言乎失道则均焉。(《正蒙·太和篇》)

> 若谓虚能生气,则虚无穷,气有限,体用殊绝,入老氏"有生于无"自然之论,不识所谓有无混一之常。若谓万象为太虚中所见之物,则物与虚不相资,形自形,性自性,形性、天人不相待而有,陷于浮屠以山河大地为见病之说。此道不明,正由懵者略知体虚空为性,不知本天道为用,反以人见之小因缘天地。明有不尽,则诬世界乾坤为幻化。(同上)

> 浮屠明鬼,谓有识之死,受生循环,遂厌苦求免,可谓知鬼乎?以人生为妄见,可谓知人乎?天人一物,辄生取舍,可谓知天乎?孔孟所谓天,彼所谓道。惑者指游魂为变为轮回,未之思也!大学当先知天德,行天德则知圣人、知鬼神。今浮屠极论要归,必谓死生转流,非得道不免,谓之悟道可乎?悟则有义、有命,均死生,一天人,惟知昼夜、通阴阳,体之不二。(《正蒙·乾称篇》)

> 知昼夜、阴阳则能知性命,能知性命则能知圣人、知鬼神。彼(指佛教)欲直语太虚,不以昼夜、阴阳累其心,则是未始见《易》,未始见《易》,则虽欲免昼夜、阴阳之累,未由也已。《易》且不见,又乌能更语真际!(同上)

可以说,张载以"气"为本的理论,既是立又是破,它不仅从正面为儒家学说建构了一个"天地之心",同时也是对佛道二教学说做出的批判。张载指出,道家和道教讲"无",认为"虚能生气"即"无"中可生出"有",又主张"物而不化"的"长生";佛教讲"空",认为"万象为太虚中所见之物",以客观世界为"见病"即幻觉。这"二者虽有间矣,以言乎失道则均焉"。张载正是通过对"太虚即气"思想的阐发,从理论上有力地批判了佛道二教的"空"、"无"观点。他的批判是：道家和道教讲无中生有的"虚能生气"，完全错了。因为他们把"虚"与"气"看作是相生关系而不是体用关系。事实上，"虚"只是"气"存在的本然形态，"虚能生气"的生成论把体（虚）与用（气）打成了两橛，造成"体用殊绝"，本体与现象两者无法并存、统一，所以就无法解释"虚无穷，气有限"的现象，结果只能归结为"有生于无"；此外，"气"的每一种有规定的形态都是暂时的、有限的，有"聚"必有"散"，只有作为本体的"太虚"才具超越性，是永恒的，因此所谓"物而不化"的"长生"也是虚妄的。

张载认为，佛教讲"万象为太虚中所见之物"的"幻相"是错的，因为它只"知体虚空为性，不知本天道为用"，主观上想"免昼夜、阴阳之累"，从而"直语太虚"，不知本体还须发用流行，否则就是有体无用。佛教的这种"空观"是"以心法起灭天地"（《张载集·正蒙·大心篇》），只认"真际"（本体）而否认"实际"（现象），进而"诬世界乾坤为幻化"。这是"体用殊绝"的另一种表现形式，即还是把体与用打成了两橛，结果只能是"物与虚不相资，形自形，性自性，形性、天人不相待而有"。

四、"学至于知天"

张载学说的"破"首先是针对佛道二教的，但进一步说，"破"也是针对汉唐儒学的。此点张载有十分自觉的意识，他指出：

> 知人而不知天，求为贤人而不求为圣人，此秦汉以来学者大蔽也。
> （《宋史·张载传》）

汉唐儒学"天人感应"的理论架构，由于缺乏本体论的依据，因此不"知天"也难"知人"，在佛教思想的挑战面前节节败退。在经历了与佛教长期的冲突以后，到张载这个时代，不少儒者已明白了此中的关节，意识到要重振儒学，必须要有哲学的突破，追求向上一路，探讨最高存在问题。张载正属于其中十分重要的一个，如他所说：

> 天道即性也，故思知人者不可不知天，能知天斯能知人矣。知天、

知人,与"穷理尽性以至于命"同意。(《横渠易说·说卦》)

　　孟子所论"知性"、"知天",学至于知天,则物所从出当源源自见,知所从出,则物之当有当无莫不心喻,亦不待语而知。(《文集佚存·答范巽之》)

张载正是把"知天"作为其理论上的突破口,从天道问题入手,先"为天地立心",进而再"本天道为用",进入儒家真正关心的人道问题——"知人"。但这不是一件轻而易举之事。

北宋道学思潮兴起之初,范仲淹、欧阳修、胡瑗、孙复、石介、李觏等的思想学术重在"用"的层面,不仅未能较多地关注宇宙本体层面的问题,即便在价值层面也多留意于规范而缺少本体向度的思考,因而"用"有余而"体"不足。这除了他们自身的素质、旧有的理论限制等因素外,主要原因在于他们的理论是为了适应当时政治改革的"经世外王"之急需。直到道学思潮的第二阶段,"明体"层面的探索才开始受到重视,而周敦颐和邵雍是着了先鞭的。

可是周、邵二人与道教有很深的渊源,其理论都存在道家和道教思想的痕迹,其中道家"有生于无"的宇宙生成模式是其思想的重点之一。因此,张载的"破",还需对这些新的体用割裂观点做出反拨。他强调指出:

　　若谓虚能生气,则虚无穷,气有限,体用殊绝,入老氏"有生于无"自然之论,不识所谓有无混一之常。(《正蒙·太和篇》)
　　知虚空即气,则有无、隐显、神化、性命通一无二。(同上)
　　圣人仰观俯察,但云"知幽明之故",不云"知有无之故"。(同上)
　　知太虚即气,则无无……诸子浅妄,有"有无"之分,非穷理之学也。(同上)
　　大《易》不言"有无",言"有无",诸子之陋也。(《正蒙·大易篇》)

以上这些话固然是针对道家和道教的,但同时也是针对周敦颐、邵雍的。可以说,张载重"幽明"而轻"有无",不强调生成演化,不分先天、后天,直接就"太虚"无形之气来讨论宇宙本体,并以此作为其人文关怀的形上依据,把道学理论体系向前推进了一大步。

第二节 "性"与"心"

张载尝言：

> 由太虚,有天之名;由气化,有道之名;合虚与气,有性之名;合性与知觉,有心之名。(《正蒙·太和篇》)

这段话表明张载对宇宙、人性之问题有一综合的考察,同时也表明张载思想有一逻辑顺序,亦即由"天"(太虚)、"道"(气化)问题出发,进而涉入"性"与"心"的问题。而张载对这些问题的探讨,是建立在"气"本论之基础上的,由此出发,张载提出了他的心性理论。

一、"天地之性"与"气质之性"

张载说：

> 合虚与气,有性之名。(《正蒙·太和篇》)
> 有无虚实通为一物者,性也。(《正蒙·乾称篇》)

意思是说,"性"是由"虚"和"气"、"有无虚实"合而构成的。落实到具体的人性上,张载则把它分为两层——"天地之性"和"气质之性"。他说：

> 形而后有气质之性,善反之,则天地之性存焉。故气质之性,君子有弗性者也。(《正蒙·诚明篇》)

根据他的观点,人之"性"有两层,一层是普遍而绝对的,即"天地之性";一层是具体而相对的,即"气质之性"。前者由天道而来,是道德本体;后者由气化而成,指素质、本能等感性存在。

张载的这对范畴,是与其宇宙本体论相对应的,他以"气"为本体,"合虚与气,有性之名"中的"虚"指的是"太虚",即"气"的本然状态;"气"指的是有清浊、厚薄、轻重等之分的阴阳之气。在张载看来,人人都禀受"太虚"的本性,即"天地之性",这个本性是不会被气质的昏明所遮蔽的,他说：

> 天所性者通极于道,气之昏明不足以蔽之。(同上)
> 性者万物之一源,非有我之得私也。(同上)

但人不是由太虚之气直接构成的,而是由太虚之气聚而为"气",由"气"聚而为"万物":

> 游气纷扰,合而成质者,生人、物之万殊;其阴阳两端循环不已者,立天地之大义。(《正蒙·太和篇》)

人也是万物中之一物,所以又是禀受阴阳之气而生的,这就如同张载比喻的那样,"天性在人,正犹水性之在冰,凝释虽异,为物一也"(同上)。"气"有自己的属性,如水之性虽也为冰所具有,但冰仍有自己的属性。因此,人除了"天地之性"外,又都同时具有"气质之性"。

按张载的说法,"天地之性"因为是从天道而来的,所以是清澈纯一、至善的;"气质之性"由于"气化"而成的,所以就有了清浊、厚薄、刚柔、缓速之分,它是构成人的材质、本能等的感性存在,因而也就有了善恶的可能性。

张载认为,人一旦出生就同时具有了"天地之性"和"气质之性"。但两者虽同时并存于人,关系却不是对等平行的。决定人之所以为人之本质的只能是"天地之性",所以他要强调"气质之性,君子有弗性者也"。而"性于人无不善,系其善反不善反而已"(同上),"善反之,则天地之性存焉"。因此,人应该善于反省,去体认存在于自身的"天地之性"。

张载提出的"天地之性"(后世亦称"天命之性"、"义理之性"、"本然之性"等)与"气质之性"(后世亦称"气禀之性"等)这对范畴,较好地处理了先秦以来关于人性善恶的难题,并为后来的道学家所普遍接受,成为道学心性理论中的重要范畴。

二、"变 化 气 质"

既然人性分为两层,而"天地之性"对人又是至关重要的,那人就应该"善反之",就应该注意克服"气质之性"中恶的成分。用张载的话来说,这就叫作"变化气质":

> 为学大益,在自求变化气质,不尔皆为人之弊,卒无所发明,不得见圣人之奥。(《经学理窟·义理》)
>
> 学者先须变化气质,变化气质与虚心相表里。(同上)

何谓"气质"? 张载有具体的规定。按他的说法,人的"气质"包含有生理方面的和心理方面的因素。

生理方面的因素是指人和动物所共有的本能:

> 湛一,气之本;攻取,气之欲。口腹于饮食,鼻舌于臭味,皆攻取之性也。(《正蒙·诚明篇》)

"湛一"就是"太虚"之气的本性即"天地之性",它体现为仁义礼智,"仁义礼智,人之道也,亦可谓性"(《张子语录·语录中》)。"攻取"则是"气"的本性,它所体现出的就是先秦告子所谓的"食色"之性。以上这两种性,共同构成了人的现实属性。

心理方面的因素则指人的禀性如刚柔、缓急、才不才等。张载说:

> 气质犹人言性气。气有刚柔、缓速、清浊之气也;质,才也。气质是一物。(《经学理窟·学大原上》)
>
> 人之刚柔、急、有才与不才,气之偏也。(《正蒙·诚明篇》)
>
> 刚柔缓速,人之气也,亦可谓性。(《张子语录·语录中》)

从上可知,张载所谓的"气质之性",即指人的生理本能欲望和脾性、体性、知性之类。张载认为,就一般人而言,"气质之性"都有"偏",有遮蔽"天地之性"的一面,惟有"知德者属厌而已,不以嗜欲累其心,不以小害大、末丧本焉尔"(《正蒙·诚明篇》),这个"知德者"指的是儒家的"圣人"。

但是,张载又认为,"气之不可变者,独死生修夭而已"(同上)。他想表达的意思就是,常人的"气质之性"是可以改变的:

> 惟其能克己,则为能变,化却习俗之气性,制得习俗之气。(《经学理窟·学大原上》)
>
> 如气质恶者,学即能移。今人所以多为气所使而不得为贤者,盖为不知学。(《经学理窟·气质》)

性犹有气之恶者为病,气又有习以害之,此所以要鞭辟至于齐,强学以胜其气习。(《张子语录·语录下》)

天本参和不偏,养其气,反之本而不偏,则尽性而天也。性未成则善恶混,故亹亹而继善者斯为善矣。(《正蒙·诚明篇》)

所以,张载强调人应该"变化气质"。认为人只要经过后天的虚心学习和伦理道德的自我修养,努力克服"耳目口腹之欲",就可以逐步消除"气质之性"的偏蔽,返回到"天地之性"。

因此,张载的"变化气质",不是说不要"气质之性",而是要改变不好的"气质",使"气"之偏者变为正,这与孟子强调"养气"、强调"居移气,养移体"的思想是有共通之处的。

三、"不以见闻梏其心"

如前所述,张载的哲学有一个明确的发展脉络。谈了"性",接下来就是"心"的问题了。按他的说法,"合性与知觉,有心之名"(《正蒙·太和篇》),即"心"是"性"与"知觉"之"合"。因为,如只有"知觉"(意识)而无"人性",那只是生物(主要指动物);只有人既具有意识,且其意识又受其内在本性支配,所以可称"合"。

张载又有"心统性情"说:

心统性情者也。有形则有体,有性则有情。发于性则见于情,发于情则见于色,以类应之也。(《性理拾遗》)

这里,"统"也就是"合","情"即指知觉而言。"心统性情",是指人心不但含具本性和知觉(情),而且还具有统驭性、情的能力。后来朱熹对此说推崇备至,以为此说"颠扑不灭"(参见《朱子语类》卷五),但张载对该命题并未做出更具体的阐述发挥。张载论"心",主要还是与"知"联系在一起。

宋代的道学家们在探讨认识问题时,常用"见闻之知"与"德性之知"这一对范畴。前者又称"学问之知",指经验知识,主要指自然界和社会的一般知识,它通过耳目见闻而获得;后者又称"明德"、"良知",指先验的道德知识,即关于人性的自我认识,它主要通过自我反思而体悟。这对范畴,与传统儒学的"下学"与"上达"、"博文"与"约礼"、"道问学"与"尊德性"等范畴有着直接的关联。

北宋道学家周敦颐、邵雍已约略地涉及到了上述范畴,但正式提出这对范畴的却是张载,只是他把"德性之知"称为"德性所知"。他说:

> 见闻之知乃物交而知,非德性所知,德性所知,不萌于见闻。(《正蒙·大心篇》)

这里所谓的"物交而知",就是人通过耳目等感官与外物接触而获得的认识。张载认为,通过耳目所获得的"见闻之知"有局限性。但虽有局限,并不就能因此否认它的重要性,他曾说过:

> 人本无心,因物为心。(《张子语录·语录中》)
> 耳目虽为性累,然合内外之德,知其为启之之要也。(同上)
> 闻见不足以尽物,然又须要他。耳目不得则是木石,要他便合内外之道,若不闻不见又何验?(《张子语录·语录上》)

这是说,人本无意识("心"),人的认识来自外部世界;人的耳目见闻虽然有局限,但却是人对世界认识的一个起点("启之之要")。这说明张载对"见闻之知"还是重视的。

张载所要强调的是,如果人们仅仅把认识局限于"见闻之知"的话,那是远远不够的,因为人还必须有"德性所知"。何为"德性所知"?按张载的说法就是"天德良知",那是一种"诚明"所知。"见闻之知"与"天德良知"相比,那只能算是"小知":

> 诚明所知乃天德良知,非闻见小知而已。(《正蒙·诚明篇》)

而"德性所知",并不是通过"见闻"而获得的。

张载所说的"德性所知",那是通过"尽心"、"尽其心"、"大其心"等工夫来把握的。他说:

> 若只以闻见为心,但恐小却心。今盈天地之间皆物也,如只据己之闻见,所接几何?安能尽天下之物,所以欲尽其心也。(《张子语录·语

录下》)

《正蒙》中有《大心篇》,其中对这一思想有更为具体的论述:

> 大其心,则能体天下之物。物有未体,则心为有外。世人之心,止于闻见之狭。圣人尽性,不以见闻梏其心,其视天下无一物非我,孟子谓尽心则知性、知天以此。天大无外,故有外之心不足以合天心。见闻之知乃物交而知,非德性所知,德性所知,不萌于见闻。

张载所谓的"尽心"、"尽其心"、"大心",也就是指通过主体意识的自我超越,达到对"不萌于见闻"的、先天的"德性所知"或"天心"的体认。所以,从实质上说,张载的"德性所知"不是指认识论问题领域中的理性认识(更不是感性认识),而是指人的心性所具有的道德本质,同时又是指人的心性修养的一种境界。

第三节 "民胞物与"

如前所述,张载哲学——大而言之是整个道学甚至儒学——的最终目标在于实现社会理想、成就道德人格。张载主张,人的存在由"太虚"禀得"天地之性",并通过"大其心"可以了悟"德性所知",这一思想进路一方面是以宇宙整体为对象的哲学思考,另一方面(也是更重要的),是要从这一思考中揭示出一种人生境界,这一境界把个人融入于宇宙之中,从而确立个人在宇宙中的位置。

《正蒙》末篇,名《乾称》,张载曾将其开首的一段文字抄了出来,贴在西窗上,名曰"订顽"。二程对这段文字极为欣赏,认为孟子以后还没有哪个儒者能达到这样的境界,程颐把它改名为《西铭》。《西铭》的主旨在于强调"民吾同胞,物吾与也"的"大同"理想。这是一篇极富感召力的文字,其文略曰:

> 乾称父,坤称母;予兹藐焉,乃混然中处。故天地之塞,吾其体;天地之帅,吾其性。民,吾同胞;物,吾与也。大君者,吾父母宗子;其大臣,宗子之家相也。尊高年,所以长其长;慈孤弱,所以幼其幼。圣其合德,贤其秀也。凡天下疲癃残疾、惸独鳏寡,皆吾兄弟之颠连而无告者

也。于时保之,子之翼也;乐且不忧,纯乎孝者也。违曰悖德,害仁曰贼;济恶者不才,其践形,惟肖者也。知化则善述其事,穷神则善继其志,不愧屋漏为无忝,存心养性为匪懈……富贵福泽,将厚吾之生也;贫贱忧戚,庸玉汝于成也。存,吾顺事;没,吾宁也。

张载从其"气"本论哲学立场出发,通过"民胞物与"来说明人与宇宙的联结以及人在宇宙中的地位。在张载看来:宇宙万物都是由气所构成的,人当然也不能例外,而构成人的气也就是构成万物的气。因而从个人的角度来看,天地就如同我的父母,一切人都是我的同胞,宇宙间万物都是我的朋友。通过"民胞物与"的论证,张载进一步提出了一种宇宙大家庭的理想。在这个大家庭中,人们骨肉相连、休戚与共,国君可以说是这个大家庭中的长子,而圣人所以能为圣人是因为他与天地合德。由于万物共性,人人同等,因此人应该尊老抚幼;应该同情和照顾鳏寡孤独残疾者;应该普爱众生,泛爱万物,帮助弱者,这是个人对这个大家庭应尽的义务。对每一个人说来,不论贫富贵贱,都应乐天安命,泰然处之,活一天就必须尽一天义务,直到问心无愧地死去。

张载"民胞物与"的思想,所表达的是一种洋溢着人文关怀、合理地处理个人与社会、内在与外在关系的积极进取的人生观。它所要解决的实际是如何从个人的立场来看待宇宙,又如何运用这种对宇宙的观察来安顿社会和人生。这是一种很高的境界,个体的道德自觉在这里得到极大的强化和提升。正是从这一境界出发,张载提出了他著名的"四为"——"为天地立心,为生民立命,为往圣继绝学,为万世开太平!"

张载的"民胞物与",与当时道学家程颢"万物一体"的思想是完全相通的。这一思想把中国传统哲学中"天人合一"的观点发展到了一个新的高度,将儒家对人生的态度,与佛教、道教、道家、墨家等对人生的态度清楚地区别了开来。这一思想也与传统儒家的"礼运大同"的社会理想一脉相承,代表了那个时代中国读书人的最高人生理想,它激励过许多正直的士大夫勇于以天下国家为己任,置生死利害于度外,拯生民于涂炭,救邦国于危难。

思考题：

1. 如何理解张载的宇宙论思想？
2. 概述张载的心性理论。

参考书目：

1. 陈俊民：《张载哲学思想及关学学派》，人民出版社，1986年。
2. 丁为祥：《虚气相即——张载哲学体系及其定位》，人民出版社，2000年。
3. 陈　来：《宋明理学》，华东师范大学出版社，2004年第2版。
4. 侯外庐等主编：《宋明理学史》(上卷)，人民出版社，1984年。

第五章　程颢、程颐

程颢、程颐兄弟是道学"北宋五子"中最后、也是最重要的两个人物。

程颢(1032—1085),字伯淳,祖籍中山博野(今河北博野),后徙新安篁墩(今安徽歙县),入宋后其高祖程羽因官而居开封,至其父程珦定居河南洛阳。程颢卒后,文彦博集其生前友好及门人弟子之议,题其墓曰"明道先生","明道"遂成其号。程颢为程颐之兄,后世合称"二程",他是其中的"大程"。

程颢于宋仁宗嘉祐二年(1057)中进士,曾任鄠、上元主簿、晋城令等职,颇有政绩。熙宁初,因吕公著等推荐,程颢入京为太子中允、权监察御史里行。王安石变法之初,程颢参与了一些工作。但随着变法的全面展开,程颢对王安石变法的歧见日增,成为一个激烈的反对者,终被贬黜外放。历任签镇宁军判官、知扶沟县等职。这一时期程颢长期闲居洛阳,与其弟聚徒讲学,创立"洛学"学派。宋哲宗立,司马光当政,起用程颢为宗正丞,未行而卒。

程颢十五六岁时,其父在南安任职,结识周敦颐并让二子师事周氏约一年左右。周敦颐让二程探寻"孔颜乐处",在人生理想和为学志趣的确立上对少年程颢有相当的影响。但程颢"未知其要",于是"泛滥于诸家,出入于老、释几十年,返求六经而后得之"(《河南程氏文集》卷十一《明道先生行状》)。这说明程颢经历了一个出入诸子百家、佛道之学,然后返回儒学,最终建立起自己思想体系的心路历程。

程颐(1033—1107),字正叔。由于他长期家居伊川讲学,学者以地名为号,习称其为"伊川先生"或"小程"。

程颐从小所受教育及青少年时代的经历与其兄相似。青年时的程颐颇有经世之志,他曾以布衣身份上书仁宗,直陈北宋当时的困境,倡言改革政治。上书不报,程颐游学于太学,他的一篇《颜子所好何学论》的作业,深得当时管勾太学的胡瑗青睐,委之以学职。程颐于嘉祐四年(1059)科举廷试落榜后,从此不再参加科试。他还屡次放弃"恩荫"为官的机会,大臣屡荐也不起。长期与兄一起在洛阳聚徒讲学论道。程颢卒后,因司马光等重臣一再推荐,程颐以布衣超拜,出任秘书省校书郎、崇政殿说书,负责训导年幼的宋哲宗。程颐为人严苟,说话直率,故在帝师任中得罪于垂帘听政的太皇太后高氏和幼帝哲宗。不久,他又与时任大臣的苏轼交恶,形成了当时所谓的"洛蜀党争",被贬外任,回洛阳管勾西京国子监。宋哲宗亲政,行"绍述",恢复其父神宗的政制,王安石"新党"中人重新掌权。程颐因与司马光等反对变法的大臣过从甚密,因此被打入"奸党"之列,先被放归田里,后又送涪州编管。晚年,程颐获赦返乡,仍聚徒讲学,又遭当局迫害,被迫遣散学生。75岁时病逝。

程颐少其兄一岁,但比其兄多活了二十余年,他在道学理论的建树及其对后世的影响都远远超过其兄。

二程兄弟对自己的思想学说很自信,认为他们把孟子后中断了近一千四百年之久的儒家"道统"承接了下来,他们的学说就在于"求道"和"知道",所以其学在当时就已有"道学"之名。程颢尝言:"吾学虽有所受,'天理'二字却是自家体贴出来。"(《河南程氏外书》卷十二)在确立"理"本论方面,二程兄弟的主张完全一致,程颐晚年时曾说:"我昔状明道先生之行,我之道盖与明道同。异时欲知我者,求之此文可也。"(《河南程氏外书》卷二)尽管如此,在境界和工夫层面,兄弟二人的思想还是有一定区别,学术界对他们的这种思想差异有不同的看法。

程颢、程颐的学说,后人一般称之为"洛学"。这是就地域而论的,因为二程兄弟是河南洛阳附近的伊川人,又长期在洛阳从事讲学活动。如就性质言,它属于北宋道学中以"理"为本的一个哲学学派,后世又称作"道学"或"理学"(狭义的)。

二程兄弟的言论和著作，明代后被编为《二程全书》，其中包括有《遗书》、《外书》、《文集》、《易传》、《经说》、《粹言》六种，其中以程颐的著述居多，1981年中华书局标点整理出版了《二程集》。以下凡引此《集》仅注书名及篇名。

第一节 发现"天理"

"理"是二程思想的核心和基石。二程的"理"，有时也称作"道"，有时又与"天"字连用而称为"天理"、"天道"等。在中国哲学史上，把"理"（"天理"）提升为最高哲学范畴，是从二程兄弟开始的，即如程颢所说是"自家体贴出来"。明道所谓的"自家体贴出来"，其确切的含义，并不是说他们兄弟在历史上第一次发明了"天理"这个词，而是指他们最先体悟到了这个概念深刻的哲学意义，并把它确立为宇宙本体和价值本体。

一、"天下只有一个理"

二程所说的"理"，细究的话可分为好几层意思，有学者分为"名理"、"物理"、"玄理"、"空理"、"性理"、"事理"六义（参见牟宗三《心体与性体》，第3页）；也有学者分为"天理"、"性理"、"伦理"、"物理"、"理性"五义（参见陈来《宋明理学》，第5页）。以上观点，各有其据。但就其实质而言，这个"理"最主要的不外是两层意思：

其一，"理"是指自然界具体物之所以然。在这层意义上，二程常称之为"物之理"和"物理"。二程认为，万物都有各自的"理"。如其所说："凡物皆有理"（《河南程氏遗书》卷九）；"凡眼前无非是物，物物皆有理"（同上书卷十九）；"天下物皆可以理照，有物必有则，一物须有一理"（同上书卷十一）等。

其二，"理"是指人类社会具体事之所当然。在这层意义上，二程常称之为"事理"、"人理"。这其中，又可细分为两类，一是"义理"，一是"性理"。前者指的是社会的道德原则或规范，后者指的是人的本性或道德本质。如其所说："既为人，须尽得人理"（《河南程氏遗书》卷十八）；"父子君臣，天下之定理,无所逃于天地之间"(同上书卷五);"视听言动,非理不为,即是礼;礼即是理"(同上书卷十五);"性即理也"(同上书卷十八)等。

以上所提到的多是具体的,在我们经验世界中可感知到的"理"。如果二程所倡言的"理"仅到此为止,那么它在理论上并无太大的意义。二程所倡言的"理",其意义当然不止于此。二程的贡献在于,他们对各种具体事物的"理",进行了高度的抽象和思辨,使之成为了宇宙万物的本体。

二程指出,自然规律、社会规范、人的本质及理性,虽然各有其"理",但从各个具体事物的"理"再进一步抽象的话,那么就一定还有一个统一的、普遍的"理"。换言之,万理最终可以归为一理。所以他们反复强调:

天下只有一个理。(同上)

一物之理,即万物之理。(《河南程氏遗书》卷二上)

天地之间,万物之理,无有不同。(《河南程氏经说》卷一《易说》)

这个"理",是指一切具体的、特殊的"理"经过抽象而舍弃了个性、特点后的共性。在二程看来,只有这个"理",才是最实在的、没有时间和空间限制的、永恒存在的本体。这个作为本体的"理",是不增不减的。人们对它知与不知,经验世界中有否它显现的实例,实际上都与它没有关系。只是因为人能思维,"能推之",即能明白它、应用它,而物不能罢了。但能否推之,实际与"理"本身并无什么干涉。请看他们的论述:

天理云者,这一个道理更有甚穷已。不为尧存,不为桀亡。人得之者,故大行不加,穷居不损。这上头来更生说得存亡加减。是佗元无少欠,百理俱备。(《河南程氏遗书》卷二上)

万物皆备于我,不独人尔,物皆然。都自这里出去。只是物不能推,人则能推之。虽能推之,几时添得一分?不能推之,几时减得一分?百理俱在,平铺放着。几时道尧尽君道,添得些君道多?舜尽子道,添得些孝道多?元来依旧。(同上)

这个作为最高存在的"理",它与万事万物之理是怎样的关系?二程认为,作为最高存在的"理",与万物之"理"的关系是"理一而分殊"。所谓"理一分殊",那本是程颐在回答其学生杨时关于张载《西铭》的疑问时提出的。撇开其具体内容不论,就这一命题的实质而言,它是回答一般原理与不同的具体规范之间的关系。小程认为,不同的具体规范中涵有共同的原则,而共同的原则可以表现为不同的具体规范。这也就是作为最高存在的"理",与万事万物之理之间的关系。程颐在其名作《伊川易传》中还说:

> 天下之理一也,涂虽殊而其归则同,虑虽百而其致则一。虽物有万殊,事有万变,统之以一,则无能违也。(《周易程氏传》卷三)

这也是对"理一分殊"思想的具体阐发。大程对"理一分殊"也有论述,他在论《中庸》时说:

> 《中庸》始言一理,中散为万事,末复合为一理。(《河南程氏遗书》卷十四)

程颢这里所说的"一理"与"万事",实际上也就是"理一"与"分殊"。

二、形上形下

二程兄弟之所以强调以"理"为本体,与他们重视形上、形下区分的思维方式是分不开的。形上、形下之分,源于《周易·系辞》"形而上者谓之道,形而下者谓之器"。历代学者对此有许多不同的理解。二程的理解在中国哲学史上有特殊的意义。

大程认为:

> 《系辞》曰:"形而上者谓之道,形而下者谓之器。"又曰:"立天之道曰阴与阳,立地之道曰柔与刚,立人之道曰仁与义。"又曰:"一阴一阳之谓道。"阴阳亦形而下者也,而曰"道"者,惟此语截得上下分明,元来只此是道,要在人默而识之也。(《河南程氏遗书》卷十一)

这里指出,《系辞》中惟有"形而上者谓之道,形而下者谓之器"这句话才"截得上下分明"。而"一阴一阳之谓道"这句话,并没有真正分清道与器的区别,因为阴阳是气,是"形而下"的存在,不能被称作道。这一观点在理论上有重大意义,因为它强调了区分普遍与特殊、道与器、理与气的重要性。以哲学的观点看,凡物质的、具体的东西都属于"形而下"的,是"器";凡普遍的、抽象的东西都属于"形而上"的,是"道"。因此,如天地、万物、阴阳等都只能是形而下的"器";只有事物的规律、本质、共相才是形而上的"道"。只有明白了这一本质区别,我们才能把感性的具体与抽象的一般真正分开。而"道"("理")不是感性的存在,不能通过感官直接认识,它是思维的对象,只能通过理性思维来把握,所以说"要在人默而识之也"。

大程不仅强调必须要有形上、形下之分,同时指出,这种区分不是真的空间、时间上的区分,而只是思维逻辑上的区分。所以他说:

> 形而上为道,形而下为器,须著如此说。器亦道,道亦器,但得道在,不系今与后,己与人。(《河南程氏遗书》卷一)

从思维对对象的把握上"须著如此说",即应该区分抽象("道")和具体("器")。但就实际存在来说,则"器亦道,道亦器",道器是相即而不离的,道不离器,器不离道,器中必有道,道即在器中。由于"道"是形而上的,所以它"不系今与后,己与人",即与时间、空间无关。

小程在这方面有更精彩的论述。他说:

> "一阴一阳之谓道",道非阴阳也,所以一阴一阳,道也。(同上书卷三)

> 离了阴阳更无道,所以阴阳者是道也。阴阳,气也。气是形而下者,道是形而上者。(同上书卷十五)

程颐试图从一个新的思路来解释《易传》"一阴一阳之谓道"的命题。他认为,"一阴一阳"在这里只是指"气"的不间断的运动过程,而所以会有这一过程,关键在于有"道"这个支配"气"如此运动的内在根据;"道"本身不是"阴阳",因为"阴阳"是形而下之"气","道"是形而上之所以然,即内在根据或曰"理"。同时,他与其兄一样,也坚持了"道"不离"阴阳"的观点,强调"离了阴阳更无道",即形上、形下并不是感性空间的区分。

除了用形上、形下来把握抽象与具体、一般与特殊的关系外,小程还用

"体用"这对范畴来解释。他有一句很著名的话：

> 至微者,理也;至著者,象也。体用一源,显微无间。(《河南程氏文集》卷八《易传序》)

他还说过:"至显者莫如事,至微者莫如理,而事理一致,微显一源。"(《河南程氏遗书》卷二十五)这里,"象"泛指一切现象,"事"泛指一切具体事物,而"理"则是指现象或事物内部的规律。它们的关系,前者是"用",后者是"体"。"理"这个"体"无形无象,所以是"微";"象"和"事"具体分明,所以是"显"、"著"。但两者间不是截然分离对立的,而是相互统一的,"体"决定"用",而"用"体现"体",所以它们是"一源"的、"无间"的。

正因为二程特别强调形上、形下的区分,所以他们不能同意张载以"气"为本的理论。在二程看来,张载学说的最大问题在于把"气"作为世界万物本原,因为他们认定"气是形而下者"。他们对张载"虚无即气"之说有不同意见,如小程直接对张载说过,"此语未能无过"(《河南程氏文集》卷九《答横渠先生书》)。他们还批评张载"清虚一大"之说,曰:

> "形而上者谓之道,形而下者谓之器。"若如或者以"清虚一大"为天道,则乃以器言而非道也。(《河南程氏遗书》卷十一)

> 又语及"太虚",曰:"亦无太虚。"遂指虚曰:"皆是理,安得谓之虚?天下无实于理者。"(同上书卷三)

又如他们批评张载"气之聚散"的理论,曰:

> 若谓既返之气复将为方伸之气,必资于此,则殊与天地之化不相似。天地之化,自然生生不穷,更何复资于既毙之形,既返之气,以为造化?……自然能生,往来曲伸只是理也。(同上书卷十五)

> 凡物之散,其气遂尽,无复归本原之理。天地间如洪炉,虽生物销铄亦尽,况既散之气,岂有复往?天地造化又焉用此既散之气?其造化者,自是生气。(同上)

二程对张载的"气"本论的理解未必准确,但二程基于"理"本论之立场的批评,在理论上却是能自圆其说的。

三、"天理"自然

二程之所以要批评张载的"气之聚散"理论,是因为在他们看来,宇宙在本质上不是循环的,而是日新的、生生不已的;一物死,组成该物的气也就逐渐消亡而至于无,新物的诞生则是由宇宙间新产生的气聚合而成,不是由原来旧物之散气重新聚成的;而新的气之所以能源源不断地产生,关键就在那个形上本体"理"(即"道"),它才是"自然生生不穷"的源泉:

> 屈伸往来只是理,不必将既屈之气,复为方伸之气。生生之理,自然不息……有生便有死,有始便有终。(《河南程氏遗书》卷十五)
> 道则自然生生不息……道则自然生万物。(同上)
> 天理鼓动万物如此。(同上书卷五)

这是说,天地万物的产生及其生生不息的作用,都是以"天理"("道")为其内在根据的,万物因"理"之自然而生,则其中必有一种自然的趋势,所以"道则自然生万物","道则自然生生不息",是"天理鼓动万物如此"的。

在二程看来,"天理"就是自然而然的,即具有自然的必然性,它既没有意志,也没有谁去为它刻意安排什么:

> 天之所以为天,本何为哉?苍苍焉耳矣。其所以名之曰"天",盖自然之理也。(《河南程氏粹言》卷二)
> 问:"天道如何?"曰:"只是理,理便是天道也。且如说皇天震怒,终不是有人在上震怒,只是理如此。"(《河南程氏遗书》卷二十二上)
> 万物皆只是一个天理,己何与焉?至如言"天讨有罪……天命有德……"此都是天理自然当如此。(同上书卷二上)

因为"天理"是一种自然的必然性,所以其表现就是自然之所以然:

> 莫之为而为,莫之致而致,便是天理。(同上书卷十八)

在宋代之前,"天"基本上是中国传统哲学的一个最高范畴,这个"天"既有自然之天的涵义,又具有相当成分的人格神的内涵,最典型的就是汉儒"天人感应"、"人副天数"的理论模式。二程根据自家体贴出来的"理",给予"天"以一种新的意义,对"天"做了理性的解释。程颢曾给"天"、"神"、"帝"这三个以往都含有人格神因素的概念,下过简单而又明确的定义:

> 天者,理也。神者,妙万物而为言者也。帝者,以主宰事而名。(同上书卷十一)

不难发现,这些概念中的神性都被洗去了,"天"就是理,"神"只是指自然界神妙不测的变化功能,"帝"只是指"理"的主宰作用。所以,"天"就是"自然之理","皇天震怒"就"只是理如此";"天讨有罪"、"天命有德"也就是"天理自然当如此"。这一点在中国哲学的发展史上具有重大意义。

也正由于"天理"具有不为人为意识所强制的自然品性,所以二程提出,人应该顺应"天理"而不能去违背它:

> 万物皆有理,顺之则易,逆之则难。(《河南程氏遗书》卷十八)

> 天地之道,万物之理,唯至顺而已。大人所以先天、后天而不违者,亦顺乎理而已。(《周易程氏传》卷二)

第二节 "仁"与"礼乐"

程颐曾在为其兄所作的《行状》中,简单而明确地阐述过他们兄弟的为学宗旨,那就是:

> 明于庶物,察于人伦。知尽性至命,必本于孝悌,穷神知化,由通于礼乐。辨异端似是之非,开百代未明之惑。(《河南程氏文集》卷十一《明道先生行状》)

二程虽然重视自然界所以然之理,但最关心的还是人类社会所当然之理,他们之所以探究所以然之理("明于庶物"),只是为了论证所当然之理("察于人伦"),即通过"物理"来论证"人理",这正体现了他们的儒学价值取向。其中主要涉及到"仁"与"礼乐"的问题。

一、"仁"之体

在二程看来,作为儒学核心的"仁",自古以来还没有人作出过正确解释,"自古元不曾有人解仁字之义"(《河南程氏遗书》卷十五),而以往的儒者一般都把"孝悌"、"恻隐之心"、"博爱"或"博施济众"等视为"仁",这实际仅涉及到了"仁"之"用",并没有言及"仁"之"体"。

那么,究竟何为"仁"之体?程颢提出了"仁"与"万物同体"的重要观点:

> 仁者,以天地万物为一体。(同上书卷二上)
> 仁者,浑然与物同体,义、礼、智、信皆仁也。(同上)

在大程子看来,"仁"之"体"是一种精神境界,这种境界就是"与万物为一体"、"浑然与万物同体"。这是从其天下一"理"的哲学立场出发得出的结论。

在二程那里,曾反复地强调过"天人不二"的思想,如其云:

> 有道有理,天人一也,更无分别。(同上)
> 人在天地间与万物同流,天几时分别出是人是物。(同上)

他们认为,人们好谈"天人合一",这实际隐含着"天"与"人"相分的前提,而实际上:

> 天人无间断。(《河南程氏遗书》卷十一)
> 天人本无二,不必言合。(同上书卷六)

正因为"万物一理"、"天人不二",所以"仁"也就与万物为一体。"仁"的境界就是把自己与宇宙万物看成为息息相关的一个整体,宇宙的存在与自己是相感相通的,这与张载"民胞物与"的思想在总体精神上是基本一致的。

在二程看来,"一体"之"仁"可用《周易》中的"生生"来进行解释,而这一解释向度很重要,其云:

> 所以谓万物一体者,皆有此理,只为从那里来。"生生之谓易",生则一时生,皆完此理。(同上书卷二上)

"天地之大德曰生","天地絪缊","生之谓性",万物之生意最可观,

此元气善之长者也,斯所谓仁也。(同上书卷十一)

二程从宇宙本体论的高度提出了"生生"之谓"仁",而"仁"之体即"生生"之理。人和万物都源自于这生生之理,"道则自然生生不息",而生生之理便在天地万物之中,天地万物的发育流行,便是生生之理的体现。

需要指出,二程所谓人与万物一体,并不是从形体上而言的,而是从生生之理上而言的。只有人能够从万物的生生不息中,体验到天地万物的一体之仁,这是因为人能"推",能从自身推到天地万物。程颢有一首名为《秋日偶成》的诗,用诗化的语言表达了他这种万物一体的哲学境界:

> 闲来无事不从容,睡觉东窗日已红。
> 万物静观皆自得,四时佳兴与人同。
> 道通天地有形外,思入风云变态中。
> 富贵不淫贫贱乐,男儿到此是豪雄。
> (《河南程氏文集》卷三《秋日偶成二首》)

"天道"本在"有形外",通过人的"推"("思"和"观")可入其中并得其意,"推"的结果发现万物"与人同",而最高的境界则是儒家的人生态度。

二程的这种"推",除了指人的自觉认识外,还包括了由内及外、推己及人、推己及物的实践过程,即"忠恕之道":

> 以己及物,仁也。推己及物,恕也。忠恕一以贯之。忠者天理,恕者人道。忠者无妄,恕者所以行乎忠也。忠者体,恕者用,大本达道也。

(《河南程氏遗书》卷十一)

此外,"生生"之"仁"又具体体现为"公"。因为天地生生不息从来就是无私的;而对人来说,要实现"仁",就必须克去"己私","己私"一去自然就是"公"了。所以"公"虽不能说就是"仁",但却是"仁理"的显现。

总之,在二程看来,从根本上说,"仁"就是"理","仁"就是"道"。从宇宙论上说,"生生"之理为"天道",其落实于人者则为"人道",所以:

> 道一也,岂人道自是人道,天道自是天道。(同上书卷十八)
> 道未始有天人之别,但在天则为天道,在地则为地道,在人则为人

道。(同上书卷二十二上)

既然"道"("理")通为"一",那么,作为其在"人"身上体现的根本——"仁",就成为其他伦理道德范畴的"体",它们之间就是一种体与用的关系。

二程通过思辨论证,以体用关系来阐释儒理,把仁义礼智信、忠恕、孝悌等传统儒家所服膺的应然的、当然的价值,与天道自然、所以然沟通,从理论上解决了天道与人道、自然之理与人文价值的关系,消解了它们之间的二元对峙。根据他们的观点,天道中本就蕴含了人道的内容,自然之理就是人文价值之所本,应然的价值就源于宇宙生生不息的运行之本然。"天理"作为最高范畴,通贯天人,统摄宇宙本体和价值本体,从而为传统儒家思想提供了一个形而上的依据,完成了道学体系的一元论的理论建构,这是他们对中国哲学发展的一个重要贡献。

二、"礼乐"之体

在先秦儒家的思想中,除了"仁"这个核心范畴之外,"礼"也属于最基本的概念之一,而与"礼"经常相提并论的则是"乐"。

孔子对"仁"和"礼乐"都很重视,以后的儒者对孔子思想中"仁"和"礼"这两大方面分别有所发展。大致说来,孟子的主要贡献在继承发扬了孔子的"仁学",而荀子则较多地发展了孔子的"礼乐之学"。战国以后,儒家所重视的"礼乐",主要在于它们的政治运作和伦理教化方面的作用,即"礼治"、"礼教"和"乐教"。"礼治"、"礼教"重在维护社会政治和伦理等级秩序,"乐教"则重在移风易俗和实现社会的和谐一致,所以就有"安上治民莫善于礼,移风易俗莫善于乐"之说。

二程对传统儒学中"礼乐"文化的价值取向是完全认同的,在他们的著作中,有不少关于冠、婚、丧、祭等具体的"礼学"论述。但与先儒不同的是,他们在研究各种具体的"礼"之同时,试图从宇宙本体的高度来论证"礼"和"乐"。小程在为其兄作的《行状》中提到"穷神知化,由通于礼乐",对此他有自己的解释:

问:"穷神知化,由通于礼乐,何也?"曰:"此句须自家体认。人往往见礼坏乐崩,便谓亡,然不知礼乐未尝亡也。如国家一日存时,尚有一日之礼乐,盖由有上下尊卑之分也。除是礼乐亡尽,然后国家始亡……礼乐无处无之,学者要须识得。"先儒解者多引"安上治民莫善于礼,移风易俗莫善于乐"。此固是礼乐之大用也,然推本而言,礼只是一个序,乐只是一个和……天下无一物无礼乐,且置两只椅子,才不正便是无序,无序便乖,乖便不和。(《河南程氏遗书》卷十八)

程颐指出,先儒着眼于"安上治民莫善于礼,移风易俗莫善于乐"来理解礼乐固然不错,但这仅涉及礼乐的用,而非礼乐的体。从根本上说,礼只是一个"序",乐只是一个"和"。仅此两字就概括了人类社会组织的根本原理。礼乐无处不在、不会消亡,只要国家一日存在,就有一日之礼乐。礼乐所代表的"序"与"和",具有普遍性、绝对性、永恒性,因为"序"(礼)是天地之序,"和"(乐)是天地之和,天地不能无序,如无序就会乱,乱也就不和了,所以天地之间无一物无礼乐,就连放椅子也不能例外。

通过上面的论证,二程又为儒家的礼乐传统价值,建立起了一个宇宙本体论的基础。作为天地之序的"礼"和作为天地之和的"乐",就是"天理"的体现,它既是宇宙的本体,也是价值的本体。易言之,即"礼乐"与"仁"一样,是与"天理"为一的,它们与"天理"之间的关系,也就成了理一分殊的关系。于是,人类社会中的等级秩序也就成为"天理"之自然,社会的理想、礼乐制度的建设、政治伦理的运作等,莫不受"天理"支配,也莫不以"天理"为依归。如其所云:

上下之分,尊卑之义,理之当也,礼之本也,常履之道也……下顺乎上,阴承乎阳,天下之正理也。(《周易程氏传》卷一)

父止于慈,子止于孝,君止于仁,臣止于敬,万物庶事莫不各有其所,得其所则安,失其所则悖。(《周易程氏传》卷四)

第三节 "性即理也"

儒学从一开始就具有"人"学的性质,道学自然也不例外。所以,道学家的思想一定要从宇宙本体进到人类社会,但这只是第一个过渡,接下来还需一个过渡,即从社会向"人"的过渡。而人的问题,就集中体现在其"心性"上。二程重"理",但重的是人生之理而非认知之理,"物理"可归结为"人理",进一步"人理"可代替"物理"。所以他们的学说只能走向"性理之学",把真理问题变成价值问题。

一、"理"、"命"、"心"、"性"

二程讨论心性问题,以其一元论的"理"本论为基石,所以其结论很自然地是以"理"为性。如大程提出:

> 道即性也。若道外寻性,性外寻道,便不是。(《河南程氏遗书》卷一)

小程则更为明确地说:

> 性即理也,所谓理,性是也。(同上书卷二十二上)
> 性即是理,理则自尧、舜到于涂人,一也。(同上书卷十八)

在对待传统儒学心性论中的"心"、"性"、"情"、"命"等概念方面,二程在坚持"天下一理"的基础上,具体区别了"心"、"性"、"理"、"命"、"情"的性质及它们之间的关联。这方面他们有许多论述,如:

> 天之付与之谓命,禀之在我之谓性,见于事业(一作物)之谓理。(同上书卷六)
> 在天为命,在义为理,在人为性,主于身为心。其实一也。(同上书卷十八)
> 自理言之谓之天,自禀受言之谓之性,自存诸人言之谓之心。(同上书卷二十二上)
> 性之本谓之命,性之自然者谓之天,自性之有形者谓之心,自性之有动者谓之情,凡此数者皆一也。(同上书卷二十五)

概述二程以上的论述,其观点是:"命"是天所赋予人者,是外在的、客观的、限制的,天道流行,造化万物,"命"作为造化而言只是一个自然过程,所以它与"天"是相连的,也可说是一种外在的必然性。"性"是人所受于天者,是内在的、自主的。"命"与"性"两者在主体(人包括万物)身上得到了统一,也就是说当人(物)出生以后,"命"即转化为"性"。"性"又与"心"相关联,"性"必须通过"心"才能得到实现,而"心"是纯粹主体的范畴。二程所讲的"心"既指人的意识主体及意识活动(小程尤其如此),又指具有道德理性之本体义的道德之心(大程尤其如此)。所谓"其实一也",是指性与理一,作为心之体的性,同时也就是理,而情则是心之作用。

二程关于"心"、"性"、"理"、"命"的论述有不少重叠,且兄弟二人的见解也有一些不同。这里借用程门后学、朱熹晚年的高足陈淳的话来理解:

> 性即理也。何以不谓之"理"而谓之"性"?盖理,是泛言天地间人物公共之理;性,是在我之理。只这道理,受于天而为我所有,故谓之性。"性"字从生、从心,是人生来具有理于心,方名之曰性,其大目只是仁、义、礼、智四者而已……性与命本非二物,在天谓之命,在人谓之性,故程子曰:天所付为命,人所受为性。(《北溪字义·性》)

二、"论性"与"论气"

与张载一样,在人性问题上,二程也主张应分不同层次,且他们的区分较之张载更为具体。

二程先有物性与人性之分。所谓物性,那是为生物所共有的,其表现就是阴阳五行之气,"天有五气,故凡生物,莫不具有五性,居其一而有其四"(《河南程氏遗书》卷十五)。人除了有五行之性外,更有仁义礼智信"五常"之性:

> 仁义礼智信五者,性也。(《河南程氏遗书》卷二上)
> 仁义礼智,天道在人,赋于命有厚薄,是命也,然有性焉,可以学,故君子不谓命。(同上书卷十九)

进而就人性之禀受及其本原而言,二程又有"生之谓性"与"天命之谓性"之分。这两个命题,前者来自于《孟子》的告子之语,后者来自于《中庸》。二程在讨论这两个命题时,引进了"气"的概念。按照二程的观点,性即是道德本性。但道德本性是抽象的,离开了感性存在,道德本性就无法真正说清楚。所以,他们必须讲"气"的观念。

在这个问题上,二程的观点略有不同。大程提出:

> "生之谓性",性即气,气即性,生之谓也。人生气禀,理有善恶,然不是性中元有此两物相对而生也。有自幼而善,有自幼而恶,是气禀有然也。善固性也,然恶亦不可不谓之性。盖"生之谓性","人生而静"以上不容说,才说性时,便已不是性也。凡人说性,只是说"继之者善"也,孟子言人性善是也。(《河南程氏遗书》卷一)

程颢认为,传统的性善论把恶归之于外在的后天环境影响,缺乏依据,所以他引进"气"的观念来为恶的根源提供解释。他首先肯定"生之谓性",并把性与气联系起来,提出"性即气,气即性"。如此一来,"生之谓性"的"性"就落实到"气禀"上讲。以"气禀"为前提,进而提出善恶是"气禀"所表现出来的必然趋势,善固然是性,但恶也不能说不是性。换言之,恶不全是后天决定的,善性是性,恶性也是性;正如清水是水,浊水也是水一样。但是作为"理"之体现的本然之性,也是不能离开"气禀"而存在,即没有生命也就谈不上"性";而当人出生后可以说"性"时,"便已不是性也",即已不是本然之性了,而是"生之谓性",即"气禀"之性。孟子所说的"人性本善"是就本然之性而言,不是指"气禀"之性。虽不能说凡"气禀"都是恶,但必须说恶是由"气禀"而来的。由上可见,程颢在坚持孟子性善论的同时,修正了孟子的观点。

程颐也承认"生之谓性"有其合理处,可用来解释"所禀受",而"天命之谓性"则是指"性之理"而言的(参见《河南程氏遗书》卷二十四)。但与其兄不同的是,他不承认性有恶,因为如承认性有恶,从逻辑上说总与性善论有矛盾。所以他从孟子那里又引进了"才"这个概念,提出:

> 性无不善,而有不善者,才也。性即是理,理则自尧、舜至于涂人,一也。才禀于气,气有清浊。禀其清者为贤,禀其浊者为愚。(《河南程氏遗书》卷十八)

程颐强调,性只是理,所以只是善。他虽承认性不能离气,但对性与气、形而上与形而下作了严格区分,二者不容混淆。在他看来,性是普遍的、超越的理性原则,人人皆有,但这是就本原上说;具体地说,则不能人人皆善,而必有恶,但恶不是来源于性,而是来源于"才"。程颐所谓的"才",主要还是指人的"气质"、"气禀",只不过是为了强调"性本善"而换了个名称。严格地说,小程只承认形而上的本然之性才是"性",他认为"言性当推其元本,推其元本,无伤其性也"(同上书卷二十四)。这个"元本"的"性",就是孟子讲的"性",而包括孔子在内的其他儒者所言的"性",都只是"才":

"性相近也",此言所禀之性,不是言性之本。孟子所言,便正言性之本。(《河南程氏遗书》卷十九)

扬雄、韩愈说性,正说著才也。(同上)

所以,在二程兄弟看来,历代讨论人性问题的儒者都存在着不足之处,他们有一段很著名的话:

论性不论气,不备;论气不论性,不明。(《河南程氏遗书》卷六)

孟子是"论性不论气",其不足之处在于"不备",即不完整;其他儒者则是"论气不论性",其不足之处在于"不明",即没说清楚。显然,后者的问题更大。而他们关于人性的理论,则两者兼备,且通过突出"性之本"或曰"天命之性"而坚持了"人性本善"观点。

三、"道心"与"人心"

讨论人性势必要牵涉"心"这个概念。二程认为:

性之有形者谓之心。(《河南程氏遗书》卷二十五)

这就把无形的"性"实体化,变成有形之物——人的肉心(大脑)。但"心"又具有道德理性的本体义,因而可与"理"为"一"。然而,由于"心"作为"性之有形者",所以又注定了它无法摆脱"气"所带来的不善之影响或纠缠,即:

理与心一,而人不能会之为一。(同上书卷五)

就"心"的本体而言,"心本善",但"发于思虑,则有善有不善"(同上书卷十八)。所以,在二程那里,"心"也有体用之分。程颐说:

> 心一也,有指体而言者,寂然不动是也。有指用而言者,感而遂通天下之故是也。惟观其所见如何耳。(《河南程氏文集》卷九《与吕大临论中书》)

这是说,心之体就是性,也就是理,用《中庸》的话来说就是"未发";而心之用则是与"未发"相对的"已发"。心之"已发"也就是情,而情则与"才"一样,有善有不善。程颐为了突出强调"心之体"的层面,甚至认为"已发"的"心之用"——"情",严格地说,不能称作"心":

> 心本善,发于思虑,则有善有不善。若既发,则可谓之情,不可谓之心。(《河南程氏遗书》卷十八)

小程说"已发"不能称为"心",实与他心分体用的说法有矛盾,显然这是程颐为突出"心体"之纯善无恶而采用的一种极端说法。

由"心"之"未发"、"已发"的体用之分,引出了"道心"、"人心"之分。二程关于"道心"、"人心"的论述,在他们的学说中占有重要位置,是二程的心性论与其伦理学的一个接合点,对后来的道学家影响很大。

"道心"、"人心"出于《古文尚书·大禹谟》"人心惟危,道心惟微,惟精惟一,允执厥中"。按清儒的考证,《古文尚书》为伪书。但《荀子·解蔽》中引《道经》曰:"人心之危,道心之微,惟明君子而后能知之。"由此可以肯定,"道心"、"人心"之说在荀子之前已有。

二程对"道心"、"人心"都有解说,二人的观点基本一致,但以小程的解说为详。程颐把"道心"解释成合于道之心或体道之心,即是一种自我体验的道德本心,如孟子所谓的"良心"。而"人心"则是指人的感性的自然本能、物质欲望等个体意识。他们把"道心"与"人心"对立起来,以"道心"为正,以"人心"为邪,所以就要用"精一"的工夫来使"道心"得到保持,不受"人心"干扰。至于具体的做法就是遵循儒家的"中"的原则。

为了进一步说明"道心"与"人心"的对立关系,二程又引进了《礼记·乐记》中的"天理"、"人欲"这对范畴。大程指出:

> "人心惟危",人欲也;"道心惟微",天理也;"惟精惟一",所以至之;"允执厥中",所以行之,用也。(《河南程氏遗书》卷十一)

由于二程以"道心"为"天理",以"人心"为"人欲"。所以,他们的主张就是"损人欲以复天理"(《河南程氏粹言》卷一)。认为做到了这一点,也就成为一个真正的人,"无人欲即皆天理"(《河南程氏遗书》卷十五);"灭私欲则天理明矣"(同上书卷二十五)。

二程关于"天理人欲"的思想,与他们的"王霸之辨"、"义利之辨"、"饿死事小,失节事大"等讨论也有关联,以后经朱熹等人的完善和发展,成为整个宋明理学的核心范畴之一,也是"道学"和"心学"最为一致的观点。

第四节 "诚"与"敬"

心性论从不同层次说明人的本质,同时也指出了人现实存在的局限性。人要实现自己的本质,就必须经过一系列的实践修养的过程。这个过程就是儒学所讲的"践履",而有关践履的种种方法也就是所谓的"工夫"。中国哲学的显著特点就是重视实践,所以对"工夫"问题的探讨是其不可或缺的组成部分。作为道学创始人的二程兄弟,其工夫论主张各有自己的特色,二程思想之异,亦在此最为显著。

一、"定性"与"识仁"

"定性"和"识仁"是大程的工夫主旨。

宋仁宗嘉祐四年(1059),张载致信程颢,提出"定性未能不动,犹累于外物",意思是他希望能"定性",可总是受到外物的牵累影响,不能不"动"。对此,程颢回信作答,后人称此书为"定性书",其中指出:

> 所谓定者,动亦定,静亦定,无将迎,无内外。苟以外物为外,牵己而从之,是以性为有内外也。且以性为随物于外,则当其在外时,何者为内?是有意于绝外诱而不知性之无内外也。既以内外为二本,则又

乌可遽语定哉。(《河南程氏文集》卷二《答横渠张子厚先生书》)

所谓"定性",按朱熹的解释是指"定心"(参见《朱子语类》卷九十五)。它探讨的是如何通过修养工夫来实现人心安宁的问题。张载认为,内心平静的障碍主要来自于外部事物的干扰,而要根绝这些干扰又十分困难。程颢则认为,张载在出发点上就错了,错在把动与静完全对立了起来;"定"不是说使内心停止活动,也不是使内心仅集中于自我意识上,更不是要与外物隔绝;如把内外对立起来,也就把人性视为有内外了,而性是没有内外的。程颢所谓的"内外",就是主观与客观。他认为,内外是"一本"的,如以内外为"二本",就无法说"定"了;任何事物只能在"天地"之内,所以"圣人"的境界是"廓然大公,物来顺应";人所以会感到难以"定",问题出在"自私"和"用智",它们造成人不能对事物作出自然的反应,由此引出了内外、人我、动静、出入之分。所以要做到"定",就需"内外两忘"。程颢的这一思想,既继承了孟子的"不动心"思想,也明显吸取了道家和佛教的思想,如道家的"无情以顺有"、佛教的"无所住而生其心"等。

程颢又有"识仁"的工夫论,这是其弟子吕大临记录的。吕大临本是张载的弟子,张载去世后转投程门。他勤奋好学,时时以"防检"(防范及检点自己)和"穷索"(尽力探索)为修养工夫。程颢针对其特点而提出了"识仁"的工夫:

> 学者须先识仁。仁者,浑然与物同体。义、礼、智、信皆仁也。识得此理,以诚、敬存之而已,不须防检,不须穷索。若心懈则有防,心苟不懈何防之有?理有未得,故须穷索。存久自明,安得穷索?此道与物无对,大不足以名之,天地之用皆我之用。孟子言"万物皆备于我",须反身而诚,乃为大乐。若反身未诚,则犹是二物有对,以己合彼,终未有之,又安得乐?(《河南程氏遗书》卷二上)

大程认为,学者须先觉识"仁","仁"就是与万物同体,儒家其他的德目实际都在仁的范围中;懂得了这个道理,以"诚"和"敬"加以存养就行了。这里,程颢突出强调了儒家的"诚"和"敬","诚"就是真实不妄,"敬"就是专心于一。

在程颢那里,"诚"首先是"合内外"、"合天人"之道,它具有本体的性质:

> 诚者合内外之道,不诚无物。(《河南程氏遗书》卷一)
>
> "诚者物之终始,不诚无物。"这里缺了它,则便这里没这物。(同上书卷二上)

同时,"诚"又是修养工夫之所出:

> 道之浩浩,何处下手?惟立诚才有可居之处,有可居之处则可以修业也。(同上)

而具体方法则是"敬":

> 诚者,天之道;敬者,人事之本。敬则诚。(同上书卷十二)

这样,"诚"和"敬"就结合了起来。而"诚"和"敬"的结合,就可以"识仁"、"体仁",就可以"与物同体":

> 学要在敬也、诚也,中间便有一个仁。(同上书卷十四)

程颢讲"敬",但他又主张,"执事须是敬,又不可矜持太过"(同上书卷三)。认为持敬太过,为"敬"而敬,于是就会失之于拘谨,这与其弟有一定的区别。

总之,大程主张"定性"和"识仁",主要就是"合内外之道",融客观于主观。这是一种哲学境界,与知识认知有别。区别就在于前者重在生命的体验,后者只是一般所说的学习;前者是一种感觉、一种呈现,后者是在知识上认识、知道有这个道理。如果仅仅从知识上去认识,就算明白了这个道理,结果还是主观是主观、客观是客观,我是我、万物是万物,即使自己主观上努力要去取消这种界限,也只能是"以己合彼,终未有之",不能"定",总是要防检、要穷索。所以,他主张率性循理,不矫揉造作,不勉强,也不操之过急,通过自己的生命去体验,超越一切对立,体验到宇宙本来就是一个整体。有了这种体会,再用"诚敬"的方法存养,人就有了完成道德行为的自觉和高尚的境界,就能体会到真正的快乐。

二、"主敬"与"格物"

"主敬"和"格物"是小程的工夫主旨。程颐论工夫不及其兄圆融,但却具体而微,反而较容易把握。

程颐也同意"诚"有本体义,"至诚者,天之道也。天之化育万物,生生不穷,各正性命,乃无妄也"(《周易程氏传》卷二)。但在对"敬"的理解上,他与其兄有所区别:大程说"敬"偏重于"诚",小程则一味说"敬";大程主张"敬"须有限度,小程则强调须内心敬畏和外表严肃;大程主"敬"偏重直觉和体验,小程主"敬"偏重外在修持和学习。

在讲修养工夫时,程颐常用《周易·乾·文言》中的"闲邪"这个词。"闲邪"的意思就是防范邪恶、消除妄念。程颐认为,"敬是闲邪之道"(《河南程氏遗书》卷十八),"闲邪则诚自存"(同上书卷十五)。这是说,"闲邪"就是"诚",就是"敬"。那么"闲邪"又是什么工夫呢?他说:

闲邪更著甚工夫?但惟是动容貌、整思虑,则自然生敬。(同上)

如何是闲邪?非礼而勿视、听、言、动,邪斯闲矣。(《河南程氏遗书》卷二上)

程颐认为,"闲邪"之道就是在外则举止形象要严肃,在内则要端正思虑,在行为上则以"礼"的规范来约束自己,这样就自然能生出"敬",自然就可以消除妄念了。因此,小程反复强调外表的整齐严肃之重要性,"俨然正其衣冠,尊其瞻视,其中自有个敬处,虽曰无状,敬自可见"(同上书卷十八)。

程颐讲"敬",特别强调"主一":

敬只是主一也。主一,则既不之东,又不之西。(《河南程氏遗书》卷十五)

所谓敬者,主一之谓敬;所谓一者,无适之谓一。且欲涵泳主一之义,一则无二三矣。(同上)

"主一"就是"敬"的一种表现,其意指人用心于一处时,不能有三心二意。这个专心于一处,不仅是专心于某一事,更主要是要求意念集中在自己的内心,集中精神,使心思不四处走作,这就可以免除思虑纷乱。因为心中有了"敬"这个"一",闲杂的思虑便不会发生,如同一个器皿,里面盛满了水,再放到江河湖海中,江河湖海的水再多也不能注入器皿内;反之,如是空的器皿,则自然就会有水注入。

程颐强调"主敬"工夫,还有一个目的就在于要与佛道二教"静"的工夫划清界限。二程对"静"的工夫并不排斥,但都明确地表示不以"静"为工夫。因为在他们看来,"敬"可生"静",而"静"却不能生"敬";"静"的归宿是"忘",而"敬"则导向"必有事焉"的儒家"入世"价值理想。所以,小程提出,"主敬"只是"直内"的工夫,进一步还需要"方外"的"集义"工夫,即付诸实践,落实到具体的事上。只有"敬、义夹持",这样才能"上达天德"(同上书卷五)。

二程的工夫论"主敬",但认为那还不够,人还应该"明理",即在理性上提高自觉性,然后才可以"行义"。小程曾说过一句很著名的话:

涵养须用敬,进学则在致知。(《河南程氏遗书》卷十八)

由此引出了"格物致知"论。

"格物致知"语出《大学》。在北宋道学开创者中,二程对《大学》特别重视,认为它是"孔氏之遗书,而初学入德之门也"(参见朱熹《四书章句集注·大学章句》)。二程对"格物致知"都有言说,如大程说:

"致知在格物。"格,至也。或以格为止物,是二本矣。(同上书卷十一)

知至便诚意,若有知而不诚者,皆知未至尔。(同上)

大程不仅从字义上对"格物致知"作了训释,而且把它与自己的有关"诚"和"一本"的思想贯通起来。大程所说的"知",更多意义上是指人心中固有的"良知"、"天德",即道德意识,而不是指一般的知觉之"知"或知识之"知",如他所说:

人心莫不有知,惟蔽于人欲,则亡天德也。(同上)

"知"即是人心中固有的道德意识,由于它蔽于"人欲"而不明,故不能推致,因此需要"格物","格物"就是"致知"的工夫。大程并不反对对见闻知识的认知,但他反对过分追求这种知识,如"记诵博识",在大程看来就有"玩物丧志"之嫌(参见《河南程氏遗书》卷三)。

在"格物致知"问题上,小程子讲的更为详尽。在小程看来,"格物致知"是人的修养工夫之基础,是为学之本、之始:

人之学莫大于知本末终始。"致知在格物",则所谓本也,始也。(《河南程氏遗书》卷二十五)

他把"格物"训释为"穷理":

格犹穷也,物犹理也,犹曰穷其理而已也。(同上)

在对"知"的理解上,与其兄不同,程颐区分了"知"的两种类型,一是"闻见之知",一是"德性之知",认为"格物"对这两种"知"都应予以重视:

问:"格物是外物,是性分中物?"曰:"不拘。凡眼前无非是物,物物皆有理。如火之所以热,水之所以寒,至于君臣父子间皆是理。"(《河南程氏遗书》卷十九)

问:"观物察己,还因见物,反求诸身否?"曰:"不必如此说。物我一理,才明彼即晓此,合内外之道也。语其大,至天地之高厚;语其小,至一物之所以然,学者皆当理会。"又问:"致知,先求之四端(仁义礼智),如?"曰:"求之性情,固是切于身,然一草一木皆有理,须是察。"(同上书卷十八)

以上观点与大程思想有不同处,大程强调"理"在人心,只要反身而诚,则"理"自明;小程认为"理"在人心,也在事物,"格物"对两者都应"格",这样才能"穷理"。不过,在两种"知"中,程颐更重视的还是"德性之知"。他虽然不排斥穷"物理",但最终是要落实到"明善",落实到向内反思的自我认识上。因此,就程颐"格物致知"说的本质言,还是人文理性而非工具理性的,其指向的是经学、史学、哲学、文学而非自然科学。尽管程颐认为在为学的初级阶段不能排斥追求客观知识,但其倾向于重伦理道德而轻客观知识还是显而易见的。

第五节　程门弟子

二程兄弟一生以从事教育为主,培养了大量弟子。程门弟子遍及当时的中原、河东、蜀中、关中、吴越、湖湘、闽赣各地。由此,"洛学"也成为北宋后期唯一能与受到官方支持的王安石"新学"相颉颃的最大学派。

在二程的众多弟子中,以谢良佐、吕大临、杨时、游酢为最出名,时称"程门四大弟子"。此外,尹焞是程颐晚年的得意弟子,胡安国则是私淑"洛学"。一般以为,在程门弟子中,以谢良佐为最有创造性,"洛学之魁,皆推上蔡(谢良佐)"(《宋元学案·上蔡学案》)。以杨时为"传道"之功最巨,"龟山独邀耆寿,遂为南宋洛学大宗"(《宋元学案·龟山学案》)。

一、谢 良 佐

谢良佐(1050—1103),字显道,寿春上蔡(今属河南省)人,学者习称"上蔡先生"。谢良佐于宋神宗元丰八年(1085)中进士,曾任过地方官和京官,因忤旨被贬监西京竹木场,后又因言论下狱,废为平民。

谢良佐曾先后师事二程兄弟。当程颢知扶沟县时,谢良佐往从问学,他自恃才高,引证史书一字不遗,被程颢批评为"玩物丧志",令其汗颜,从此为学转重道德存养。程颢死后,他又从学程颐,被程颐赞为"有王佐之才"(参见《宋元学案·上蔡学案》)。

一般认为,谢良佐思想中的内省工夫是来自于程颢,而其"格物穷理"之说则来自于程颐。在内省工夫方面,谢良佐强调要"静坐"和"居敬"。"静坐"即心境的培养,"居敬"是使内心达到诚、仁的境地。在"格物穷理"方面,谢良佐强调通过格物达到在事事物物上明白"天理",这个"天理"是与"人欲"相对的,因此格物不是认识论而是伦理学的工夫。在理学史上,谢良佐最具影响的观点是他的"以觉言仁"说,他认为,从本体上讲,仁表示宇宙间"生生不已"的本性,从伦理意义上讲,仁表示意识的一种境界和状态,即"觉"。这个觉就像知觉到肢体的痛痒一样,时时意识到个人在整个宇宙、社会中的地位和责任。这些思想后来对南宋时以胡宏为代表的"湖湘学派"颇有影响。

在"格物穷理"论上,谢良佐认为,理是客观的,又是主观的。"天,理也",这是从客观方面说的。另外,"理便是我",天理是人心中自然的道理,这是从主观方面说的。既然这样,"格物穷理"并不是要人们一件一件地去探求物理,而是要"穷其大者",抓住最重要的道理。这个道理在谢良佐看来就是识"真我"。"真我"扫除"人欲",使内心"天理"复明,而且真正地认识到万物都是天理的体现。这时我与天理合一,也就和天合一了。后来朱熹所谓"一理豁然贯通,众物之表里精粗无不到,而吾心之全体大用无不明",就来源于此。也开陆九渊所谓"人皆有是心,心皆具是理。心即理也"的先河。

谢良佐的著作有《论语解》、《上蔡语录》三卷。

二、杨　时

杨时(1053—1135),字中立,南剑州将乐(今福建将乐)人,晚年隐居于龟山,学者习称其为"龟山先生",被公认是"程门四大弟子"中最有社会影响的一个。杨时于宋神宗熙宁九年(1067)中进士,曾杜门不仕多年,后历任过浏阳、余杭、萧山知县,又任过秘书郎、著作郎,迁迩英殿说书、左谏议大夫兼侍讲、国子祭酒、徽猷阁、龙图阁直学士等职。政治上极力反对王安石变法,积极主张抗金,反对割地求和。

杨时曾先后师事二程。他中进士后,调官不赴,到颖昌去拜程颢为师。程颢非常赏识杨时,当杨时南归时,程颢目送之说:"吾道南矣!"其思想学说亦近于程颢,故后世有"明道喜龟山,伊川喜上蔡"之说(参见《宋元学案·龟山学案》)。程颢死后,杨时又到洛中向程颐问学,杨时当时已四十多岁,但师事程颐十分恭敬,世传有"程门立雪"故事,说的就是杨时对老师的敬诚。

杨时高寿,活到八十三岁,对传播二程之学有很大贡献。宋室南渡后,杨时的政治地位与学术地位都相当高。其学术在当时很有影响,史称"东南学者惟杨时为程氏正宗"(《宋史·道学传》),其所传人称"道南学派"。南宋中期,人称"东南三贤"的朱熹、吕祖谦、张栻,与杨时都有师承关系,其中尤以从罗从彦、李侗到朱熹一系为最重要。实际上,南宋道学诸派几乎都与他有或多或少的关系。

杨时强调"合内外之道",以主观(内)融合客观(外),主张取消主客观界限。在认识方面强调"致知必先格物"。杨时还发挥了二程的"理一分殊"思想,着重以儒家的"仁义"道德观念来加以诠释。在人性论上,他承继二程的观点,认为人性本至善,是"天理"的体现。在修养工夫方面,他十分重视"未发"的体验,强调"静"的方法,认为在一种特殊宁静的状态下进行内向的直觉体验,以体验"道心",并保持之,人就可以实现道德境界,这一工夫被称之为"道南指诀"。晚年时期,杨时思想具有明显的融合佛、道学说的倾向。

杨时著有《中庸义》。此外,杨时也十分重视《论语》、《孟子》和《大学》,宋明理学的"四书"文本系统,即是由二程首倡,杨时发挥,最后由朱熹集大成才完成的。杨时的著作今存有《龟山集》四十二卷。

思考题：

1. 试述二程关于"理"的思想。
2. 二程是如何看待人性问题的？
3. 二程兄弟在工夫论上有何异同？

参考书目：

1. 潘富恩、徐余庆：《程颢程颐理学思想研究》,复旦大学出版社,1988年。
2. 陈　来：《宋明理学》,华东师范大学出版社,2004年第2版。
3. 蒙培元：《理学范畴系统》,人民出版社,1989年。
4. 徐洪兴：《旷世大儒——二程》,河北人民出版社,2000年。
5. [英]葛瑞汉(Graham, A. C.)：《中国的两位哲学家：二程兄弟的新儒学》,大象出版社,2000年。

第六章 胡　　宏

胡宏是南宋儒学中湖湘学派的中心人物。但在正式介绍胡宏思想之前，我们有必要对湖湘学的基本概况略作说明。

由二程奠立的北宋理学初时主要在北方流传，尔后，二程高弟杨时、谢良佐将理学南播，其中，杨时开道南一脉，其传由罗从彦到李侗再到朱熹；而谢良佐则开湖湘一脉，其传由胡安国到胡宏再到张栻。南宋末，真德秀曾对此有简洁的说明：

> 二程之学，龟山得之而南，传之豫章罗氏，罗氏传之延平李氏，李氏传之考亭朱氏，此一派也。上蔡传之武夷胡氏，胡氏传其子五峰，五峰传之南轩张氏，此又一派也。（《真文忠公读书记》卷三十一）

现在一般认为，胡安国、胡宏和张栻等人是湖湘学派的主要代表人物，而湖湘学的学术渊源出自二程洛学，中经谢良佐转手而兴。需要指出的是，所谓湖湘学派，主要是根据他们的学术活动在湖南展开而得名，事实上，他们三人均不是湖南人，胡安国、胡宏是福建人，张栻则是四川人。湖湘学派真正成为一个富有创建、同时也富有影响的地域性学派，主要是得益于胡宏，由胡宏下传至张栻，湖湘学已成为南宋思想界的一个重要学术流派。但不幸的是，张栻一生只活了四十七岁，死后其弟子或转从陈傅良，或师事朱熹，或拜门于陆象山，湖湘学由是转盛而衰。至于胡宏的其他门人如胡广仲、胡伯逢、吴晦叔、彪居正等又力弱才短，皆未能对其师说推广开发，对朱熹的思想也未能有所点破。牟宗三对此评论道："胡氏子弟门人作品皆不传",而且他们又"多半年寿不永,学力才力恐亦有不及,不能弘扬师说,而卒为朱子所掩盖"(《心体与性体》,台北:正中书局,1996年,第545页)。

倡明洛学于南渡之后并开创湖湘学派的人是胡安国。胡安国(1074—1138),字康侯,谥文定,福建崇安人,学者称武夷先生,曾任太学博士、中书舍人兼侍讲、宝文阁直学士等职。因指陈朱胜非误国,反对高宗重新起用而遭落职,后隐居衡山著书讲学,代表作是《春秋传》,成为元明科举取士的经典。胡安国私淑洛学,他接续程颐思想,强调主敬与致知并重,认为圣门之学当以致知为始,穷理为要,并进而达到合内外之道。由于胡安国身处两宋交替之际,如何经邦济世的主题使得他的学问兴趣转向于史学,即通过究心于历史的兴衰存亡之事以期裨益于今,而《春秋》一书正是一部以历史记叙的方式记载经世治国的著作,尽管《春秋》"隐奥而难知"(朱熹语),但胡安国却尽心费神于其间,究其原因则在于"感激时事,往往借《春秋》以寓意"(《四库全书总目》卷二十七《经部·春秋类二》)。

湖湘学派中学术成就最高者当首推胡安国季子胡宏。胡宏一生不仕,鄙薄名利,沉于著书讲学,所著《知言》一书奠定了湖湘学派的学统,全祖望对此评论说:"绍兴诸儒所造,莫出五峰之上。其所作《知言》,东莱以为过于《正蒙》,卒开湖湘之学统。"(《宋元学案·五峰学案》)尽管依胡宏高弟张栻所说,胡宏"卒传文定公之学"(《胡宏集·知言序》),但这里所谓的"传"我们应当将它理解为在思想立场上,胡宏与其父一样,关切家国天下,重于力行经世。然而从学术取向上来看,我们可以说胡宏基本上放弃了其父注重史学的为学路数,转而从哲学分析的角度对儒家的心性义理作了独特的阐发。

使湖湘学的规模得到进一步扩展,并使湖湘学成为南宋思想界富有影响力的一个学术流派,当有赖于张栻。张栻(1133—1180),字敬夫,号南轩,四川锦竹人,一生居官十余载,曾知严州、袁州、静江、江陵等州府,孝宗乾道年间曾任吏部员外郎,后进直宝文阁、右文殿修撰,提举武夷山冲右观。张栻关心民情,力主恢复中原,立朝也敢于犯颜直谏。张栻幼受庭训,入胡宏门下为时不长,胡宏卒于1161年,而张栻正式事胡宏也在此年。不过,张栻与胡宏的书信往来则历有年所(见《宋元学案·南轩学案·附录》)。另据胡宏所说:"敬夫特访陋居,一见真如故交,言气契合,天下之英也。见其胸中甚正且大,日进不息,不可以浅局量也。河南之门,有人继起,幸甚!幸甚!"(《胡宏集·书·与孙正孺书》)由此看来,张栻之才识似深为胡宏所许。但需指出的是,张栻之学虽得自胡宏,然在具体的学术观点如对于心性善恶、天理人欲等问题的理解上,两者却颇有差别。全祖望在《宋元学案·南轩学案序录》中说:"北溪诸子必欲谓南轩从晦翁转手,是犹谓横渠之学于程氏者。欲尊其师而反诬之,斯之谓矣。"言下之意,在为张栻非胡宏之正传而辩白,以为张栻之学不受朱熹的影响,张栻在某些问题的看法上并非近于朱熹而不合于其师胡宏。对于此间争论,我们认为,张栻受教于胡宏门下日浅,在与朱熹的往复辩论中,也多表现出顺从朱熹的特点,因此,北溪诸子的看法确非全是凿空杜撰之言。但张栻之学有其自己的特色,无论在天理人欲之辨,还是在涵养省察之方等方面都不乏独到的见解,故黄宗羲说:"五峰之门,得南轩而有耀。"(《宋元学案·南轩学案案语》)张栻生前与朱熹齐名,且与朱熹、吕祖谦并称为"东南三贤",但可惜早逝。自此以后,湖湘学派只被视为朱熹学的同调。张栻著述颇多,主要有《论语解》、《孟子说》等,长春出版社标点出版的《张栻全集》(1999年)收集了张栻的大部分思想材料。

鉴于湖湘学派中,胡安国思想中的史学和经学的特征比较突出,而张栻的思想与胡宏的思想相比也显得单薄,虽其弟子从游者甚众,但却无一人得其传,故本书不讨论此二人的哲学思想。

第一节 "吾儒步步着实"

胡宏(1106—1161),字仁仲,福建崇安人。宋高宗建炎年间因战乱随家人避居荆门、湘潭等地,后寓居湖南衡山五峰,所谓"优游衡山二十余年,玩心神明,不舍昼夜",故学者称"五峰先生"。

胡宏出生名门。祖父胡渊,曾授学江浙;父亲胡安国,私淑洛学,乃宋代著名的经学家,而胡宏的兄弟胡寅及胡宁也都是南宋有名的学者。胡宏资质纯粹,幼闻庭训,15岁撰《论语说》,而后随父习伊洛之学,并编有《程氏雅言》。20岁时入京师,师事程门高弟杨时,并与张九成等交往密切,后又从程门高弟侯师圣游。宋高宗时,胡宏曾荫补右承务郎,因秦桧当道,未履,隐居衡山,以游学讲道至终。

胡宏身处两宋交替乱世,虽一生未曾出仕,但他关心社稷安危,主张立三纲、恤民生,行王道之政。他说:"夫国之有民,犹人之有腹心也;国之有兵,犹身之有手足也。手足虽病,心能保之,心腹苟病矣,四肢何有焉!"(《胡宏集·书·上光尧皇帝书》)胡宏主张立身行道,有经世济民的思想,而在学问上,即以振兴道学自任,"以圣人之道为必可行"。胡宏不仅是继杨时之后,在南宋传播洛学的最早的一批理学家,而且他的思想对湖湘学派的形成起了至关重要的作用,著作有中华书局校点本《胡宏集》(1987年)。

胡宏哲学的问题意识与南宋初期的思想格局有着密切的关系。

我们知道,尽管北宋以来二程以天理本体为儒学奠定了理论基础,并提出了格物致知、涵养持敬的为学路径,但是逮其后学,不论是杨时还是谢良佐,其热衷的工夫方向都出现了松动天理本体的客观性的趋向,偏于内向的直觉体悟,而此流以下,学者更有流于口耳玄说、不落实地的弊病。湖湘一脉中,胡安国、胡寅父子经由经史一路展示经邦济世之学,固然着重于表现儒学的外王一面,然而,他们植义理于历史的为学方法,以及由这种方法所透露出来的某种意义上的客观性寻求,却在南宋初期的儒学中具有不可忽视的重要意义。

胡宏的学问进路自不同于其父,而表现为更加明显的哲学思辨的倾向,然而他们父子二人却有大体相似的精神方向,这表现在他们均强调在实事实行中寻求儒家的大本达道,这大概就是《宋史》、《宋元学案》等书皆认为胡宏"卒传其父之业"的原因之一。事实上,胡宏特别重视儒家之学体用兼赅的意义,并时时警惕以空言为了悟的为学倾向。胡宏说:

> 仁也者,人之所以为天也,须明得天理尽,然后克己以终之。以圣门实不与异端空言比也。空言易晓,实际难到,所以颜回、仲弓亚圣资质,必请事斯语,不敢以言下悟便为了也。(《胡宏集·书·与张敬夫》)

又说:

> 学圣人之道,得其体,必得其用。有体而无用,与异端何辨?

（同上）

胡宏以辟异端、正儒道的立场出发，反对以"有体而无用"来理解圣门之学，这既可以看作是他对儒家之道的基本精神的了解，同时也是胡宏自己立学的基本问题意识。不待说，这种问题意识与当时学者的学术风气有密切的关系，对此胡宏曾明确地指出：

> 今之学者少有所得，则欣然以天地之美为尽在己，自以为至足矣。就世俗而言，亦可谓之君子，论于圣人之门，乃是自暴自弃耳。（同上）

学者轻言了悟，不从实事实理上竟其所得，大概是当时的为学风气。问题在于，从深一层的角度上看，学者何以会有"学不到贯通处，即言天地万物本吾一体"、"未曾克己复礼，已先有颜子之乐"这种"自以为至足"的倾向出现？其间原因乃与宋室南渡后一些儒家学者将儒学的义理规模不断作主观化、内在化的理解有密切的关系，具体地说，乃与道南一脉中杨时将儒学的格物之义和道德实践悉归之于"反身而诚"的主张紧密相连。杨时认为：

> 为是道者，必先乎明善，然后知所以为道也。明善在致知，致知在格物。号物之多至于万，则物将有不可胜穷者，反身而诚，则举天下之物在我矣。（《龟山集》卷十八《答李杭》）

撇开对"格物"之"物"的不同理解，即便杨时说"反身而诚"的最终目的在于"明善"，而不在于穷究物之理，但如果这种善的意义和标准纯归之于主观的自我规定，而没有任何客观性和确定性的内容，那么，儒家所谓的"止于至善"的寻求便只会落于"只知有己，不知有人"的格局。其结果是：在实践上自然无有阶梯，各是其是而无法操持；在理论上，则必将造成因相对而致虚无的结局。朱熹就说：

> 近世如龟山之论，便是如此，以为"反身而诚"，则天下万物之理皆备于我。万物之理，须你逐一去看，理会过方可。如何会反身而诚了，天下万物之理便自然备于我？成个什么？（《朱子语类》卷六十二）

朱熹之说自然有他认识论的倾向，不必全顺杨时立言之意。然而，对于儒学成己成物的规模而言，朱子之忧可能不当简单地以"支离"二字蔽之。胡宏显然也看到了以这种方式讲儒家之道所可能存在的弊陋，并对此颇有不满，他说：

> 天下万物皆有则，吾儒步步着实，所以允蹈性命，不敢违越也。是以仲尼以从心而不逾矩为至，故退可以立命安身，进可以开物成务。圣人退藏于密，而吉凶与民同患，寂然不动感而遂通天下之故，体用合一，未尝偏也。不如是，则万物不备。万物不备，谓反身而诚，某不信也。（《胡宏集·书·与仲原兄书二首》）

胡宏紧紧抓住当由"万物皆备"而言"反身而诚"，其目的在于：一方面是用以严分儒释，"即物而真者，圣人之道也，谈真离物者，释氏之幻也"（《知言·往来》），以儒家之实来抗击释氏之虚；另一方面则是为了阻挡时下学者遗规矩而谈性命义理的蹈空不实之倾向。儒家之道乃是安身立命与开物成务并举，内圣成德与外王成物并重。若设万物不备，如浮屠佛说，"纵使身心休歇，一念不生，以至成佛，乃区区自私其身，不能物我兼忘，与天下大同也"（《胡宏集·书·与仲原兄书二首》）。胡宏进而指出：

> 昔孔子下学而上达，及传心要，呼曾子曰："吾道一以贯之。"何尝如释氏离物而谈道哉？……万物皆备于我，反身而诚，天地之间，何物非我？何我非物？仁之为体要，义之为权衡，万物各得其所，而功与天地参焉。此道之所以为至也。（同上）

至此，我们可以看到，胡宏以仁、义、物兼备而说儒家之道，其心意所向则在于强调此道的实有其事（物），不能离物言道，以防蹈于虚空，所谓"人备万物，贤者能体万物，故万物为我用"（《知言·事物》）。我们说，这大体是胡宏整个为学的问题意识。

第二节 即物求道

不难看到，胡宏以体用该贯说儒家之道，其真正的用意在于揭示道必在物用之中，不能离开物用而言道的观点。关于什么是道，胡宏认为：

形形之谓物,不形形之谓道。物拘于数而有终,道通于化而无尽。(《知言·纷华》)

这里胡宏是从道与物的分别上说"道",也就是说物是有形体的,而道却是无形体的,物有生灭而道却永恒。胡宏这里所说的"道"包含规范与规律两方面的含义,就规范义而言,这种道主要讲的是仁之道,性之道,或历代圣贤相传之道,所谓"道非仁不立"(《知言·修身》)等;就规律义而言,这个道的意义与他所说的理相似,如他说:"物之生死,理也。理者,万物之贞也。"(《知言·阴阳》)然而,在胡宏看来,形而上之道与形而下之物虽有这种区别,但两者却是不能分离的,他说:

道不能无物而自道,物不能无道而自物。道自有物,犹风之有动,犹水之有流也,夫孰能间之? 故离物而求道者,妄而已矣。(《知言·修身》)

显然,胡宏的哲学主张乃在"道不离物",即物而求道。从哲学史的立场上看,胡宏的物道不离观念多少受到二程"道之外无物,物之外无道"(《河南程氏遗书》卷四)的思想的影响,而胡宏之所以要人在"物"中、在实事实行中寻求儒家之道,除了将这种道的意义寻求置诸于客观性一路之外,也明显地反映出他内心的某种隐忧,胡宏曾感叹道:

诸子百家仁之以意,饰之以辨,传闻习见,蒙心之言,命之理,性之道,置诸妄昧则已矣。悲夫,此邪说暴行所以盛行,而不为其说惑者鲜矣。(《知言·天命》)

毫无疑问,在胡宏看来,对儒家之道的把握,不能只是满足于言语之论辩,口耳之宣说,他说:"涉着言语,便有滞处。历圣相传,所以不专在言语之间也。"(《胡宏集·书·与彪德美》)所谓"不专在言语之间",意思是说人要在客观的实事实行中见出儒家之道,而言语对道的把握却总是有限的。因此,胡宏要求学者应当在"行持坐卧"中见得此道分明,这里当然也包含有一种实践的品格。在《复斋记》中,胡宏又说:

儒者之道,率性保命,与天同功,是以节事取物,不厌不弃,必身亲

格之,以致其知焉。(《胡宏集·杂文·复斋记》)

为此,学者必须立志以定其本,居敬以持其志,如果只是满足于口耳之唱和,则鲜有不迷乱者。在与孙正孺的通信中,胡宏再次指出:

> 古之人盖有名高天下,躬自锄菜,如管幼安者;隐居高尚,灌畦粥蔬,如陶靖节者。使颜子不治郭内、郭外之田,则饘粥丝麻将何以给?又如生之将至,犹且会计升斗,看视牛羊,亦可以为俗士乎!岂可专守方册,口谈仁义,然后谓之清高之人哉!正孺当以古人实事自律,不可作世俗虚华之见也。(《胡宏集·书·与孙正孺书》)

胡宏认为,即便是历史上的那些清高之士,也不是遗阙日用,专守方册而游离世间的人,他们也有实行之见,实事之治。因此,我们必须"首万物"以存天地,"备万物"以参天地,这才是儒家的"正道"(《知言·往来》)。至此,胡宏即物求道的哲学主张已表露无遗。

第三节 性也者,天地之所以立

道见于实事实行,有其体必有其用,确实是胡宏为学的基本立场。那么,这一立场落于心性义理上又是如何体现的呢?客观地说,胡宏非常重视心性理论,他说:"心、性二字,乃道义渊源,当明辨,不失毫厘,然后有所持循。"(《胡宏集·书·与僧吉甫书三首》)但就胡宏所处的时代而言,佛老盛行,直自以为识心见性,致使"高明之士,往往乐闻而喜趋之,一溺其间,则丧其本心,万事堕弛,霄壤之谬,其祸盖有不可胜言者"(《胡宏集·附录二宋张栻〈胡子知言序〉》)。因此,如何从体用该贯的角度出发,"即形而下者而发无声无臭之妙"成为胡宏言心言性的核心,也是我们理解胡宏心性论的关键。在这个问题上,胡宏力图独出己意,因而受到朱熹的批评,朱熹专门写了《胡子知言疑义》,对胡宏的心性学说加以辩驳。我们先看胡宏的性论。

胡宏论性有他自己独特的说法,他认为性不只限于人性,万事万物皆有性,所以各不相同,或者说,由于万事万物各有自己的本性,才使得事物之间相互区别,而不同事物之所以呈现其特殊的规定,原非外力所致,而是其本性使然,故说:"具耳目、口鼻、手足而成身,合父子、君臣、夫妇、长幼、朋友而成世,非有假以外而强成之也,是性然矣。"(《知言·修身》)一事物失其本性,则不复成其为一事物,胡宏正是在这个意义上说"性外无物,物外无性"(同上),另一方面,世间事物虽各有其性而千差万别,但这些彼此差别的事物又有一个共同的宇宙本性,所以胡宏说:"观万物之流形,其性各异,察万物之本性,其源则一。"(《知言·往来》)

胡宏也正是在这一意义上,将性看作是宇宙本体的最高范畴,并从宇宙生成论的角度来说明这一点。胡宏认为,整个世界作为一个自然存在,其变化不息,日新月异,就表现为气的流行,所谓"一气大息……万物化生,日以益众"(《知言·一气》)。而气所以变化流行的根据便是"性",故胡宏说:

气之流行,性为之主。(《知言·事物》)

水有源,故其流不穷;木有根,故其生不穷;气有性,故其运不息。(《知言·好恶》)

这里所谓"性为之主"的"主"即是根据或主宰之意。从南宋儒学以后发展的历程来看,朱熹以"理"为最高的本体范畴,象山以"心"为最高的本体范畴,但在胡宏这里,性被提升为宇宙的最后根源,胡宏说:

天命之谓性。性,天下之大本也。(《胡宏集·附录一〈胡子知言疑义〉》)

性也者,天地所以立也。(同上)

胡宏如此说性的用意或在于表明,先儒说性大都只注意特殊意义的性,如人性或物性,而这种特殊意义的性,在胡宏看来,只是某物具体的道理,他们未能从宇宙本体的普遍性高度来说明和了解此性,所以胡宏说:"大哉性乎!万理具焉,天地由此而立矣。世儒之言性者,类指一理而言之尔,未有见天命之全体者也。"(《知言·一气》)

由作为宇宙本体或"天命之全体"的性出发,胡宏对人性善恶问题也提出了自己独特的看法,据《知言》记录:

或问性,曰:"性也者,天地之所以立也。"曰:"然则孟轲氏、荀卿氏、扬雄氏以善恶言性,非欤?"曰:"性也者,天地鬼神之奥也,善不足于名之,况恶乎?"或者问曰:"何谓也?"曰:"宏闻之先君子曰:'孟子所以独出诸儒之表者,以其知性也。'宏请问曰:'何谓也?'先君子曰:'孟子道性善云者,叹美之辞也,不与恶对。'"(《胡宏集·附录一〈胡子知言疑义〉》)

在胡宏看来,先儒孟子、荀子和扬雄所说的善恶乃是"形容表现上的事之相状",并对之作一价值评价,如中节谓善,不中节谓恶,所以,这种意义上的善恶是一相对的范畴,而且也多局限于人际中的伦理关系范围,而以这种相对的范畴来说明作为宇宙本体的"性"的概念就会显得不足,因为这种宇宙本体的"性"不是事,它所具有的普遍性、绝对性和终极性即便用"善"来描述也还是有局限的,一句话,伦理学上的善恶概念无法用来说明宇宙本体的"性"。在这个意义上,胡宏引其父之语,认为孟子道性善乃是叹美之辞,意思是说,以"善"来描述"性"只是由于语言的限制而采用的权有说法,但在根本上却不足于用来说明"性",因为即便对人性而言,善也只是其丰富内涵中的一个表现或特质而已。朱熹曾批评胡宏的性论乃是告子的"湍水之说"(《朱子语类》卷一○一)。

第四节 心主乎性,心以成性

胡宏既不以善恶言性,而将性认作是天下之大本,那么,在道德修养的实践方式中,心与性的关系又是如何表现的呢?在这一问题上,胡宏又独出己意,将性的确立和彰显放置在心的功用的发挥上。胡宏在释《中庸》时曾这样指出:

性,天下之大本也。尧、舜、禹、汤、文王、仲尼六君子先后相诏,必曰心而不曰性,何也?曰:心也者,知天地,宰万物,以成性者也。六君子,尽心者也,故能立天下之大本,人至于今赖焉。不然,异端并作,物从其类而瓜分,孰能一之?(《胡宏集·附录一〈胡子知言疑义〉》)

在胡宏的思想中,性属于未发,是形而上者,"未发只可言性,已发乃可言心"

(《胡宏集·与僧吉甫书·二首》)。而未发之性与已发之心又是一种体用关系,他明确指出:"圣人指明其体曰性,指明其用曰心。性不能不动,动则心矣。"(同上)性之不动是未发,性之动即是已发。我们要注意这样一种用词,即在胡宏看来,性是不能不动的,但此性一动就是心了。在这种言说逻辑中,心的地位和意义无疑是被突出和加强了,所以,胡宏认为,六君子相诏只说心而不说性,因为惟能尽心,则天下之大本(性)自然随之而显。但如此一来,性毋宁说被放在了一个虚置的地位上。因为性的实际内容有赖于心在"成"之的过程中来赋予。应当说,这样的心性观念是胡宏"道在物中"和"即物求道"的自然延伸。胡宏曾用一个形象的例子来说明这种心性关系,他说:

> 性,譬诸水乎,则心犹水之下,情犹水之澜,欲犹水之波浪。(《知言·往来》)

这里,"水之下"、"水之波"、"水之澜"都是水的不同的表现形式,而其本体即是水。同样的道理,人的心、情、欲虽有各种形态上的差异,但它们也都是心已发后的不同的功用,其体仍是性。换言之,性之体就存在于人的心、情、欲等感性心理和活动之中。胡宏说:

> 夫人目于五色,耳于五声,口于五味,其性固然,非外来也。(《胡子知言疑义》)

> 好恶,性也。小人好恶以己,君子好恶以道,察乎此则天理人欲可知。(《知言·阴阳》)

在儒家思想中,一般地说,性表示客观性原则,它可以表现为律则、规范,也可以客观化为制度建构等,具有稳定的性质;而心则表示主观性原则,由于心包含知、情、意等在内,所以,心总是灵动地随时处于感发之中。从心性之学的角度上说,心之于性,就其充极圆满地说,即心性是一,但分别地看,心与性也有其不同的侧面。主观之心是客观之性的落实处,客观之性的内容只有落实到主观、能动之心上才能得以彰显,反过来,客观之性则是主观之心的一个挂搭,也就是说主观之心的内容应当以客观之性为标准。但依照胡宏的上述说法,性的意义和地位全赖于心的活动来造成,简言之,性只在心的活动的功用中见出。正因为如此,胡宏不排斥将"五色"、"五音"、"五味"等属于人的感性欲望的东西说成是"性之固然",更有甚者,胡宏甚至不惜把"好恶"这种属于主观意愿之心的反应也看作是性。这种观念在理论逻辑上,一方面突出了工夫论的中心地位,另一方面,也表现出胡宏哲学注重在历史、人生的实际进程中展示和寻求意义的精神。在胡宏看来,性在本体论上固然是首出的核心概念,然而,心却是成就一个人的德性生活的根本和着力点。因此,"好恶"可以归于性,只要在工夫实践中以"道"好之、恶之,同样,天理人欲的分际,也可按照上述思路来讲。胡宏说:

> 天理人欲,同体而异用,同行而异情。进修君子,宜深别焉。(《胡子知言疑义》)

"宜深别"即指向工夫的简别,而所谓"同体",可说是同一事体,如夫妇之道,圣人作之,以保合为义,即为天理,小人行之,过而无节,便是人欲。胡宏显然非常重视人的感性生命的意义,在他看来,圣人其实与普通人一样,也是一个有情有欲的感性化的现实个体。他说:

> 凡天命所有而众人有之者,圣人皆有之。人以情为有累也,圣人不去情;人以才为有害也,圣人不病才;人以欲为有不善也,圣人不绝欲;人以术为伤德也,圣人不弃术;人以忧为非达也,圣人不忘忧;人以怨为非宏也,圣人不释怨。(同上)

所谓"天命所有",是指孟子所说的谓命不谓性的耳目口鼻之自然,这实际上说的是人的情欲。在胡宏看来,凡人所有的情、才、欲、术、忧、怨,圣人皆有,故这也可以说圣人与人同类。虽然儒家心性学的最高目的是要成就有德性的正当生活和人生,但在胡宏眼里,这种德性生活和人生并不是通过排斥人的感性生命中的正当情欲来实现的,同时,在哲学上,虽然胡宏此处可能是顺孟子而来,然而,通观他的整个思想,胡宏的上述说法其实蕴涵着性的内容就是心的内容,或反过来,心的内容就是性的内容。

然而,人的感性生命毕竟丰富活泼而难于时时正轨合道,故常常不免逐物而迁,以至肆溺而不能自已。胡宏显然不是没有认识到这一点,所谓"情一流则难遏,气一动则难平。流而后遏,动而后平,是以难也"(《知言·一气》)。因此,胡宏非常注重工夫的作用,这种工夫主要表现在两个方面,即涵养察识与求放心。胡宏认为,人有赤子之心,但又缘于外诱而使此心放失。"放心"一语原出孟子,是指人的成德意志为外物所牵引而失去判断能力。工夫修养就是要及时察识这种情欲,并猛省提撕加以涵养,使之归于正。他说:

> 察而养之于未流,则不至于用遏矣;察而养之于未动,则不至于用平矣。是故察之有素,则虽婴于物而不惑;养之有素,则虽激于物而不悖。(同上)

毫无疑问,这种工夫修养的最终目的,在胡宏,乃是要达到无过、无不及的"中"。但这个"中"究竟如何把握?依胡宏之说,心本造化而涵万事,是活动不已的,"心无不在,本天道变化,为世俗酬酢,参天地,备万物"(《胡子知言疑义》)。而且心之活动所具有的才、情、欲、怨等等皆可有好坏、善恶、是非两义。因此,依靠心之活动的特点试图为人的行为是否"中节"提供判断准则,其结果显然只会陷于主观的好恶之中,而难于有客观的、普遍的标准。但问题在于,作为一种客观性原则,胡宏所说的性又不是独立于心之外,依胡宏所说,性不能不动,而动即是心,所谓体在用中见,性在心中显,所以,性之内容的规定必须依靠心之活动来获得。在这种情况下,人的行为是否"中节"便只能在心的感应和活动上进行判断。胡宏在"凡天命所有而众人有之,圣人皆有之"一段后,紧接着说:

> 然则何以别于众人乎?圣人发而中节,而众人不中节也。中节者为是,不中节者为非,挟是而行则为正,挟非而行则为邪。正者为善,邪者为恶。而世儒乃以善恶言性,邈乎辽哉!(同上)

初看起来,胡宏以"中节"与否区分圣人与众人,并提出了是非、正邪、善恶等等,形式上似乎颇合条理。但事实上,"中节"的标准究竟寄于何处的问题并没有解决。胡宏反对以善恶说性的另一种意思表达,大体可以理解为他反对在"心"之外另立一个"性"作为本体或标准,以待心去依循。所以,"中节"与否便只能在心上去做工夫,通过"察之"、"养之"的持续不断的历练来获得。然而如前所说,心并不能提供这样一种标准。因而,胡宏上述所谓"中节、不中节"的言说实际上是以非标准作为标准。这种思考方法,一方面可能低估了心之情欲在人的行为中所具有的力量,另一方面,它即便可能成立,也须诉诸如明道所说的"廓然大公",以"无私"来别私,以"无情"来别情。但这一工夫路数一方面是"地位高者"(朱熹语)之事,另一方面,却仍然不免虽"深刻"但"不清晰",因为"中节"与否端赖个人而难于把捉。因此,所谓"地位高者"的"中节"只具个别性,而无普遍性和确定性,即仍是无标准可言。应当说,这是胡宏心性论中的一个难点。朱熹站在他自己的立场上,对此诘难道:"然不知所中之节,圣人所自为邪?将性有之邪?谓圣人所自为,则必无是理;谓性所固有,则性之本善也明矣。"(同上)应该说,朱熹的诘难并不是吹毛求疵。

不过有趣的是,胡宏哲学高举"体用该贯"、"即物求道",其用意,原本是要堵塞当下悬空不实之学风,不期他所苦心构作的心性论,在逻辑上,最后竟然会导致动摇和威胁儒家价值标准的客观性和确定性问题,这或许是出乎胡宏意料之外的。这样看来,湖湘学最后被朱熹所掩盖,除了其后学"力弱才短"等原因之外,似乎也有其理论上的必然。

思考题:
1. 胡宏"即物求道"的基本内容是什么?
2. 胡宏心性论的内容、结构与问题是什么?

参考书目:
1. 牟宗三:《心体与性体》第二册,上海古籍出版社,1999年。
2. 侯外庐等主编:《宋明理学史》上册,人民出版社,1984年。
3. 陈　来:《宋明理学》,华东师范大学出版社,2004年第2版。

第七章 朱　　熹

朱熹是中国哲学史上成就最高、影响最大的学者之一。全祖望曾以"致广大,尽精微,综罗百代"来说明朱熹学问的特点,可谓传神。

朱熹(1130—1200),字元晦,号晦庵,祖籍徽州婺源(今属江西),出生于福建尤溪,并长期居住在崇安、建阳一带讲学,故传统上称其学派为"闽学",又称考亭学派。

朱熹5岁就学,家训甚严。14岁,其父朱松去世,死前将朱熹托付于胡宪、刘勉之、刘子翚三人,并尽得其教。19岁,及第进士,为同安县主簿。24岁,拜见李侗,得洛学之传。33岁,为文学博士。此时,南宋苟安心态流行,满朝惧于金祸,朱熹虽力主抗金,但宰相汤思敬以下皆懦怯不听,遂使朱熹不愿立朝,去官居家,贫行乐道,以教授子弟为事,声名渐起。乾道五年(1169),朱熹39岁,出知南康军,在此期间,修"白鹿洞书院"遗址,为周敦颐等建祠堂,为陶渊明等建"五贤堂"。孝宗内禅时,朱熹65岁出知谭州,修复岳鹿书院。宁宗即位后,因赵汝愚的荐举,朱熹终于获得了生平唯一一次的"在朝为官"的机会,但韩侂胄又以定策功擅恣朝政,朱熹切言忤意,仅四十五日即告罢官。此时,朝中的反对党把朱熹的学问定为"伪学",沈继祖、刘德秀等人甚至欲置朱熹于死地,说他有窥伺神器之意,上书请斩,这便是庆元党禁之祸。朱熹虽身处其中,但却依然讲学不辍,泰然自若。门人蔡元定因祸而被贬谪道州,临别时,师徒相见,不及其他,惟就近日所读《参同契》相互切磋。朱熹晚年身体多病,患有眼疾,以致不能读书,但教授弟子不断。庆元六年(1200)三月,见弟子聚集,朱熹竟带病与学生详细讲述《太极图》、

《西铭》等,越五日而逝。

朱熹资性方正,一生安贫乐道。虽身历四朝,但"仕于外者仅九考,立朝才四十日"(《宋史·朱熹传》)。然而,朱熹"平居惓惓,无一念不在于国,闻时政之阙失,则戚然有不豫之色。语及国势之未振,则感慨以至泣下"(《朱熹集》附录一,黄榦《朱先生行状》)。他一生以著述、讲学为乐,涉猎范围遍及经史子集,颇为广泛,而其用一生心血加以注释的"四书"在宋以后成为高于"五经"的经典,成为后来科举考试的标准。朱熹的主要著作有《四书集注》、《四书或问》、《太极图说解》、《西铭解》、《周易本义》等,另有《朱子语类》一百四十卷(中华书局标点本,1986年)、《朱熹集》一百二十卷(四川教育出版社标点本,1996年)。今有上海古籍出版社、安徽教育出版社于2003年联合出版的标点本《朱子全书》二十七册,几乎网罗了朱熹的所有文字。

第一节 理 与 气

朱熹哲学常常被人们称之为四通六劈,综览百家,而理气论则是朱熹哲学系统中的中心观念,故介绍朱熹哲学,须先弄清何谓理与气及它们的相互关系。

一、理气先后

什么是理?简单地说,朱熹哲学中的理包含两方面的意思:既指人类行为的道德法则,又指自然事物的规律、规则,而且二者是统一的,亦即道德法则实际上是宇宙的普遍规律在人类社会的特殊的表现形式而已。朱熹说:"凡有形有象者,皆器也,其所以为是器之理者,则道也。"(《朱熹集》卷三十六《与陆子静》)事、物、象、器皆是可以感性加以把握的,而理和道却是事物所以成其为事物的本质。从理的角度上说,理是体,象是用,理中有象;从象的角度上说,象是理的显现,象中有理。与此相应,朱熹把理称之为形而上之道,把气称之为形而下之器。他说:

> 天地之间,有理有气。理也者,形而上之道也,生物之本也;气也者,形而下之器也,生物之具也。是以人物之生,必禀此理,然后有性,必禀此气,然后有形。(《朱熹集》卷五十八《答黄道夫书》)

意思是说,天地万物皆由理、气所组成,"天下未有无理之气,亦未有无气之理"(《朱子语类》卷一)。人物之生,禀此理以成性,禀此气以成形,因而就某一具体的事物而言,理与气浑沦不分,不可分开各在一处,如朱熹说:

> 理非别为一物,即存乎是气之中,无是气,则是理亦无挂搭处。(《朱子语类》卷一)

> 如阴阳五行错综不失条绪,便是理。若气不结聚时,理亦无所附着。(同上)

然而,在朱熹看来,理与气又毕竟不同,相对于气而言,理却是事物的本质,它决定着事物发展的可能与方向,在此意义上,理又可以不依气而存在。这种理与气之间的关系我们可以把它表达为"不离不杂",在物上看,理与气之间"不离";在理上看,理与气之间"不杂"。所以朱熹说:

> 所谓理与气,此决是二物。但在物上看,则二物浑沦,不可分开各在一处,然不害二物之各为一物也。若在理上看,则虽未有物,而已有物之理,然亦但有其理而已,未尝实有是物也。(《朱熹集》卷四十六《答刘叔文》)

按朱熹的说法,事物尚未存在之前,事物之理已经预先存在着,并且因此理而决定以后事物的发展。相反,"物"与"气"却必须依理而存在,因为任何一具体事物必因一定之气而决定其存在,物既存在,则此一具体事物之理也就通过构成此物的特殊之气而表现,所以朱熹一方面会说"气以成形,理亦赋焉"(《中庸章句》),另一方面又说"有此理后,方有此气"(《朱熹集》卷五十八《答杨志仁》)。

上述观念,朱熹把它明确了解为"理在事先"或"理在事上"。这里所谓先后、上下之说并不是对某一具体事物的分析上,而是着眼于理、气本身的理论次序而言,这种理论次序朱熹已明确地表明为形上、形下不可混淆。朱熹说：

> 未有这事，先有这理。如未有君臣，先有君臣之理；未有父子，已先有父子之理。不成元无此理，直待有君臣父子，却旋将这道理入在里面？（《朱子语类》卷一）

> 理未尝离乎气。然，理形而上者；气，形而下者。自形而上下言，岂得无先后？（同上）

但朱熹的这种理、气先后之说常常容易被人误认为是自然时间意义上的先后，事实上，朱熹是在理论的逻辑次序上强调理、气关系中理所包含的特殊的尊严，气是依傍理而运行的，而理却不依傍气而有。朱熹说：

> 未有天地之先，毕竟也只是理。有此理便有此天地，若无此理，便亦无天地，无人无物，都无该载了。有理便有气，流行发育万物。（《朱子语类》卷一）

> 问："有是理便有是气，似不可分先后？"曰："要之也先有理。只不可说是今日有是理，明日却有是气，也须有先后。且如万一山河大地都陷了，毕竟理却只在这里。"（同上）

与此同时，理气先后的讨论还涉及到理气动静的关系问题。在朱熹看来，动静只是阴阳二气在形而下世界中的特殊表现，而理却无形状、无动静可言，或者说理只是动静的根据，"太极者，本然之妙也；动静者，所乘之机也"。而太极只是理，"所乘之机"便是阴阳二气，故朱熹说："太极理也，动静气也。气行则理亦行，二者常相依而未尝相离也。"（同上书卷九十四）理寓于气之中，气动而理亦随之而动，正如人跨在马身上一样，马的出入动静，人也就一同出入动静，所以朱子说："理搭在阴阳上，如人跨马相似。"（同上）

二、理 一 分 殊

"理一分殊"这一概念原本是程颐在《答杨时论西铭书》中提出来的。张载在《西铭》中讲民胞物与、讲万物一体，而杨时认为，张载的这一观念与墨家的兼爱很难划清界限，对此程颐认为："《西铭》明理一而分殊，墨氏则二本而无分……分立而推理一,以止私胜之流,仁之方也。无别而迷兼爱,至于无父之极,义之贼也。"(《河南程氏文集》卷九)显然,在程颐看来,与墨家兼爱不同,张载讲万物一体包含普遍的"理一",而这种"理一"并不排除可以推扩和分立的殊别之义,也就是说在张载那里普遍的道德原理与特殊的道德规范是可以相互蕴涵的。朱熹继承了这一观念,认为《西铭》所讲"句句皆是理一分殊"。在《西铭论》中,朱熹说:

> 天地之间,理一而已。然乾道成男,坤道成女,二气交感,化生万物,则其大小之分,亲疏之等,至于十百千万而不能齐也……《西铭》之作,意盖如此,程子以为"明理一而分殊",可谓一言以蔽之矣。盖以乾为父,以坤为母,有生之类,无物不然,所谓理一也。而人物之生,血脉之属,各亲其亲,各子其子,则其分亦安得而不殊哉!(《张载集》附录,朱熹《西铭论》)

从乾坤为父母,阴阳二气交感而生成万物的角度上看,这是"无物不然"的"理一",然而,人物之生,又各有其所亲、所子的特殊关系,形形色色,各不相同,这便是万有而不能齐的分殊。无疑的,朱熹讲理一分殊还与其对周敦颐《通书》的推阐密切相连。周敦颐讲无极而太极,讲二气五行,一实万分,朱熹认为:

> 自下推而上去,五行只是二气,二气又只是一理,自上推而下来,只是此一个理,万物分之以为体……如一粒粟,生为苗,苗便生花,花便结实,又成粟,还复本形。一穗有百粒,各粒各各完全。又将这百粒去种,又各成百粒。生生只管不已,初间只是这一粒分去。物物各有理,总只是一个理。(《朱子语类》卷九十四)

所谓"自上推下来",即是由体达用,万物分有一理以为体。但是按朱熹的说法,这里的"分"却不是分割成片的"分",而是说万物各有一定之分而又同具整体的理一,所以朱熹会说物物各有"一理"。所谓"自下推上去",即是由用缘体,万物归结为五行阴阳,而所以为阴阳者,又只是此理。归结而言,朱熹讲理一分殊包含两个方面的涵义:其一是一理摄万理,犹如天上一月散现为江河湖海里的万月;其二是万理归于一理,犹如江河湖海里的万月归本于天上的一月,故而朱熹常常用"月印万川"的比喻来说明这个道理。

分析地看,朱熹讲理一分殊,就性理的意义上说,人与万物都均平地分有和禀受了宇宙太极之理,而这种理可以说是没有差别的,所以朱熹会说"统体一太极"、"物物一太极",但在伦理和物理的意义上,道德规范和事物规律却各不相同,互有差别。大体地说,从哲学史的角度上看,朱熹哲学所以能"致广大"乃至于经纬六合,原因就在于他比前人更多地考察了事物"分殊"的一面。朱熹说:

> 论万物之一原,则理同而气异;观万物之异体,则气犹相近而理绝不同也。气之异者,粹驳之不齐;理之异者,偏全之或异。(《朱熹集》卷四十六《答黄商伯》)

万物同出一原,但人之与物在气禀上却有纯粹与驳杂之异。而从理的角度上说,人之与物更有所禀上的偏与全的差别,这种差别不仅表现在人与人之间的关系上,如君臣有君臣之理,父子有父子之理等,而且更表现在物与物之间的关系上,如草木有草木之理,牛马有牛马之理。朱熹说:

> 理只是这一个,道理则同,其分不同。君臣有君臣之理,父子有父子之理。(《朱子语类》卷六)

> 所居之位不同,则其理之用不一。如为君须仁,为臣须敬,为子须孝,为父须慈。物物各具此理,而物物各异其用,然莫非一理之流行也。(同上书卷十八)

这是从人伦关系上说,理一是表示普遍的道德法则,君仁臣敬、父慈子孝是指特殊的道德规范。其实,朱熹的理一分殊还包含这样的一种意思,即普遍的伦理法则总是要在具体的道德规范中落实和见出,不可只认理一而不问不同情境和处境中的不同规范。同样道理,表现在事物上,物物固然有相同的太极,但不同事物却有各不相同的规律和性质,如朱熹说:

> 如这片板,只是一个道理,这一路子恁地去,那一路子恁地去,如一所屋,只是一个道理,有厅,有堂;如草木,只是一个道理,有桃,有李;如这众人,只是一个道理,有张三,有李四,李四不可为张三,张三不可为

李四。如阴阳,《西铭》言理一分殊,亦是如此。(同上书卷六)

"只是一个道理"指的是世间万物皆是太极之理的同一的表现,但每一类具体的事物却具有各不相同的理,如房屋有房屋之理,草木有草木之理等,而且更进一步地,房屋之理中,厅有厅之理,堂有堂之理,各不相同,草木、人物莫不皆然,不可只认理一而忽视具体事物的特殊性质,所以朱熹说:"道是总名,理是细目。"(同上)总体来看,朱熹的理一分殊的观念在哲学史上的意义,就在于他更多地着力考察了事与物的差异与分殊,使学者喜言的普遍之理能上下其讲,落于实地。

第二节 理 与 欲

如果说,"理"与"气"是朱熹建构其宇宙论的两个基本观念的话,那么,这两个基本观念在伦理学中的逻辑发展则是"理"与"欲",在宋明儒学中又常常称之为"天理"与"人欲"。"天理"可以与上一节中的"理"相承,而"人欲"在朱熹思想中则落在"气质"中说,但"气质"也可以与上一节中所讲的"气"相配。与天理、人欲相关联的概念,在朱熹的观念体系中又有天命与气质、人心与道心等。

一、人欲中自有天理

天理人欲的概念来源于《礼记·乐记》:"人生而静,天之性也,感于物而动,性之欲也。物至知知,然后好恶形焉。好恶无节于内,知诱于外,不能反躬,天理灭矣。夫物之感人无穷,而人之好恶无节,则是物至而人化物也。人化物也者,灭天理而穷人欲者也。"朱熹的理欲之辨基本上承此而来。在朱熹看来,天理是人生而具有的潜在本性,人欲则是人逐物而动的感性欲望。依朱熹之见,人能依天理流行之理而行,则是善,反之,逆天理而逐物欲则是恶。然而,朱熹说善恶时还与其宇宙论中的理气观念相关联,这里便出现了天命之性与气质之性一对概念。朱熹说:

  "人生而静"是未发时,"以上"即人物未生时,不可谓性,才谓之性便是人生以后,此理堕在形气之中,不全是性之本体矣。然其本体又未尝外此,要人即此而见得其不杂于此者耳。(《朱熹集》卷六十一《答严时亨》)

朱熹此说基本上是接着《礼记》而来的,意思是说,人物的性是禀受天地之理而来,但此理当与形气合后才成为性,而因为与形气合而不免受其影响,致使现实中的人之性不是性的本体而成为气质之性,因此,气质之性是理与气合的结果。朱熹说:"论天地之性则是专指理言,论气质之性则是理与气杂而言之。"(同上卷五十八《答郑子上》)气质之性中有天命之性(理),它只是天命之性在形气世界中受熏染后的一种表现形态,而非别有一性,所以朱熹说:

  须是个气质,方说得个性字。若人生而静以上,只说得个天道,下性字不得。……所谓天命之谓性者,是就人身中指出这个是天命之性,不杂气禀而言尔。若才说性时,则便是夹气禀而言。所以说性时便已不是性也。(《朱子语类》卷九十五)

每个人禀有天命之性是相同的,但由于每个人的气质不同,每个人所禀之理有偏有全,所受之气有清有浊,所以会有各种差别的出现。就人与物的分别的意义上说,朱熹认为,人因得天地流行之气之正而能够知天理,通天理,而物只得此气之偏而不免壅塞。朱熹说:

  自一气而言之,则人物皆受是气而生;自精粗而言,则人得其气之正且通者,物得其气之偏且塞者。惟人得其正,故是理通而无所塞,物其得偏,故是理塞而无所知。(《朱子语类》卷四)

显然,朱熹这是从类属的意义上比较人与物的差别。朱熹此处以人、物所受之气的精粗、偏正而言其有通塞的差别,与二程之说相似,如程颢认为:"人与物,但气有偏正耳。"(《河南程氏遗书》卷一)又说:"人则能推,物则气昏推不得。"(同上书卷二上)但朱熹之意显然在于,人因能得气之精且正者,故人可以实现天理,与天理合一。

问题在于,即便就人的世界而言,满眼所见,也有善恶、好坏之分,对此,朱熹则由类属的比较进之于对人的个体差别的解释。朱熹说:

> 就人之所禀而言,又有清明昏浊之异。(《朱子语类》卷四)
>
> 都是天所命,禀得精英之气便为圣为贤,便是得理之全,得理之正。禀得清明者便英爽,禀得敦厚者便温和,禀得清高者便贵,禀得丰厚者便富,禀得久长者便寿,禀得衰颓薄浊者,便为愚不肖,为贪、为贱、为夭。天有那气生一个人出来,便有许多物随他来。(同上)

从人与物的比较而言,人能得气之正而能实现天理,但就人的个体来看,又因其所禀之气有清明昏浊之异,而未必就一定能实现此天理,这便是朱熹的"气强理弱"说在道德领域中的表现。虽然人之生必禀受气,但气并不能决定人一定就会作恶,否则,成圣成贤就没有可能。问题在于,若顺朱熹所说,禀得精英之气而为圣为贤,那么,是否可以说气清的人天生就没有物欲?朱熹对此斩截得非常分明,他说:

> 口之欲味,耳之欲声,人人皆然。虽是禀得气清,才不检束,便流于欲去。(同上书卷九十五)

朱熹这种说法有两方面的意思,首先,朱熹肯定禀得气清的人,同样可以流于欲而为恶,故当时时戒惧,因此为学工夫的重要性可以看出;其次,朱熹认为,人欲也出于天理,不能脱离天理来谈人欲,反之亦然。所谓人欲即是心之动而不合理、不合性者,如果把心比作水,性就是水之静,情即是水之流,而欲即是水之波澜,因此,人欲乃是依情而有,随情而发,发而循理合道,则这种人欲自然正当而非恶,如朱熹说:"饮食男女,固出于性。"(《孟子或问》卷十一)"若是饥而欲食,则此欲亦岂能无?但亦是合当如此者。"(《朱子语类》卷九十四)所谓"合当如此"即是说正当的人欲本身即是天理所有的部分,故朱熹说:

> 人欲便也是天理里面做出来。虽是人欲,人欲中自有天理。(同上书卷十三)

但若情欲之所发着于私意做主,溺于物欲,便陷入了恶。所以,尽管朱熹极为重视气质之性这一概念,但真正要为恶行负责的却是心的概念,因为朱熹确是从心之情欲在发用过程中的"过"与"不及"的角度来界定恶的,如朱熹说:

> 恶不可谓从善中直下来,只是不能善则偏于一边为恶。(同上书卷五十五)

> 恶是指其过处,如恻隐之心本是善,才过便至于姑息;羞恶之心本是善,才过便至于残忍。(同上书卷九十七)

朱熹自己就认为,"饮食者,天理也,要求美味,人欲也"(同上书卷十三)。所谓"要求美味",其本质意思是说人的行为不依天理,任由私欲泛滥。其实,在天理和人欲之间,朱熹建立了非常紧张的关系,少有综和领域,"夫营为谋虑,非皆不善也,便谓之私欲者,只一毫发不从天理上自然发生,便是私欲"(《朱熹集》卷三十二《答张敬夫问目》),因此朱熹主张:

> 圣人千言万语,只是教人存天理,灭人欲。(《朱子语类》卷十二)

这里所谓"灭人欲"的确切涵义是要泯灭那些"不正当"或"不循理"的人欲,而不是指从根本上取消人欲。但由于朱熹这一说法影响甚大,故也留给后世不少误解。

二、道心却发现在那人心上

不难看出,朱熹所说的天理人欲的关系及其相关的天命之性与气质之性的关系,实际上是其理气论中"理不离气亦不杂于气"观念的合逻辑的延伸和发展,因此,朱熹得出理不离欲、性不离形、"人欲中自有天理"乃有其宇宙论和形上学的奠基,而与此紧密相关的还有道心与人心的观念。

道心、人心这一概念最早来源于《尚书·大禹谟》,到程颐那里成为理学的重要概念。程颐认为,所谓道心即是体道之心、合道之心,而所谓人心即是人的感性自然欲望,是私欲,程颐说:"人心私欲,故危殆,道心天理,故精微。"(《河南程氏遗书》卷二十四)很显然,程颐将道心人心、天理私欲作了尖锐的对立。但朱熹不太同意程颐将道心人心作对立处理的想法,认为"若说道心天理，人心人欲，却是有两个心。人只有一个心，但自知觉得道理底是道心，知觉得声色臭味底是人心"。并认为把人心等同于人欲的说法是"有病"(《朱子语类》卷七十八)。朱熹说：

> 只是这一个心，知觉从耳目之欲上去，便是人心；知觉从义利上去，便是道心。(同上)

> 只是一心，合道理底是天理，徇情欲底是人欲。(同上)

> 此心之灵，其觉于理者，道心也；其觉于欲者，人心也。(《朱熹集》卷五十六《答郑子上》)

在朱熹那里，心是指人的知觉活动，这一知觉活动觉于理者即是道心，而觉于个人的情欲即是人心。从正面来说，所谓道心就是天理，"道心是本来禀受得仁义礼智之心"(《朱子语类》卷七十八)。而所谓人心则是产生于人的形气之私，这种形气之私并不绝对是恶，朱熹是这样说的："人心便是饥而思食，寒而思衣底心。"(同上)饥食寒衣是人的自然生命的正常要求，只要不是溺于"食"，溺于"衣"即不应该视之为恶。既然如此，那么，"人心"实际上与理学家要求去除的"私欲"还是不同的。也正因为如此，朱熹说："虽圣人不能无人心，如饥食渴饮之类；虽小人不能无道心，如恻隐之心是。"(同上)事实上，从人生的实际经验来看，人在作道德抉择时常常交织着道德理性与情感欲望的冲突，如果要求成就道德人格，那就必须强调道德理性的主宰作用，以使人的个体情欲服从于社会的道德规范，所以朱熹非常注重道心对人心的控制和范导作用。朱熹说：

> 必使道心常为一身之主，而人心每听命焉，则危者安，微者著。(《朱熹集》卷十一《戊申封事》)

> 便颜子也只是使人心听命于道心，不被人心胜了道心。今便须是常常拣择教精，使道心常常在这面如个主人，人心只如客样。(《朱子语类》卷一二〇)

如果人心能够听命于道心，即一个人的行为就会合乎道德准则。但人心至灵，一刻觉于天理，一刻则有可能陷于私欲。当人心陷于私欲，忘了天理时，朱熹提出了他的"唤醒"的工夫，朱熹说：

人若醒时，耳聪目明，应事接物，便自然无差错处。若被私欲引去，便一似睡着相似，只更与他唤醒。才醒又便无事矣。(《朱子语类》卷一一四)

所谓存，所谓操，只是唤醒。(同上书卷十二)

但究竟由谁来唤醒？当然只能由心来自我唤醒。但既然心已经陷于私欲，即我们如何才能让已经在私欲中的人心放弃私欲而觉于天理，此间似乎颇有可究可辨之处。当然，对我们来说，朱熹强调道心对人心的制约作用，原因就在于朱熹更多地看到了"人心只见那边利害情欲之私，道心只见这边道理之公。有道心则人心为所节制"(同上书卷七十八)。毫无疑问，朱熹的最高境界是要实现道心与人心为一，"人心与道心为一，恰似无了那人心相似，只是要得道心统一，道心都发现在那人心上"(同上)。所谓"无了那人心"，不是否定人心的存在，而是由于人心听命了道心，使得人心合于天理天道，而不著人心相。朱熹说"道心发现在那人心上"一方面是注重道心对人心的主宰作用，另一方面也表明他主张不能离开人心来谈道心，这里的逻辑与上面所说的理与气、理与欲、天命之性与气质之性完全相同。

第三节 心 与 性 情

心与性情是朱熹心性工夫的一个重要组成部分，基本上，讲心与性情是讲人在成德过程中的内在能力的了解。但在进入这些问题之前，我们有必要了解朱熹思想传承谱系中的有关已发和未发的问题。

一、已发与未发

二程以后，杨时传罗从彦，经李侗而至朱熹，这一传承谱系史称道南一脉，其相传旨诀则是体验未发之中。朱熹的老师李侗教人即令人于静中体验喜怒哀乐未发前作何气象，朱熹说："李先生教人，大抵令于静中体认大本未发时气象分明，即处事应物，自然中节。此乃龟山门下相传旨诀。"(《朱熹

集》卷四十《答何叔京·二》)

但朱熹对李侗体验未发的工夫并无所入,所谓"向虽闻此而莫测其所谓"(同上书卷四十《答何叔京·四》)。至乾道二年(1166)而有所谓的"丙戌之悟"的中和旧说,其主要内容是:"人自婴儿以至老死,虽语默动静之不同,然其大体莫非已发,特其未发者为未尝发耳。"(同上书卷七十五《中和旧说序》)这是说,人只要活着,心便处于已发状态,而所谓未发者即是性,因此,心并没有未发前的状态,而性却只是未发,与此相应,工夫的入手也在于先察识而后存养,换言之,朱熹放弃了在静中体验喜怒哀乐未发前气象的工夫。心既然是已发,工夫也就只有在已发处用,在良心发见处察识,然后猛省提撕,加以扩充。朱熹的这种观点明显受到湖湘学者的影响,也被学者认为是以性为体,以心为用。

但时隔不久,朱熹在与友人论学的过程中逐渐发现,"丙戌之悟"的工夫理论仍有不足,尤其是与伊川所主张的主敬工夫多有不合,所谓"程子答苏季明,反复论辨,极于详密,而卒之不过以敬为言"(同上书卷六十四《与湖南诸公论中和第一书》)。以至于这种工夫"其日用意趣,无复深潜纯一之味。而其发之言语事为之间,亦常躁迫浮露,无古贤气象"(同上书卷六十七《已发未发说》)。

至乾道五年(1169),朱熹40岁时而有"己丑之悟",改变了他对心性的已发未发的看法,这主要表现为他提出了以未发为性,以已发为情。朱熹认为,人从生到死,心的活动从未间断,但和以前不同的是,朱熹此时将心的活动分为"思虑未萌,事物未至"时心的未发状态,和心之思虑已萌,临事接物时的已发状态,这样,心分为已发未发两个阶段(见《与湖南诸公论中和第一书》)。与此悟相应,朱熹在修养方法上也确立了内以主敬、外以致知的学问宗旨。显然,朱熹的"己丑之悟"是要反对凡言心者皆看作是已发的观点,思虑未萌时,心处于寂然不动之状,但却并未止息,思虑已萌时,此时心感而遂通,而所谓"中"只是表示心的未发状态,而不是指性。如此一来,心不专在已发处说,而心的主宰统兼的作用自然也就不能被看作是已发的性,同时,因有了心的这种作用,使得性在未发时之"中"和已发时之"和"有了更有力的保障。因此,从工夫下手的角度上说,"己丑之悟"后,朱熹提出的有关

"心"的已发未发的新看法,其用意在于为静中涵养工夫留下一个位置,因为如果心始终处于已发的状态,工夫下手处就只有在已发处做,而未发时的涵养一段就会缺失,所以朱熹说:"向来讲论思索,直以心为已发,而日用工夫亦止于察识端倪为最初下手处,以故缺却平日涵养一段工夫。"(同上)另一方面,朱熹也经常谈到以未发为性,以已发为情。他说:"情之未发者,性也,是乃所谓中也,天下之大本也。性之已发者,情也,其皆中节则所谓和也,天下之达道也。"(《朱熹集》卷六十七《太极说》)朱熹的这一观念与前面所说的性是水之静,情是水之流基本一致。他抛弃了以体用言心性的观点,而主张性与情互为体用,这多少是由于朱熹看到了湖湘学者没有注意到情的一面,因此,在他的性情体用的新说中,工夫的落脚点便主要集中在如何使性之流行而让情之所发中节而不走失。同时,朱熹以已发说情,以未发说性,也意在说明情是性的表现,性是情的根据,性对情有主导作用。

二、心统性情

"心统性情"一语是由张载首先提出,但未作详细的说明,朱熹在"己丑之悟"后非常看重这一概念,并具体应用于他对心、性、情关系的论述。我们以上主要讨论了朱熹有关心、性、情在已发未发中的各自位置,这里有必要对心、性、情的涵义及其关系作一梳理。

基本上,朱熹论心最大的特色在于将心属之于气,他说:"心,气之精爽。"(《朱子语类》卷五)所谓"精爽",也叫作气之灵。在朱熹那里,性或理是形而上的存在,是本体,而心则是对万物的知觉能力,与性和理相比,心更具有经验的性质,朱熹说:"此心之灵,其觉于理者,道心也;其觉于欲者,人心也。"(《朱熹集》卷五十六《答郑子上》)这是说心具有觉知的特性。朱熹严格划分心与性的界线,认为"灵处只是心,不是性。性只是理"(《朱子语类》卷五)。心属气,但又说是气之灵,标志着心在朱熹那里是一种意识活动的总体,意识活动可善可不善,其本身并不一定就是善,也就是说,心之活动与理或性合即是善,不合即不善。所以,在朱熹那里,所谓善,一定是在性上说,"心有善恶,性无不善"(同上)。而对于心与性的关系,朱熹有一简明的说法：

> 性便是心之所有之理，心便是理之所舍之地。（同上）
> 道理都具在心里，说一个心，便教识一个道理存着处。（同上）

朱熹这里已经很明确地认为，心只是道理之"舍"，是道理的"存着处"，不即是理，而心又是人的意识活动的总体，如何使此心的活动完全循理而动便是工夫。但如前所说，在朱熹的心性论结构中，性是体，情是用，而心却统贯性情。朱熹说："心主于身，其所以为体者，性也；所以为用者，情也，是以贯乎动静而无不在焉。"（《朱熹集》卷四十《答何叔京·二十九》）这样看来，朱熹心统性情的"统"常常被理解为两方面的含义，其一是心兼性情，对此朱熹说：

> 性其理，情其用，心者兼性情而言。兼性情而言者，包括乎性情也。（《朱子语类》卷二十）
> 仁义礼智，性也，体也；恻隐羞恶辞逊是非，情也，用也。统性情该体用者，心也。（《朱熹集》卷五十六《答方宾王·四》）

朱熹认为，人的精神和心理总是处于两种状态，此即是寂然不动之未发和感而遂通之已发，未发之静为性，是心之体；已发之动为情，是心之用，而心则贯通已发未发、动静这两种状态之中，所以朱熹说："心统性情，统犹兼也。"（《朱子语类》卷九十八）其二，心统性情是指"主"性情，所谓"主"是指心对情的主宰或引导作用，或指心在统贯性情、动静的过程中的控制作用，所以朱熹说：

> 性，本体也；其用，情也；心，则统性情、该动静而为之主宰也。（《朱熹集》卷七十四《孟子纲领》）
> 性以理言，情乃发用处，心即管摄性情者也。（《朱子语类》卷五）

但心作为主宰，究竟是什么意思呢？在这里，心是作为意识活动的总体而言，这一意识总体的内在本质是性或理，它具有主导和控制的能力，朱熹对此解释说："心固是主宰底意，然所以主宰者是理。"（同上书卷一）理或性是心的根据和本质，故可以说是"所以主宰者"，而心的主宰作用则见之于意识活动的形式和展开过程。故而朱熹又说:"心主性情,理亦晓然。今不暇别引证据,但以吾心观之,未发而知觉不昧者,岂非心之主乎性者乎?已发而品节不差者,岂非心主乎情者乎?"(《朱熹集》卷四十二《答胡广仲·五》)

心主乎情,其意不难理解,但心如何主乎性呢?按理,性乃是意识活动总体的根据,它本身就有主宰或支配作用,今又说心主乎性,这里的"主"是什么意思?在朱熹看来,情之未发时为性,而心中天理浑然,但若就此未发时在心上做主敬涵养的工夫,使心保持清明而不被扰乱,即可在某种程度上保证性的主宰和支配作用能够得到正常的发挥和贯彻。因此,这里的"心主乎性",其"保证义"大于"决定义",并且主要落于心理活动上,而不是落于心可以主宰天地之理的意义上讲。

第四节 主敬与穷理

心、性、情诸概念所讨论的主要是涉及道德实践中的人的内在活动的特点及其能力的了解,但在具体的实践过程中,朱熹还有主敬涵养和格物致知等重要的修养方法。大体说来,主敬涵养偏于对道德个体的内在的意志涵养,而格物穷理则偏于道德个体的外在的工夫路线,因此,内外兼备,敬义挟持构成朱熹工夫论的大纲。

一、主敬涵养

主敬基本上可以说是对人的意志状态的培养工夫。程颐在论及工夫修养方法时曾有"涵养须用敬"的主张,又认为"主一之谓敬"(《河南程氏遗书》卷十五),敬贯动静等等,朱熹基本上继承了这些观念,在"己丑之悟"后,朱熹给予"敬"的工夫以十分重要的地位,认为敬乃是"圣门之纲领,存养之要法"(《朱子语类》卷十二)。

朱熹论敬一方面着力于栽培本源,要学者注重于未发时的涵养工夫,此则偏于"敬以直内"一面而言,朱熹说:

敬有甚物,只如"畏"字相似,不是块然兀坐,耳无闻,目无见,全不省事之谓。只收敛身心,整齐、纯一,不恁地放纵,便是敬。(同上)

敬只是常惺惺法,所谓静中有个觉处。(同上书卷六十二)

人心常炯炯在此,则四体不待羁束,而自入规矩。……心既常惺惺,又以规矩绳检之,此内外交相养之道也。(同上书卷十二)

朱熹强调敬字如"畏"字,在于说明人在主敬时必须有一种如临大宾、如承大祭的虔诚心态,同时也在于指明敬的工夫在于人必须保持自己的注意力,时时处于谨畏、警觉的状态,所谓"常惺惺"即是要人时时提撕,保持思虑和心境的清明,如主人翁自守,自作得主,则出入行持,手足举措,都能合乎规矩。但另一方面,在朱熹看来,敬又并非纯是属于未发处说的工夫,而是动静兼顾、内外兼及的工夫。朱熹说:

敬字贯动静,但未发时则浑然是敬之体,非是知其未发,方下敬底工夫也。既发则随事省察,而敬之用行焉。然非其体素立,则省察之功无亦自而施也。故敬义非两截事,必有事焉而勿正,勿忘勿助长,则此心卓然贯通动静,敬立义行,无适而非天理之正矣。(《朱熹集》卷四十三《答林择之》)

显然,主敬的工夫不只在静处、在未发处一面讲,对敬而言,未发时的涵养是敬之体,已发时的省察是敬之用;对内一面而言,主敬乃在于要人得其持守,以防身心散漫,对外一面而言,主敬则要人端庄严肃,不至于放肆怠惰。所谓内无妄思,外无妄动,这便是动静皆摄,敬义夹持,故朱熹说:

敬有死敬,有活敬。若只守着主一之敬,遇事不济之于义,辨其是非,则不活……静则察其敬与不敬,动则察其义与不义……须敬义夹持,循环无端,则内外透彻。(《朱子语类》卷十二)

朱熹进而还认为,主敬工夫不仅仅是人的道德修养的内外工夫,同时可以贯穿到格物致知而成始成终。朱熹说:

大抵敬字是彻上彻下之意,格物致知乃其间节次进步处耳。(同上)

所谓"节次进步",意思是说,格物致知的工夫乃是主敬工夫的进一步延伸和发展。不妨这样认为,朱熹正是借由主敬工夫将体用、动静、内外等等加以打拼和统合,因此,我们可以说,敬则万理俱在,敬则天理常明,一句话,"人能存得敬,则吾心湛然,天理粲然,无一分着力处,亦无一分不着力处"(《朱子语类》卷十二)。

二、格 物 穷 理

主敬既可直贯至格物穷理,并作为其准备或"动力条件",那么,格物穷理本身包含什么具体内容则还需要我们作进一步的讨论。

基本上,格物穷理的范畴主要落于认知一面来说,而认知则关联到或可以说隶属于宋儒热衷讨论的"知行"范畴之内,因此,在讨论格物穷理之前,我们可以先了解朱熹对知行关系的看法。

朱熹在知行关系的问题上基本承接了程颐"知先行后"的主张。程颐认为,一个人当先有知而后有行,行必须得到知的指导,"学者固当勉强,然不致知,怎生得行?"(《河南程氏遗书》卷十八)程颐并在此基础上提出了知行相资为用的主张。朱熹认为:

> 论先后,知为先;论轻重,行为重。(《朱子语类》卷九)
> 夫泛论知行之理而就一事之中以论之,则知为先,行之为后,无可疑者。(《朱熹集》卷四十二《答吴晦叔》)

这里所谓的"先后"也同理气关系中的先后一样,并不是指自然时间意义上的先后。就一具体的行为而言,既有知在先,也有行在先,不可只以知先行后说之。但是,在理论的逻辑上,一个人要真正地实践道德行为,就必须先对此道德行为的知识有预先的了解,盲目、莽撞或依靠偶然而有的善,其实并不足于称之为善。由此而言,朱熹所说的行表现在对已认知的知识的实行,而这样的实行在一个人成己成物的过程中具有重要的意义。

然而,朱熹又极力主张知行相资,指出:"致知力行,用功不可偏废。"(《朱子语类》卷九)"知与行常相须,如目无足不行,足无目不见。"(同上)一方面,行而不知只是盲行;另一方面,知而不行只是徒知。因此,学问之道说到底,"不过欲此理而力行之耳"(《朱熹集》卷五十四《答郭希吕》)。

但毕竟怎样认识"此理"呢?工夫当然要落在格物穷理上。朱熹一方面承接了程颐的说法,另一方面又通过对《大学》的诠释加以说明。朱熹指出:"格,至也。物,犹事也。"(《大学章句》)所以格物就是穷究事物之理,"欲其极处无不到";所谓致知,"致,推极也。知,犹识也"(同上)。即是"推吾之知识,欲其所知无不尽"。换言之,格物致知即是通过对具体事物之理的穷索,以使我们主观上所掌握的这些知识得以扩充。朱熹说:

> 所谓致知在格物者,言欲致吾之知,在即物而穷其理也。盖人心之灵,莫不有知,而天下之物莫不有理,惟于理有未穷,故其知有不尽也。是以《大学》始教,必使学者即凡天下之物,莫不因其已知之理而益穷之,以求至乎其极。至于用力之久,而一旦豁然贯通焉,则众物之表里精粗无不到,而吾心之全体大用无不明矣。(同上)

这是朱熹对"格物致知"问题的经典表述。朱熹认为,人心本有知的能力,所谓"人心之灵,莫不有知",因此,致知的工夫就是使此心之知达到对天下事物之理的了解和把握。在朱熹看来,理存在于事物之中,天下事物莫不有理,"上而无极太极,下而至于一草一木昆虫之微,亦各有理。一书不读则阙了一书道理,一事不穷则阙了一事道理,一物不格则阙了一物道理。须着逐一件与他理会过"(《朱子语类》卷十五)。但这种了解和把握显然有其渐进积累和豁然贯通的过程。天下事物之多,人的确难于全部穷尽其理。但这并不是说一个人因此就可以格一物而万理通,必须逐件积累,必须经过"今日格一物,明日格一物"的渐进过程而达到贯通。朱熹说:

> 天下岂有一理通便解万理皆通?也须积累将去。如颜子高明,不过闻一知十,亦是大段聪明了。学问却有渐,无急迫之理。(同上书卷十八)

朱熹强调人应当通过对具体事物之理的逐步认知,进而达到思想上和认识上的飞跃,和对事物共同之理的把握,这就是"豁然贯通"之境。

显然,朱熹的格物致知理论最终归落到"所以明此心"(《朱子语类》卷九十六)之上,他根据《大学》而强调格物致知,但其主要目的也未尝与《大学》中的"明明德,亲民,止于至善"相隔离,这是必须首先加以说明的。当然,假如把朱熹的整个格物致知理论都解释成一种道德修养方法,显然也不妥当。事实上,朱熹的格物致知的许多内容确是强调了对外在事物的考察与穷索,朱熹说:

> 若其用力之方,则或考之事为之著,或察之念虑之微,或求之文字之中,或索之讲论之际,使于身心性情之德,人伦日用之常,以至天地鬼神之变,鸟兽草木之宜,自其一物之中,莫不有以见其所当然而不容已,与其所以然而不可易者,必其表里精粗无所不尽,而又益推其类以通之,至于一日脱然而贯通焉。(《大学或问》)

由此我们不难看到,朱熹所讲的格物内容可谓包罗万象,大至天地鬼神之变,小至一草一木之理,一句话,凡自然事物的"所以然"之故,以及人伦世界中的"所当然"之则,无不在其研习探索之列,而其所用的方法除了观察、类推、反省之外,又十分强调读书、讲论以及对经典的诠释,并认为"学问须严密理会,铢分毫析"(《朱子语类》卷八)。尽管朱熹认为,"未有天地之先,毕竟也只是理",使其思想表现出某种"先验论"的特色,但我们没有理由否认,他的学说同时也表现出肯定对经验知识的学习的明显倾向,"如今人理会学,须是有见闻,岂能舍此?"(同上书卷九十八)或许正因为如此,才使得朱熹的学问达到了"致广大,尽精微"的境地。

第五节 经典与诠释

在中国哲学史上,朱熹可以说是对古代经典用心最多、用力最勤的学者之一,同时也可以说是第一个相对集中地讨论过有关经典诠释方法的学者。朱熹一生所涉猎的经典之多,范围之广,用心之精,令人惊叹。而面对经典,朱熹"又必使之辨其音释,正其章句,玩其辞,求其义,研精覃思,以究其所难知。平心易气,以听其所自得";"至于一字未安,一词未备,亦必沉潜反复,或达旦不寐,或累日不倦,必求至当而后已。故章旨字义,至微至细,莫不理明词顺,易知易行"(《朱熹集》附录一,黄榦《朱先生行状》)。那么,朱熹的经典诠释方法主要表现在哪些方面呢?

一、经典诠释的目的

传统上,经典诠释有汉、宋两种不同的风格,汉学重名物训诂,宋学重义理阐发,朱熹的经典诠释是在打破汉唐章句训诂"疏不破注"的情况下,以义理解经的集大成者。但是,朱熹一生花费这么大气力用于经典的诠释,他的目的是什么?首先,朱熹认为,经是载道之言,所以明经旨是为了立道统。黄榦说:"谓圣贤道统之传,散在方册,圣经之旨不明,而道统之传始晦,于是竭其精力以穷研圣贤之经训。"(同上)所以根本上,朱熹释经、注经,知识的获得并不是第一位的,如何通过经典的诠释为儒家之道建立起传承谱系,以便作育万民,其实成了他思考的中心问题。因此,我们不妨说,在朱熹那里,经典诠释乃是为了承担起建构儒家的历史文化脉络的重任,是传承文脉、道脉的一份庄重的事业。

其次,朱熹认为,经典诠释还在于为学者的求道入德提供必要的阶梯。经典是书,是往昔圣贤造道的文字记录,因此,解明经典的目的是要为学者"优入圣域"提供一条易知易行的道路,以达到"如亲见圣贤而面命之"的境界。朱熹认为,每个人自家身上道理都具备,但却并不因此而可以尽废古人古书,阅读和诠释经典正是叩开"自家身上道理"的阶序。成圣事业、成德之教不能离开文明和文化的积累,往圣求道、志道和履道的宝贵经验本身就是一份弥足珍贵的价值资源,所以朱熹说:"所以要读书者,盖是未曾经历见许多。圣人是经历见得许多,所以写在册子上与人看";"今读书紧要,是要看圣人教人做工夫处如何。"(《朱子语类》卷十)

最后,在朱熹看来,读书解经又绝不是要人去做一个以"分篇析句"为业的经生,而必须"就自家身己上切要处理会方是"(《朱子语类》卷十),所以从这个意义上看,解释经典也是"第二义"的。朱熹说:"今人读书,多不就切己上体察,但于纸上看,文义上说得去便了。如此,济得甚事!"(同上书卷十一)换言之,读书解经必须有得于己,有益于己。

二、经典诠释的方法

朱熹的经典解释方法既反对一味的章句训诂和文字考据,同时也反对在没有弄清经典本文原意的基础上空说妙理,甚至将己意附会假托于经典。从这个意义上说,朱熹的经典诠释方法表现出融合汉、宋的特色。朱熹说:

> 秦汉以来,圣学不传,儒者惟知章句训诂之为事,而不知复求圣人之义,以明夫性命道德之归。至于近世,先知先觉之士始发明之,则学者有以知夫前日之为陋矣。然或乃徒诵其言以为高,而初又不知深求其意,甚至遂至于脱略章句,陵籍训诂,坐谈空妙。(《朱熹集》卷七十五《中庸解序》)

经典解释如果只以文字是求固然流于经生之业,但假如由此认为可以忽略经典本文的原意,自说自话,则又走向另一极端。基于这种认识,朱熹提出了他的经典解释的方法。

首先,是要惟依文本本意是求,做到"无他"。为了真正理解经典的原意,诠释者必须穷究其辞,句句思索,字字考训,"先儒旧说,莫问他是何人所说,所尊所卑,所憎所恶,一切莫问,而惟本文本意是求,则圣贤之旨得矣"(《朱熹集》卷四十八《答吕子约》)。为了弄清经典的原意,当然必须对文词字义作清楚的了解,而这时就必须有训诂的工夫。"学求其训,句索其旨,未得乎前,则不敢求其后,未区乎此,则不敢志乎彼"(同上书卷七十四《读书之要》)。假如章句都无法读得通顺,经典之意即不可能获得理解,所以朱熹说:"解书须先还他成句,次还他文义。"(《朱子语类》卷十一)在此基础上,朱熹还强调对书与经典进行反复细致的诵读,朱熹说:

> 大抵观书先须熟读,使其言皆若出于吾之口。(同上书卷十)
> 凡读书,须看上下文意如何,不可泥着一字。(同上书卷十一)
> 把文字来平看,不要得高。第一番,且平看那一重文意是如何。第二番,又揭起第一重,看那第二重是如何。第三番,又揭起第二重,看那

第二第三重是如何。看来看去,二十番三十番,便自见得道理又稳处。(同上书卷一一七)

其次,朱熹认为,在弄清经典本文文词字义的基础上,诠释者还必须理解圣人立言的用意,做到"无我"。在朱熹看来,圣人立言,本自平易,而平易之中其旨无穷。因此,我们切忌对经典作人为的玄深的理解,就平易浅近处理会,就切己实用处理会。为了做到这一点,朱熹强调诠释者必须先消除个人的"成见",不得夹带个人的"私见",朱熹类似的说法很多,如朱熹说:

> 看文字须是虚心。莫先立己意,少刻多错了。
> 看文字,且依本句,不要添字……亦不可先立说,牵古人意来凑。
> 看书,不可将自己见硬参入去,须是除了自己所见,看他册子上古人意思如何。
> 看文字先有意见,恐只是私意。(同上书卷十一)

朱熹为什么强调在阅读经典时要消除个人的意见,以"客观"的方式了解圣人的本意呢?原因大体有两个方面,其一是这样做会遮蔽本文和圣人立言的原有意义,"读书……不可先立己意,作硬势说,只成杜撰,不见圣贤本意也"(《朱熹集》卷五十三《答刘季章》)。其二是个人的先见多是一种"私见"。朱熹强调空廓心灵,排除己意,以面对经典"交流说话",显然也蕴涵着对圣贤、对古人立言的尊重,所以朱熹对以己意说经典的学风颇为不满,他说:

> 今学者有两种病,一是主私意,一是旧有先入之说,虽欲摆脱,亦被他自来相寻。(《朱子语类》卷十一)
>
> 某尝说,自孔孟之后,诸儒不仔细读得圣人之书,晓得圣人之旨,只是自说他一副道理。说得却也好看,只是非圣人之意,硬将圣人经旨说从他道理来……圣贤已死,他看你如何说,他又不会出来与你争,只是非圣贤之意。(同上书卷一三七)
>
> 他本要自说一番道理,又恐不见信于人,偶然窥见圣人说处与己意合,便从头如此解将去,更不仔细虚心,看圣人所说是如何。(同上)

不带私意,只就文本上体会玩味以见古人立言之意,这是朱熹诠释方法的一个突出特点。在另一方面,朱熹也反对诠释者对古人立言时的心理状态加以揣度猜测。朱熹对胡安国臆解《春秋》颇有不满,认为"某平生不敢说《春秋》……毕竟去圣人千百年后,如何知得圣人之心?"(同上书卷八十三)又说:

> 如胡文定《春秋》,某也信不及,知得圣人意思是如此说否?……况生乎千百载之下,欲逆推乎千百载上圣人之心!况自家之心,又未如得圣人,如何知得圣人肚里事!(同上)

不难看到,朱熹主张诠释经典时必须做到"无他"、"无我"的方法与"六经注我"的方法颇为异趣。朱熹显然认为,在诠释经典时,经典之外的"他"和"我"是必须退隐开来的,平正无偏地面对经典之义,聆听圣人之意。

最后,在对经典进行诠释时,朱熹一方面注重平实、平心的"客观"方法,但是,朱熹同时又把经典的阅读看作是人对"书"的一种自我领悟,要求以义理解经,相接而发明。朱熹说:

> 解说圣贤之言,要义理相接去。(同上书卷十九)
> 读"六经",只如未有"六经",只就自家身上讨道理,其理便易晓。(同上书卷十一)
> 大抵圣贤之言,多是略发个萌芽,更在后人推究,演而伸,触而长,然须得圣贤本意。(同上书卷六十二)

在朱熹看来,经典中所包含的圣贤语言乃是一个普遍的道理,这些道理事实上也是圣贤在面对各种具体的情境中灵活地应用而作出的,因此,学者在阅读和了解经典文本时必须在把握圣人之言的大旨之后,依据自己的实际情况运用这些大旨,不能食古不化,刻舟求剑,所以,朱熹在坚持"惟本文本意是求"的前提下,主张"借经以通乎理耳,理得则无俟乎经"(同上书卷十一)。

为什么朱熹要强调读者在阅读经典时的主观作用?这是因为,圣贤语言对我们来说是一种方向和指南,但读者所处的生活世界却是复杂而丰富多彩的,因此,如何就圣贤之言的"萌芽"处推而延伸出去,有益于读者的身心性命才是头等重要的事,否则,那些圣贤之言就不可能跨越千百年的时空

"参与"到诠释者的实际生活和生命中来,而圣贤之语也只是一种空头虚说,所以朱熹说:"读书须是虚心切己。虚心,方能得圣贤意;切己,则圣贤之言不为虚说。"(同上)显然,朱熹的这一主张与其求切己读书的观念紧密相连。

除此之外,朱熹还对读者在诠释和阅读经典时的"次第"提出了许多独特的看法,如先易后难,先近后远,先粗后精,先熟读,后精思再切己,先宽松平易后详究节目等等,即便对于《四书》朱熹也有确定的次第教法,他说:"某要人先读《大学》,以定其规模;次读《论语》,以立其根本;次读《孟子》,以观其发越;次读《中庸》,以求古人之微妙处。"(同上书卷十四)

总之,朱熹的经典阅读和诠释方法包含着极为丰富而深刻的见解,朱熹诠释经典的目的当然是要发挥经典的要义,以便有益于学者的身心,但他并不排除文字训诂,更为重要的是,朱熹还把解经与个人的道德实践紧密结合,使之与儒家的"为己之学"得以相互贯通,表现出强烈的实践的品格。

最后,我们要把朱熹非常强调的有关读书和论学的四句格言摘示如下,以为读者今日解经和读书之用:

  宁详毋略,宁下毋高,宁拙毋巧,宁近毋远。(《朱子语类》卷十,又见《朱熹集》卷三十《答汪尚书·三》)

第六节　朱熹在中国哲学史上的地位

假如从一个思想家的思想丰富性以及对后世的巨大影响这一角度上看,我们完全可以说,朱熹在中国哲学史、文化史上的地位,是仅次于孔子的历史人物,他的学术成就遍及经、史、子、集各个领域,"继往圣将微之绪,启前贤未发之机,辨诸儒之得失,辟异端之讹谬,明天理,正人心,事业之大,又孰有加于此者"(《朱熹集》附录一,黄榦《朱先生行状》)。黄榦之说,虽未免溢美,但大体可信。朱熹在庆元六年(1200)卒后,其作为理学宗师地位的迅速提升,颇可从一个侧面看到这一点;宋宁宗嘉定二年(1209),朝廷追谥朱熹为文公;越三年,《四书集注》被立于国学;宋理宗宝庆三年(1227),朱熹被追封信国公,又三年改封徽国公;宋理宗淳祐元年(1241),朝廷下诏,朱熹从祀孔庙,与周、张、二程并列;元顺帝至元元年(1335),朝廷建专祀朱熹的文庙;明永乐十三年(1415),朝廷颁布《四书五经大全》,为科举考试之标准;清康熙五十二年(1713),朝廷命李光地等编《朱子大全》,康熙帝亲撰序言并说:"朱夫子集大成而绪千百年绝传之学,开愚蒙而立亿万世一定之规。"

当然,朱熹最后被确立为圣人的地位,配享孔庙,其间有许多复杂的因素。然而,他一生所取得的学术成就无疑是其中十分重要的原因。所谓"集大成者",自然不仅仅表现在朱熹在哲学上折中诸子、综罗百代,建立了庞大、严整、系统的思想体系,在理气论、心性论、格物致知论以及经典的注疏、诠释等方面把儒家哲学推向了一个新的阶段,而且同时也表现为对儒家道统的建立、《四书集注》的完成等等诸多方面。黄榦指出:"道之正统,待人而后传。自周以来,任传道之意,得统之正者不过数人,而能使斯道章章较著者,一二人而止耳。由孔子而后,曾子、子思继其微,至孟子而始著。由孟子而后,周、程、张子继其绝,至先生而始著。"(同上)朱熹在确定道统的授受脉络时,排拒汉唐诸儒,特尊二程,显发周敦颐,其间固不免有武断之处,但其于儒家哲学系统发展的用心则不可掩。同时,需要特别指出的是,朱熹《四书集注》的完成与刊行不应仅仅被视为一般的经籍注疏之作,而实应当被视之为哲学史和文化史上意义深远的一个重要事件,其在传扬孔孟成德之教的义理、引介严肃而合理的治学方法以及在摆脱"五经"的权威束缚方面都对后世产生了极为深远的影响。人们固然可以从各自为学立场的不同而对朱熹的思想有不同的理解和评判,然而,朱熹思想支配、影响中国数百年之久的事实则不可忽视,同时,朱熹的思想自十二世纪末,便开始传入日本、朝鲜等周边国家,在历史上对东亚地区的文化产生了广泛的影响。因此,就整个儒学史而言,朱熹的地位的确远在其他诸儒之上,非一般学者所可比拟。人们可以赞成他,也可以反对他,但人们却不能不、也不得不正视他。

思考题:

1. 朱熹理气论的基本内容是什么?
2. 朱熹是如何理解天理与人欲关系的?
3. 朱熹格物穷理的内容与特点是什么?

4. 朱熹的经典诠释方法主要包含哪些方面？
5. 试叙述朱熹由宇宙论到伦理学的逻辑脉络及其问题。

参考书目：

1. 钱　穆：《朱子新学案》，巴蜀书社，1986年。
2. 牟宗三：《心体与性体》第三册，上海古籍出版社，1999年。
3. 刘述先：《朱子哲学思想的发展与完成》，台北学生书局，1995年增订三版。
4. 余英时：《朱熹的历史世界》，北京三联书店，2004年。
5. 陈　来：《朱子哲学研究》，华东师范大学出版社，2000年。
6. ［美］田浩：《朱熹的思维世界》，陕西师范大学出版社，2002年。

第八章　陆　九　渊

当朱熹之学在南宋思想界的声势不断壮大之际，偏处江西一隅的陆九渊也开始显出锋芒毕露之势，他在思想上独树异帜，学术界通常称其思想为"象山心学"。他与朱熹展开了激烈的辩论，两人俨然是势不两立的论敌。

陆九渊(1139—1193)，字子静，号存斋，江西抚州金溪县人，因讲学于贵溪象山，自称"象山居士"，学者称之"象山先生"。陆九渊出生在一个有兄弟六人的大家庭，3岁丧母，此后由兄嫂抚养成人。陆在哲学思想上表现出早慧的特点，据记载，他在3、4岁时，便开始"思天地何所穷际不得，至于不食"。8岁读《论语》，怀疑有子之言为支离，又认为程颐之言与孔孟不类。在13岁时，他写道：

宇宙内事乃己份内事，己份内事乃宇宙内事。

又说：

宇宙便是吾心，吾心便是宇宙。东海有圣人出焉，此心同也，此理同也；西海有圣人出焉，此心同也，此理同也。千百世之上，至千百世之下，有圣人出焉，此心此理，亦莫不同也。(《陆九渊集》卷三十六《年谱》十三岁条)

以上两段话几乎成了象山心学的标志性言论。

陆九渊到34岁时才中进士，36岁任靖安县主簿，次年参加了由吕祖谦主持的"鹅湖之会"，与朱熹展开了激烈的学术讨论，44岁后调京师任国子正和删定官，53岁知荆门军，一年后病故于任上。陆九渊与其兄陆九韶、陆九龄并称"三陆子"。

陆九渊在荆门任上时间虽短,但颇有政绩,获得当时宰相周必大的好评。此外,值得一提的是,陆九渊对王安石的变法采取了与司马光等人不同的态度,在他看来,王安石的过错并不在于他主张变祖宗之法,也不在于他推崇功利之政,而在于他"凡事归之于法度",未免不通人情,从而丧失人心。然而他对王安石变法失败后所遭受的种种遭遇抱不平,他认为王安石"英特迈往,不屑于流俗声色利达之习,介然无毫毛得以入于其心,洁白之操寒于冰霜,公之质也;扫俗学之凡陋,振弊法之因循,道术必为孔、孟,勋绩必为伊、周,公之志也……盖世之英,绝俗之操,山川炳灵,殆不世有"(同上书卷十九《荆国王文公祠堂记》)。对王安石的人品及学术作了高度评价。

陆学初看之下似颇为简单,他所指点的义理、事理乃预设了孟子的思想作为自己的根据,所以他自己常常是述而不作,同时也反对对概念作过分的分解。他曾坦陈:"因读孟子而自得之。"(同上书卷三十五《语录中》)又说:"窃不自揆,区区之学,自谓孟子之后,至是而始一明也。"(同上书卷十《与路彦彬书》)由此可见,陆的思想主要是承接孟子而来,并兼及其他经典和前人的学说。他的主要论点如"本心即理"、"发明本心"、"先立其大"等等皆可从孟子那里找到源头,故王阳明说:"吾尝断以陆氏之学,孟氏之学也。"(《王阳明全集》卷十《陆象山文集序》)与其在学术上提倡简易直截的思想风格相似,陆九渊为人气象高迈,直拨俊伟,具有不为物所羁络,亦不为外物所屈的精神。但也常常表现为目无古人,独来独往,人言不入,也正因此而不免自信太过。

陆九渊的主要著作有文集二十八卷、语录二卷等,中华书局校点本《陆九渊集》(1980年)较完整地收录了他的思想材料。

第一节 本心即理

一、仁义者人之本心

陆九渊讲学特别注重对"端绪得失"的辨识,以为方向不明,见道不真,不免枉费精神。而他所谓的端绪就是要人"明本心","本心"不明就是舍本逐末。陆九渊说:"近有议吾者云除了'先立其大者'一句,全无伎俩。吾闻之曰:诚然。"此处所谓"先立其大"之"大"与别处他所说的"学苟知本"之"本",说的是同一个对象即本心。所以,本心概念是陆九渊学说中最为核心的概念,而这一概念又直接从孟子那里而来。陆九渊说:

> 孟子曰:"所不虑而知者,其良知也;所不学而能者,其良能也。"此天之所与我者,我固有之,非由外铄我也。故曰:"反身而诚,乐莫大焉。"此吾之本心也。(《陆九渊集》卷一《与曾宅之》)

> 仁义者,人之本心也。孟子曰:"存乎人者,岂无仁义之心哉。"又曰:"我固有之,非由外铄我也。"愚不肖者不及焉,则蔽于物欲而失本心。贤者智者过之,则蔽于意见而失其本心。(同上书卷一《与赵监》)

> "四端"者,即此心也。"天之所与我"者,即此心也。(同上书卷十一《与李宰·二》)

在陆九渊看来,"本心"乃是"天之所与我"的一种先验的道德理性或价值自觉能力,人若能依此本心而视听言动,则合于道德的要求,反之,人所以不道德,则是由于外在的私欲遮蔽了本心,所以陆九渊说:

> 义理之在人心,实天之所与而不可泯灭焉者也,彼其受蒙蔽于物而至于悖理违义,盖亦弗思焉耳。诚能反而思之,则是非取舍盖有隐然而动,判然而明,决然而无疑者矣。(同上书卷三十二《思而得之》)

很显然,陆九渊的本心乃是从孟子的"良知良能"或"四端之心"那里转手而来,并将对此本心的分解预设在孟子的文本中,如孟子说:"人之所不学而能者,其良能也;所不虑而知者,其良知也。"(《孟子·尽心上》)"恻隐之心,仁也;羞恶之心,义也;恭敬之心,礼也;是非之心,智也。仁义礼智,非由外铄我也,我固有之也。"(《孟子·告子上》)由于这个原因,陆九渊在行文中喜欢用"此"字来代替"本心"两字,这种说法在他的著述中所在多有,成为陆氏用语的一大特色,如他说:"此天之所与我者,非由外铄我也。'思则得之',得此者也;'先立乎其大者',立此者也;'积善者',积此者也;'集义者',集此者也;'知德者',知此者也;'进德者',进此者也。"(《陆九渊集》卷一《与邵叔

谊》)这个"此"就是本心。他也常常把这个本心简说成"心",他说:

> 盖心,一心也;理,一理也。至当归一,精义无二,此心此理,实不容有二。故夫子曰:"吾道一以贯之。"(同上书卷一《与曾宅之》)

> 心,只是一个心。某之心,吾友之心,上而千百载圣贤之心,下而千百载复有一圣贤,其心亦只是如此。心之体甚大,若能尽我之心,便与天同。为学只是理会此。(同上书卷三十五《语录下》)

这里"心,只是一个心"显然不是指人的感性知觉的认知心,而是指超经验的、普遍意义的本心而言,它超越了具体的时间与空间的局限,故可以说"宇宙"与"吾心"之间没有间隔。如果此心只是一个经验心,那么,千百人就有千百个心,而不能说只有一个心。陆九渊所说的"心"在某种意义上与朱熹所说的"理"一样,表现为一种普遍的道德法则甚至宇宙法则的意味。但我们却不可忽视两者之间的根本区别,因为讲"心"或"本心"明显地体现为注重主体的主观自觉能力方面,而讲"理"则更侧重于客观外在的规则方面。由此,陆九渊思想中的所有为学、穷理工夫都与如何发挥主观能力的"尽心"相关联。

但陆九渊在行文立说时的确常常显得较为随意而不甚严格。虽然他的用心未尝不明,但他的用词却常常不免夹杂。例如尽管他不厌其烦地讲心或本心,从一个人的主观自觉能力而言,此心作为本心来讲应当是普遍的道德准则的根源,换言之,在此意义上所讲的心,不是一般意义上所说的认知之心、气血之心。但陆九渊在言说时常常不加严格区分,例如:"人非草木,安得无心?心于五官最尊大。"(同上书卷十一《与李宰》)这里所说的与五官并称的"心"显然不是他所要强调说明的作为道德准则和根源的"本心",而是包含人的情感和欲望在内的气血之心,这显然是陆氏立言疏略之处。但从根本上说,陆九渊所强调的本心概念乃是作为一切价值的根源,这种本心虽是天之所与,但人也不免有所放失,"人孰无心,道不外索,患在戕贼之耳、放失之耳"。人之放失本心的另一种说法就是此本心遭受蒙蔽,而不是说本心的丧失,本心在特定的境遇或经验时空的作用中可以或明或昧,但本心不应作为在特定境遇中发生作用的经验事实来看,所以他说:

> 有所蒙蔽,有所移夺,有所陷溺,则此心为之不灵,此理为之不明,是谓不得其正。其见乃邪见,其说乃邪说。一溺于此,不由讲学,无自而复。故心当论邪正,不可无也。(同上)

这里所谓"心当论邪正"之心并非陆九渊所说的本心,而只是特定的发用状态,在具体的发用过程中,人之心意或为外物所牵引而有蒙蔽、陷溺和移夺之病,因此,学问或工夫便须复此本心。

另一方面,陆九渊也正面论及人之"失其本心"的现象,这一现象在陆氏看来包含两个方面,此便是愚不肖之蔽和智者贤者之蔽,他说:

> 愚不肖者不及焉,则蔽于物欲而失其本心;贤者智者过之,则蔽于意见而失其本心。(同上书卷一《与赵监》)

愚不肖者蔽于物欲而不免陷溺本心,使本心随着私意走,而不能显其价值准则的功能和意义,但贤者智者却也难免或恃其高明、或逞其博学而患端绪得失之病,所谓"言愈多而道愈远"。这应当是陆九渊批评朱熹"学不见道,枉费精神"的原因。

二、心 即 理

陆九渊既然以普遍义和价值根源义来界说本心,那么,此本心即是具有普遍意义的理,他说:

> 孟子曰:心之官则思,思则得之,不思则不得也。又曰:存乎人者,岂无仁义之心哉? 又曰:至于心,独无所同然乎? 又曰:君子之所以异于人者,以其存心也。又曰:非独贤者有是心也,人皆有之,贤者能勿丧耳。又曰:人之所以异于禽兽者几希,庶民去之,君子存之。去之者,去此心也,故曰:此之谓失其本心。存之者,存此心也,故曰:大人者不失其赤子之心。四端者,即此心也。天之所以与我者,即此心也。人皆有是心,心皆具是理,心即理也。(《陆九渊集》卷十一《与李宰·二》)

由"人皆有是心"到"心皆具是理",陆九渊表达的一个基本观念即是人同此心,心同此理,他说:"东海有圣人出焉,此心同也,此理同也;西海有圣人出焉,此心同也,此理同也……千百世之下,有圣人出焉,此心同也,此理同也。"(同上书卷三十三《象山先生行状》)这里所谓的"人"非独指圣贤而言,还应包括凡人,故说:"圣人与我同类,此心此理谁能异之。"(同上书卷十三《与郭邦逸》)而此"心"作为"理"而言,同样具有普遍性和必然性。所以陆九渊一方面说:

心之体甚大。若能尽我之心,便与天同。(同上书卷三十五《语录下》)

道,未有外乎其心者。(同上书卷十九《敬斋记》)

另一方面又说:

塞宇宙一理耳……此理之大,岂有限量?(同上书卷十二《与赵咏道四》)

此理充塞宇宙,天地鬼神且不能违,况于人乎?(同上书卷十一《与吴子嗣》)

至此,陆九渊所说的心或本心概念的涵义已经明确,但是他所说的理却有待于我们作进一步的分析。大体上,陆氏所谓的理可以有两种意义的指称,一是指事物之理,如:"须是事事物物不放过,磨考其理。"(同上书卷三十五《语录下》)又如:"天地亦是器,其生覆形载必有理。"(同上)事物之理以及具体事物所以产生、发展和变化之理皆就一事物所以成其为一事物的内在原因而言;另一种是指人的行为规范,如:"此心此理,我固有之,所谓万物皆备于我。"(同上书卷一《与侄孙浚》)从陆氏思想的整体来看,他所说的理虽含有上述两种不同的意义,但是从其思想的核心概念"本心即理"的角度看,他所谓的"理"主要乃是一种道德规范的意义。

从道德规范的意义上说的"本心即理"之"理"是否可以把它诠释为这些道德规范只是人的内心的产物,抑或是一种纯粹主观性的东西?显然不是。当陆九渊说"宇宙便是吾心,吾心即是宇宙","万物森然于方寸之间,满心而发,充塞宇宙,无非此理"(同上书卷三十四《语录上》)时,这里的"理"已含有

两重意义,其一是指本心即理之"理"具有客观性,如他一再申说:

> 义理之在人心,实天之所与不可泯灭者焉。(同上书卷三十二《思而得之》)

> 此理在宇宙间,固不以人之明不明、行不行而加损。(同上书卷二《与朱元晦·二》)

> 此理乃宇宙所固有。(同上)

> 是极是彝,根乎人心,而塞乎天地。(同上书卷二十二《杂说》)

其二,陆氏还要表明人的本心之理(道德准则与规范)与宇宙之理具有同一性,如陆氏说:

> 心,一心也;理,一理也。至当归一,精义无二。(同上书卷一《与曾宅之》)

> 此理在宇宙间,未尝有所隐遁,天地之所以为天地,顺此理而无私焉耳。人与天地并立而为三极,安得自私而不顺此理哉?(同上书卷十一《与朱济道》)

由上可见,陆九渊所要说明的并非指理是心的产物,而是强调心之理与宇宙之理本身就是合一的。陆九渊的这一观念大体上是受到了程颢"天人本无二"思想的影响,程颢曾说:"万物皆只是一个天理,己何与焉?至如言'天讨有罪,五刑五用哉;天命有德,五服五章哉。'此都只是天理自然当如此。人几时与?与则便是私意。"(《河南程氏遗书》卷二上)程颢强调"奉"天之理、"顺"天之理,而陆氏也基本上采取了同一主张,认为:"此理塞宇宙,谁能逃之?顺之即吉,逆之即凶。"(《陆九渊集》卷二十一《易说》)问题在于,陆九渊讲"理"时常常混淆理的规范义与规律义,增加了我们理解上的困难。但这一病痛非陆氏一人所有,而是主张"道德秩序即是宇宙秩序"这一观念所不免存在的一个问题。

第二节 发明本心

陆九渊既然肯定"人皆有是心,心皆具是理",那么他的为学工夫便自然落在发明此心、彰显此理上,所以工夫论是陆学中的一个重点。

陆九渊的工夫论可以简洁地称之为发明本心,具体来说,即是通过存心、养心的反省内求的方式,使此心之理得以彰明。陆九渊说:

> 人孰能无心,道不外索,患在戕贼之耳,放失之耳。古人教人,不过存心、养心、求放心。此心之良,人所固有,人惟不知保养而反戕贼放失之耳。苟知其如此而防闲其戕贼放失之端,日久保养灌溉,使之畅茂条达,如手足之捍头面,则岂有艰难支离之事?(同上书卷五《与舒西美》)

所谓"存心"、"养心"、"求放心"在陆九渊那里其实说的是同一个意思,也就是要求学者保存自己的本心,防止其"驰骛于外",换言之,则是要求挺立道德意识或成德意志,使其时时处处都能发之于知善知恶,好善恶恶。当然,具体地说,又各有侧重,"存心"是要学者保持此本心,使其不失主宰之义;"养心"则要学者对此本心时时加以涵养,也就是像栽培、灌溉树木一样,使其根茎枝叶畅茂条达,充满生意。陆九渊说:"孟子曰:'苟得其养,无物不长,苟失其养,无物不消。'今吾友既得其本心矣,继此能养之而无害,则谁得而御之。如木有根,苟得培浸而无伤戕,则枝叶当日益畅茂。"(同上书卷七《与邵中孚》)

陆九渊发明本心的工夫论主张,强调了人的德性行为的动力源泉出于行为者自身,而不是来自于外在环境的因素,这种本心的发明不是借由强制性的规制,而是出于行为者自身的主动和自觉,或者说出于行为者对自己本心的觉悟,所以陆九渊非常重视对学者的当机指点,期于学者对自己本心的自识、自悟与自成。据《年谱》记载:

> 四明杨敬仲时主富阳簿,摄事临安府中,始承教于先生。及反富阳,三月二十一日,先生过之,问:"如何是本心?"先生曰:"恻隐仁之端也,羞恶义之端也,辞让礼之端也,是非智之端也,此即是本心。"对曰:"简儿时已晓得,毕竟如何是本心?"凡数问,先生终不易其说,敬仲亦未省。偶有鬻扇者,讼至于庭,敬仲断其曲直讫,又问如初。先生曰:"闻适来断扇讼,是者知其为是,非者知其为非,此即敬仲本心。"敬仲忽大觉,始北面纳弟子礼。(《陆九渊集》卷三十六《年谱》三十四岁条)

杨敬仲（杨简）是陆九渊的高足。上述记载说明发明本心的工夫既不是求于外，也不是迫于外，而是要求学者自得、自成、自悟，"请尊兄即今自立，正坐拱手，自作主宰。万物皆备于我，有何欠阙！"（同上书卷三十五《语录下》）成就德性的资源人已经完全具备，只须道德意志挺立起来，则任何外物之诱、邪说之惑都不能动摇自我。因此，陆九渊竭力反对"蠹食咀长于经传文字"的学风，认为一个人把工夫用于"寻行数墨"上去，埋首于文字的考证与经书的解说，最后的结果只能是使得本心迷失，以致六神无主。在陆九渊看来，朱熹的为学方法便有此弊，他虽善于寻章摘句，但却未能直立本根，因而常常是言愈多而道愈远，所谓"终日营营，如无根之木，无源之水，有采摘汲引之劳，而盈涸荣枯无常"（同上书卷一《与曾宅之》）。

由反对埋首于书本之主张更进一步，陆九渊进而反对人们在做工夫时依附于权威和经典，认为经典只是过去的事例，人若真正要在实际生活中做一番道德践履，则最后仍需本心做主。由此他提出了"六经皆我注脚"（同上书卷三十四《语录上》）这一著名命题。据载："或问先生何不著书？对曰：'六经注我，我注六经。'"（同上）所谓"六经注我"，即是用六经来说明自己的本心，而所谓"我注六经"即是用自己的本心去解释六经。陆氏的这种心注六经或六经心解的态度，与朱熹解经时所主张的"唯本文本意是求"（《朱熹集》卷四十八《答吕子约·八》）的观念差别甚大。在朱熹那里，"经典"与"人"之间所建立的是一种进圣之阶梯，是一种历史文化的传承脉络；而在陆九渊这里，学者（人）的"自得"与"自成"获得了中心的地位，"若某则不识一个字，亦须还我堂堂地做个人"（《陆九渊集》卷三十四《语录上》），经典的地位和意义却被淡化了。

发明本心的工夫除了要在正面的意义上立定主宰外，从反面的角度，陆氏则要求人正视对人的自身欲望的克服以及去除人心之蔽。在陆九渊看来，本心与外物接触时不免会放失，以致逐物而行，因此"多欲"是"吾心之害"，他说：

夫所以害吾心者何也？欲也。欲之多，则心之存者必寡；欲之寡，则心之存者必多。故君子不患乎心之不存，而患乎欲之不寡。欲去则

心自存矣。(同上书卷三十二《养心莫善于寡欲》)

显然,依陆氏之见,欲之多寡乃是关系到能否存心或发明本心的一个重要关键,为此学者必须尽力做一番"去欲"工夫。他常常对学生讲"剥落",而所谓"剥落"即是解除蒙蔽本心的物欲和妄意,实际上这是一种去蔽或解蔽的工夫,他说:

> 人心有病,须是剥落。剥落得一番,即一番清明,后随起来,又剥落,又清明。须是剥落得净尽,方是。(同上书卷三十五《语录下》)

这里所谓的"剥落"是作为发明本心工夫的另一面来说的,后者主要是通过反身内求,使本心自作主张,这种工夫显然是最为直截、简明,也是最为主要的。而前者则重在通过师友之间的讲学问辩,对邪说、意见加以清除,从而恢复心之本体。

以上所说,乃是直就践履、发明本心的工夫所必须面对的问题而言。若就顺着发明本心工夫的逻辑看,陆九渊从正面加以阐发的还有以下几个方面。

一、知　本

发明本心最重要的是"先立其大",此"大"就是"知本"的"本"。陆九渊说:

> 苟学有本领,则知之所及者,及此也;仁之所守者,守此也;时习之,习此也;说者说此,乐者乐此。如高屋之上建瓴水矣。学苟知本,六经皆我注脚。(同上书卷三十五《语录下》)

学以知本最为关键,此"学"并非指掌握多少知识,而是指一种道德修养,同样,所谓知本之"知"也不是知识之"知",而是一种道德的自我觉悟。学者只有觉悟到本心即是理,并就此推展出去,则可成就德性。所以,陆氏又说:"吾之教人,大概使其本常重,不为末所累。"(同上)"本"即本心,"末"是指支离于格外物之理或从书本中考索而所得的知识。在陆九渊看来,这种知识的多寡并不能直接成就一个人的德性。面对朱熹对往圣经典的穷研考索,陆氏质疑道:"尧舜以前更有何书可读?"这一质疑的背后,蕴涵着这样一层意思:"无书"亦可"成圣"。陆氏如此立论并不是反对人们读书,他只是要求人们须先自明理,他说:"人谓某不教人读书……(某)何尝不读书来?只是比他人读得别些子。"(同上书卷三十五《语录下》)所谓"读得别些子",即是要人先明本心即理,树立自家本心。若本心不明,书读得再多,又有何用?所以他又说:"若田地不净洁,则奋发植立不得。古人为学即'读书然后为学'可见。然田地不净洁,亦读书不得。若读书,则是假寇兵资盗粮。"(同上)或许正是有见于此,陆九渊常教人注意分辨轻重本末、端绪得失,若不辨端绪,即有可能走入歧途。故云"端绪得失,则当早辨"(同上书卷一《与邵叔谊书》),又说:

> 天下正理,不容有二。若明此理,天地不能异此,鬼神不能异此,千古圣贤不能异此。若不明此理,私有端绪,即是异端,何止佛老哉?(同上书卷一《与胡季随书》)

毫无疑问,陆氏主张辨明端绪的目的在于:一方面意在批评朱熹,另一方面即是顺孟子"源泉混混"的比喻,强调开拓本源的重要性。他说:

> 涓涓之流,积成江河,泉源方动,虽只涓涓之微,去江河尚远,却有成江河之理。若能混混,不舍昼夜,如今虽未盈科,将来自盈科。……然学者不能自信,见夫标末之盛者便自慌忙,舍其涓涓而趋之,却自坏了,曾不知我之涓涓虽微却是真,彼之标末虽多却是伪,恰似担水来相似,其涸可立而待也。(同上书卷三十四《语录上》)

这里"涓涓之流"是比喻本心,本心是成德的源泉,人从本心上用功即是知本。此本心之流虽看似微小,但若能紧抓不舍,最终一定能发乎大用,以致盈科放海。

二、立　志

严格意义上说,陆氏所说的"知本"是要人"知"如何开拓本心这一"混混源泉",但一旦开拓了,还需要有人的志气和毅力以"立"得起来。这里便涉及到一个道德境界的高下问题。我们常说一个人是循规蹈矩的人,这意味着他可以"艰苦"地依照外在的道德律则去立身行事,但也可以完全自觉地依照自家本有的本心去待人接物。显然,前者是立之在外,而后者却是立之在我。在陆九渊看来,一个人如果本心未曾发动,没有道德自我的自主与自觉,所谓立志于行总是有限的,总是不免有一种外在强制的胁迫感。所以,陆氏讲学一方面非常重视立志,认为"学者须是有志。读书只理会文字,便是无志"(同上书卷三十五《语录下》)。另一方面,立志所指向的乃是人的内在本心的确立。据载,陆氏门人就曾问道:立志究竟如何立?陆九渊说:"立是你立,却问我如何立。若立得住,何须把捉?"(同上)所谓"立是你立"即是说每个人都可以不依赖外在的力量去开启入德之门,成之在我而不在他,成之在内而不在外。因此,陆氏对一个人的成德的内在力量寄予了极大的信任。《语录》中记录有这样一段对话:

> 人皆为尧舜,尧舜与人同耳,但恐不能为尧舜之大也。元寿连日听教,方自庆快,且云"天下之乐,无以加于此"。至是忽局蹐变色而答曰:"荷先生教爱之笃,但某自度无此力量,诚不敢僭易。"先生云:"元寿道无此力量,错说了。元寿平日自力量,乃尧舜力量,元寿自不知耳。"(同上书卷三十四《语录上》)

依陆氏之意,每个人都有成为圣人的内在能力,无须外求,所以从根本上说,不存在"能"与"不能"、"有"与"没有"的问题,圣人之所以为圣人并不是他比人们多些东西,原因只在于人们未能立志,没有觉悟到源于自身的力量深广不竭,不可胜用。在陆氏看来,上述对话中出场的邱元寿所以做不大的原因并不是他没力量,而是他没有立志。事实上,元寿的力量就是尧舜的力量,只是他不自知而已。基于此,陆九渊还紧接着孟子的话头,认为学者为学既重在自立,则必须反对自暴自弃。他说:"诚者自诚也,而道自道也。君子以自昭其明德。人之有是四端,而自谓不能者,自贼也。暴谓自暴,弃谓自弃,侮谓自侮,反谓自反,得谓自得。福祸无不自己求之者,圣贤只道一个自字煞好。"(同上)所谓"一个自字煞好",显然是将一个人在成就德业上的"自成"或者"自败"完全归之于个人的自我选择，一个人如果能够自立主宰，则当恻隐、当羞恶、当辞让，皆是自自然然之事，无须任何假借。由此可见，陆氏之学特别强调本心做主，强调道德自我的挺立。陆九渊说：

> 上是天，下是地，人居其间，须是做得人，方不枉。人须是闲时大思量：宇宙之间，如此广阔，吾立身于其中，须大做一个人。(同上书卷三十五《语录下》)

> 人生天地间，为人自当尽人道。学者所以为学，为人而已，非有为也。(同上书卷三十六《年谱》四十五岁条)

必须指出，陆氏如此立论并不是说只要一个人立志于本心即可废弃其他工夫，而是说立志乃是最为重要的一步，只有在立志上不失毫厘，其他如去欲、去蔽、扩充、存养等工夫才能真正落到实处。所以，陆氏在说到工夫的得力处时一再强调立志的重要性，如他说：

> 明得此理，即是主宰，真能为主，则外物不能移，邪说不能惑。(同上书卷三十五《语录下》)

> 人精神在外，至死也劳攘。须收拾精神，自作主宰。收得精神在内，当恻隐则恻隐，当羞恶则羞恶，谁欺得你？谁瞒得你？(同上)

> 汝耳自聪，目自明，事父母自能孝，事兄自能弟，本无少阙，不必他求，在乎自立而已。(同上)

陆九渊类似的言说所在多有，读之的确让人有一种震动、感发。他强调道德是非的标准在于人的本心，对人的成德意志寄予了极大的期望，极有助于人在现实生活的泥沼中建立挺拔俊伟、高风亮节的人格。

三、义利之辨

立志是从一般的意义上讲发明本心的工夫，涉及到伦理学上所讲的动机。从成就道德尊严的角度上说，惟有出于至善本心的行为才是值得肯定的，陆氏所讲的立志则是要人立于至善本心的动机上。但这一所立的"志"要真正超越经验世界的实际内容，使得这一本心成为普遍义和绝对义之心，则需落在具体内容即义利之辨上才能显出,因为义利之辨所表达的即是公与私的关系问题,而人生在世,许多的行为选择都与公私问题紧密相连。所谓"义"即是廓然无私的大公,所谓"利"即包含一切私欲和私心在内,"浅之为声色臭味,进之为富贵利达,又进之为文章技艺"等等。陆九渊要人发明本心并不是仅仅驻留在工夫论上的讲明,而是要人在实际生活中碰到义与利或公与私的关系问题时作出自己的决断,只有这样才能把发明本心的工夫落于切己实用之中。

陆九渊本人非常重视义利之辨。据载:

> 傅子渊自此归其家。陈正己问之曰:"陆先生教人何先?"对曰:"辨志。"正己复问曰:"何辨?"对曰:"义利之辨。"若子渊之对,可谓切要。(《陆九渊集》卷三十五《语录下》)

陆九渊肯定立志的工夫只有落在义利之辨上才能真正看出,志之立与不立,不能只在言语上、形式上,而必须在事上加以磨炼。淳熙八年(1181),陆氏到南康拜访朱熹,朱熹邀陆氏到白鹿洞书院讲学,陆九渊即以《论语》中的"君子喻于义,小人喻于利"一章为题,为诸生开讲,陆氏说:

> 此章以义利判君子小人,辞旨晓白,然读之者苟不切己观省,亦恐未能有益也。某平日读此,不无所感:窃谓学者于此,当辨其志。人之所喻由其所习,所习由其所志。志乎义,则所习者必在于义,斯喻于义矣。志乎利,则所习者必在于利,所习在利斯喻于利矣。故学者之志不可不辨也。科举取士久矣,名儒巨公皆由此出。今为名士者固不能免此。然场屋之得失,顾其技与有司好恶如何耳,非所以为君子小人之辨也。而今世以此相尚,使汩没于此而不能自拔,则终日从事者,虽曰圣贤之书,而要其志之所乡,则有与圣贤背而驰者矣。推而上之,则又为官资崇卑、禄禀厚薄是计,岂能悉心力于国事民隐,以无负于任使之者哉?从事其间,更历之多,讲习之熟,安得不有所喻?顾恐不在于义耳。(同上书卷二十三《讲义·白鹿洞书院论语讲义》)

陆氏所讲围绕义与利的问题展开,很明显,陆氏以立志为核心。他认为,人之所思决定其所行,故人志于义则习于义,志于利则习于利,因此,君子与小人之分全落在人之所"志"之上。陆九渊还进一步指出,决定一个人是君子还是小人,不能只在形式上看,在科举取士盛行的情况下,一个人终日端坐而埋首于圣贤之书,但如果他的"志"不在于家国天下,而只在于功名利禄,在于争个人的场屋之得失,则他究心于圣贤之书也只是私利驱使,与君子的标准远若霄壤。陆氏的讲演极富感染力,也颇有针对性,朱熹说:"至其所以发明敷畅,则又恳到明白,而皆有以切中学者隐微深痼之病,盖听者莫不悚然动心焉。"(同上)

基本上,陆氏的义利之辨所要维护的是道德的尊严,亦即评价一个人道德与否不能仅仅从行为的结果上看,而应该从他的内在动机出发。但这并不意味着陆氏只注重动机,并将之与功业的建立相对立。依陆氏之意,即便一个人在建功立业之际,也必须以义为先,志在家国天下,无私心之念。事实上,陆氏治理荆门,兴利除害,革蔽创新,颇有声色,这也正印合了他自己义利之辨的主张,陆氏说:"大抵天下事,须是无场屋之累,无富贵之念,而实是平居要研核天下治乱、古今得失底人,方说得来有筋力。"(同上书卷六《与吴仲诗》)

第三节 朱陆之辩

一、鹅湖之会

朱熹与陆九渊的学术目标是共同的:"同植纲常,共扶名教",但在如何"行道"、如何"成圣"等一些具体的学术观点上存在着重大分歧,以致使得朱、陆之间的学术论争成为中国学术史上的重要事件。

淳熙二年(1175)初夏,吕祖谦约陆九龄、陆九渊、朱熹会于江西信州的鹅湖寺,讨论学术异同,史称"鹅湖之会"。吕祖谦的本意乃在和会朱陆,但朱陆的分歧由来已久。早在"鹅湖之会"之前,朱熹初闻陆氏之学时就曾说:

陆子静之贤,闻之盖久,盖似闻有脱略文字、直趋本根之意,不知其与《中庸》学问思辨然后笃行之旨又如何耳?(《朱熹集》卷四十七《答吕

子约》)

朱熹在获得对陆学的初步了解后,感到他们之间的分歧在于成圣之道上,陆氏主张"直趋本根,脱略文字",这与他自己所倡导的读书穷理有别。而陆九渊对于他们之间的分歧也很清楚,他曾说:"吕伯恭为鹅湖之集,先兄复斋谓某曰:'伯恭约元晦为此集,正为学术异同。'"(《陆九渊集》卷三十四《语录上》)所以,这次"鹅湖之会"双方辩论的结果并未消除彼此的歧异,原在意料之中。据与会者朱亨道记述:

> 鹅湖之会,论及教人,元晦之意,欲令人泛观博览,而后归之约。二陆之意,欲先发明人之本心,而后使之博览。朱以陆之教人为太简,陆以朱之教人为支离,此颇不合。先生更欲与元晦辩,以为尧舜之前何书可读?复斋止之。(同上书卷三十六《年谱》三十七岁条)

朱陆之间在鹅湖之会上的辩论涉及到在成圣过程中发明本心和读书穷理的关系问题。长兄陆九龄赞成陆九渊的看法,并赋诗一首:"孩提知爱长知钦,古圣相传只此心。大抵有基方筑室,未闻无址忽成岑。留情传注翻蓁塞,著意精微转陆沉。珍重友朋相切琢,须知至乐在于今。"(同上书卷三十四《语录上》)但陆九渊对其中的第二句微有不满,在赴会途中拟诗一首,表达了自己的观点,诗云:

> 墟墓兴哀宗庙钦,斯人千古不磨心。
> 涓流积至沧溟水,拳石崇成泰华岑。
> 易简工夫终久大,支离事业竟浮沉。
> 欲知自下登高处,真伪先须辨只今。

陆九渊从他自己的为学立场出发,认为人皆有成德之本心,因此道德人格的完成只须就此本心上扩充用力。陆氏的发明本心、"知本"、"立志"等都可以看作是直就本根上作育涵养、壅培浇灌的方法。在陆氏看来,一个人只要看护好本心,不使之放失、蒙蔽,那么本心之发动自然会如江河之沛然莫决而势不可遏。由此出发,陆九渊认为,读书穷理并不能直接成就德性,而且本心的存养也不以知识的多寡为手段。所以,陆氏会有尧舜以前究竟有何书可读之疑问。在他看来,即便无书可读,尧舜照样是尧舜,因此一个不识一字之人依然可以成为一个有道德的人。相反,如果本心不立,便去泛观博览、研经穷理,其结果便将造成端绪上的迷失,乃至只会播弄经语。所以,穷理之学支离,发明本心简易,真伪之间当下即可辨明。据记载,朱熹当时对陆氏的诗非常不满,几至"失色"。但直至三年后,朱熹才赋诗回应:

> 德义风流夙所钦,别离三载更关心。
> 偶扶藜杖出寒谷,又枉篮舆度远岑。
> 旧学商量加邃密,新知培养转深沉。
> 只愁说到无言处,不信人间有古今。
>
> (《朱熹集》卷四《鹅湖寺和陆子寿》)

比较而言,陆诗锋芒毕露、充满自信,而朱诗由于是作于三年之后,心情已转平静,故显出温柔婉转之意。但朱熹对自己的为学立场亦十分坚定,"旧学"、"新知"之说正表明朱熹对两种不同为学方法的基本态度:旧学可以"商量",新知则须"培养"。

鹅湖之会虽无果而终,但朱陆之间的争论大体上可归结为"尊德性"与"道问学"何者优先之争。朱熹后来也曾坦陈:"大抵子思以来教人之法,惟以尊德性、道问学两事为用力之要。今子静所说专是尊德性事,而熹平日所论却是道问学上多了……今当反身用力去短集长,庶几不堕一边耳。"(《朱熹集》卷五十四《答项平父》)但在陆九渊看来,尊德性与道问学不是如朱熹所理解的那样——只是在两者之间如何平均分配用力的问题,而应当是以尊德性为本,以道问学为末,前者是首要的,后者是次要的,道问学必须服从尊德性。陆氏说:

> 朱元晦曾作书与学者云:"陆子静专以尊德性诲人,故游其门者多践履之士,然于道问学处欠了。某教人岂不是道问学处多了些子?故游某之门者践履多不及之。"观此,则是元晦欲去两短,合两长。然吾以为不可,既不知尊德性,焉有所谓道问学?(《陆九渊集》卷三十四《语录上》)

本来,知识在成就一个人的道德行为的过程中究竟有何作用?是否只如陆氏所肯定的那样,只须"先立乎其大",而知识却是"全无伎俩"可用?这是一个值得深思也是可以讨论的问题。但陆九渊在思想立场上的不依不饶、毫不妥协的性格,一方面反映出他对自己学问的自信,另一方面也透露出他多少有轻视知识的倾向。

二、无极太极之辩

关于无极太极的问题,最早与朱熹相辩论者是陆九韶。淳熙十三年(1186),陆九韶致信朱熹,对周敦颐《太极图说》和张载《西铭》提出异议,他认为周敦颐所讲的"无极""自是非正",虽朱熹"曲为扶掖,恐终为病根,贻憾后学"(《宋元学案·梭山学案补遗》)。陆的观点是:"太极"二字已有本源之意,更无须架床叠床,再加上"无极"二字。朱熹则认为,周、张之说皆是至理,不容怀疑,"殊不知不言无极,则太极同为一物而不足为万化之根;不言太极,则无极沦于空寂而不能为万化之根。只此一句,便见其下语精密微妙无穷"(《朱熹集》卷三十六《答陆子美·一》)。无极太极之说实是构成朱熹宇宙论的基础,故朱熹竭力维护"无极"之说。不过,朱熹的这种解释显然已非周敦颐之本意。

越二年,陆九渊加入了辩论,他指出朱熹说理不透。此后,两者之间书信往返,反复争辩,最后竟至于相互嘲骂。撮其大要,这场争论涉及到对"太极"的训解以及形上、形下的问题。朱熹认为,"极"即"至极",是万理的总和,"圣人之意,正以其究竟至极,无名可名,故特谓之太极"(同上书三十六《答陆子静·五》)。而陆九渊则认为,"无极"两字乃是老子之语,"太极图"也是道家的产物,儒家典籍并没有"无极"两字,而将这两字加在"太极"之上也没有什么意义,因为即便没有"无极"两字,即以"太极"作为万化之根本也无障碍。其次,"极"字非"至极"之意,盖与《尚书·洪范》"皇极"之"极"——"中"的意思相同,如此一来,"无极"等于是说"无中",这显然与儒学立场不合,何况周敦颐的"太极图说"乃是其未定之说。再其次,在有关形上、形下的问题上,朱熹从他的理气论出发,依照"形而上者谓之道,形而下者谓之器"的观念,认为阴阳是气而非道,如果把阴阳认作形而上,就混淆了形上与形下。陆九渊则认为，阴阳即是形而上之道，他说："《大传》曰：'形而上者谓之道'，又曰：'一阴一阳之谓道。'一阴一阳已是形而上者，况太极乎？"(《陆九渊集》卷二《与朱元晦》)他又举易之为道，即是一阴一阳而已为证，认为朱熹"顾以阴阳为非道而直谓之形器"(同上)，才是真正不了解道器之分。以旁观者的态度平心而论，陆九渊否定"无极"之概念对于建构理气模式所具有的意义，并直以阴阳为道，应当说是对周程以来理学所关心的宇宙问题缺乏根本之了解所致。

总而言之，朱陆之争反映出两人所主张的理学与心学在为学方向上的不同。但在所涉及的具体内容上，两人都不免意气用事。通观双方争论的内容，事实上包含几个不同类型的问题："太极图说"的真正作者是谁？"图说"是否出于老子或道教一系？"图说"的理论是否能够成立？应该说，以上问题各有自己本身的脉络和解答方式，原本当分别加以处理。然而，朱陆两人在争论的过程中却都未加澄清，以致使得双方在征引古籍、解释义理和考释文字上虽费却许多心力，但又都无法使对方心服，最后发展到相互指责，则与学术争论之本意相背离。

思考题：

1. 什么是本心？
2. 发明本心的工夫主要包含哪些方面？
3. 鹅湖之会的内容与实质是什么？
4. 知识在成德过程中究竟有什么意义与作用？

参考书目：

1. 牟宗三：《从陆象山到刘蕺山》，上海古籍出版社，2001年。
2. 侯外庐等主编：《宋明理学史》，人民出版社，1984年。
3. ［美］田浩编：《宋代思想史论》，社会科学文献出版社，2003年。
4. 崔大华：《南宋陆学》，中国社会科学出版社，1984年。

第九章　浙东事功之学

　　大体而言,南宋儒学可以看作是朱熹通过不断的辩论而逐步确立其话语体系的过程。然而,何谓儒家之道,对此问题又如何正确理解,却并不因朱熹的学术地位之确立而消除。儒家之道的基本精神究竟何在？是全力于内省涵养,还是有待于开物成务？浙东事功之学发出了与朱熹理学颇为不同的声音。

　　一般说来,儒家之道既有内圣成德方面,也不排除外王事功之业。《中庸》所谓成己成物,"性之德,合内外之道也",可以看作是对儒家之道内圣与外王并重的一种解释。浙东事功之学,不论是永康的陈亮还是永嘉的叶適亦在儒家思想的统绪之内,但他们的思想却表现出与孟子以下以性命义理来诠释儒学的所谓正统儒家颇为不同的理论风格。《宋元学案》曾评论道：

　　　　当乾道、淳熙间,朱、张、吕、陆四君子皆谈性命而辟功利。学者各异其师说,截然不可犯。陈同甫崛起其旁,独以为不然。(《宋元学案·龙川学案》)

　　　　乾、淳诸老既殁,学术之会,总以朱、陆二派,而水心斷斷其间,遂称鼎足。(《宋元学案·水心学案》)

　　虽然陈亮和叶適在具体的学术主张上并不完全一致,但由于他们均倡事功之说,对性命义理也有不同于朱熹的理解,遂成为与各理学学派鼎足而立的一个学派。

　　永康学派的代表人物是陈亮。黄百家曾指出："永嘉之学,薛、郑俱出自程子。是时,陈同甫亮又崛兴于永康,无所承接。然其为学,俱以读书经济为事,嗤黜空疏随人牙后谈性命者,以为灰埃,亦遂为世所忌,以为此近于功利,俱目之为浙学。"(同上书《龙川学案》)按照此说,陈亮之学并无师承关系,但他的观点构成了对朱熹的严重挑战。后之学者或囿于学派所见,以为陈亮之说只是意见或态度,如钱穆便认为"陈亮还是在争态度,叶适始是争思想",此说似言之过及。事实上,陈亮之学自有宗旨,此一宗旨亦非徒生之臆说。

永嘉学派的代表人物是叶适。与陈亮学无师承不同,永嘉学的思想渊源可以上溯到洛学。由周行己、刘安节至薛季宣,开始渐渐形成永嘉学派独特的学术宗旨(参见《宋元学案·艮斋学案》)。而薛季宣父薛徽言则是洛学私淑弟子胡安国的门人,其师袁溉也是程颐的学生。薛季宣之学以开物成务为宗旨,其门人中最为著名者是陈傅良。陈氏为学重在治道之变通,其弟子以叶适最为突出。叶适曾短暂问学于郑伯熊、薛季宣,而与陈傅良交游最久。全祖望说:"水心较止斋又稍晚出,其学始同而终异。永嘉功利之说,至水心始一洗之。"(《宋元学案·水心学案》)

就整体而言,两宋学术以义理之学最为兴盛,成就也最为突出。学者究心于心性,注重于思辨,为儒家思想确立价值之源,并力图与佛老一较短长,但其弊或不免于虚。尤其当宋室南渡以后,社会乱象丛生,国家贫弱不振,朝廷苟于偏安。然而,倡道德性命者却常以口讲"尽心知性"相欺瞒,在行为上因循守旧,不敢越雷池一步,面对国家的难题、生民的苦难,袖手而无以应对。陈亮说:

> 本朝以儒道治天下,以格律守天下,而天下之人知经义之为常程,科举之为正路,法不得自议其私,人不得自用其智,而二百年之太平由此而出也。至于艰难变故之际,书生之智知议论之正当,而不知事功之为何物,知节义之当守,而不知形势之为何用,宛转于文法之中,而无一人能自拔者。(《陈亮集》卷一《戊申再上孝宗皇帝书》)

可以说,浙东事功之学作为一个学术流派,在其形成之初便具有了一种崭新的学术风格。总体而言,他们重视治史,关心古今兴亡之变化、典章制度之沿革,主张经史的统一,故章学诚说:"南宋以来,浙东儒哲,讲性命者,多攻史学,历有渊源。"(《章氏遗书》卷十八《邵与桐别传》)浙东之学的另一个突出的特点则是强调经世致用、注重时政、关心现实。他们强调的一个观点是,真正的儒者之事业当见之于实事实功之中。陈亮因此而与朱熹在王霸义利及理想人格等问题上展开了针锋相对的论辩。要之,浙东事功之学在宋代哲学史乃至整个中国哲学史上都可以称得上是一个风格鲜明的学派,而他们对朱熹等人所提出的一系列诘难,至今仍然足以发人深思,盖不会因时过而过时。

第一节 陈 亮

陈亮(1143—1194),字同甫,婺州永康人,学者称龙川先生。据记载,陈亮"生而目光有芒,为人才气超迈,喜谈兵,议论风生,下笔数千言立就"(《宋史》卷四三六)。陈亮年轻时即"独好伯王大略,兵机利害"之事,至十八九岁,便写有《酌古论》、《中兴五论》等,品评人物,议论英雄,对汉唐盛世功业尤措意称赞,"慨然有经略四方之志"(《陈亮集》卷二《中兴论》附记)。但陈亮一生在科举功名及仕途上颇不得意,据其回顾:"亮二十岁时,与伯恭同试漕台,所争不过五、六岁,亮自以姓名落诸公间,自负不在伯恭后。"但当吕祖谦以道德为一世师表之时,他自己却"陆沉残破,行不足于自见于乡间,文不足于自奋于场屋"(同上书卷二十《又甲辰秋书》)。陈亮一生多次上疏,批评秦桧以来朝廷偏安一隅之政策以及儒生学士拱手空谈性命之风气。另一方面,由于性格狂荡不羁而三次下狱。直至51岁,方及第状元,被授以金书建康军判官厅公事。陈亮在"及第谢恩"诗中表示:"复仇自是平生志,勿谓儒臣鬓发苍。"(同上书卷十七)然而,陈亮未及赴任,便于次年病卒。

独特的才情与英雄主义的性格造就了陈亮对学问的独特理解。与朱熹一样,陈亮一生虽汲汲于恢复中原,平治天下,但取径却与朱熹颇不相合。他反对高谈性命之学,以为今之儒士,人物如林,"自以为得正心诚意之学者,皆风痹不知痛痒之人","其论皆不足于起人意",更不足以建功立业。与朱熹"谈性命而辟功利"不同,陈亮专言功利而"嗤咄性命"。如果说,在南宋思想界,陆九渊与朱熹的争论属于义理之学内部之争,所争主要集中在为学方法的层面上,那么,陈亮则以不同的提问方式、学问路数构成了对朱熹思想的严肃挑战。

陈亮与朱熹之间的争论历时十一年(1182—1193),因二人之学术主张不同而各自有一套立说,终无结果。陈亮的著作有中华书局标点本《陈亮集》(1974年),其中收录了陈亮致朱熹的八通书信和朱熹致陈亮的十五通书信。

一、经与道的诠释

陈亮与朱熹的争论主要集中在王霸义利之辨上,但在此背后首先是对"道"的不同理解的问题。在朱熹看来,所谓"道"就是尧舜传至孔孟的儒家之道,此道并不因时间的长久或空间的间隔而有所增损,因而具有亘古亘今的普遍性质。但陈亮思考的中心却不在义理之学的内在理路方面,他强调经世致用,开物成务,因此他对道与物、势、人的关系有着自己独特的理解。

在朱、陈辩论之前,浙东学者已经对董仲舒之说怀有不满,陈亮即是其中之一。陈亮在与朱熹的信中指出,"天下,大物也,须是自家力气可以干得动、挟得转,则天下之智力无非吾之智力,形同趋而势同利,虽异类可使不约而从也。若只欲安坐而感动之,向来诸君子已失之偏矣"(《陈亮集》卷二十《壬寅答朱元晦秘书》)。陈亮认为,要真正打开时局,试图通过正心诚意以期奏效,那是无论如何不能实现的。事实上,在发生辩论之前,陈亮原是寄希望于朱熹能在政治上大有作为的,陈亮说:"每空闲间,复念四方诸人,过去见在,如秘书方做得一世人物。"(同上《癸卯秋书》)又说:"世俗日浅,小小举措已足于震动一世,使秘书得展其所为于今日,断可以风行草偃。"(同上)然而,朱熹却以为"不拟为时所用"。同时,朱熹对陈亮狂荡不羁的行为提出了批评,也对陈亮提出了期望:

老兄高明刚决,非吝于改过者,愿以愚言思之。绌去义利双行、王霸并用之说,而从事于惩忿窒欲、迁善改过之事,粹然以醇儒之道自律,

则岂独免于人道之祸,而其所以培壅本根,澄源正本,为异时发挥事业之地者,益光大而高明矣。(同上《寄陈同甫书·四》)

这里朱熹明确提出了他的"醇儒"之道,希望陈亮能够培壅本根,澄源正本,俟异时发扬光大。然而陈亮却全心于事功,与朱熹的醇儒之道原不相契,陈亮说:

研穷义理之精微,辨析古今之同异,原心于妙忽,较礼于分寸,以积累为功,以涵养为正,晬面盎背,则亮与诸儒,诚有愧焉。至于堂堂之阵,正正之旗,风雨云雷交发而并至,龙蛇虎豹变见而出没,推倒一世之智勇,开拓万古之心胸……自谓差有一日之长。(《陈亮集》卷二十《又甲辰秋书》)

从陈亮的"诚有愧焉"与"差有一日之长"的说法中,我们可以推知,陈亮不喜朱熹的"醇儒"之道,而更倾向于建功立业,这固然有其性格上的因素,然而重要的是,朱、陈的意见不合显示出两人对儒家之道的基本精神有着不同的理解。在朱熹看来,儒家之道具有"非人之所能预"的性质,人只能以己心去应合,朱熹说:

若论道之长存,却又初非人之所能预,只是此个自是亘古贯今常在不灭之物,虽千五百年被人作坏,终殄灭他不得耳。汉唐所谓贤君何尝有一份力气扶助得他耶?(同上书卷二十《寄陈同甫书·六》)

显然,朱熹强调儒家之道乃是一种普遍性、绝对性的存在,人只能以义理之心去体道、悟道。但"人之所以体之者,有至有不至",如三代君子循义理而行王道,此时,即道得以运行而不息,但到了汉唐时期,君主们兴利欲而行霸道,这时义理不存而人道息。朱熹说:"天地无心而人有欲,是以天地之运行无穷,而在人者有时而不相似,盖义理之心顷刻不存则人道息,人道息则天地之用虽未尝已,而其在我者,则固即刻而不行矣。"(同上《寄陈同甫书·八》)至此,我们可以清楚地看到,朱熹所理解的"道"乃是一种可"求之在我"的内在成德之道,这种"道"从理论逻辑上看,与事功之"道"不同,是能够自我完成的,因为它存在于道德意义上的是非善恶之中。就此而言,这种是非善恶的选择与实现,只能诉诸于自我的道德心、义理心的确立和觉醒。如果一个人以人欲做主,那么其结果正如朱熹所说"道未尝息,而人自息之"(同上)。正是从这个角度,朱熹认定汉唐君主行人欲而舍天理,其治虽盛而人心不服,故终与理想的三代社会相距甚远。

毫无疑问,从朱熹对儒家之道的理解来看,他反对以成败论英雄的观点并非没有理论上的根据,也有其正面的、积极的意义。但问题在于,朱熹是以某种独断的解释方式将儒家之道的基本精神规定在内圣成德的层面,这是陈亮所难于接受的。朱熹虽承认人只是这个人,道只是这个道,岂有"三代"、"汉唐"之别?但是他又坚持认为"以儒者之学不传,而尧、舜、禹、汤、文武以来,转相授受之心不明于天下"(同上)。从中我们可以清楚地看到朱熹所理解的"道"存在着严重的断裂。陈亮与朱熹的辩论,表面上表现为他不同意朱熹将"三代"与"汉唐"作分别对待的主张,认为既然"道"具有亘古贯今的性质,那么这种"道"运行于"三代"为人道,运行于"汉唐"也同样是人道,而不应有所不同。但在这种辩论的表象背后,我们可以发现,陈亮不仅有着不同于朱熹的对儒家之道的理解,同时陈亮也还有自己独特的道见之于经的"道脉意识"。尽管从哲学史上看,陈亮对道的了解及其"道脉意识",其间不免有许多问题,然而说明这两个方面仍然十分必要。

首先就何谓道而言,陈亮与朱熹一样认为道具有永恒的性质。阴阳二气,阖辟往来,间不容息,"阳极必阴,阴极必阳,迭相为主而不可穷"(《陈亮集》卷十九《与徐彦才大谏》)。但这种道却不是某种神秘的东西,不是某种先验的精神,它常见于人伦日用,"常行于事物之间"(同上《勉强行道大有功》)。针对朱熹强调人有赖于道,而道却不赖于人的观点,陈亮认定道并不能脱离人而独立。他说:

> 人之所以与天地并立而为三者,非天地常独运而人为有息也,人不立则天地不能以独运,舍天地则无以为道矣……若谓道之存亡非人所能与,则舍人可以为道,而释氏之言不诬矣。(同上书卷二十《又乙巳春书之一》)

不难看到,在陈亮那里,人的活动与道之间建立了非常紧密的关系,但陈亮却强调无人则无以为道,道乃是人所造成的,故人能"预道",道的兴废依赖于人的作用,道的常运不息正见于历代豪杰的建功事业之中。针对朱熹所谓汉唐乃人欲肆而人道亡的观点,陈亮针锋相对地指出:"高祖、太宗及皇家太祖,盖天地赖以常运而不息,人纪赖以接续而不坠。而谓道之存亡非人之所能予,则过矣。汉唐之贤君,果无一气力,则所谓卓然不泯者,果何物耶?道非赖人以存,则释氏所谓千劫万劫者,是真有之矣。"(同上)陈亮坚信道须"赖人以存",汉唐功业均是道的表现,这种道明确地指向事功之道。

从以上分析可见,朱、陈两人对何谓儒家之道的理解非常不同,几乎是南辕而北辙。在朱熹那里,"道"是一种超越的义理,而在陈亮那里,"道"与"功"、"势"有密切的关联,凡能建功应势而成势者皆体现为道。因此陈亮针对朱熹的两千年来世界涂炭而光明宝藏"独数儒者而自得之"的观点,指出朱熹所理解的"道"好似"古今秘宝,因吾眼之偶开,便以为得不传之绝学。三三两两,附耳而语,有同告密,划界而立,一似结坛,尽绝一世人于门外,而谓二千年之君子皆盲眼不可点洗,二千年之天地日月若有若无,世界皆是利欲,斯道之不绝者仅如缕耳"(同上《又乙巳秋书》)。从理论上看,陈亮对朱熹的质疑和讥讽相对于朱熹的问题意识而言,毋宁说,其质疑是不对焦的。但是对我们来说,更重要的是应当看到陈亮是要根据他对儒家之道的理解,建立起与朱熹不同的经典解释的依据。

不待说,上述陈亮对道的解释,并非突发奇想或心血来潮的臆解,在陈亮自己看来,这种理解在《书经》、《诗经》、《周礼》、《春秋》、《礼记》、《论语》、《孟子》等经典文本中有充分的体现。陈亮在《经书发题》中,对"六经"所载的儒家之道的基本精神作了某种提纲絜领式的诠释,如其论《书经》:

> 夫盈宇宙者无非物,日用之间无非事。古之帝王独明于事物之故,发言立政,顺民之心,因时之宜,处其常而不惰,遇其变而天下安之,今载之《书》者皆是也。(同上书卷十《经书发题·书经》)

依陈亮,道在日用事物之中,凡能依时顺势,发言立政,即能实现其安天下之功业。因此,道不远人,道在事功之中。在论《诗经》中,陈亮说:"道之在天下,平施于日用之间,得其性情之正者,彼故有以知之矣。"(《经书发题·诗经》)而《周礼》作为先王的遗制,也并非说人当有赖于道,而是相反,"人道备,则足于周天下之理,而通天下之变。通变之理具在,周公之道盖至此而与天地同流"(《经书发题·周礼》)。至于《春秋》,则"是以尽事物之情,达时措之宜,正以等之,恕以通之,直而行之,曲而畅之"(《经书发题·春秋》)。《礼记》则"所载不过日用饮食,洒扫应对之事要"(《经书发题·礼记》)。要之,依陈亮的诠释,儒家之道载于"六经",皆非形而上的玄想,而是安顿生活的平实道理,"六经"就是这种史事的记录,这种记录所显示的平实道理乃是圣人之道的"极致"表现。所以陈亮又说:"圣人之极致安在?然读之使人心惬意满,虽欲以意增减,而辄不合。"(同上)陈亮还进一步断言:"《论语》一书,无非下学之事也。"(《经书发题·论语》)所谓"下学之事",即是说儒家之道不应从高妙中去穷索,而应在现实生活中切实用功。陈亮批评道:

> 学者求其上达之说而不得,则取其言之若微妙者玩而索之,意生见长……此其所以终身读之而堕于榛莽之中,而犹自谓其有得也。(同上)

这显然是对朱熹解经的不满。至于《孟子》一书,在陈亮看来,虽以正人心为要,然而所"正"也在义利之辨,只不过这种义利之辨不应只是宣之于笔舌,而应当从孟子保民、返本、民贵君轻的主张中见出孟子之说仍是"时措之宜"。

由此可见,陈亮通过对"六经"的诠释,将儒家之道的基本精神设定在日用伦常的功用之中。依陈亮,原心于秒忽之雄辩,只"知议论之正当,而不知事功为何物"(同上书卷一《戊申再上孝宗皇帝书》),与圣人之道甚远。正因为如此,陈亮在《经书发题·书经》中开门见山地指出:

> 昔者圣人以道揆古今之变,取其概于道者百篇,而垂万世之训。其文理密察,本末具举,盖有待于后之君子。而经生分篇析句之学,其何足于知此哉!

显然,在陈亮看来,理解与实践儒家之道不应像朱熹那样,以"分篇析句"为业,而应在实事实行中展其所为,见其所用。

二、王与霸的论争

由于对儒家之道的理解不同,朱、陈两人在三代汉唐、王霸义利的看法上自然相异。事实上,王霸义利之辨在战国时期就已经提出,孟子认为"以力假仁者霸,以德行仁者王"(《孟子·公孙丑上》),王道以道德仁义为本,霸道则以强权实力为柄,孟子站在王道的立场贬抑霸道,这一观点为朱熹等人所继承,也是朱熹与陈亮辩论时所坚守的立场。而在陈亮看来,儒家之道无论是即之于"六经",还是见之于历史,都不在孤立的"正心诚意"上,而是在开物成务上。这种意见分歧在理论上蕴涵着对儒家思想中"功"与"道"、"体"与"用"关系的理解,而三代与汉唐之争只是为"明道"而设定的题目而已,陈亮明确指出:"亮与朱元晦所论,本非为汉、唐、三代而设,且欲明此道……"(同上书卷二十一《与陈君举·二》)朱熹坚持认为道有"体"与"用"之不同,"道"与"功"不可混为一谈,陈亮则认为,道不远物,舍功用无以见道。朱、陈对此的争论具体展开为三个方面,即对三代与汉唐的具体评价、对管仲之认识与对成人之道的不同理解。

首先,在对三代和汉唐的具体评价上,朱熹认为,三代君主行仁义之政,是王道;而汉唐君主追求利欲,是霸道。汉唐虽功业大成,与三代所行的天理王道"或不能无暗合之时",而其全体却只在利欲上,故终不能无愧于三代盛世。对此陈亮则认为,假如这种说法是真的,那么"千五百年之间,天地亦是架漏过时,而人心亦是牵补度日",在这种情况下,"万物何以阜蕃,而道何以长存乎?"(同上书卷二十《又甲辰秋书》)在陈亮看来,朱熹以道统中绝所建构出来的"三代意识"或价值评价体系,在理论上无法解释道何以长存而不息。事实上,三代王道也要借助于征伐、谋位的霸道才能实现。陈亮说:

> 禹、启始以天下为一家而自为之。有扈氏不以为是也,启大战而后胜之。汤放桀于南巢而为商,武王伐纣,取之而为周。武庚挟管、蔡之隙,求复故业,诸尝与武王共事者欲修德以待其自定,而周公违众议举兵而后胜之。夏商周之制度定为三家,虽相因而不尽相同业。五霸之

纷纷,岂无所因而然哉?(同上《又乙巳春书之一》)

禹、汤、文、武、周公一向被人们认为是实行王道的圣人,然而,陈亮通过翻检历史,发现所谓王道其实正是通过霸道来实现的,因此,王、霸之道紧密相连,霸道辅助王道以成。针对朱熹贬斥汉唐君主的态度,陈亮则对他们的功业、成就作了高度的评价,陈亮说:

> (高祖、太宗)禁暴戢乱,爱人利物而不可掩者,其本领宏大开廓故也。故亮尝有言:三章之约,非萧、曹之所能教;而定天下之乱,又岂刘文靖所能发哉?此儒者之所谓见赤子入井之心也。其本开廓,故其发处,变可以震动一世,不止如赤子入井是微妙而不易扩耳。至于以位为乐,其情犹可察者,不得其位,则此心何所从发于仁政哉?以天下为己物,其情犹可察哉,不总之于一家,则人心何所底止?(同上)

在陈亮看来,刘邦、李世民所推行的霸道,事实上表现为王道,他们"禁暴戢乱,爱民利物"所体现的正是孟子所讲的"恻隐之心",但由于他们本领宏大,故比起"赤子入井"之际而发动的"恻隐之心"更是有过之而无不及。朱熹认为"汉唐并无些子本领",汉唐之君无一念不出于人欲,故不可与三代比隆。而陈亮却从汉唐"其国与天地并立,而人物赖以生息"(同上《又甲辰秋书》)的角度,认为汉唐之君"无一念不在斯民",其心迹可上接三王。针对这种看法,朱熹认为,陈亮只是把王道的价值落于汉唐的事迹上寻找,可以说不识王道为何物。不难看到,朱、陈两人的异见源于他们对儒家之道的不同理解。朱熹坚持认为,道高于功,道尊于势,为儒者对社会历史和政治文化的批判留下了地盘,而这种道具体化于义理之学,朱熹则必须严辨王霸,严分义利。正是从这个角度,我们说朱熹反对以利欲做主,反对以成败论英雄,有其理论上的根据。但问题在于,朱熹的这一主张在逻辑上预设了这样一种结果,即义理的讲求或道德是非的达成的效果,可以通向成败,并最终解决成败。因此,在论及社会政治和历史难题时,朱熹坚信只要统治者能以圣贤人格自律,而百姓又皆以道德是非为是非,则家国天下自然会风调雨顺,轨正揆合,生民的苦难也自然会风过偃息,因此,事功问题只是道边事,不足于用心。这自然就不免有混道德与历史之虞。

其次,涉及到对一段经典的不同理解问题。在《论语》中,孔子曾说管仲器小,在道德修身方面殊不足称道,"管氏而知礼,孰不知礼?"(《论语·八佾》)但另一方面,孔子对于管仲一匡九合之功,许其为仁,甚至说:"微管仲,吾其被发左衽矣。"(《论语·宪问》)若将儒家之道理解成内圣成德之道,则管仲助齐桓公称霸,则正如孟子所说的那样,他只是以力假仁,而非真正的王道。故孟子对管仲就颇有微词:"管仲,曾西之所不为也,而子为我愿之乎?"(《孟子·公孙丑上》)也正由此,朱熹认为,管仲虽有霸道之功,却无王道之仁,是一个急于功利的"小器"之人,他说:"且如管仲之功,伊吕以下谁能及之!但其心乃是利欲之心,迹乃利欲之迹。是以圣人虽称其功,而孟子、董子皆秉法义以裁之,不少假借。"(《陈亮集》卷二十《寄陈同甫书·九》)这里所谓"秉法义以裁之",显然是以孟子和董仲舒所理解的儒家之道而言,所谓"法义"即是心性义理之学的基本原则,而这种基本原则在董仲舒那里有"正其谊不谋其利,明其道不计其功"的经典表达。然而,陈亮称许管仲虽意在为汉唐辩说,但他确有儒家始祖孔子作为经典依据,并非凭口杜撰。陈亮认为,管仲一如高祖、太宗,乃是以霸见仁,而且这种观念也符合孔子、伊川的看法,即便"谓之杂霸者,其道固本于王也"(同上《又甲辰秋书》)。陈亮说:

> 孔子之称管仲曰:"桓公九合诸侯,不以兵车,管仲之力也。如其仁,如其仁。"又曰:"一匡天下,民到于今受其赐。微管仲,吾其被发左衽矣。"说者以为孔氏之门,五尺童子,皆羞称王伯,孟子力论伯者"以力假仁",而夫子之称如此,所谓"如其仁"者,盖曰似之而非也。观其语脉,决不如说者所云。故伊川所谓"如其仁者,称其有仁之功用"也。(同上《乙巳春书之二》)

究竟如何评价管仲,这涉及到德业与功业、道德与政治、历史评价与道德评价等诸多复杂的问题,当然,更为根本的是要涉及到对儒家内圣与外王的理解问题。从道德的角度看,朱熹之说自然有其理据,但站在功业的立场,陈亮的主张亦有其可说之处。要之,从对儒家之道的基本精神的整体把握着眼,则朱、陈两人皆不免落于一曲之偏。

最后,朱、陈之辩还直接指向何谓儒家的理想人格问题。朱熹从其自身对儒家之道的理解出发,反复批评陈亮对事功的追逐以及对霸道的推崇,而对儒家的礼法之论,惩忿窒欲、迁善改过之事则置身度外,了不关心。因此,朱熹劝导陈亮当以醇儒之道自律,做尽心知性之工夫,学道爱人。朱熹说:

> 今乃欲追点功利之铁,以成道义之金,不惟费却闲心力,无补于既往,正恐碍却正知见,有害于方来也……今乃无故比欲弃舍自家光明宝藏,而奔走道路,向铁炉边查矿中拨取零金,不亦惧乎!(同上《寄陈同甫书·九》)

> 为今日计,但当穷理修身,学取圣贤事业,使穷而有以独善其身,达而有以兼善天下,则庶几不枉为一世人耳。(《寄陈同甫书·十》)

朱熹劝导陈亮并希望他返归于正道,认为陈亮所作"非成人之至",而朱熹则把"成人之至"看作是"醇儒"。的确,把儒家之道或儒家的理想人格理解为"醇儒"之培养,则"功利之铁"无法点化成"道义之金"。然在陈亮看来,儒家的理想人格不在于成"醇儒",而在于"成人"。何谓"成人"?陈亮所说的"成人",并非只是为对抗朱熹而别出心裁的臆说,陈亮是依据孔子对管仲的评价和对子路的指点而提出儒家之道不在"醇儒"而在"成人",他说:

> 天地人为三才。人生只是要做个人。圣人,人之极则也。如圣人,方是成人。故告子路者则曰:"亦可以为成人。"来谕谓"非成人之至",诚是也……才立个儒者名字,固有该不尽之处矣。学者,所以学为人也,而岂必其儒哉!子夏、子张、子游皆所谓儒者也。学之不至,则荀卿有某氏贱儒之说而不及其他……管仲尽合有商量处,其见笑于儒家亦多,毕竟总其大体,却是个人,当得世界轻重有无,故孔子曰"人也"。亮之不肖,于今世儒者无能为役,其不足论甚矣,然亦自要做个人。(同上《又乙巳春书之一》)

历史上的确有所谓贱儒、俗儒、陋儒之说,陈亮本孔子为据,提出要以"成人"理想代替"成儒"理想,要"搅金银铜铁熔作一器",目的就在于这种理想人格必须"以适用为主"(同上)。朱、陈的这种分歧当然不应将它理解为儒家与非儒家的差别。事实上,成人的培养在孔子思想中的确是一个核心的概念,孔子在回答学生问何谓"成人"时,乃是从智、仁、勇等各方面素质和品德的综合发展来界定的,而陈亮正是据此反对将儒家的理想人格定为"醇儒",认为"后世所谓有才而无德,有智勇而无仁义者,皆出于儒者之口。才德双行、智勇仁义交出而并见者,岂非诸儒有以引之乎?"(《又甲辰秋书》)因此,真正的儒家的理想人格是有大智大勇、"干得动,挟得转"、能治天下、开物成务的"成人",而这些成人则是那些"志在天下",具有担当精神的豪杰之士。相反,仅以心性的积累涵养、内省观过培养出来的"醇儒",则是"气不足于充其所知,才不足于发其所能,守规矩准绳而不敢有一毫走作,传先民之说而后学有所持循"(同上),这样的所谓理想人格在一个需要大有作为的时代中只能是一个毫无实用价值的人。陈亮进一步指出:

> 书生拘文执法之说……正言以迂阔而废,巽言以软美为入,奇论指为横议,庸论谓有典则……而用依违以为仁,戒喻以为义,牢笼以为礼,关防以为智……至于艰难变故之际,书生之智,知议论之正当,而不知事功之为何物,知节义之当守,而不知形势之为何用,宛转于文法之中,而无一人能自拔者。(同上书卷一《戊申再上孝宗皇帝书》)

平心而论,陈亮的上述批评尽管触及到了当时某些书生言政、言治的痛痒处,但也不免有过当处。然而,这里有两个方面的问题值得注意:

其一,在陈亮看来,儒家的理想人格不应只是言谈性命,不知经世济民之人。究竟应当如何看待这一观念?朱熹讲义理之学,成就一文化、历史和道德的价值,毫无疑问有其正面的积极的意义,自不应如陈亮那样一言加以扼杀。

其二,陈亮认为那些书生儒士在历史的艰难变故之际只知议论是非,不知事功为何物、形势为何用,这一方面表明陈亮是站在自己的立场看问题,但在另一方面,就那些主张以义理之学以解决时代难题的儒生而言,陈亮之说却深深地触及到了他们的痛处,因为理的实现,当其落于具体的历史处境之时总是转变成一种"理"与"势"的张力,而且常常呈现为"理"弱"势"强。在这种情况下,理之实现则须"因势"而成就之,而非一味地只是依靠端坐冥悟、诚意正心以求获得。

事实上，历史难题的消解与生民苦难的解除有其自身的特点、理路，非一味地只以修身养性所能达到。陈亮这里提出"形势之用"的观念，注意到了朱熹的义理之学在解决时代难题方面的鄙陋和不足，所以他认为朱熹等人欲以"安坐而感动之"的方法来解决这些难题，这只能是一种偏失。应该说陈亮的看法有其合理之处，不能视其为只是一种"意见"。朱熹曾说："陈同甫之学已行到江西，浙人信响已多，家家谈王霸……可畏，可畏！"(《朱子语类》卷一二三)陈亮之学之所以"可畏"，原因在于他的事功之学与朱熹的义理之学存在着两种不同的为学方向，这是一种解释。然而，真正"可畏"的是，陈亮的思想所包藏的力量，蕴涵着对朱熹所理解并建构的儒家之道及其道统谱系的正当性的松动，甚至颠覆。

当然，从事功的立场出发，无论是对儒家道统谱系的系统重构，还是对历史时势的更深入的阐析，都有待于后来的叶適。

第二节 叶 適

永嘉之学发展到叶適已达到高峰。陈亮之学与叶適之学同中有异，所同者在于两人皆肯定功利立场，又皆对以心性义理说儒家之道抱持不满，但陈、叶两人也各有侧重。陈亮主要集中在事功之道上展开论述，旁及对儒家经典的某些解释，成人、成儒之争，王霸、义利之辨等等只是其间的具体展开而已。而叶適对朱、陈皆有不满处，其质疑和批判，更加明确而自觉地指向程朱等人的本体论、道统论所赖于建立的经典依据，显然，叶適学问的重心是要证立他自己所理解的"道之本统"。

叶適(1150—1223)，字正则，号水心，学者称水心先生，浙江永嘉人。叶適曾受业于郑景望之门，但登门晚，承教疏，而与薛季宣、陈傅良则过从甚密。叶適14岁与陈傅良游，越五年访薛季宣，自始书信不断，薛季宣四十早逝，而叶適与陈傅良则交游甚长，据叶適自己讲，"余亦陪公游四十年，教余勤矣"。淳熙五年(1178)举进士，得第二名，授平江节度推官，召为大学士，以秘书郎身份出知荆州，又调入京师为尚书左选郎，后贬官二职，再起用为湖南转运判官，知泉州，入京权摄兵部侍郎和二部侍郎，出知建康府兼沿江制置使。被雷孝友弹劾，罪在诋毁程朱道学，被罢官，后奉祠十三年而卒。中华书局1961年出版的《叶適集》、1977年出版的《习学记言序目》收集了叶適的大部分思想资料。

一、解《易》的用心

叶適的问题意识很清楚，这一问题意识在陈亮思想中已稍露端倪，那就是试图通过对儒家经典的考证与重新诠释，松动乃至颠覆由朱熹等人所理解的儒家之道及其道统谱系的合法性。由此我们就能理解，叶適所以劳神费心地对《易》、《诗》、《书》、《春秋》、《周礼》以及《大学》、《中庸》等儒家经典重新做一番驳正，绝非意在前贤面前夸其多识，宣其博学，而实有其深意存焉。

就整个南宋儒学而言，朱、陆对峙的局面在二子殁后，叶適之学崛起其间，成鼎足之势。叶適为学主张的最大特点即表现在他不赞成将儒家之道仅仅解释成心性、理气之辨，而脱略经世治道。不待说，叶適讲经济、事功之学，志在经世济民，并且有清醒的历史意识。他说：

> "仁人正谊不谋利，明道不计功"，此语初看极好，细看全疏阔。古人以利与人而不自居其功，故道义光明。后世儒者行仲舒之论，既无功利，则道义者，乃无用之虚语耳；然举者不能胜，行者不能至，而反以为诟于天下矣。（《习学记言序目》卷二十三《汉书三》）

叶適明确主张讲道义不应脱离功利，否则便成疏阔的虚语而已。也正因为如此，叶適注重社会中存在的实际问题要远胜于形而上的虚玄之辨，这也可以解释何以他会将《书》、《礼》的地位放置在高于《周易》的地位之上，因为在叶適看来，在《书》、《礼》等儒家经典中所表现出来的事功思想正是儒家之道的基本精神，而心性义理之辨倒是旁枝末叶。

但叶適却花了很大的精力对《周易》作了详细的注释与评论，此间原因何在？一般而言，宋儒立学虽然皆上承先秦儒家经典以建构自己的思想体系，然而由于他们的学问取向有异，故对经典的侧重和解释也就不同。从李觐、王安石、陈亮到叶适,由于他们注重经世致用,因而他们更倚重于《书》、《礼》,而周、张、二程和朱熹等人则由于注重心性理气的形上建构,因而《周易》尤其是《易传》便成了他们赖于资用的重要经典。然而有宋以来,疑经之风已在理论上蕴涵着对立学依据的可靠性再省问题。北宋欧阳修在《易童子问》中已经指出,《易传》十篇(又称"十翼")并非孔子所作。而陈亮则对朱熹等人借《易传》以建构儒家形上学体系深致质疑:

> 世之儒者,揭《易传》以与学者共之,于是靡然始知所向。然予以谓不由《大学》、《论语》及《孟子》、《中庸》以达乎《春秋》之用,宜以《易》未有用心之地也。(《陈亮集》卷十四《杨龟山中庸解序》)

陈亮对《易》之地位的削减,已经松动了程朱等人所建构的理论体系的经典基础,而叶适更进一步,他认为《周易》一书只是"知道者所为",历来以为孔子所述的"十翼",其中除《彖》、《象》以外,其实都不是孔子所著。叶适说:

> 《周易》者,知道者所为,而周有司所用也。孔子独为之著《彖》、《象》,盖惜其为他异说所乱,故约之中正以明卦爻之指,黜异说之妄以示道德之归,其余《文言》、《系》、《说卦》诸篇,所著之人,或在孔子前,或在孔子后,或与孔子同时。习《易》者会为一书,后世不深考,以为皆孔子作也。(《习学记言序目》卷四十九《皇朝文鉴三·序》)

叶适此言意在摇撼作为六经之首的《周易》的地位,他接着指出,魏晋以后,《易》又与老、庄并行,号为孔老;佛学后出,其变为禅,"喜其说者以为与孔子不异,亦援'十翼'以自况,故又号为儒释"(同上)。可见,《易》的流传极为芜杂。叶适进一步指出:

> 本朝承平时,禅学犹炽,儒释共驾,异端会同。其间豪杰之士有欲修明吾说以胜之者,而周、张、二程出焉,自谓出入于佛老甚久,已而曰"吾道固有之矣",故无极太极、动静男女、太和参两、形气聚散、氤氲感通、有直内无方外,不足于入尧、舜之道,皆本于"十翼",以为此吾所有之道,非彼之道也。及其启教后学,于子思、孟子之新说奇论,皆特发明之,大抵欲抑浮屠之锋锐,而示吾秘有之道若此。然不悟"十翼"非孔子

作,则道之本统尚晦。(同上)

不难看到,叶適通过釜底抽薪的方法,先断"十翼"除《彖》、《象》之外皆非孔子所作,且《易》的流行与佛老有关,进而指出周、张、程、朱悉心建构的儒家形上学和本体论"皆本于'十翼'",如此一来,他们的理论在根源上的合法性以及他们借此所建立的经典权威性便招致了根本的质疑,这是叶適破解《周易》的最大用心。此外,叶適还对程朱等人认作"宗旨秘义"的"太极"作了新的解释,与他们把"极"抽象为"无"的观点相反,叶適则强调建"极"必须"有物"等观念。

当然,叶適如此做的用意并非刻意要否定《易》的价值,但他竭力反对"依于神以夸其表,耀于文以逞其流"(《习学记言序目》卷四)的解《易》做法。事实上,叶適汲汲然要对《易》"条其大旨",目的正在于反对程朱等人对此作形而上的玄解,在叶適看来,《周易》六十四卦中"因是象,用是德",它们只不过是"修身应世,致治消患"的正条目而已(同上书卷三《周易·上下经总论》)。

二、道 之 本 统

叶適既然认为程朱等人所依凭的经典依据已问题百出,其学术已非儒家正脉,接下来叶適自然要对儒家真正的道统作出说明。叶適坚定地认为,孔子以后所谓的经典解释,其实都非周公、孔子之本旨,即便是子思、孟子也未能得其正传,更遑论周、张、程、朱等人。在叶適看来,要究明儒学的道之本统,就必须重新回到周代古学。

事实上,重述儒家的道之本统,这在叶適的早年著作《进卷》中已表现得非常清楚。在叶適看来,秦汉以下的儒者对儒家经世济用的精神都疏于领会,他们对儒经的参究、训释也都不能"因世之宜,举而措之",更不能"及于当世之治乱"。但叶適思想的精髓则集中表现在他58岁归隐于水心村后,到他74岁逝世为止的十六年间写成的《习学记言序目》一书中,其徒孙之弘在"序"中指出:

> 盖学失其统久矣。汉唐诸儒推宗孟轲氏,谓其能嗣孔子,至本朝关洛骤兴,始称子思得之曾子,孟轲本之子思,是为孔门之要传。近世张(张栻)、吕(吕祖谦)、朱氏(朱熹)二三巨公,益加探讨,名人秀士鲜不从风而靡。先生后出,异识超旷不假梯级,谓洙泗所讲,前世帝王之典籍赖于存,开物成务之伦纪赖于著。《易》、《彖》、《象》,仲尼亲笔也,"十翼"则讹矣;《诗》、《书》,义理所聚也,《中庸》、《大学》则后矣;曾子不在四科之目,曰:"参也鲁",以孟轲能嗣孔子,未为过也,舍孔子而宗孟轲,则于本统离矣。故根柢《六经》,折中诸子,剖析秦汉,迄于五季,以吕氏《文鉴》终焉……(《习学记言序目》附录一)

可以看出,叶适此书的用心非常明显,那就是力图恢复"既失"的儒家之道统。叶适对此作了两方面的工作,首先在孔子以上,则正面申述他所理解的道之本统;其次,在曾子以下,则着力推翻由朱熹所确认的儒家之道的传承谱系。就第一方面而言,叶适通过历史的演进方式来加以说明,他指出:

> 道始于尧,次舜,次禹,次皋陶,次汤,次伊尹,次文王,次周公,次孔子,然后唐、虞、三代之道赖于有传。(同上书卷四十九《皇朝文鉴三·序》)

那么,道的具体表现又是什么呢?不待说,其内容与他所主张的经世济用,开物成务相关联。至于他所看重的《书》、《礼》中讲到的道心、人心等问题,叶适认为此不过是已显未显的心理,所谓人心之危,道心之微,可以用"礼"教的"中"、"乐"教的"和"来加以教化,这是古圣贤教人的原则,如《曲礼》一篇,人情物理,确然不离,但所教之事,"必有致于中,有格于外,使人情物理不相逾越,而后其道庶几可存"。无疑,道德的自我觉悟诚为道德之根本,然而若徒守自证、自明,则不免使"厚者以株守为固,而薄者以捷出为伪"(同上书卷八《礼记·曲礼》)。因此,叶适说:

> 周官言道则兼艺,贵自国子弟,贱及民庶皆教之。其言"儒以道得民","至德以为道本",最为切要,而未尝言其所以为道者。虽《书》自尧舜时亦已言道,及孔子言道犹著明,然终不以言道为何物。岂古人所谓者,上下皆通知之,但患所行不至耶?(同上书卷七《周礼·天官冢宰》)

由上可见,在叶适的眼里,儒家之道在古经、古圣贤那里并没有离开过实用,究极而言,"六艺"就是古时儒家道统的实际内容。

就第二个方面的工作而言,叶适集中检讨了程朱建立的道统谱系的正当性。在朱熹等人的思想中,儒家道统由孔子而曾子、子思直至孟子,乃是定说,其中,曾子成了独传孔子之道的源头。但叶适却认为:

> 按孔子自言德行,颜渊而下十人,无曾子,曰"参也鲁"。若孔子晚岁独进曾子,或曾子于孔子后殁,德加尊,行加修,独任孔子之道,然无明据。(同上书卷四十九《皇朝文鉴三》)

叶适此说并非无据。同时,叶适还对曾子将"修身"认作"为政之本",以"忠恕"解释"一以贯之"提出了质疑。当然,道统之传重在思想的传承,曾子本人究竟如何,我们可以撇下不论,但曾子门下有子思,而子思门下又有孟子,因此,只要子思、孟子在思想上能上接孔子,则这一道统之续并无问题,这正是宋代理学家赖于建立道统谱系的重要依据。但就在这一关节点上,叶适又加发难,认为子思尤其是孟子多是"新说奇论",并不符合孔子的精神。思孟一系特别注重说心说性,主张道德内省。但叶适却站在经世的立场,认为这种心性之学原非孔子所有,偏离了道之本统。叶适说:

> 盖以心为官,出孔子之后。以性为善,自孟子始,然后学者尽废古人入德条目,而以心性为宗,致虚意多,实力少,测知广,凝聚散,而尧舜以来内外交相成自道废矣。(同上书卷十四《孟子·告子》)

叶适的上述说法在"总述讲学大旨"中被归结为"开德广,语治骤"。所谓"开德广",我们大体可以理解成孟子为心性之学建立了系统和规模,一如陆九渊所谓的"十字打开,更无隐遁"。但叶适的重心显然落在"语治骤"一语上,依叶适的意思,孟子虽然为德性义理打开了视界,拓开了空间,然而他所说的那些"德"却没有达到实际的"治骤"的实效,只是多有虚意,少有功果,在"道"与"用"、"德"与"治"之间无法达到平衡。叶适由此浩叹:

> 自孟子一新机括,后之儒者无不益加讨论,而格心之功既终不验,反手之治亦难复兴,可为永叹矣。(同上书卷十四《孟子·梁惠王》)

叶适对孟子的批评当然并非意在全盘否定孟子,毋宁说他是试图通过"掘井及泉"的方式,对以心性解释儒家之道及其造成的对开物成务的遗落深表不满。所以,叶适秉其自己对儒家之道的理解,将矛头指向朱熹等人的道统说,并试图加以颠覆。除此之外,叶适对朱熹极力倚重的《中庸》和《大学》也提出了质疑。叶适认为《中庸》非子思所作,从而否定了《中庸》在道统谱系上的合法性,同时,就内容而言,叶适认为《中庸》言德必在实践中见出,故其"教德必先立义,教成则德成……教立于此,德成于彼,非以义理为空言也"(同上书卷八《礼记·中庸》)。其次,对于朱熹所认定的"初学入德之门"的《大学》,叶适认为,知既致,则必有其物验。指出:"若穷尽物理,矩矱不逾,天下国家之道已自无复遗蕴。安得意未诚,心未正,知未至者而先能之?"(同上书卷八《礼记·大学》)格物的目的是以物为用,而非以己为用。叶适的这种解释也与朱熹颇不相合。

毫无疑问,叶适重释道统反映了他的经世致用的情怀。若以此认为叶适只是要与朱熹等人争夺正宗地位,则不足于见其真实用心。确乎实情的是,当朱熹等人将儒家之道仅仅解释成为一种心性义理之学之时,尤其是当朱熹等人的道统论成为某种话语霸权的情况下,叶适重返"六经",折中诸子,以开物成务、经世致用为纲脉,重定儒家道之本统,是有其正面的积极意义的。总之,不论是朱熹还是叶适,对于儒家之道的基本精神而言,两人合之可为两美,离之则为两伤,这是可以断言的。

三、古今易时之势

叶适所以反对孤立地以心性义理说儒家之道,而主张经济实用,其中一个很重要的原因在于他看到了即便是至善的天理、天道,在历史的实际行程中也常常不能直接实现其自身,而必须因时制事,因势见理,必须"因时施智,观世立法"。而这正是主"德义者,成其在我"的朱熹等人在面对历史和时代难题以及人生苦难的问题面前了无良策的根源。因此叶适思想中另一个值得注意的层面,即他的历史意识。

叶适说:"经,理也;史,事也。《春秋》名经而实史也,专于经则理虚而无证,专于史则事碍而不通,所以难也。"(《水心文集》卷十二《徐德操春秋解序》)他进而主张"订之义理,亦必以史而后不为空言"(《习学记言序目》卷十四《孟子·万章》)。叶適注重历史,在他看来,不能知古则不能知今,然而我们又不能"荣古而陋今"(《水心别集》卷三《法官中》),泥于古而不能通于今,言固好听,却不能济于事。对于陈亮和朱熹的三代与汉唐之争,叶適明确地指出:"唐虞三代之治不可复行于后,而必隋唐之法可也……而古人之道终于不可行,此亦今日之大患,有志于学者所宜知也。"(《习学记言序目》卷三十九《唐书二·表》)叶適看到了历史是因势而变的,所以他非常注重历史中的"时"与"势"。叶適说:

> 时之为用大矣。发生于朽败之余,流行于缺绝之后。天地虽人物之主而不自为,一皆听命于时而已,所兴不能夺,所废莫之与也。(《水心文集》卷九《时斋记》)

> 夫势者,天下之至神也。合则治,离则乱;张则盛,弛则衰;续则存,绝则亡。臣尝考之于载籍,自有天地以来,其合离、张弛、绝续之变,凡几见矣,知其势而以一身为之,此治天下之大原也。(《水心别集》卷一《治势上》)

叶適注重时、势在历史演变中的作用与柳宗元重"势"的观念有相似之处。叶適显然站在治道的立场对历史的特点进行了总结。在他看来,天下治理不能单单只讲"心通性达",而必须通晓和掌握历史的变化。势变,则人与势的关系也在变,人认识势的唯一途径就是观其离合、张弛、绝续的特点,并使自己的所行与之相符,这便是因势而实现其理。古代天下分成许多国家,土地为国家所有,所以有井田制的实行,这都是时代的特点所致。三代行封建,汉唐行郡县,其理也相同。因此,朝代的更迭,制度的兴废都是时势的必然,是"理随事变"的表现。叶適说:

> 夫以封建为天下者,唐、虞、三代也;以郡县为天下者,秦、汉、魏、晋、隋、唐也。法度立于其间,所以维持上下之势也。唐、虞、三代,必能不害其为封建而后王道行;秦、汉、魏、晋、隋、唐必能不害其为郡县而后伯政举。(《水心别集》卷十二《法度总论一》)

在叶适看来,三代之所以为三代,并不是如朱熹所说的那样只行天理而无人欲,汉唐也不是只行人欲而成汉唐,它们只是历史时势的结果。同样道理,古代的人君所以成为人君而有大作为,也只是因为他们掌握了时势的变化,才使国家富强兴盛,"兴亡治乱,各有常势,欲兴者由兴之途,将败者趋败之门"(同上书《法度总论二》)。所以,叶适说:

> 古之人君若尧、舜、禹、汤、文、武,汉之高祖、光武,唐之太宗,此其人皆能以一身为天下之势。(《水心别集》卷一《治势上》)

势虽不能夺,但如果人能够认识和掌握势,并以自己的聪明才智顺之应之,那么,天下之势则"在己不在物",天下皆可以为我所用。叶适说:

> 圣人敬天而不责,畏天而不求。天自有天道,人自有人道……若不尽人道而求备于天以齐之,必如"景之象形,响之应声"。求天甚详,责天愈急,而人道尽废矣。(《习学记言序目》卷二十二《汉书二》)

因此,面对历史的难题、人生的苦难,口谈"义理道德,尽之在我"是无济于事的。总括而言,叶适论势的观念,可以看作是朱、陈有关王霸义利之辨在理论上的深化和延伸。必须指出的是,对于朱熹所主张的义理之学而言,必待其认识到历史时势的作用与意义,方能就其所遭遇到的历史难题予以消解,这也是叶适必欲倡明道统,反对以"观心空寂名学,徒默视危拱"(《水心文集》卷二十五《宋厩父墓志铭》)的真正用心。

清儒章学诚曾指出,天人性命之学,不可以空言讲,善言天人性命,未有不切于人事者,"浙东之学,虽源流不异而所遇不同。故其见于世者,阳明得之为事功,蕺山得之为节义,梨洲得之为隐逸,万氏兄弟得之为经术史裁,授受虽出于一,而面目迥殊,以其各有事事故也。彼不事所事,而但空言德性、空言学问,则黄茅白苇,极面目雷同,不得不殊门户以为自见地耳"(《文史通义新编·浙东学术》,上海古籍出版社,1993 年,第 70 页)。章氏之说指明了浙东之学重历史的传统。具体到叶适而言,他所具有的独特的历史意识是其建构经世之学的基础。其思想在历史上有何影响虽难以定论,但大体可以确定的是,叶适之学流入到日本之后,日本"古学派"中的伊藤仁斋、荻生徂徕都或多或少地受到他的影响。就宋代哲学史的角度看,叶适思想代表了与心性义理之学不同的另一种声音,应当占有一定的历史地位。

思考题:
1. 陈亮对儒家之道的理解及其问题是什么?
2. 陈亮王霸之辨的观点及其问题是什么?
3. 叶适对儒家道之本统的理解及其问题是什么?
4. 叶适对"时"、"势"的理解及其意义是什么?

参考书目:
1. 牟宗三:《心体与性体》第一册,上海古籍出版社,1999年。
2. 侯外庐等主编:《宋明理学史》上册,人民出版社,1984年。
3. 钱 穆:《朱子新学案》,巴蜀书社,1986年。
4. 石 训等著:《中国宋代哲学》,河南人民出版社,1992年。
5. 蒙培元:《理学范畴系统》,人民出版社,1989年。
6. [美]田浩:《功利主义儒家——陈亮对朱熹的挑战》,江苏人民出版社,1997年。
7. 张义德:《叶适评传》,南京大学出版社,1994年。

第六编　元明时期哲学

绪　　论

一、元代理学的演化

1. 理学与科举的结合

元代(1279—1368)是蒙古族灭金和宋以后所建立的一个朝代。在思想文化上,元代既是汉、蒙思想文化互相融合交流的历史时期,同时也是儒家文化以及理学思想得到进一步传续的历史时期。早在元朝正式建立之前,蒙古统治者就开始采取了一些吸引中原儒家文人的文化策略。譬如在1237年及次年,令各路举行考试,并允许被俘"儒人"就试,"得士凡四千三百人"(《元史》卷八十一《选举一》)。这反映出蒙古统治者对儒学思想的政治文化意义有一定程度的重视,目的是凭借汉文化的历史与传统,以便巩固和确立自身的社会政治体制。

在政治文化上对后世产生深远影响的,则是科举制度的再次确立。元仁宗皇庆二年(1313),由儒士制定了科举考试的具体条例,经仁宗核准,正式下诏开科取士。考试内容以儒家的"四书五经"为主,主要以程朱或程朱一系的注疏(如朱熹的《四书章句集注》)作为标准答案。其中,"四书"作为首要科目,其重要性超过"五经",建立了以"四书"取士为主要内容的考试体制。这是科举史上的创举,并为后世所沿袭。

应当指出,在宋代屡遭"伪学"之禁的理学,虽在南宋末期的理宗朝得到了缓解,但是理学真正获得制度上的保证,进而上升为国家意识形态,则是以元代科举制度的重新确立作为其主要标志。随着以"四书"取士这一新的科举方式的形成,程朱理学遂开始普及化、正统化,并大有"一统天下"之势。时人称:"(元朝)专以周、程、朱子之说为主,定为国是,而曲学异说,悉罢黜之。"(《滋溪文稿》卷五《伊洛渊源录序》)讲的当是实情。自此,程朱理学与科举制度相结合,得到了国家的正式认可,并对后来明清两朝也产生了深远的影响。

2. 和会朱陆的倾向

关于元代理学的传承情况,一般认为,以湖北儒者赵复(生卒不详)为先驱,他被元人俘虏后,在燕京的太极书院传授程朱理学。据黄宗羲的说法,在赵氏一门及其传衍过程中,出现了姚枢(1202—1279)、许衡(1209—1281)、刘因(1249—1293)等著名学者,诸人"得闻程朱之学,以广其传。由是,北方之学郁起"(《宋元学案·鲁斋学案》)。其中,许衡可谓是重要的代表性人物。他出生于北方的金朝,故华夷之防的观念较为淡薄,能与当朝统治积极合作,曾两度出任国子祭酒,亦即当时最高教育机构的长官。许衡以儒学辅助政治,利用身居官方学校之要职,广招门徒,令其主要弟子分处各斋(书院)为"斋长",传授宋代理学,使得理学思想在元代得到了极大的推广。

许衡在思想上对朱熹成说亦步亦趋,自称"一以朱子之言为师"(《鲁斋遗书》卷十三《考岁略》);另一方面他又对朱熹理学作了比较宽泛的理解,在朱陆之辩的主要议题——"尊德性"与"道问学"的关系问题上,许衡谨守朱熹的内外并用的方法,但他更为强调"反求诸心"的内向工夫,指出:"此内外交相养也,亦必相辅成德,然必以心为主。"(《鲁斋遗书》卷二《语录》)显见许衡在思想上已有某些折中朱陆的因素。

元代理学的另一位重要人物是吴澄(1249—1333),时有"北有许衡,南有吴澄"之说。据载,吴澄之学的根本立场"近乎朱",然而"亦兼主陆学"(《宋元学案·草庐学案》)。一般认为,吴澄是元代思想史上和会朱陆的主要代表人物。吴澄指出,近人虽都知道陆学"以本心为学",然而事实上,"此心也,人人所同有,反求诸身,即此而是"。因此,"以心而学,非特陆子为然",乃是尧舜以来,及至宋代的程朱诸子代代相传的"圣人之道"(同上)。这一说法实际上是以宋代理学家一再强调的尧、舜、禹"心心相传"的所谓

"十六字心诀"为依据的,根据这一观念来判断,即便是朱子学亦可称为"心学"。但在朱陆之辩的语境中,以"心同理同"作为理论前提,强调"发明本心"是儒学的基本立场,则是象山心学有别于朱熹理学的一大标志。吴澄一方面为陆学进行了辩护,同时又以继承朱学之"道统"为己任。这表明吴澄在朱陆之辩的问题上,有着较为明显的和会朱陆的倾向。

总的来说,元代理学在理论上缺乏创新,基本上是以步程朱理学之后尘为主要特色。同时,许衡、吴澄以及稍后的虞集、郑玉等人在思想上所表现出来的和会朱陆之倾向,构成了元代理学的一个独特风格。当然,就元代思想的主流而言,是程朱理学而非陆氏心学,故有些学者对和会朱陆之现象也有批评,譬如刘因、许谦等人。从元代思想的总体特征来看,有三点可以确认:一、理学与科举制度的成功结合,意味着程朱理学开始"定尊于天下";二、受此影响,元代思想基本上是以程朱理学为主流导向;三、在将朱熹理学视作"道统"正传的同时,对于陆氏心学亦有一定程度的同情之了解,表现出了和会朱陆的倾向。

二、明初理学的变调

1. 三部《大全》的颁布

明代(1368—1644)在政治体制以及文化政策方面,基本上承续元制,特别是科举制度得到了进一步的完善和加强。明成祖永乐十二年(1414),皇帝朱棣命胡广等人编纂《五经大全》、《四书大全》、《性理大全》,次年书成,朱棣即下令颁布天下,自此,这三部《大全》成了明代科举取士的唯一标准。

从三部《大全》的编撰方针来看,主要以程朱理学作为指导思想。《四书大全》实质上就是朱熹《四书集注》的扩充版,《五经大全》所依据的传注都出自程朱一系,而《性理大全》所收录的传注基本上也是程朱或朱熹门人的著作,其编排方法也仿照《朱子语类》的体例。可以说,三部《大全》的编纂及其颁布,进一步确立了程朱理学在思想领域中的统治地位,逐渐形成了程朱理学"独尊天下"的思想格局。

清初学者顾炎武曾尖锐指出:《大全》完全是粗制滥造,它的颁布只收到了"上欺朝廷,下诳士子"的效果,他甚至断言"经学之废"实始自《大全》(见《日知录》卷十八《四书五经大全》)。这一判断虽有偏激的一面,因为从当时社会文化秩序必须重建的时代背景来看,三部《大全》的颁布有其时代必然性,但从此后的思想发展之历史来看,的确以《大全》颁布为标志,上升为国家意识形态的程朱理学不久便开始渐渐失去思想活力,思想与制度的结合,其结果却导致了思想的僵化。

2. 思想格局的僵化与变异

关于明初思想界的状况,《明史·儒林传序》作了这样的描述:

> 原夫明初诸儒,皆朱子门人之支流余裔,师承有自,矩矱秩然。曹端、胡居仁笃践履,谨绳墨,守先儒之正传,无敢改错。

黄宗羲则用"彼亦一述朱,此亦一述朱"来概括明初的思想状况。这些说法基本符合明初思想的历史实际。总体说来,明初诸儒对于宋代理学采取的是墨守成规、"无敢改错"的态度。其中,有代表性的人物是曹端(1376—1434)、薛瑄(1389—1464)、吴与弼(1391—1469)、胡居仁(1434—1484)、陈献章(1428—1500)。除陈献章以外,其余四人都属于朱子学者。在思想方面,他们基本上恪守朱熹成说,并没有创立独自的理论体系。黄宗羲指出:明代初期"宋人规范犹在"(《明儒学案》卷四十三《诸儒学案》)。所谓"宋人",主要是指程朱理学。可以看出,程朱理学在明初有着绝对的影响。

尽管从总体上看,在理气心性、居敬穷理、格物致知等思想学说方面,明初诸儒未能超出程朱理学的言说范围,然而明初理学也有一些变异的因素,在某些方面已有不同于程朱理学的观念因素。举例来说,曹端以及薛瑄的理气论与朱熹就有所不同,曹端在"理动不动"的问题上,薛瑄在"理在气先"的问题上,对朱熹的观点有所批评;吴与弼、胡居仁对理气问题则缺乏关心,而特别重视工夫层面的问题,强调了力行实践的重要性。在这方面,曹端、薛瑄亦有此倾向。可以说,明初诸儒之重视涵养践履,大多强调在日常生活中推行道德实践,这是他们的一个思想特色。从中可以看出某些从朱学转手的迹象:由理论建构转向实践问题。正是在这样的思想背景之下,吴与弼的弟子陈献章经由静坐体验而悟出"自得之学",标志着明初理学的僵化局面开始发生重大转向。

总而言之,一、明初诸儒在总体上恪守宋儒格套,表现出思想僵化的一面;二、但是在理解和诠释朱子学之时,其侧重点已有所不同,对于理学的抽象义理较少关注,而更为关注理学的实践方法问题;三、明初思想僵化的局面,要等到陈献章的出现才有重大扭转,而理学向心学转型的完成,则要等到王守仁的出现。

三、明中后期的心学

1. 心学思潮的产生

从思想史的角度看,明代中后期(约16世纪20年代至17世纪40年代)可谓是心学思想风靡天下的历史时期,与此相应,程朱理学的权威遭到了空前的挑战。由于心学思潮的兴起,为士人学子的心灵开辟了一个相对自由的空间,在个人的精神世界当中,不少人已意识到不必人云亦云地追随理学的那套话语,而可以用批判的眼光来审视一切(包括外在权威和内在心灵)。开创这一思想风气的人物就是王守仁(1472—1528)。《明史·儒林传序》说:

> (明代)学术之分,则自陈献章、王守仁始。宗守仁者,曰姚江之学,别立宗旨,显与朱子背驰。门徒遍天下,流传逾百年。其教大行,其弊滋甚。嘉(靖)隆(庆)而后,笃信程朱不迁异说者,无复几人矣。

这是将王守仁说成是打开明代学术之新格局的代表人物。虽然在《明史》编撰者的眼里,王守仁所创的一套思想体系(即阳明心学)与正统的程朱理学是背道而驰的,但从中我们可以看出,阳明心学在嘉靖以后,确是在思想界带来了深刻变化。

王守仁认为,程朱理学相信只要通过"即物穷理",就能最终实现"吾心之全体大用无不明"的境地,这一工夫路向乃是"向外逐物",在为学的根本方向上已然有误。针对于此,王守仁提出了"心即是理"这一心学的根本立场,强调必须"返求本心",认为这才是正确的为学之道。可见,"返心求理"还是"向外穷理",这是阳明心学与朱熹理学的根本分歧之所在。由这一分歧引发出了其他许多哲学问题。要之,程朱理学所走的路径是:通过向外求理来实现心性的道德意义,经由"道问学"从而通向"尊德性",其前提预设是,心与理绝非是本质的同一,只是表明理是客观地在心中存有;与此不同,阳明心学坚持认为理是"吾性自足"的、"不假外求"的,理与心是内在的本质同一,而不是原为两物而后合而为一的,因此为学的目标和方向就必然是"返心求理"或"返求本心"。由心学立场出发,人之所以为人的价值和意义如果必须通过知识的积累才能最终实现,那么其结果或是"皓首穷经",被知识所淹没,或是可能成为忽视道德践履之借口。为了彻底打破这一观念,阳明心学倡导人的价值和意义就在于每个人的心灵世界当中,道德行为的依据就是人的本心,因此心体本身就是道德行为以及价值意义的最终根据。这套观念学说对朱熹理学的"即物穷理"之思想学说形成了有力的批判,并对以"理"为形上依据的一切外在权威、制度规范造成了极大的冲击。阳明学之所以能够与朱子学一争天下,并在明代中晚期的知识界风靡一时,其主要原因就在于此。

2. 分化及其批判

阳明心学得以在明代中晚期风行一时,与阳明后学诸子通过讲学,在社会各阶层积极推广心学,掀起一股心学思想运动有直接关联。与此同时,他们各自以"性之所近",在对阳明学的理论(包括概念、命题和范畴)进行诠释的过程中,不可避免地出现了一些理解上的分歧,导致心学内部出现了某些分化现象。即便对于"良知"这一阳明学的核心概念,理解也并非完全一致。

依阳明心学的观点来看,良知作为一种能明辨是非的道德本心,是人人"先天具足"、"现成圆满"而毫无亏欠的,因此人们只要"循其良知"力行实践,就"莫非是道"、"无不中节"。这一良知观念,原是阳明心学的题中之义。在阳明后学中称之为"见在良知"或"现成良知"。然而,如果因此而忽略在事事物物上"致其良知"的切实工夫,一味强调良知本体的先天性、现成性,以为只要"一任本心"便"当下即是",如此一来,便有可能导致这样的结果:"格致诚正修"等一套"复性功夫"已不重要,甚至可以"不消说矣"。因此,在阳明后学中出现了这样一种批评的声音:"世间那有现成良知?"(罗洪先语)另一方面,反对者则提出了这样的反诘:"良知若非现成,又岂有造作良知者乎?"(耿定向语)而东林学派的代表人物顾宪成则指出:"'世间那有见成良知',犹言:'世间那有见成圣人'。"(《小心斋札记》卷十一)可见,围绕"现成良知"问题所引发的思想辩论,充分说明从阳明学到阳明后学的思想展开过程中,已经出现了严重的分化现象。

再者,围绕阳明心学史上的"一大公案"(梁启超语)——"天泉证道"中的"无善无恶"的问题,在16世纪20年代以后也引发了一场长达半个多世纪的思想争论。除了阳明后学当中对此问题有所讨论和争辩以外,东林党人针对心学末流的批判更是集中在"无善无恶"这一点上。在这些批判者看来,强调心体对善恶的超越,以为通过"无执"便可消解善恶对治,达到"无善无恶"的精神境界,实现心灵的绝对自由,这就不免导致思想上的玄虚和行为上的放荡,良知也就丧失了规范的意义。最终不惟将使儒学的规矩绳墨、礼法规范受到轻视,甚至有可能导致漠视人性恶和社会恶的存在,从而也就无法从根源上解决"恶"的问题。晚明的部分士人对心学末流的这些批评,还必然涉及到阳明心学的核心:"心即理"。这是因为主张心灵自由的绝对性,解除一切对心灵的束缚,其理论预设就是"心即理"这一心学的第一命题。同时,对于阳明的致良知学说,也引发了不少批评。譬如,明末大儒刘宗周(1578—1645)就开始着手对王学理论作了重新调整,他认为"良知之说"在挽救"宋人之训诂"等方面有突出的功绩,有"醒人耳目"的意义,但衍变到后来,"往往看良知太现成,用良知太活变",其不良后果反而有甚于训诂之学(《刘子全书》卷二十一《重刻王阳明先生传习录序》)。因此,在他看来,惟有用他的"诚意"说和"慎独"说才能弥补和修正阳明心学,使之走上正确的轨道。

总之,一、在明代中后期,思想界的主流导向已经偏向于心学,尽管作为官方意识形态的程朱理学并没有完全失坠;二、心学作为一场思想运动,其历史意义在于:在知识界孕育出了一种怀疑和批判的精神,为人们开辟了一种思想的自由风气;三、对心学末流的批判及其修正,凸现出晚明思想界的时代危机感正日益上升,由此思想的发展开始走向一个重组和转型的历史时期。

参考书目：

1. 葛兆光：《七世纪至十九世纪中国的知识、思想与信仰——中国思想史》第二卷第二编，复旦大学出版社，2000年。
2. 张学智：《明代哲学史》，北京大学出版社，2000年。
3. 徐远和：《理学与元代社会》，人民出版社，1992年。
4. 蒙培元：《理学的演变——从朱熹到王夫之、戴震》，人民出版社，1998年第二版。
5. 钱穆：《明初朱子学流衍考》，载《中国学术思想史论丛》卷七，安徽教育出版社，2004年。

第一章　元代儒学

13世纪，崛起于北方草原的蒙古政权消灭了南宋，建立了元朝（1279—1367）。在蒙古人统治中国的将近90年里，社会发生了很多变化。在社会制度方面，蒙古统治者按照种族将人分为蒙古、色目、汉人、南人四等，并保证了前两等人在社会中的特权。与此相关的是户计制度，根据被征服人口特别是汉人的特殊技艺与生产能力，加以重新分类，儒士在户计中被划为"儒户"，其社会责任是"研习以备任用"。尽管皇庆二年已恢复了科举考试，但儒生受制于儒户制度，有资格参加考试的人数非常有限，而且也很难进入政府高层任职。不过总体说来，元代的汉族儒士在元朝统治之下，保留了他们的文化传承，宋代理学在元代也得到了继承与发展。流传甚久的"九儒十丐"的说法并不符合事实。

理学在元代前期的发展呈现出明显的南北差异。大致说来，北学尚实行，南学精义理。北学以许衡为代表，南学则以吴澄为代表。时有"皇元受命，天降真儒，北有许衡，南有吴澄"（揭傒斯《吴澄神道碑》）的说法。然而最早将理学传至北方的却是赵复。赵复（生卒不详）字仁甫，学者称江汉先生，南宋乡贡进士，师承不详，于1235年被元军俘虏。黄宗羲谓："自赵江汉以南冠之囚，吾道入北，而姚枢、窦默、许衡、刘因之徒得闻程朱之学，以广其传，由是北方之学郁起。"（《宋元学案·鲁斋学案》）可以说，赵复乃是"道北第一人"，理学在北方的传授体系的建立，多有赖于赵复。许衡便是赵复门人中的佼佼者。

第一节 许　衡

　　许衡(1209—1281),字仲平,学者称鲁斋先生,金河内人。许衡生于金末,蒙古灭金后,占籍为儒。许衡曾受学于姚枢,得窥理学之堂奥。忽必烈统治时期,许衡相继被擢为京兆提学、国子祭酒,并一度入中书省议事,他建议忽必烈采用汉族的礼乐典章、文物制度,又请征弟子十二人分处各斋(书院)为斋长,对于理学在元代的传播起到了推动作用。元仁宗皇庆二年诏行科举,程朱理学被立为科举程式,这与许衡在此前的努力是分不开的。元人虞集说:"使国人知有圣贤之学而朱子之书得行于斯世者,文正之功甚大矣"(《鲁斋遗书》卷十四《先儒议论·虞氏邵庵语》),这个说法也是符合实际的。许衡死后,被奉为魏国公,谥文正。皇庆二年,得以从祀孔庙。著有《读易私言》、《小学大义》、《大学直解》、《中庸直解》等,后人编为《鲁斋遗书》。

一、理在物先,心藏万理

　　许衡的高徒姚燧曾对自己的老师有过这样的评价:"先生(许衡)之学一以朱子之言为师,穷理以致其知,反躬以践其实"(《鲁斋遗书》卷十四《先儒议论·姚氏牧庵语》),时人亦说他"平生嗜朱子学不啻饥渴,凡指示学者,一以朱子为主"(《考岁略》)。明儒何瑭指出:"鲁斋幼而读书,即有志于圣贤之道,后得考亭《小学》、《四书》,乃尽弃故习,一从事于其间。故立身行己,立朝事君,及启迪后进,而不徒事于言语文字之间;道以致用为先,而不徒极乎性命之奥。"(《鲁斋遗书》卷十四《表彰文正公碑记》)由此可以看出,许衡思想基本上属于朱熹一派,其思想有两个基本特点:首先是朱学路数;其次是重经世致用,对抽象义理却没有多少兴趣。

　　许衡哲学的核心范畴是"理"(亦即"道")。许衡说:"道是日用事物当行之理","道者,天理之自然"(《鲁斋遗书》卷五《中庸直解》)。并说:"太极之前,此道独立。道生太极,函三为一。一气既分,天地定位。万物之灵,惟人为贵。"(《鲁斋遗书》卷七《稽古千文》)《汉书·律历志》有"太极元气,函三为一"之说,许衡所谓的"太极"当即"元气"。认为"道"在"太极"之前,这个说法不合于朱熹的观点,可能与他早年读王弼《周易注》所受影响有关。在他思想成熟之后,其表述更多地可以看出朱熹的影响,将"理"或"太极"看作最高本体,如说:"天下皆有对,唯一理无对,便是太极也。"(《鲁斋遗书》卷二《语录下》)有时又将阴阳二气与天道并提作"天道二气"(同上)。许衡认为,天道就是阴阳二气的消长变化,万物消长的过程就是阴阳二气聚散的过程:"凡物之生,都是阴阳之气合;凡物之死,都是阴阳之气散。"(《中庸直解》)

关于理气关系,许衡一方面认为,理气相即不离,他说:"事物必有理,未有无理之物。两件不可离,无物则理何所寓?"(《语录上》)另一方面又说:"凡物之生,必得此理而后有是形,无理则无形。"(同上)在回答究竟是理出于天还是天出于理的时候,许衡说:"天即理也。有则一时有,本无先后。有是理而后有是物。"(《语录上》)这反映出他继承了朱熹的有关理气无先后但在逻辑上理在气先的思想。

在心、性、理的关系问题上,许衡说:

古之圣人,以天地人为三才。天地之大,其与人相悬不知其几何也,而圣人以人配之,何耶?盖上帝降衷,人得之以为心,心形虽小,中间蕴藏天地万物之理,所谓性也,所谓明德也。虚灵明觉,神妙不测,与天地一般。故圣人说天地人为三才。(《鲁斋遗书》卷三《论明明德》)

这里所说心"与天地一般",并不是说心就是天,而是在心与天同的意义上说的,如其所说:"人与天地同,是甚底同?人不过有六尺之躯,其大处、同处指心也,谓心与天地一般。"(《语录下》)意思是说,人之所以能与天地相配,是因为人心蕴藏了天地万物之理,在虚灵明觉、神妙不测的功用方面,心与天地可以说是一样的。

当有人问他:"心也,性也,天也,一理也,何如?"许衡回答说:"便是一以贯之。"(《语录上》)所谓一以贯之,是指一理贯通万物。此外,许衡又有"心之所存者理一"(《语录下》)之说。很显然,许衡认为理存于心中,亦即心具理之意,而不是心即理。事实上,许衡虽说过"天即是理"、"性即是理"(《中庸直解》),但从未说过"心即是理"。总起来看,许衡对心与物、心与理关系的论述,并没有超出心具理的涵义,因此,他所主张的不是"心即理"或"心即天"式的以心为本体的心本论,而是"性即理"这样的理本论。

二、真知力行,知行并进

明人曾评论说:"鲁斋力行之意多","盖真知实践者也"(《鲁斋遗书》卷十四《先儒议论·薛文清公读书录》)。的确,许衡十分重视"践行",不过,他又强调力行必须有真知,只要知得真,就能行得力。在知行问题上,许衡的看法比较复杂,对朱熹的知行学说既有继承又有发挥,具体表现在以下三个方面。

其一,知行是两事。许衡说:"世间只有两事,知与行而已。"(《语录下》)他还以《论语》首章为证:"以'学而时习之'为始,便只是说知与行两字。"(《语录上》)用知与行这两个范畴概括人类认识与实践活动,不是许衡的发明,自古而然,程朱理学尤其如此,不过,许衡关于知行二事的看法也有一些独到之处。比如,他认为《中庸》"博学之,审问之,慎思之,明辨之"四项"只是要个知得真",然后才有"笃行之"一句(《语录上》)。他还把孔子描述自己一生过程的"不惑"、"知命"、"耳顺"都理解为"知",只是有"精粗浅深之别",而"从心"、"不逾矩"则属于"不勉而中"(同上)。他还指出《大学》所说的"穷神"就是知,而"知化"则是行,并说:"穷尽天地神妙处,行天地化育之功。"(《语录下》)总起来看,许衡在知行问题上,也有析知行为二之嫌。

其二,真知力行。许衡对这个问题论述得比较透彻。首先,他指出"知"的目的是"为吾躬行之益"(《语录上》)。这又可以分两方面来说,一方面,知是为行而知,也就是说,知是行的内在根据,知了方能行,不知则不能行。其云:"学问思辨,既有所得,必皆着实见于践履而躬行之。"(《中庸直解》)即是此意。另一方面,行是行其所知。行依赖于知,只有知之真,才能行得力。反之,行之不力,是由于知之不真。他指出:"凡行之所以不力,只为知之不真;果能真知,行之安有不力者乎?"(《语录上》)这是说,知而不行,只是未真知;若果知得真,必能行得力。要之,为行而知,行其所知,知与行二者是相互联系的。其次,"行"的准则是"顺于理"(《语录下》)。许衡主张"一切顺理而行"(同上)。在如何"顺理而行"的问题上,又有"反身而诚"与"强恕而行"的区别,"反身而诚"是"气与理合为一","强恕而行"是"气与理未合"(《语录下》)。相比之下,"反身而诚"更为重要,意谓应然之理与主体的意愿已合而为一,主体虽然是依理而行,但却好像发自自己的本性,自自然然,顺顺当当。在伦理学上,"强恕而行"相当于自觉阶段,"反身而诚"相当于自愿阶段。许衡能够意识到这两者之间的区别,注意到道德实践过程中自觉与自愿原则的结合,是有意义的。

其三,知行并进。许衡主张"知与行,二者当并进"(《语录下》)。这个观点在他的知行学说中占有重要位置。许衡的知行并进说可以看出朱熹"知行相须,并进互发"说的影子,不过,从理论表述来看,许衡的观点似是有鉴于前人知行理论的得失而提出的独立见解。首先,他的这个命题是通过讨论"横渠(张载)教人以礼"和"程氏教人穷理居敬"直接导出的,其次,许衡曾评论张栻和程颐二人知行观说:

> 南轩(张栻)意于行字上责得重,谓"人虽能知,不能行也"。程门取人,先论知见,次乃考其所为。伊川自少说话便过人,常言"专论有行,不论知见"。世人喜说:"某人只是说得行不得",正叔言:"只说得好话亦大难,好话亦岂易说?"吕原明谓二公远过众人者,皆此类。(《语录下》)

张栻重行,程颐重知,许衡肯定二人所见均有过人之处,言下之意,要兼取二人之长,知行并重,不可偏进。

总之,许衡分知行为二事,又提倡真知力行、知行并进,这些构成许衡知行说的主要内容,而这个学说在后世又以重视践履即"力行"的特点著称。

三、本然与气禀

理学家普遍关心人性问题,许衡当然也不例外,他的人性论观点虽然直承程朱,但在揭示人性内涵、解释人性善恶、提倡人性修养等方面也提出了一些独到的见解,值得注意。许衡提出:

"合虚与气,有性之名"。虚是本然之性,气是气禀之性。

仁义礼智信是明德,人皆有之,是本然之性,求之在我者也,理一是也。贫富、贵贱、死生、修短、祸福,禀于气,是气禀之命,一定而不可易者也,分殊是也。

性者,即形而上者,谓之道,理一是也。气者,即形而下者,谓之器,分殊是也。(《语录下》)

这段论述包含了许衡在人性内涵问题上的重要见解,有这样几层意思:首先,性"合虚与气",有"本然之性"与"气禀之性"之分。"合虚与气,有性之名"本是张载的说法(语见《正蒙·太和篇》)。在张载那里,"虚"是指太虚之气,即处于本然状态的气,而"气"则是指阴阳二气;人所具有的太虚本性叫"天地之性",人禀受阴阳二气而成的特殊本性叫"气质之性"。在张载那里,不管"天地之性"还是"气质之性",都是气的本性,而气的本性也就是人和物的本性。当许衡把"虚"解释为"本然之性"时,这里的"虚"就不再指太虚之气,而是指"理",下文"本然之性……理一是也",说得更加清楚。这就已非张载原意,而与朱熹说的"虚只是说理"(《朱子语类》卷六十)相同。其次,"本然之性"是人人都具有的"明德",即仁义礼智信五常之性。第三,"气禀之性"禀于气,是天命不可易者,故又称为"气禀之命",这是不可改变的命运。第四,"本然之性"与"气禀之性"实即理一与分殊的关系。前者是性、理、道,亦即形而上者;后者是气、器,亦即形而下者。前者是理一,后者是分殊。总之,许衡将人性划分为"本然之性"与"气禀之性",认为前者是"人皆有之"的"明德",后者是"一定而不可易"的"天命"。其实,如果严格而言,只有前者才是性,后者实际上只是气,许衡似乎没有意识到这一层。

以仁义礼智信作为本然之性,这与朱熹的看法没什么两样,许衡的独特之处在于他用"理一分殊"的观点来区分本然之性与气禀之命以及性与气。本来,在宋代理学中,"气禀"有两方面意义,一指性而言,一指命而言;在前一个意义上,它与本然之性(天命之性)相对。而许衡的处理与前人不同,他将气禀之命与本然之性相对。许衡之意在于强调气禀之命"一定而不可易",而本然之性"求之在我"。这种理论,从它可能产生的社会后果来看,有利于将人的注意力引向个体的自我道德修养。就此而言,许衡这些看似迂阔的理学说教,在当时,对于稳定社会秩序、提升整个社会道德水准,还是具有一定积极意义的。

像很多宋代理学家一样,许衡也相信性善。他还试图从"气禀"和"物欲"两方面对人性中的恶做出解释。许衡认为,影响"明德"的原因,首先有"气禀"这一先天因素,人的"气禀"不仅有清浊善恶品级之不同,还有分数之异,由此形成"千万般等第"(《鲁斋遗书》卷三《论明明德》)。其次又有物欲这一后天因素,许衡说:"天下之人,皆有自己一般的明德。只为生来的气禀拘之,又为生以后耳目口鼻身体的爱欲蔽之,故明德暗塞,与禽兽不远。"(同上)"爱欲"即是"物欲"。许衡又说:"众人多为气禀所拘,物欲所蔽,本性不得常存。"(《语录下》)物欲对气禀甚至能起到改变作用。

既然人性不善主要是由于气禀和物欲两种因素造成,"为恶者气",而气又是"能变之物",因此,要恢复善的本性,只要变化气质就可以了。而气质的变化只有靠修养才能实现,所以许衡非常重视人性修养问题。在修养论上,许衡继承了程朱的方法,提出一套所谓治心之术,主要包含了持敬、存养、省察等修养方法。

关于持敬,许衡认为,人之一身,为万事万物之所本,若于此有差,则万事万物亦从而有差,因此不可不敬。他称引《礼记》首句"毋不敬"说:"天下古今之善,皆从敬字上起;天下古今之恶,皆从不敬上生。"他提倡"为学之初,先要持敬"(《论明明德》)。那么,何谓持敬呢?"主一是持敬也。"(《语录上》)也就是说,持敬是指精神专注于一。具体说,是要做到"身心收敛,气不粗暴";静时"常念天地鬼神临之,不敢少忽",动时"不要逐物去了,虽在千万人中,常知有己"(《论明明德》)。一个人只要心里常存敬畏,就会达到"心如明镜止水"的境界,至此境界,当然不会受任何物欲的支配,其行为也就"无往而非善"了。持敬是许衡治心之术的基本工夫。

许衡还依据《中庸》提出了另外两项"养性"工夫,那就是存养与省察。关于存养,这是对于行为发生以前的要求,即所谓"静时德性浑全要存养"(《语录下》)。许衡说:"盖不睹不闻之时,戒慎恐惧以存之,所以存天理之本然,而不使之须臾离道。此所谓致中也,存养之事也。"(同上)"存养"不是

"将人性上元无的强去安排栽接",而是保持人心中原有的"天理",做到"操而不舍"、"顺而不害"。关于省察,这是对于行为发生时的要求,即所谓"动时应事接物要省察"。许衡说:"人所不知而己所独知者,一念方动之时也。一念方动,非善即恶,恶是气禀人欲,即遏之不使滋长。善是性中本然之理,即执之不使变迁,如此则应物无少差谬。此所谓致知也,省察之事也。"(《语录下》)许衡所说的省察,就是抓住内心刚刚萌动的念头,区分是天理还是人欲,如果合乎天理则存之,如果属于人欲则立即"斩去",以免自己的言行有违"中道"。

可以看出,许衡所追求的是传统儒家那种期望通过修身而实现治国平天下的目标。这种思想,在经历长期战乱而造成社会道德混乱的元初社会,无疑是值得肯定的。

四、治生最为先务

在理学史上,许衡还以他的"治生论"而著名。许衡承续金末以来儒者对于南宋理学家空谈性命的批评,强调道不远人。站在这个立场,他将民生日用的"盐米细事"同样看成应当关注的"道"的内容。他说:"大而君臣父子,小而盐米细事,总谓之文,以其合宜之义,又谓之义;以其可以日用常行,又谓之道。文也,义也,道也,只是一般。"(《语录上》)顺着这一思路,许衡提出"治生"之说也就非常自然了:

> 为学者治生最为先务。苟生理不足,则于为学之道有所妨。彼旁求妄进,及作官嗜利者,殆亦窘于生理所致也。士子多以务农为生。商贾虽为逐末,亦有可为者。果处之不失义理,或以姑济一时,亦无不可。(《鲁斋遗书》卷末)

"治生"一语原出《史记·货殖列传》,意指从事"货殖"或"治产"等经营行为。不过,许衡这里所用的"治生"一词,范围已较宽泛,并不只限于经营行为,也包括务农之类。从许衡这段话的前后意思来看,所谓"治生",就是解决生计问题,义近于"谋生"或"营生"。

许衡认为,学者首先应当解决谋生问题。他的理由是,如果生计发生问题,就会影响读书求学;社会上那些四处钻营求官牟利的人,大多是因为缺少谋生的办法才会那样。虽然做官谋利者未必都是因为除此而外没有别的生活出路,但谋生乏术客观上的确促使一些操守不严的人去用不正当手段营利。许衡的这个观察是符合生活实际的。

众所周知,在儒学一向有重义轻利的传统,所谓"君子喻于义,小人喻于利"。许衡主张学者以治生为先务,这在正统儒者看来,就未免于道不合,甚而有误人子弟之害。明代王阳明对许衡的治生说就曾明确加以反对,他说:"许鲁斋谓儒者以治生为先之说,亦误人。"(《传习录》上)后来,有学生对此表示不解,问他:"许鲁斋言学者以治生为首务,先生以为误人,何也?岂士之贫,可坐守不经营耶?"阳明回答说:"但言学者治生上尽有工夫则可,若以治生为首务,使学者汲汲营利,断不可也。且天下首务,孰有急于讲学耶?虽治生亦是讲学中事,但不可以之为首务,徒启营利之心。果能于此处调停得心体无累,虽终日做买卖,不害其为圣为贤。何妨于学?学何贰于治生?"(《传习录拾遗》)阳明的意思并不是反对学者治生,而是反对学者像许衡教导的那样将治生作为首务,因为他认为这样一来,就会开启学者的营利之心。在王阳明眼里,学者的当务之急是讲学。不过,他所理解的讲学并不是整天钻研书本,而是不论从事何种职业都以成圣为追求。因此,他在原则上并不将做买卖者排斥在讲学之外,只要他们能"调停得心体无累"则无妨。其实,许衡并没有主张学者抛开道义而专以治生作为头等大事,他所说的学者以治生为先,是指学者应当先安排好自己的生计,安顿生计是读书求学的前提,而不是像阳明所理解的那样:是在主张学者以治生为首要任务。就此而言,阳明对他的批评有未尽事实之处。其实,在学以成圣这个目标上,许衡与阳明并无二致,不过,在有关学以成圣的具体步骤上,比如,究竟是先安顿生计还是先讲学治心,他们确实存在分歧。

学者讲学是否需要某些基本的物质保障,对于这个问题,不同学者的不同回答,不仅仅与各自的学术修养有关,也与他们所处的时代背景及个人生存境遇有关,它们之间并不能简单地区别对错或分出高下。就许衡而言,必须看到,他的这一治生为先论的提出,有着特定的时代背景。那就是宋元鼎革,生活在蒙古人统治之下,儒士的命运发生了很大变化,由于没有了以往那种稳定而繁盛的科举制度所提供的宽广而平等的入仕机会,很多只会读书求学的传统儒士陷入生计无着的窘境,谋生成为一个非常严峻的现实问题摆在他们面前。许衡提出的治生之说,在一定程度上是适应时代变迁的积极对策。

后世学者对许衡的治生说不乏肯定。稍晚于王阳明的明代学者方弘静即说:"许鲁斋言'学者以治生为先',阳明非之,以为'大误人'。余谓阳明误矣,圣人未尝教人不治生。"(《千一录》卷七《子评》)清代学者钱大昕(1728—1804)《十驾斋养新录》卷十八有《治生》一条,引许衡之说,予以肯定,他的结论是:"与其不治生产而乞不义之财,毋宁求田问舍而却非礼之馈。"清人沈垚(1798—1840)对"治生论"有更为积极的评价:"宋儒先生口不言利,而许鲁斋乃有治生之论。盖宋时不言治生,元时不可不言治生,论不同而意同","衣食足而后责以礼节,先王之教也。先办一饿死地以立志,宋儒之教也。饿死二字如何可以责人?岂非宋儒之教高于先王而不本于人情乎?宋有祠禄可食,则有此过高之言。元无祠禄可食,则许鲁斋先生有治生为急之训。"(《落帆楼文集》卷九)可见,许衡的儒者亦当治生的言论在明清思想史上留下了一定的影响。

第二节 吴　　澄

吴澄(1249—1333),字幼清,晚字伯清,学者称草庐先生,江西崇仁人。家世业儒,自幼聪颖好学,10 岁"偶于故书中得《大学中庸章句》,读之喜甚"。16 岁谒程若庸(字逢原,号徽庵,朱熹三传弟子),受到程的赏识。22 岁中乡举,次年进士落第。时宋亡之征兆已显,于是造草屋数间,自题一联:"抱膝梁父吟,浩歌出师表",隐然有像诸葛亮那样匡复天下的大志。27 岁,天下归元,他隐居深山,校注群经。数年还家,从此以授徒为业,长期不仕。50 余岁始应召受命,历任江西儒学副提举、国子监丞、国子司业、翰林学士、经筵讲官等。晚年退归林下,讲学著述,成《五经纂言》。85 岁卒于家。死后追封临川郡公,谥文正,明宣德间,从祀孔庙。吴澄著述颇丰,有文集百卷,经注数种,后人辑为《草庐吴文正公全集》。

以往的思想史著作多把吴澄当作和会朱陆的代表人物,这个看法值得讨论。吴澄任国子监丞时曾想有一番作为,他一方面加强了经义的讲授,在国子监逐步树立一种钻研经义的风尚;另一方面又提倡一种自省式的道德修养。几年后,他升任国子司业,计划按程颢、胡瑗、朱熹等人的办学思想推行所谓四条教法,即经学、行实、文艺、治事。这个改革方案遭到同僚反对,没有实行。而此时又有舆论攻击吴澄主张陆九渊之学而背弃了许衡所尊信的朱熹之教,批评者的依据是吴澄曾在国子监发表支持陆学的言论:"朱子道问学工夫多,陆子静却以尊德性为主。问学不本于德性,则其弊偏于言语训释之末,果如陆子静所言矣。今学者当以尊德性为本,庶几得之。"实际上,从吴澄自身的学思历程及其拟订的四条教法来看,他是典型的程朱路数,他有关朱陆之学的评论,主要是针对南宋末年以来朱门后学日益堕入训诂之途的流弊而发,与其说是主陆,不如说是朱学内部自我纠偏的一种努力。不过,因为吴澄在国子监所教的的确不是许衡所理解的那种朱学,所以,他遭到许衡派的反对,也很自然。从思想史的角度看,元代的所谓朱陆合流现象,反映了学术思想发展到一定阶段就要求突破狭隘的宗派观念以获得新的生命力的规律。元代一流的思想家对朱陆门户之见都不以为然。吴澄说:"朱陆二师之为教一也,而二家庸劣之门人,各立标榜,互相诋訾,以至于今,学者犹惑,呜呼甚矣!道之无传,而人之易惑难晓也。"(《宋元学案·草庐学案》)因此,如果说吴澄是和会朱陆,那么,必须明确,在主观上,吴澄并非要以和会朱陆为宗旨,他的目的是要吸取陆学的某些合理因素,以利于发展朱学。

总体来看,吴澄的思想学术受朱熹的影响最为明显。在主观上吴澄也一再以接续朱熹之学自任。值得注意的是,吴澄并不株守朱学门户。事实上,吴澄广泛吸收了宋儒的其他思想资源,并加以个人的综合与发展。吴澄具有多方面的文化修养,除了精通儒家经典之外,他还涉猎天文、地理、医学、时务、术数等领域,又是元代文学大家。当今学者(如钱穆)认为,朱熹之后,说到学问规模的宏大渊博,与朱熹能相比的恐怕只有吴澄一人。虽然许衡对元代儒学有兴创之功,但吴澄则使元代儒学发扬光大;许衡得君行道,而吴澄则以著述传世。也正因此,可以说吴澄的思想对后世的影响更为久远。

一、理在气中,太极即道

吴澄在哲学上主要继承了朱熹的观点,但也有自己的一些发挥,以下我们就重点介绍这些发挥之处。

理气先后问题是吴澄之前理学家讨论的主要课题。朱熹在此问题上,观点几经反复,晚年定论落在理在气先的逻辑在先说。吴澄肯定理在气先,"必先有理,而后有气"(《临川吴文正公文集》,以下简称《集》,卷一《理一箴》)。吴澄所说的"理在气先"只是一种逻辑在先,不了解这一点,就很难理解他对老子"先有理而后有气"说的批评。当然,老子并没有直接使用理气这样的范畴,说老子持"先有理而后有气"论,是吴澄用理气术语对老子的"有生于无"观点进行改造后的结论。

吴澄在理气观上的特点是:在坚持理气不分先后的前提下讲"理在气先",即:虽然也说"理在气先",但同时又强调理气不相离,"理在气中,元不相离"(《集》卷三《答田副使第三书》)。关于吴澄的"理在气中"说,黄百家曾指出:"'理在气中'一语,亦须善看。一气流行,往来过复,有条不紊。从其流行之体谓之气,从其有条不紊谓之理。非别有一理在气中。"(《宋元学案·草庐学案》)这是说,一气流行,实体只是气,"理"是指此气流行之有条不紊,非别指另一实体。用吴澄自己的话来说,亦即:"理者,非别有一物在气中,只是为气之主宰者即是。"(《集》卷二《答人问性理》)可见,吴澄的"理在气中"说强调了理气不相离,同时亦有理气非是二物、理非独立之实体之意。如果说,吴澄肯定理气"元不相离"是对朱熹的理气不离说的继承,那么,他所提出的"理在气中"以及"理者,非别有一物在气中"等说法则包含了理气一元论的萌芽,从而已非朱熹的理气观所能范围。其后,明代思想家如罗钦顺等人就明确提出了"理气为一物"的观点。

经过周敦颐、朱熹等人的开发,太极问题已成为理学的重要话头之一。在吴澄的时代,这一问题仍然受到广泛关注。吴澄晚年曾与人通书反复辩论无极太极问题,此前,他还著有《无极太极说》一文。吴澄重申了朱熹有关太极的看法,对宋儒的太极说进行了深入辨析。吴澄首先注意到"太极"一词有不同用法,有"指道而言",有"指阴阳未分时而言"(《集》卷三《答海南海北道廉访副使田君泽问》),他自己倾向于以太极为道,"太极者,何也?曰道也"(《集》卷四《无极太极说》)。将太极理解为道(理),朱熹即有此说,然而,这个说法因为义无所征,受到质疑。吴澄提出"假借为名"作为解释:"道者,天地万物之统会,至尊至贵,无以加者,故亦假借屋栋之名而称之曰'极'也。"(同上)

朱熹为了说明太极动静问题曾使用人跨马这样的比喻(《朱子语类》卷九十四),吴澄对朱熹的这个思想做了进一步发挥。首先他对朱熹的"盖太极者,本然之妙也;动静者,所乘之机也"(《周子全书》卷一《太极图说解》)做了解释:"机犹弩牙弩弦;乘此机如乘马之乘。"(《集》卷二《答王参政仪伯问》)同时,他也意识到这个比喻的局限性:

> 然弩弦与弩机却是两物,太极与此气非有两物,只是主宰此气者便是,非别有一物在气中而主宰之也。机字是借物为喻,不可以辞害意。(同上)

吴澄的基本看法是:太极本无动静可言,动静是指它所乘之机,"盖太极无动静。动静者,气机也","太极不当言动静"(同上)。这些观点对朱熹的太极动静说是一种补充,并对后来明代一些理学家如曹端等人产生了一定影响。

二、舍心无以为学

在吴澄生活的元代,时人已将"本心之学"的头衔加诸陆学之上,吴澄认为,这种观念基本上是一个误会,心学并不独指陆学,从尧、舜直到周、程诸子无不以心为学。

> 以心为学,非特陆子为然,尧、舜、禹、汤、文、武、周公、孔、颜、曾、思、孟,以逮邵、周、张、程诸子,盖莫不然。故独指陆子之学为本心学

者，非知圣人之道也。(《集》卷二十六《仙城本心楼记》)

吴澄的这一见解，从直接的意义上说，是为陆学做了辩护，而在更广的意义上，则是为心学正名。他所理解的心学已非陆学可范围，陆学不过是其心学的思想资源之一，此外他更大量吸收了从周敦颐到朱熹等宋代其他理学家的心性思想，从他对"心学之妙"的如下理解可以明显看出这一点：

心学之妙，自周子、程子发其秘，学者始有所悟，以致其存存之功。周子云"无欲故静"，程子云"有主则虚"，此二言，万世心学之纲要也。(《集》卷二十四《静虚精舍记》)

吴澄在自己的著作中也使用了原属孟学的"本心"概念。众所周知，"本心"是陆学标志性的概念，以往的思想史研究者据此认为吴澄的思想中有陆学成分，这个看法值得商榷。吴澄将"本心"理解为"万理之所根"："夫孟子言心而谓之本心者，以为万理之所根，犹草木之有本，而苗茎枝叶皆由是以生也。"(《集》卷二十六《仙城本心楼记》)借助于生物学上"根"的意象，吴澄表达了如下思想："本心"与"万理"是先起与后发的关系。"本心"之"本"，与孟子所说的"四端"之"端"用法相近，都是强调原初、起始之义。说本心为万理之所根，一方面是说"本心"先于万理而生；另一方面是说先起的本心对于后生的万理还有一种引导作用。在这个意义上，可以说"心具众理"。

"心具众理"与"心即众理"不同。前者强调心作为思维器官对理的一种统摄能力，而后者则强调心所包含的内容就是理。站在"心具众理"的角度看，心是认识理的主体，而理则是心所认识的对象。而站在"心即理"的角度看，心与理这种主客关系变成了同一关系。虽然从心具众理很容易推到心就是理，然而，其间的差异不可不辨，否则，就会"差之毫厘而失之千里"。朱熹与陆九渊的分野正在于此。陆九渊只不过在"心具理"的基础上往前多迈了一小步："人皆有是心，心皆具是理，心即理也"(《陆九渊集》卷十一《与李宰・二》)，而朱熹则谨守"万理具于一心"(《朱子语类》卷九)的命题。可以看到，吴澄坚守了朱熹的这个界定，没有像陆九渊那样从"人皆有是心，心皆具是理"而进一步推出"心即理"的结论。

对本心的解释，吴澄并不仅限于指出它为万理之所根，他还对本心的内容做了规定,"仁者何?人之心也"(《集》卷五《黄东字说》),"仁者,天地生生之心也,而人得之以为心"(《集》卷二十四《静虚精舍记》)。以上所说的"心",皆是指"本心"。与陆九渊一样,吴澄有时也把本心简称为心。"仁者人之心",也就是说,吴澄把本心的内容规定为仁。当吴澄把本心的内容规定为"仁"时,这个"本心"已经接近于"天命之性"的意思。事实上,在吴澄那里,这两个概念并没有严格的区分,"本心至善,天命之性"(《集》卷二十四《庆原别墅记》)这样的提法就是一个清楚的说明。

本心以仁义礼智为内容,这就决定了它不可能只是个体封闭孤立的精神修养,因此,要做到"不失其本心",正确的方法就不是离却事物专守此心,而是在处事应物之际体现此心:"迎接酬酢,千变万化,无一而非本心之发见,于此而见天理之当然,是之谓不失其本心,非专离去事物寂然不动以固守其心而已也"(《集》卷二十六《仙城本心楼记》),"于其用处,各当其理,而心之体在是矣。"(同上)

"见天理之当然"、"各当其理",然后可谓"不失其本心"、"心之体在是",由此可以推出"天理即本心之呈现"这样的命题。这个命题与陆九渊心学的著名命题"心即理也"无疑有相近之处。然而,二者的意向所指实相径庭,由"天理即本心之呈现",则欲尽此心当穷天理;由"心即理",则"所贵乎学者,为其欲穷此理,尽此心也"(《陆九渊集》卷十一《与李宰》)。也正因此,陆九渊强调向内求索,即所谓"收拾精神,自作主宰"(《陆九渊集》卷三十五《语录下》),不屑于对外部事物包括古人传注进行探究,而吴澄如上命题则肯定了穷究事物之理的必要性。

无论是言本心为万理之所根,还是讲"各当其理,心之体在是",本心与天理(亦即事物当然之则与所以然之故)都未尝分开,由此可以看出,吴澄即使是在申述本心之说时,也始终没有忘记理的存在。对理所表现的这些关怀,更多地可以看出吴澄本心概念的朱学色彩。

由于心以仁为内容,所以吴澄又非常看重存此仁心,而存仁的主要方法则是主敬。主敬以存仁(心),这一点甚至被吴澄视为整个儒学之要:"(圣学之极)岂易至哉?期学而至之,惟当主敬以存吾心之仁,此其大概也。"(《集》卷二十四《静虚精舍记》)他还表示,周、程之书对此有具体说明:"其悉,则有周子、程子之书在。"(同上)很显然,吴澄对心学大要的这种理解,与其说是接近于陆学,倒不如说是承继了程颐、朱熹的主敬传统。

相对于以本心概念为中心的陆九渊心学而言,本心理论只能说是吴澄心学的一个重要部分,但很难说就是核心。事实上,在本心之外,吴澄还广泛讨论了心的其他问题。"本心"是一个比较接近于"性"的概念,而"心"的一般意义则是作为知觉器官,它更多地与精神活动相关。如果说"本心"主要是一个道德范畴,那么,"心"所涉及的则是认识论、心理学领域。"本心"说主要讨论的是"本心"与天理以及德性之间的关系,在理论上是对性善论证明的题中应有之义。而有关"心"的各种说法涉及到了"心"的属性、作用以及它的不同状态等问题。宋儒之中,以朱熹论心最为详尽,吴澄对于"心"的见解基本上未出朱学范围。

总之,吴澄的心学与其说是对陆学的继承,不如说是对整个宋代乃至以前儒学心学思想的综合。

三、格物致知,诚意持敬

(一) 外之物格,内之知致

吴澄对格物的整体理解,可用一句话来概括:"外之物格,则内之知致。"(《集》卷二《评郑夹漈通志答刘教谕》)这里,吴澄对物与知作了一个内外区分。孤立地看"内之知致"这样的说法,容易让人联想到后来王阳明的致良知说。而吴澄关于知的界定:"知者,心之灵而智之用也"(同上),更给人一种印象,似乎吴澄所理解的知完全是一个主观性的范畴。

其实,就吴澄这个说法所要表达的意思来看,他主要是想强调知是一种运用心智的高级活动,并不涉及认识的来源究竟是心还是物这样的问题。吴澄所欲表达的要义似乎是:认识活动(格物)的直接对象就是外在之物,致知与格物实际上是一个过程,格物就是致知的途径,除此而外,并没有独立于格物过程之外的致知工夫。应当说,吴澄的这个思想与朱熹是一致的,朱熹说:"但能格物则知自至,不是别一事也。"(《朱熹集》卷五十一《答黄子耕》)

吴澄之所以使用内外这样的区分，不过是要突出知的实有诸己的特征。吴澄所理解的真知包含着行的维度，"知之而不行者，未尝真知也"（《集》卷十二《学则序》）。实际上，在吴澄看来，知只有一个，那就是德性之知，他说："知者，心之灵而智之用也，未有出于德性之外者。曰德性之知，曰闻见之知，然则知有二乎哉？"（《集》卷二《评郑夹漈通志答刘教谕》）

格外之物，致内之知，这种格物路线，吴澄把它称之为"儒者内外合一之学"，认为这样就不会出现务外遗内（记诵之学）或务内遗外（释老之学）之失。

（二）实悟为格，实践为诚

吴澄注意到了朱熹从《大学》八条目中特别拈出格物与诚意两条作为重点的说法："朱子尝谓《大学》有二关：格物者，梦觉之关；诚意者，人兽之关。"（《集》卷十四《赠学录陈华瑞序》）对此，吴澄作了以下解释和发挥：

> 实悟为格，实践为诚。物既格者，醒梦而为觉，否则，虽当觉时亦梦也。意既诚者，转兽而为人，否则，虽列人群亦兽也。号为读《四书》而未离乎梦、未免乎兽者，盖不鲜，可不惧哉。物之格在研精，意之诚在慎独。苟能是，始可为真儒，可以范俗，可以垂世，百代之师也，岂但可以掌一郡之教乎？（同上）

"实悟为格，实践为诚"，这一说法值得注意，特别前一句出现的"悟"这一概念。当然，程朱说到格物时并不讳言"悟"字，程颐说："穷理者非必尽穷天下之理，又非谓止穷得一理便到，但积累多后自当脱然有悟处。"（引自《大学或问》，与《遗书》卷二上所录略异）朱熹也说："积习既多，自当脱然有贯通处。乃是零零碎碎凑合将来，不知不觉，自然醒悟。"（《朱子语类》十八）由此看来，吴澄解"格"字为"实悟"，实未偏离程朱对格物的理解。吴澄解"诚"为"实践"，与朱熹解"诚"为"实"相去不远。虽然朱熹所说的"实"并不直接就是"实践"，但它有"实用其力"这个意思，"诚其意者，自修之首也……言欲自修者知为善以去其恶，则当实用其力，而禁止其自欺"（《大学章句》第六章），这里的"实"已含有"实践"的意思。总之，吴澄以"格"为"实悟"，以"诚"为"实践"，本于朱熹之说，虽然相比于后者而言吴澄下语未免过急。

读书而明此理存此心,这是吴澄所说的格物之事。既明其理存其心,又当实用其力以身践之,这就是吴澄所说的诚意功夫。吴澄反复强调读书必须真知实行,即是要求格物致知后须继之以诚意。"若夫日讲圣师之书,而不真知不实践……则亦剽窃训诂、涉猎文义而已尔,与彼记诵词章之末何以异?"(《集》卷二十一《滁州重修孔子庙记》)吴澄由宋入元,家国之痛,身同感受,故尤恨徒事讲说不事实行之学风。他解释格物为实悟、诚意为实践,都特别提出"实"字,惟恐朱熹格物之学流于训诂讲说。由此也不难理解,何以吴澄遍注群经、著述累累却反感钻研文义之习。他不是要废除读书讲学,而是要使学者了解,如果读书不加实行,就像格物而不继之诚意,其结果是"愈求而愈不得其真矣"(《集》卷二《答人问性理》)。格物必须继以诚意,这表明吴澄所理解的为学是一种知行结合的道德实践活动。

(三) 持敬工夫先于用处着力

在儒家典籍中,敬字出现很早。吴澄对敬说之演变做过一番梳理,他认为,在敬字的演变过程中,孔子的"修己以敬"说与程颐的"主一无适"说最值得重视。他对朱熹的《敬斋箴》也做过认真研究。吴澄一生坚持以敬为修己治人之本,他从小就严格按程朱持敬之方进行实践。

虽然有关主敬涵养的思想承自程朱,但在持敬工夫先后问题上,吴澄却表现出不同于程朱的倾向。按他理解,"持敬"的工夫只能在动上行,在应接处用力。以"主一无适"而论,学者先当于应接处下一番"主一"工夫,久之则未接之时,心亦能达到"无适",他说:

> 欲下实工夫,敬之一字是要法。然《中庸》先言"戒慎所不睹,恐惧所不闻",而后言"慎其独",此是顺体用先后之序而言。学者工夫则当先于用处着力。凡所应接皆当主于一。心主于一,则此心有主,而暗室屋漏之处自无非僻。使所行皆由乎天理,如是积久,无一事而不主一,则应接之处心专无二,能如此,则事物未接之时把捉得住,心能无适矣。若先于动处不能养其性,则于静时岂能有其心哉?(《集》卷二《答王参政仪伯问》)

吴澄主张当于动处养其性,然后静处才能存其心,这是一条由用而进乎体的用功路线。如果用《中庸》的话来说,就是先当"慎其独",然后才能"戒慎所不睹,恐惧所不闻"。这与《中庸》文本的言说次序正好相反。对此,吴澄解释说,立言的次序一般是先体后用,而用功的次第则是先用而后体,二者自不必同。他以未与事物接时为体,以与事物接时为用。《中庸》以"喜怒哀乐之未发"为"中",以"发而皆中节"为"和"。吴澄认为,先当于应接处做到"和",然后才能实现未发之"中"。强调在日用常行处用功,由应接之"和"达到未接之"中",这就要求做到广泛地关心国家天下之事,不遗漏人伦日用之行。与佛老之学淡漠人间事务的态度相比,吴澄的这种主张鲜明地反映出儒家积极用世的立场。

就养心的本来意义说,当然是在心体上下工夫,亦即所谓养之于内。吴澄也不否认养之于内的静中涵养工夫,所谓主敬以直内是也。但吴澄似乎更强调养之于外的工夫。所谓养之于外,即在事为上下工夫,使所行之事没有邪僻,一一合于正当。吴澄明确将养心之道概括为"于邪而不正之事不肯为"(《集》卷二十四《养正堂记》),这与一味在心上做工夫的内省路线迥然不同。此外,吴澄还详细辨析了敬与义、畏、静、和等多组概念的关系,这些讨论使他的主敬说达到了非常细密的程度。

元代理学是两宋理学的延续与发展,尤其是南方地区,南宋以来的理学传承几乎没有受到宋元易代的影响,以往的汉族学者虽然对蒙元的统治不无偏见,但对这一点却也不能不承认,说:"有元立国,无可称者,惟学术尚未替。"(全祖望语,《宋元学案·萧同诸儒学案》)从这个意义上看,黄宗羲写学案,将宋元合在一起,是不无道理的。以往的宋明理学研究将元代理学看作宋代理学与明代心学之间的一个过渡环节,这在很大程度上是基于元代的朱陆和会思潮与明代心学之间的某种理论关联,然而实际上,元代理学的主流是朱子学,无论在官方还是在民间都是如此。就元代理学家的主观意愿来说,他们是出于对南宋末以来朱子后学的不满而力图纠正其弊,这跟朱熹当年对二程后学感到不满而力图综合地继承北宋理学的情况非常相似。由此可以说,元代理学的内在旋律不是离开朱熹,而是要回到朱熹,更准确地说,是开发朱子学中还没有被完全发掘的那些可能性。元代乃至明初,理学都笼罩于朱子学的话语体系的影响之中,一方面固然有官方意识形态的强制之功,另一方面恐怕也是学术思想的内在理路使然——集宋代新儒学之大成的朱熹思想体系在理论上还存在着可以进一步拓展的空间。

思考题:
1. 许衡在知行问题上有什么特别的主张?
2. 如何理解吴澄所说的心学?
3. 为什么说元代理学是两宋理学的延续与发展?

参考书目:
1. 侯外庐等主编:《宋明理学史》上卷,人民出版社,1984年。
2. 徐远和:《理学与元代社会》,人民出版社,1992年。
3. 方旭东:《尊德性与道问学——吴澄哲学思想研究》,人民出版社,2005年。
4. Chan, Hok-lam and de Bary, William Theodore. Eds. *Yüan Thought: Chinese Thought and Religion Under the Mongols*, New York: Columbia University Press, 1982.
5. Gedalecia, David. *The Philosophy of Wu Ch'eng: A Neo-Confucian of the Yüan Dynasty*, Bloomington, Indiana University, Research Institute for Asian Studies, 1999.

第二章 明初理学

第一节 薛　　瑄

薛瑄(1389—1464)字德温,号敬轩,山西河津人。永乐十九年(1421)进士,初任监察御史、山东提学佥事、大理寺少卿等职,因得罪宦官王振,下狱论死,寻放还家。景泰初年起复,历任南京礼部侍郎、翰林院学士等职,并入内阁议政。晚年致仕居家,从游者甚众。死后,谥文清。隆庆五年(1571),从祀孔庙。

薛瑄非常推崇朱熹,曾手抄《性理大全》,刻苦攻读理学书籍,并说:"孔子之后有大功于圣学者,朱子也。"(《读书续录》卷五)他在思想上恪守程朱理学。黄宗羲称薛瑄之学朴实无华,"恪守宋人矩矱"(《明儒学案》卷七《河东学案》),又称薛瑄"以复性为宗"(同上)。这是对其思想特征的一个简要概括。薛瑄自己曾说:"自考亭(朱熹)以还,斯道已大明,无烦著作,直须躬行耳。"(《明史·儒林传》)这表明薛瑄注重践履的思想风格,也反映了明初学界不愿创新立说的学术风尚。

薛瑄在思想上对理气论问题有所关注,并提出了一些不同于朱熹的独特见解,但总体来说,并没有越出朱子学的理气思想范围。相比之下,他更为关注存心养性、持敬涵养等功夫论问题。故在心性论问题上,他虽赞成"心统性情"之说,但他更为突出"性"作为实体存在的意义,认为"天地万物惟性之一字括尽"(《读书录》卷一)。他所主张的力行实践,是指通过"存心"以求达到"复性"这一最终目标。

薛瑄的主要著作有《文清公薛先生文集》二十四卷、《读书录》(以下简称《录》)十一卷和《读书续录》(以下简称《续录》)十二卷等,今人将其著作汇集成了《薛瑄全集》(太原:山西人民出版社,1990年)。

一、理在气中

众所周知,理气问题是程朱理学中的重要哲学问题。在理学思想的影响下,薛瑄自然对理气问题亦有所关注。他指出"天地之间只有理气而已"(《录》卷一),可见,在他看来,理气是构成天地宇宙的根本要素。在这一点上,与朱熹的看法相同。关于理气关系问题,朱熹虽有种种阐述,但其基本观点无非有二:一是理气不离,一是理先气后。就第一点而言,薛瑄并无不同见解,对于第二个观点,薛瑄则有自己的看法,显示出他在理气问题上的独特见解。

在朱熹理学中,所谓理气不离,是指有气必有理,理随气在,天下没有无气之理,也没有无理之气,但是就本源上说,万物之所以产生的依据,则是理,所以说理是"生物之本",而气是"生物之具"。至于两者的关系,有两种不同的视角:若就"物上看",理气是相即不离的;但就"理上看",理气各为一物,不能相杂。如果"推上去"说,亦即就万物形成之本源而言,那么归根结底,毕竟"未有物而已有物之理"(《朱熹集》卷四十六《答刘叔文·一》)。这就是所谓"理先气后"的观点,也是朱熹理气论的一个基本特征。这一观点的实质是"理在气上"(严格地说,应该是"理在气之上、气之先"),这样一来,就与"理在气中"之说未免有所冲突。原因在于,对朱熹来说,他始终不能放弃理本论的立场,亦即"理与气,此绝是二物"的立场,把理看成是某种绝对的实体存在。

薛瑄指出:

遍满天下皆气之充塞,而理寓其中。(《录》卷二)
气之所在,理随在焉,夫岂有亏欠间隔哉!(《续录》卷一)

所谓"理寓其中"、"理随在焉",这也就是朱熹的"理气不离"的说法。但是,薛瑄所谓的理气相"寓"、理气相"随",是强调理气之间无丝毫的"亏欠间隔",亦即他一再强调的"理气无缝隙"(《录》卷六)、"理气浑然无间"(《续录》卷一)、"理气密匝匝地真无毫发之缝隙"(《续录》卷七)的意思。薛瑄之所以强调这一点,其实是针对朱熹的"太极阴阳,决是二物"的观点(又可称为"理气不杂"的观点)而发。在薛瑄看来,如果承认理气为二物,那么就必然导致"理先气后"的结论。对于理先气后说,薛瑄提出了明确的批评:

> 或言:"未有天地之先,毕竟先有此理,有此理便有此气。"窃谓理气不可分先后。盖未有天地之先,天地之形虽未成,而所以为天地之气则浑浑乎未尝间断止息,而理涵乎气之中也。及动而生阳而天始分,则理乘是气之动而具于天之中;静而生阴而地始分,则理乘是气之静而具于地之中。分天分地而理无不在,一动一静而理无不存,以至化生万物,万物生生而变化无穷,理气二者盖无须臾之相离也,又安可分孰先孰后哉!(《录》卷三)

"或言",是指朱熹(参见《朱子语类》卷一)。从这段批评中可以看出,薛瑄坚持认为即便在天地未形成之前,理气也必然是"无须臾之相离",这就是所谓"理气浑然无间"的真实涵义。这段批评的主要旨意在于:"气"在天地未形成之前就已经存在了,在这浑然未分的"气"中,就已蕴含着"理"。按照我们的分析,薛瑄的意思是说,不论怎样"推上去"说,即便"推"到尽头,"推"到天地未分、动静未萌之际,"气"的存在也是永恒的;因此决不能认为在世界未形成之前,只有"理"而没有"气"。既然"气"贯穿于天地之始终,所以"理"就永远不能"离乎气也"(《录》卷四)。反之,如果以为理在气先,那么理就成了"悬空之物,而能生乎气矣"(同上),最终就会得出"理生气"的荒谬结论。

必须指出的是,从朱熹的理气不离的观点来看,他固然也能承认"理在气中",但是薛瑄所说的"理在气中",显然在内涵上已与朱熹有异,确切地说,薛瑄只承认理气不可分先后,在此前提之下,才能说"理在气中"。换言之,如果承认理在气先的话,那么归根结底,理气之间就会有"间隔"、有"缝隙",而无法证明理气"浑然无间"。所以,薛瑄的"理在气中"说,并不是就"物上看"的一种假定,而是就理气的整体关系而言的,这与朱熹就"物上看"

的前提之下所说的"理在气中"说有着根本不同。

不过,薛瑄的理气论也有矛盾之处。由于他反对"理先气后"说,所以他不能赞同"理气为二"的观点而必须坚持"理在气中",但是,他又提出了"气载理,理乘气"、"理为主,气为客"以及"气有变,理无变"等观点,而这实际上就是朱熹的观点。由此思路来看,理气毕竟为"二物",是"乘"与"被乘"、"载"与"被载"的关系。他又用"日光载鸟"的比喻,来说明理气的这种关系,其云:"理如日光,气如飞鸟,理乘气机而动,如日光载鸟背而飞。"(《录》卷四)可见,理气只是"载"与"被载"的关系,究竟而言,理气为二。这是因为"理既无形,安得有尽"?"聚散者气也,若理只泊在气上,初不是凝结自为一物"(《明儒学案》卷七《河东学案》),如此看来,理是绝对永恒的存在,是有形之气中的实体,这应当是朱熹固有的观点。所以罗钦顺批评道,薛瑄讲的"理气无缝隙"虽有道理,但另一方面又讲"气有聚散,理无聚散",事实上"一有一无,其为缝隙也大矣"(《困知记》卷下),意谓薛瑄的观点毕竟落入认理气为二物的窠臼之中,这一批评是不无道理的。

总之,可以作如下几点归纳:1) 薛瑄强调"理气不离"、"理在气中"、"理气浑然无间",这主要是就天地万物的形成过程以及就理气结构而言的。2) 然而,若就理之本身或者就物之所以为物的本原来看,理毕竟是物的"所以然"之根据,它是不会散尽消失的、绝对永恒的实体存在,这也就是朱熹的"理气不杂"的观念。3) 因此从本质上说,薛瑄的理气观仍然属于理学体系中的一种理本观,而不能将其思想归于"气本论"或"气一元论"的思想类型。4) 他对朱熹的"理先气后"说、"理能生气"说虽有批评,显示出其思想的独特色彩,但不足以从根本上推翻"理先气后"说,因为他在宇宙本体论的问题领域,不能放弃理为绝对的观念。

二、此心惟觉性天通

我们知道,朱熹的理气论为其心性论奠定了基础。同样,薛瑄的理气论在其心性论当中也有反映。其实,在宋明儒学当中,宇宙论与人性论本来就是紧密相关的。在薛瑄看来,由于理是永恒的,而气是易变的,因此在修养功夫上必须做到"以理制气"，与此相应，在心性问题上，他认为："性纯是理，故有善而无恶；心杂乎气，故不能无善恶。"(《录》卷五)可以说，这是其心性论的一个基本观点。

在他看来，心性与理气是相应的，性与理一样，是绝对而纯善无恶的，心与气一样，是混杂而有善有恶的。至于心与性的关系及其各自的本质特征，薛瑄指出：

> 天道流行，命也；赋予人，性也；性与心俱生者也。性体无为，人心有觉，故心统性情。(《续录》卷四)

首先，他认为性就是天道流行而赋予人的一种本质属性；其次，从人的生成构造的角度而言，性与心是同时具备而不能分离的；再次，从本体的角度看，性体是无所作为的，而人心则是有觉有感的。归结而言，结论就是"心统性情"。这里所谓的"心"，是指人的知觉能力、意识活动。既然心与性是与生俱来的，因此从心性结构上看，心性是不可分离的；然而由于性体是无所作为的，而心则具有能动的主宰作用、知觉能力，因此心能涵性，并能统括性情。其实，这是朱熹理学的固有思路，并不是薛瑄的创见。至于薛瑄的独特之处则在于：一是强调了"性"作为实体存在的意义，一是强调了实践功夫须经由"存心"以实现"复性"为最终目标。

薛瑄一方面承认"心统性情"，同时他又认为"性"毕竟是"该众理"、"贯宇宙"的实体，指出：

> 天地万物惟性之一字括尽。(《录》卷二)

> 然则性者万理之统宗欤！理之名虽有万殊，其实不过一性。(《录》卷五)

> 性非特具于心者，为是凡耳目口鼻手足动静之理皆是也。非特耳目口鼻手足动静之理皆是，凡天地万物之理皆是也。故曰："天下无性外之物，而性无不在。"(《录》卷一)

> 圣人之所以教，贤人之所以学，性而已。(《录》卷三)

以上这些说法归纳起来看，薛瑄想强调的是："性"是万物存在的根源，性虽涵具于心，但只是表明存在论意义上的"在"或"有"，性体本身并不等同于心,换句说法,心与性不是本质上的同一关系,性与理则是一种本质同一,天地万物之理、耳目口鼻之理都无非是性体的表现。因此,薛瑄非常赞同朱熹的"天下无性外之物,而无所不在"的观点,并断然宣称圣贤之为学为教,只一"性"字而已。

基于上述的思想立场,薛瑄进而提出了"尽心工夫全在知性知天上"(《录》卷一)的观点,他认为"苟不知性知天,则一理不通而心即有碍,又何以极其广大无穷之量乎!"(同上)然究其实,这一观点实是源自朱熹,朱熹将孟子的"尽心知性知天"中的"尽心"和"知性"的功夫顺序颠倒过来,以为必须穷尽天下众理之妙,方可谓全其心体之量。然而,薛瑄对于朱熹那个通过格物才能做到"知性"的观点表示了不同的见解,他指出虽就事物的表里精粗、本末得失一一格之,是皆"所谓格物也",然"天下之物众矣,岂能遍格而尽识哉?"所以重要的是,必须"澄心精意以徐察其极,今日格之,明日格之","潜体积习之久,沉思力探之深",如此则能达到万物之理与吾心之理"潜会而无不通"(《录》卷二)。显然,薛瑄此说,既有蹈袭朱熹格物说的痕迹,也有"返心而求"的思想倾向。特别是"岂能遍格而尽识"这一问,对薛瑄来说,其意义虽然还不明显,但对照后来兴起的心学思想,这一观点无疑是对朱熹的格物理论的根本怀疑。

既然"复性"是最终目标,那么具体而言,又如何做到"复性"呢?薛瑄认为,复性工夫还须通过存心,而存心工夫主要就是"居敬"。他强调"居敬以立本,穷理以达用"(《录》卷五),"学以敬为本"(同上)。这是将"居敬"工夫视作根本工夫。在他看来,居敬是避免心之"乱想"、身之"乱动",并能时常保持"谨畏之心"(同上)而不至于迷失方向的重要实践手段。可见,居敬工夫又必须落实到"心体"上。那么,如何落实呢?要之,就是祛除心中的私心杂念,他说:"万起万灭之私,乱吾心久矣。今当悉皆扫去,以全吾湛然之性"(《录》卷一),"心清则见天理"(《录》卷二),待到私心杂念悉数扫尽,则可达到"心中无一物"的境界,故说:"学至于心中无一物,则有得矣。"(《录》卷二)他在临终时,曾留下了这样的诗句:

  七十六年无一事,此心惟觉性天通。(《文集》卷五)

意思是说,自己内心已经达到了与"性"、"天"相通融合的境地。这应当是他对自己一生的实践体验的忠实表述。黄宗羲对薛瑄思想虽有微词,但对薛瑄此诗则有中肯评价:"此定非欺人语,可见无事乎张皇耳。"(《明儒学案》卷七《河东学案》)这一评判与薛瑄注重力行践履的思想性格是相吻合的。

总之,薛瑄的理气论和心性论基本上是对朱熹理学的一种注释而已,并无特别的创新。他以"性"为宗旨,以为"性"是"万理之统宗",故以追求"复性"为一切工夫的最终目标。同时"复性"又须落实在"心"上,故他十分重视通过居敬来正心,最终的理想境界则是"此心惟觉性天通"。应当说,薛瑄在明初思想史上是严守理学轨辙的典型人物,同时也应看到,他在心性体验上毕竟有过一番笃实的功夫,他的力行主义思想品格,预示着理学进入明代以后开始发生与宋儒不同的思想转变。

第二节 吴与弼与胡居仁

吴与弼(1391—1469)号康斋,江西崇仁人。他年轻时既放弃举业,一生未仕,以布衣终生,然而却于万历十二年(1584)得以从祀孔庙。他与薛瑄为同时代人,但生卒略晚于薛瑄。黄宗羲《明儒学案》却把吴与弼及其开创的学派列为全书之首,名为"崇仁学案",而后是陈献章开创的学派——"白沙学案",再后才是薛瑄的"河东学案"。由这一特殊安排可以看出,吴与弼在明代思想史上的地位颇为重要。我们知道,黄宗羲对明代思想史有这样一个基本看法:"有明之学,至白沙(陈献章)始入精微。……至阳明(王守仁)而后大。两先生之学,最为相近。"(《明儒学案》卷五《白沙学案》)由于吴与弼乃陈献章之师,故把吴与弼置于《明儒学案》之首,显然含有彰显陈、王一系心学的意味,甚至含有这样的意图:将吴与弼视作开明代学术风气之先的人物。故云:"微康斋,焉得有后时之盛哉!"(《明儒学案》卷一《崇仁学案》)

吴与弼门下有三大弟子:胡居仁、陈献章、娄谅。王守仁曾经慕名而与娄谅见过一面,故娄谅可谓是王守仁的一日之师,黄宗羲称娄谅之于王守仁的思想成就有"发端"之功,但娄谅在思想上对王守仁产生了何种影响,并不明确。据胡居仁的说法,娄谅与陈献章一样,在思想上都有"杂禅"倾向,其实也就是指偏于心学之倾向。娄谅的著作今已不存,对其思想已无法明了。陈献章作为明代心学的开创性人物,将在下节专门讨论。这里我们将主要介绍吴与弼和胡居仁的思想。

吴与弼的主要著作有《吴康斋先生文集》(《四库全书》本,以下,简称《文集》)。胡居仁的主要著作有《居业录》(京都:中文出版社刊"和刻影印近世汉籍丛刊"本)以及《胡文敬集》(《四库全书》本)。

一、吴与弼:身体力行

吴与弼年轻时,尝习举业,读《伊洛渊源录》,慨然有志于"圣贤之学","遂弃举子业",亦即放弃仕途,自此惟以读书传道为一生志向。他"尝叹笺注之繁,无益有害,故不轻著述"(《明儒学案》卷一《崇仁学案》),与上述薛瑄所说"无烦著作,直须躬行"的观点可谓不谋而合,既反映了当时儒者的学术风尚,同时也反映了吴与弼注重躬行实践的思想性格。在其著作中,有《日录》(类似今日所谓的日记)一卷,真实记录了他平时刻苦实践的心路历程。黄宗羲称他:"身体力验,只在走趋语默间,出入作息,刻刻不忘。"(《明儒学案》卷一《崇仁学案》)特别是"身体力验"一词,是对其思想特色的一个很贴切的概括。

在不事著述、讲究力行方面,吴与弼与薛瑄有相近之处,但是与薛瑄在理气论方面表现出来的一定程度的关心不同,吴与弼则几乎没有这方面的理论关心,同样,与薛瑄强调"性"字,主张"复性"工夫也有所不同,吴与弼更为注重"心"的问题。他曾说:"充满宇宙皆生物之心,满腔子皆恻隐之心。"(《日录》)这后一句原是二程的话,"恻隐之心"就是道德之心。这是说,宇宙和人生都充满着一种精神,就宇宙而言,自有其万物生长之规律,就人生而言,亦有一种道德精神,而且两者是可以彼此感通、互为一体的。故说:"将这身来放在万物中一例看,大小大快活。"(同上)"存心含宇宙,不乐复如何!"(《文集》卷六《诗·道中作》)讲的就是人与宇宙万物融为一体的精神境界,这是自周敦颐以来特别为程颢所称道的"孔颜乐处"这一理学的精神境界。由此看来,虽说其思想"一禀宋人成说"(黄宗羲语),然其精神趋向与其说接近于程(颐)朱(熹),毋宁说接近于周(敦颐)程(颢)。

那么,吴与弼所说的"心"有何具体内涵?大致说来,有以下这些说法:

> 心是活物。(《日录》)
> 心本太虚也。(同上)
> 人心禀至灵。(《文集》卷六《诗·晓起即事》)
> (心是)虚灵之府,神明之舍。(《文集》卷三《浣斋记》)

要而言之,心是指人的一种道德意识、知觉活动,从其根本特征来看,具有"虚灵明觉"或"湛然虚明"之特征。由于人心易受后天的习染、环境的影响,人的"本心"也就未免容易收到扰乱而变得"浑浊"。因此重要的是,必须以"敬义挟持,明诚两进"(娄谅《康斋先生行状》)的方法(实即程朱的居敬功夫),来整顿"自心",收拾身心,使其恢复"湛然虚明"。他说:

> 人须整理心下,使教莹净,常惺惺地方好,此敬以直内工夫也。嗟夫!不敬则不直,不直便昏昏倒了,万事从此坠,可不惧哉?(《日录》)
> 一事少含容,盖一事差,则当痛加克己复礼之功,务使此心湛然虚明,则应事可以无失。静时涵养,动时省察,不可须臾也。苟本心为事物所扰,无澄清之功,则心愈乱,气愈浊,梏之反复,失愈远矣。(同上)

应当承认,上述所谓"常惺惺"、"敬以直内"、"静时涵养,动时省察"等说法,无非就是程朱理学所说的一套工夫论主张,并无特异之处,然而吴与弼再三强调"涵养本心"的重要性,他甚至说:"玩《中庸》,深悟心学之要,而叹此心不存。"(《日录》)将《中庸》所说的"戒慎恐惧"之工夫以及"存心"工夫称为"心学之要",从根本上说,这与程朱理学所注重的向外求理、格物致知的为学方向有所不同,凸现其思想具有一种"返求诸己"、向内用功的趣向。当然,吴与弼所说的"心学",与我们今天所指称的"陆王心学"中的"心学"这一概念,在内涵上是不同的,但是他的"返求诸己"的思想趣向对胡居仁和陈献章均产生了深刻影响,胡居仁且不论,从某种意义上说,陈献章的心学思想未尝不是从刻苦"存心"的践履中开出。

总之,吴与弼在思想上并没有独特创新,其为学志向也不在于建构学说体系,他严格按照理学的方法,一生刻苦实践,注重"涵养本心",提倡"安贫乐道",追求一种"苟得本心,随处皆乐"(《日录》)的精神境界,非常强调"须用刻苦"(同上)、"努力向前"(同上)、知难而进这样一种"自强不息"的精神作用。从他的身上可以看出,明初理学对向外穷理、章句训诂之学的兴趣渐渐淡薄,转向对内在心性的涵养以及恢复"本心"等工夫问题的重视。明末大儒刘宗周对吴与弼的思想曾有这样的评述:

> 先生(吴与弼)之学,刻苦奋励,多从五更枕上,汗流泪下得来……盖七十年如一日,愤乐相生,可谓独得圣贤之心精者。至于学之之道,大要在涵养性情,而以克己安贫为实地。此正孔、颜寻向上工夫,故不事著述而契道真,言动之间,悉归平淡……薛文清(薛瑄)多困于流俗,陈白沙(陈献章)犹激于声名,惟先生醇乎醇。(《明儒学案·师说》)

应当说,这一评价和定位是符合吴与弼的思想实际的。

二、胡居仁:主敬穷理

胡居仁(1434—1484)号敬斋,江西余干人。《明史·儒林传》称:"以主忠信为先,以求放心为要,操而勿失,莫大乎敬,因以敬名斋……人以为薛瑄之后,粹然一出于正,居仁一人而已。"对其思想之特征作了大致的概括。

胡居仁入吴与弼门下后,遂绝意科举,一生不仕,居家读书,信从程朱理学,尤对居敬学说尊信不疑,在这一点上,胡居仁受到了吴与弼的深刻影响。不过,在其他一些方面,胡居仁对其师说(譬如,有关"乐"的精神境界)则有所不取。在吴与弼门下,胡居仁可谓是最为笃信程朱之学,其对同门陈献章、娄谅屡有批评。

关于儒学工夫的问题,胡居仁指出:

> 儒者工夫自小学洒扫应对、周旋进退、诗书礼乐、爱亲敬长、毕恭毕敬,无非存心养性之法,非僻之心在这里已无。及长则主敬穷理并进交养,戒谨恐惧,诚恐一事有差,则心无不存、理无不在。(《居业录》卷七)

表面看来,"洒扫应对"与"主敬穷理"是分别针对孩提和成人而言,亦即古代所谓的"小学"和"大学"之别。其实,作为"存心养性之法",两者在本质上是相通的,只是对于成人来说,更要自觉地做一番"主敬穷理"的工夫,而不能停留于"洒扫应对"的工夫层面。那么,何谓"主敬穷理"?首先,"主敬"也就是"居敬",是程朱理学所主张的主要工夫,胡居仁对此有一番详细的分析:

圣贤工夫虽多,莫切要如敬字,敬有戒谨底意思,敬有肃然自整底意思,敬有卓然精明底意思,敬有湛然纯一底意思,故圣学就此做根本,凡事都靠着此做去,存养省察皆由此。(《居业录》卷二)

敬该动静,静坐端严,敬也;随事检点致谨,亦敬也。敬兼内外,容貌庄正,敬也;心地湛然纯一,敬也。(《明儒学案》卷二《崇仁学案》)

端庄严肃、严威俨恪,是敬之入头处;提撕唤醒,是敬之接续处;主一无适、湛然纯一,是敬之无间断处;惺惺不昧、精明不乱,是敬之效验处。(同上)

以上这些讲的都是居敬工夫的具体内容,其中涉及到戒谨恐惧、湛然纯一、端庄严肃、提撕省察、主一无适、惺惺不昧、精明不乱等内容。所有这些说法,其实都没有超出程朱理学对居敬工夫的规定,胡居仁反复重申理学中有关居敬工夫的各个方面,只是突出了居敬工夫的重要性。其中,"圣学就此做根本"一句,颇能反映他将"居敬"视作圣学的根本工夫这一思想特质。

然而,胡居仁又为何在另一方面强调"穷理"呢?对于上述"主敬穷理并进交养",又应如何理解?先来看二段资料:

理与气不相离,心与理不二。心存则气清,气清则理益明,理明气清则心益泰然矣。故心与气须养,理须穷,不可偏废。(《居业录》卷一)

吾儒心与理为一,故心存则理明……释氏则心与理二,故心虽存亦无理。(同上)

在胡居仁看来,只讲存心而不讲穷理,这是吾儒与佛教的根本区别之所在,佛氏所讲的"心"是空无一物的,而儒家所讲的"心"则有"理"作为其真实内涵,由于儒家主张"心与理一"(按,其实就是朱熹的说法),因此存心的同时,理亦须穷,换言之,两者"不可偏废"。可见,穷理与存心是一而二、二而一的关系。然而,究极而言,正如"心存则理明"所表明的那样,存心工夫更为根本,更为重要。从以上第一段资料来看,胡居仁的思路是:由心存而气清,气清则理明。换言之,工夫的顺序应当是:由存心而养气而穷理。也正由此,故胡居仁在另处则说:"学者先当理会身心,此是万事根本。"(《居业录》卷三)要之,他所说的"穷理",虽也包括读书穷理的涵义,但是即物穷理、向外求知的意味却是比较淡薄的。极端地说,在胡居仁的观念中,"理会身心"、"存心养性"未尝就不是"穷理"。所以,胡居仁非常强调"体验",即便是读书,也要结合自身的体验去加以理会,否则就不能将书本知识化为己有,他说:"体验二字,学者最亲切,读书皆须体验,放自己身上来,不然书自书,我自我矣,济甚事?"(《居业录》卷二)而在他看来,所谓"体验",其根本方法就是居敬,因此在方法论上最终还是要回到居敬。

那么,什么叫"存心"?胡居仁指出,儒家的存心与"禅家存心"不同,禅家的所谓存心,是指"空其心"、"制其心"、"观其心",而儒家的存心则是"内存诚敬,外尽义理"(《明儒学案》卷二《崇仁学案》)。也就是说,儒家的存心工夫是以主敬穷理为其真实内涵的。所谓"内存",是指"敬以直内";所谓"外尽",是指"义以方外"。要之,从内在的心灵意识来说,存心是要求保持一种诚敬的道德意识状态,从心灵意识的外化作用来说,通过存心可以实现人的社会道德义务。其中,敬的工夫是贯穿内外、动静的,无论有事还是无事,无论动还是静,都必须贯彻敬字工夫。所以说:"敬之所以贯乎动静,为操存之要法也。"(同上)"敬"对于人的心灵意识来说,是任何时间状态下都应保持的一种根本态度。

总之,居敬或主敬,对于胡居仁来说,具有十分重要的方法论意义,相应地,那种向外求知的穷理工夫,在他的工夫论体系中,则要归属于存心养气。也就是说,他对程朱理学所强调的穷理工夫作了某种重新诠释,将其纳入到道德践履的范围之内,他在工夫论上更注重或者偏向于向内用功,强调在自己身心上着实体验,这是其思想的一个主要特质,同时也是他自己一生的得力处。就此而言,他忠实继承了吴与弼的重实践的思想观点。这一倾向于心性体验的为学主张,事实上已经在无形中转变了他自己所坚信的程朱理学。然而,他基于自己的这一"主敬"主义的思想立场,竭力反对一味"求乐"的思想趋向,特别是针对陈献章崇尚自然、追求洒乐等具有心学倾向的思想学说更有诸多严厉的批评,这不惟与吴与弼"愤乐相生"的思想精神不相契合,同时也表明其思想仍然处在理学的绝对影响之下。

第三节　陈献章与湛若水

陈献章(1428—1500)字公甫,号石斋,广东新会人,因居白沙村,故世称"白沙先生"。其家学背景复杂,据说其祖父"好读老氏书,尝慕陈希夷之为人"(《白沙先生行状》),其父"尤究心理学"(《陈白沙先生年谱》卷一),其母则是佛教信徒,"颇信浮屠法"(同上)。可见,其家学背景具有亦儒亦道亦佛的因素。陈献章自己应是儒学信徒,一生多次参加科举考试,20岁乡试及格,其后两次参加会试,均落第。1466年,游太学,以其才学,"名振京师"。1469年,第三次参加会试,又落第。1482年,屡受推荐,次年应召入京,寻闻母病而乞归终养老母,得授翰林检讨之职而归。归后,遂不复出,居家讲学。万历十二年(1584)从祀孔庙。

1454年,陈献章在江西师从吴与弼,从学半年,"然未知入处"(《陈献章集》卷二《复赵提学佥宪》),相传吴与弼常要他一起参加农田劳作。返家后,闭户读书,筑阳春台,每日静坐,不出户者十余年,终由静坐体验悟"自得之学",从而建立了他自己的一套思想学说。

从其生涯来看,除了晚年得到一个荣誉官职以外,基本上是以布衣身份终其一生,这一点与其师相似;从其为学经历来看,他师从吴与弼仅有半年,且无所得,主要靠自己刻苦钻研、力行践履。就是这样一位生平非常平淡的人物,却为明代思想开出了新的风气。阳明弟子王畿称:有明学术,至白沙始入精微,至阳明始为广大,这段话为黄宗羲所认同(《明儒学案》卷五《白沙学案》)。刘宗周则指出:明初诸儒惟有陈献章"独开门户,超然不凡"(《明儒学案·师说》)。可谓评价不低。

著作有今人标点本《陈献章集》(北京:中华书局,1987年)。

一、静坐中养出端倪

据陈献章自己的回顾,他在27岁从吴与弼问学后,发愤攻读儒家典籍,"然未知入处",归家以后,每天与书册为伴,忘寝废食,历经多年,"而卒未得焉",所谓"未得",是指"吾心与此理未有凑泊吻合处也"。陈献章接着说道:

> 于是,舍彼之繁,求吾之约,惟在静坐。久之,然后见吾此心之体隐然呈露,常若有物。日用间种种应酬,随吾所欲,如马之御衔勒也。体认物理,稽诸圣训,各有头绪来历,如水之有源委也。(以上均见《陈献章集》卷二《复赵提学佥宪·一》)

从中可以看出,陈献章也经历了与王守仁在"龙场悟道"前后所经历过的思想苦闷:心与理未能合一。但与王守仁通过一番"动性忍心"的人生体验而终于悟出"吾性自足"的道理不同,陈献章非常明确而又坦白地承认:打破"吾心与此理"之对峙僵局的关键在于"静坐"。而且,久而久之,静坐体验带来了这样的效应:"吾此心之体隐然呈露,常若有物。"所谓"隐然呈露,常若有物",到底有何具体所指?若以儒学的理性传统来判断,似难以作出合理的解释。有一点是不容否认的,陈献章的这一静坐体验类似于此前宗教研究中早已被揭示的神秘经验[1]。不过,在心学传统中,对于这类体验不妨解释成为是在静中所呈现的"心体"。用陈献章的另外一种说法,就是指"在静坐中养出端倪"(《陈献章集》卷二《与贺克恭黄门·二》)的所谓"端倪"。

何谓"端倪",其实亦颇费解。此词原意是指初始状态或萌芽状态,语见《庄子·大宗师》:"反复终始,不知端倪。"但具体结合陈献章的场合来看,在当时及其晚明时代,已有多种解释。归纳而言,大致有两种解释:一是作道德解,一是作神秘解。前者如王畿、罗汝芳,他们将"端倪"比附于孟子的"四

---

[1] 在近代学者中,对儒学传统中的神秘主义问题有所关注者,似始于冯友兰,见其发表于1927年的《中国哲学中之神秘主义》(《三松堂学术文集》,北京:北京大学出版社,1984年)。

端"说,认为是指道德意义上的"善端"或"仁体"、"良心"(见《龙溪王先生全集》卷七《南游会纪》;《明道录》卷二);后者如许孚远、刘宗周,他们认为陈献章所说的"端倪"是指"元神灏气"或"气"之"精魂"(见《敬和堂集》卷二《答沈实卿》;《明儒学案·师说》)。这两种解释也许各有道理,关键要看解释的角度和立场。从心学的立场看,"端倪"可以解释为心之本体的崭露,亦即"善端"的呈现;从批判的角度看,"从静坐中养出"的所谓"端倪",必与"静坐"有关,故应理解为是练气的一种结果或效验。在我们看来,"从静坐中养出端倪",就其行为方式而言,有神秘体验的一面;就其结果而言,"端倪"除了神秘因素以外,又可指伦理意义上的"善端"。例如,陈献章在其他场合就曾明确说过"养善端于静坐"的观点,他指出:

> 求义理于书册,则书册有时而可废,善端不可不涵养也……文章、末习、著述等路头一齐塞断,一齐扫去,毋令半点芥蒂于我胸中,夫然后善端可养,静可能也。(《陈献章集》诗文补遗《与林缉熙·十五》)

再说,陈献章在上述回顾的末尾,又作了这样的表示:"于是,涣然自信曰:'作圣之功,其在兹乎!'有学于仆者,辄教之静坐。盖以吾所经历粗有实效者告之,非务为高虚以误人也。"(《陈献章集》卷二《复赵提学佥宪·一》)这段话说明,陈献章对他自己的"静坐"体验非但毫不讳言,而且相当自信,甚至将此看作是"作圣"的工夫和进路。他还从理学史的角度强调指出,静坐是自周敦颐以来理学的固有传统,程朱之所以讳言"静"而主张"敬",完全是由于另有原因,他们担心的是"恐人差入禅去",如果自己的立场坚定,则不但不用害怕误入歧途,而且还应当知道静坐是入圣的基本进路。也就是说,在他的观念中有一种倾向:把静坐看作是超越教派的普遍教法,不管是佛教还是儒家,都可以堂堂正正地使用静坐方法(参见《陈献章集》卷二《与罗一峰·二》)。

总的来说,静坐对于陈献章的思想形成无疑具有决定性的作用,通过静坐使心体呈露或涵养善端,本质上是一种"求之吾心"的为学方法,亦即体验内心的工夫进路,就此而言,确是开了明代心学之先河。另一方面也应看到,他的静坐体验有神秘因素,并受到了后人的极大关注,从历史上看,其影响是非常深远的。

二、以自然为宗

《明史·陈献章传》述白沙之学曰："学以自然为宗。"刘宗周亦云："先生（陈献章）学宗自然。"（《明儒学案·师说》）将陈献章的思想宗旨归纳为"以自然为宗"。这一说法是有陈献章的自说为依据的，他曾明确指出："学者以自然为宗"，"此学以自然为宗。"（《陈献章集》卷二《复赵提学佥宪》）

陈献章所谓的"自然"，大致有三层含义：一指存在原理，一指为学方法，一指精神境界。

首先，"自然"是对某种存在状态的描述，程朱曾有"天理自然"和"天道自然"的观点，讲的是天理或天道具有自然而然、不假人力安排的特征，因此在工夫论问题上也就要求做到"顺理自然"（参见《程氏遗书》卷十八），不可有丝毫的私意安排。陈献章弟子湛若水对"自然"一词有简洁明了的解释："夫自然者，天之理也。理出于天然，故曰自然也。"（《重刻白沙子全集序》）这是就"天理自然"的角度而说的，是指"道"或"理"的存在原理。陈献章则有"天道至无心"、"圣道至无意"（《陈献章集》卷一《仁术论》）之说，其意亦与"天道自然"说相同，其中"无心"、"无意"是指对意识的超越。同时陈献章又讲"万化自然"，指出：

> 天命流行，真机活泼……万化自然，太极何说？（同上书卷四《示湛雨》）

> 宇宙内更有何事？天自信天，地自信地，吾自信吾。（同上书卷三《与林时矩》）

他认为宇宙万物都是按照"自然"规律展开自身运动的，一切自然变化与后天人力无关。讲的主要是一种宇宙观。

基于这种宇宙观，陈献章在工夫论问题上，强调了"贵自然"的思想，指出：

> 学患不用心，用心滋牵缠。本虚形乃实，立本贵自然……寄语了心

人,素琴本无弦。(同上书附录一《答张内翰廷祥书括而成诗呈胡希仁提学》)

色色信他本来,何用尔脚劳手攘?(同上书卷二《与林郡博》)

古之善学者,常令此心在无物处,便运用得转耳。学者以自然为宗,不可不着意理会。(同上书卷二《与湛泽民·七》)

可见,他竭力反对人为的意识强制、安排造作,突出强调了为学过程中顺其本心"自然"的重要性。就此而言,这一"以自然为宗"的主张对于程朱理学那种注重书本、讲求知识积累的思想倾向具有批判的意义。

同时,崇尚"自然"的态度本身成了一种处世哲学和精神境界,他说:

出处语默,咸率乎自然,不受变于俗,斯可矣。(同上书卷二《与顺德吴明府》)

自然之乐,乃真乐也。宇宙间复有何事?(同上书卷二《与湛泽民·九》)

在他看来,"自然"可以为人带来精神上的快乐和愉悦,换种说法,人在精神上的真正快乐源于"自然"。按他的思路,自然既是心灵体验的一种方法,因而具有方法论上的意义,同时,自然本身又是一种精神境界,是拒斥人为意识强制的一种快乐境界。从儒学史的角度看,自孔子时代起,就有"孔颜乐处"、"曾点乐处"的传统,陈献章以"自然"来解说"真乐",自有其儒学思想之传统作为依据,而在明代思想的背景之下,很显然,这种讲求"自然"、追求"真乐"的主张注重的是人的内心体验,与向外穷理的为学方向有着根本不同,具有开启心学思潮的思想意义。

然而也应看到,如果过于强调修养工夫的"自然"层面,则有可能忽视修养工夫的"勉然"层面,甚至有可能坠于"任心而行"的窠臼之中。从思想史的角度看,在工夫论上崇尚"自然"的学术主张对心学思潮及其末流产生了重大影响(包括负面影响)。罗钦顺指出:"近世道学之昌,白沙不为无力,而学术之误,亦恐自白沙始。"(《困知记》卷下)顾宪成说:"白沙先生以自然为宗,近世学者皆宗之,而不思不勉之说盈天下矣。"(《小心斋札记》卷十三)刘宗周亦云:"今考先生(陈献章)证学诸说,大都说一段自然工夫高妙处不容凑泊,终是精魂作弄处。"(《明儒学案·师说》)不过,黄宗羲从另一角度对陈献章的思想特质作出了较高的评价,他首先引用了与陈献章过从甚密的当时名儒罗伦的说法:"白沙观天人之微,究圣贤之蕴,充道以富,崇德以贵,天下之物,可爱可求,默然无动于其中。"随后指出:"信斯言也!故出其门者,多清苦自立,不以富贵为意,其高风之所激,远矣。"(《明儒学案》卷五《白沙学案》)这一评价是很中肯的,值得重视。

总而言之,陈献章的思想特质集中表现在这样一个方面:重视躬身实践、讲求内心体验,他对宇宙问题以及儒家学说的关怀,最终都在自身体验上加以落实,因而其思想意趣并不表现为追求建立一套完整的理论体系,他对后世的影响主要是一种精神上的激励:要求人们"自立"、"自强"、"自得"。他的思想在批判理学、开启心学的时代潮流中占有十分重要的地位。

三、湛若水的心学思想

湛若水(1466—1560)字元明,号甘泉,广东增城人。湛若水在弘治七年(1494)拜师于陈献章,弘治十八年(1505)及第进士,此后历任讲学侍读、南京国子监祭酒、南京礼部、吏部和兵部尚书等官职,特别是在南京担任祭酒期间,从学者累计达数千人,1540年,致仕归乡。晚年居家著述讲学。其主要著作为《湛甘泉先生文集》(清康熙二十年序刻本,以下简称《甘泉文集》)[1]。

湛若水为陈献章的得意大弟子,在他及第进士的同一年,与王守仁在京相识,两人志同道合,尤对程颢的"仁者以天地万物为一体"的思想非常倾倒,而以"倡明圣学"共勉,并为毕生志愿,在心学思潮形成之初,两人起到了重要的作用。然而湛王两人的学术宗旨略异,形成了"王湛之学"的不同学派,诚如黄宗羲所说:

先生与阳明分主教席,阳明宗旨致良知,先生宗旨随处体认天理,

---

[1] 此外尚有多种重要刻本,可参见乔清举:《湛甘泉哲学思想研究》(台北:文津出版社,1993年)附录《甘泉生平著作考》。

学者遂以王湛之学,各立门户。(《明儒学案》卷三十七《甘泉学案》)

但总的说来,湛学派始终没有超过王学派的势头,甚至陈献章开创的"江门心学"之精神在湛若水的时代也已不复为继。导致这一结果的主要因素是湛若水的心学理论趋于庞杂而不简明,不免缺乏阳明心学的那种思想魅力。此外,湛学游离于理学与心学之间,企图将两者调和起来(参见陈来《宋明理学》第五章),也是其重要原因之一。这种调和主义之思想倾向是与当时的心学思潮的发展趋向不相吻合的,也正由此,湛学派难以承担起进一步推动心学运动的主要力量。

我们说湛若水的心学理论未免趋于庞杂而不简明,可以通过分析他的思想宗旨"随处体认天理"而略窥一斑。该命题的提出,最早见于《上白沙先生启略》,此说得到了其师陈献章的赞许,陈在复信中指出:"日用间随处体认天理,着此一鞭,何患不到古人佳处也。"(《陈献章集》卷二《与湛民泽·十一》)时在弘治十年(1497),湛若水时年32岁。不过,在理论上对此命题的进一步阐发,则要经过若干年的岁月。

湛若水在《上白沙先生启略》一书中,首先说道他对于程颢的"吾学虽有授受,'天理'二字却是自家体认出来"以及朱熹之师李侗的"默坐澄心,体认天理"的观点,"一旦忽然若有所悟",进而指出:

> 愚谓"天理"二字,千圣千贤大头脑处……若能随处体认真见得,则日用间参前倚后,无非此道。(明嘉靖十五年刻本《甘泉先生文集》内编卷十七)

由此可见,在"体认天理"之上还须加上"随处"二字,这才是他"忽有所悟"的真实内容。其实,"随处"二字在宋明儒学的思想术语中,本无特别深意,朱熹说过:"人欲尽处,天理浑然,日用之间,随处发见。"(《朱熹集》卷五十一《答万正淳》)这里所谓的"随处"亦即通常所说的"到处"之意。那么在湛若水那里,他所强调的"随处",究竟何指?我们来看一下湛若水的表述:

> 明道看喜怒哀乐未发前作何气象,延平默坐澄心体认天理,象山在人情事变上做工夫,三先生之言,各有所为而发,合一用功乃尽也。所谓随处体认天理者,随未发已发、随动随静,盖动静皆吾心之本体,体用

一原。(《甘泉文集》卷七《答孟津》)

此处所引宋儒之言较诸《上白沙先生启略》,多了一段陆九渊语,尤应注目。意思是说,他分别从程颢那里吸取了"天理",从李侗那里吸取了"体认",而从陆九渊那里则拈出了"随处"之义,并将三者糅合而成"随处体认天理"。由上文来看,他所说的"随处",是指"随未发已发"、"随动随静",要之,随处的"处"是一个时空概念。此外,他在与王守仁讨论"格物"问题时对"随处体认"之说也有强调。按照王守仁的说法,格物就是"正念头",是"随事就物上"致其良知,而湛若水的"随处体认天理"之说则在"命意发端处,却似有毫厘未协"。为什么这样说呢?因为在王守仁看来,湛若水不仅"说话太多",不够"明白浅易",未得"圣学"之要领(《王阳明全集》卷五《答甘泉·辛巳》),而且"随处体认天理"的主张,有求理于心外之弊,毕竟与致良知之说"尚隔一层"(同上书卷六《寄邹谦之·一》)。显然,这是王守仁基于自己的"心即理"这一心学立场所作的评判。对于这一批评,湛若水反驳道:

吾兄(王守仁)疑仆"随处体认天理"之说为求于外,若然,不几于义外之说乎?求即无内外也,吾之所谓"随处"云者,随心、随意、随身、随家、随国、随天下,盖随其所寂所感时耳,一耳。(《甘泉文集》卷七《答阳明王都宪论格物》)

必须指出,湛若水用"随心、随意……"等措辞来说明"随处"的涵义,这正是王守仁所批评的不够"明白浅易"以及求理于外的症结所在,因为如果正像湛若水所说的那样,必须从身、心、意、知直到家、国、天下,处处"体认天理",才是"格物",那么这在王守仁看来,无疑就是变相认定"理"不在心中而在于心外。若此,也就从根本上违背了"心即理"这一心学的基本原理。

这里就涉及到心与理的关系问题,关于这一问题,湛若水曾明确表示:

天理者,吾心本体之中正也。(同上书卷三《雍语》)
心外无理。(《明儒学案》卷三十七《甘泉学案》)
吾所谓"体认天理"者,体认于心,即心学也。(同上)

这是说,所谓"天理",是指心之本体的"中正"状态,换言之,"天理非外也……心得中正,则天理矣"(《甘泉文集》卷七《答聂文蔚侍御》),由此,"体认天理"也就不是向外求理,而应当是"体认于心",这也就是"心学"。他甚至宣称"圣人之学,心学也"(同上书卷二十《泗州两学讲章》)。可见,他不仅对于"心外无理"这一心学的重要命题有基本认同,而且在"心学"问题上,对于王守仁的"圣人之学,心学也"(《王阳明全集》卷七《象山文集序》)之说也抱有基本共识。在此意义上可以说,湛若水思想的基本特性仍是"心学"。同时也应看到,湛若水强调"随处体认天理",旨在将《大学》八条目的全部内容贯穿起来,在他看来,不仅程子所谓的"至其理乃格物也"之说亦即"体认天理"之意,而且"正心、诚意、修身、齐家、治国、平天下"也都"无非随处体认天理"而已(同上书卷七《答王宜学》)。应当说,这才是"随处体认天理"之说的实质内容。这一观点与程朱理学之注重于穷究事物之理的格物说在思想旨趣上是有所不同的。湛若水将"格物"理解为是体验"吾心本体"之天理的过程,在某种程度上可以说,与王守仁企图将"身心意知物"等为学工夫合而为一的心学倾向具有一致性。故而王守仁也承认"随处体认天理之说,大约未尝不是"(《王阳明全集》卷六《寄邹谦之·一》),给予了一定的评价。

最后需要指出三点:

一、湛若水的"随处体认天理"之说重在"随处"两字,以为这样一来就可以打通《大学》八条目等一切工夫;另一方面,通过将"天理"定义为"心得中正"或"吾心中正之体"(《甘泉文集》卷八《新泉问辨录》),以为如此就可以将心与理、内与外统合起来,表现出其思想具有一种将不同方面加以"合一"的特征。按王守仁的判断,他强调"体认天理"的目的是"为世之所谓事事物物皆有定理而求之于外者言之耳"(《王阳明全集》卷六《寄邹谦之·五》),换言之,也就是为了反对程朱理学的那套"即物穷理"的学说,因为所谓"即物穷理",正是建立在"事事物物皆有定理"这一基本观念之上的。就此而言,湛若水的以"随处体认"为主要特色的格物说,对程朱理学主张的被心学家认为未免有"逐物"之弊的格物说是一种纠正,而这一纠正是建立在"心外无理"、"理即心也"(明万历七年刻本《甘泉文集》卷三《雍语》)的观念基础之上的。可以说,湛若水的思想带有心学的基本特质。

二、与此同时,湛若水所理解的"心"是"包乎天地万物之外,而贯乎天地万物之中者"(《甘泉文集》卷二十一《心性图说》),而"包与贯"、"中与外","实非二也"(同上),可见,其所谓"心"具有"无所不包"、内外合一的特征。因而在他看来,王守仁所讲的"心"只是"指腔子里而为言者也",而他自己所讲的"心"则是"体万物而不遗者也,故无内外"(同上书卷七《答杨少默》)。这说明湛若水的心体概念主要是指通贯万物的存在实体,而王守仁说的心体主要是指自能判断是非善恶的道德意识。结合"随处体认天理"的命题来看,由于"心"是通贯万物的存在,所以"心"既是体认天理的主体(心体万物),同时也是体认天理的对象(心得中正)。他认为,坚持这一思想立场就可以一方面避免将理视为外在物的错误观念,另一方面也可克服将心体意识视为现成具足的、直接等同于天理本身的思想弊病。故此,他对于王守仁的良知概念特别是阳明后学中的"现成良知"说表明了自己的批判态度(参见同上书卷二十三《天关语通录》),显示出其思想与阳明心学的分歧。

三、湛若水既以"吾心中正之体"来界定"天理",企图纠正程朱理学在格物问题上逐物遗心之偏向;同时又强调了"心包万物"的观点,避免将"心"片面地理解为是个体的道德意识,从而对"发明本心"以及以"正念头"释格物这一陆王心学的思想旨趣提出了批评。与此同时,在如何"体认天理"的具体问题上,湛若水也竭力反对"静坐"而强调了"主敬"工夫的重要性,这表明其思想走向已不同于陈献章而有取于程朱理学的居敬涵养之思路,而且他又以"勿忘勿助"来界定"主敬"工夫,而"勿忘勿助"也就是强调应当自然地保持心理意识的无过不及的中正状态,并提出了"以自然工夫合自然本体"(同上)的观点,由这一方面又可看出他受到了陈献章的"以自然为宗"的思想影响。

总之,湛若水在推动明代心学思潮等方面,起到了重要作用,应当说,其思想的基本属性是心学而非理学,同时他在心性功夫等问题上,又与阳明心学坚持以循其良知为根本功夫的思想旨趣不尽一致。不过,湛若水最终认为自己的学说主张与王守仁的思想观点在原则问题上是可以互补的,他说:"良知必用天理,天理莫非良知。以言其交用则同也。"(同上书卷三十一《阳明先生王公墓志铭》)尽管如此,从历史上看,湛若水的心学思想在社会上所造成的影响远远不如阳明心学,其中虽有种种外部因素,但主要原因应是湛若水自身的心学理论未免庞杂而缺乏鲜明的个性色彩,例如他所坚持的"随处体认天理"的命题,事实上难以构成对理学的有力批判,从中也很难令人感受到心学的思想魅力。

思考题：
1. 试述明初理学的转向。
2. 试述薛瑄有关气的问题的主要观点。
3. 试析"静坐中养出端倪"。
4. 试析"随处体认天理"。

参考书目：
1. 陈　来：《宋明理学》,华东师范大学出版社,2004年第2版。
2. 张学智：《明代哲学史》,北京大学出版社,2000年。
3. 章　沛：《陈白沙哲学思想研究》,广东人民出版社,1984年。
4. 古清美：《明代理学论文集》,台北大安出版社,1990年。
5. 祝平次：《朱子学与明初理学的发展》,台北学生书局,1994年。

第三章 心学思想

第一节 王守仁

在宋明理学史上,王守仁是与朱熹并列的大思想家,他所开创的心学思想体系,后人称之为阳明学。自16世纪20年代以降,直至明朝灭亡(1644年)为止,阳明学形成了一股足以与朱子学相抗衡的思想风气。随着阳明学的盛行,使得明代中晚期的学术界开始呈现出一种新的思想活力。

王守仁(1472—1529),字伯安,号阳明,浙江余姚人。阳明出身于仕宦世家,其父王华为状元,家道由此中兴。阳明年轻时受到传统的儒家教育,28岁及第进士,其后在仕途上历经坎坷,特别是在正德年初,阳明由于不满宦官干政,仗义执言而被捕入狱,后被贬谪到贵州龙场驿。在那里,阳明经过一番"动心忍性"的刻苦磨炼,终于悟出了"圣人之道,吾性自足"的道理,标志着其心学思想的初步形成,史称"龙场悟道"。时年37岁。在此前后,阳明提出了"心即理"和"知行合一"的重要命题,直至50岁左右,又提出了"致良知"的命题,标志着阳明思想的最终形成。阳明一生屡建事功,生前即被封为新建伯,享受到世袭俸禄的待遇。然而死后不久却由于政治和思想上的种种原因,受到打压,被剥夺封号。直到隆庆年后,才恢复名誉,万历十二年(1584),得以从祀孔庙。

阳明的主要著作为《传习录》,(本文所引《传习录》条目数字,据陈荣捷《王阳明传习录详注集评》,台北:学生书局,1983年)。后人将其著作汇编为《王文成公全书》(共三十八卷),明隆庆二年(1568)刻本,后被收入《四部丛刊》初编。今有标点本《王阳明全集》(以下简称《全集》,上海古籍出版社,1992年)。

一、心 即 理

"心即理"是阳明开创的心学思想的标志性命题,与程朱理学所信奉的"性即理"形成了鲜明的对照,通常认为这是阳明学的第一命题。要了解阳明思想,有必要从"心即理"说起。

我们知道,阳明年轻时,受到的是传统的儒家教育。由于科举制度与程朱理学的结合,因而当时的年轻学子无不从研读程朱理学的课本着手,阳明亦莫能外。他在青年时,深信朱熹的"一草一木,皆涵至理"的说法,以为只要通过"即物穷理"的方法,就可以把握事物之理,以此便可逐步成就圣贤。21岁时,阳明与一位朋友一起,以庭子中的竹子为"格物"的对象,冥思苦想地"格"了七天七夜,最终不但毫无见效,反而因此而病倒。这件事对阳明的思想打击很大,他一时失去了信心,感到自己没有多大力量去做圣贤之事了。表面看来,这一事件本身似无特别之处,但是事实上却蕴含着重要的象征意义:意味着阳明开始对程朱理学的那套格物穷理之说产生了怀疑,心—理的关系问题如何把握始终萦绕在他的心灵深处。因此直到晚年,他与弟子谈起这一"格竹"事件,仍然记忆犹新。

阳明心中的疑团得以解开,是在"龙场悟道"之时。据《阳明年谱》的记载,他在当时困苦的生活环境中,每天默然端坐,以求达到"静一"之境,常常心中默念:"圣人处此,更复何道?"终于在某一天夜里,恍然大悟,"始知圣人之道,吾性自足,向之求理于事物者,误矣。"这是说:他终于在格物问题上摆脱了朱子学的困扰。据《年谱》载,这次领悟是"大悟格物致知之旨",然而就其思想实质而言,这次体悟实际上是对"心即理"这一心学命题的根本自觉。"吾性自足"四字实际上就是"心即理"的注脚,因为这里所说的"性"亦可换作"心"。这四个字的实际涵义在于:理并不是来自于外部事物,而是内在于人们的性(心)中。龙场以后,他开始明确提出了"心即理"的命题。最早的相关记录见诸阳明与其弟子徐爱的对话:

爱问:"至善只求诸心,恐于天下事理有不能尽。"先生曰:"心即理也。天下又有心外之事?心外之理乎?"

爱曰:"如事父之孝,交友之信,其间有许多理在,恐亦不可不察。"先生叹曰:"此说之蔽久矣,岂一语所能悟!今姑就所问者言之。且如事父,不成去父上求个孝的理;事君,不成去君上求个忠的理;交友治民,不成去友上、民上求个信与仁的理?都只在此心,心即理也。此心无私欲之蔽,即是天理,不须外面添一分。以此纯乎天理之心,发之事父便是孝,发之事君便是忠,发之交友治民便是信与仁。"(《传习录》上,第3条)

这里徐爱提了两个问题,意思大致是一样的。问题的实质是:求"至善"只在自己的心里求,那么对于天下众多事物之理,也就未免有所疏忽。显而易见,在这个问题的背后隐伏着朱子学的一个基本思路。按照朱子学的理论,事事物物皆有"定理",这是一个基本事实,因此人们只有通过"即物穷理"的方法,才能把握这个理。其实,关于这一点,《传习录》上卷的第2条已有记录,阳明针对朱熹的这一观点,指出:"于事事物物上求至善,却是义外也。至善是心之本体。"阳明此说的前提是,所谓"定理",应是指"至善"之理——亦即伦理之理。进而言之,作为道德原理的"至善"不可能存在于外部事物,否则也就犯了孟子所批评的"义外"的错误,亦即把"义"这一道德原则看作是外在的,是必须从外在物而不是从自己身上去寻找。在阳明看来,这显然违背了"善"是人心之本质这一伦理事实。

上述徐爱的问题就是针对阳明的这一观点而提出的。对此,阳明的回答非常明确:"心即理也。"接着他打了一个比方,比如侍奉父亲,要讲求一个孝心,这颗孝心是存在于父亲的身上呢?还是存在于为人之子的身上呢?很显然,我们总不能去父亲身上寻求孝心,因为孝心必然存在于孝子的心中。以此类推,事君、交友、治民所讲求的忠诚、笃信、仁爱,也是一样的道理。也就是说,忠信仁孝等道德原理都存在于行为主体的心中,而不能是存在于行为对象的身上而后才去追求它、实现它。因此,结论就是:"心即理也。"为什么呢?因为只要此心无一丝一毫的私欲遮蔽,那么此心就是纯粹的天理,依照"纯乎天理之心"去侍奉父亲、服从君王,那么就自然合乎忠孝之道。换言之,只要保持此心无丝毫人欲、"纯是天理"的本然状态,那么行之于事,就自然会合乎伦理准则。所以说,"纯乎天理"之心是使得行为"自然"合乎道德规范的根本保证。以上,就是阳明提出"心即理"命题的一个基本思路。在这一思路当中,涉及到心与理的关系问题,而对这一问题的根本理解又与如何把握"心"和"理"这两个概念的问题有关。

我们知道,在朱熹哲学中,"心"之概念主要是作为人的意识活动、知觉能力这一知性范畴来理解的,当阳明说"心即理"的时候,此所谓"心"主要是指"心之本体"或"心体"而言,亦即相当于孟子学意义上的"本心"概念,意谓道德的善是人心之本质,是善的行为或意识的根源性存在,绝非是一般意义上的感官知觉或知性能力。正是在此意义上,故阳明说:

> 所谓汝心,亦不专是那一团血肉。若是那一团血肉,如今已死的人,那一团血肉还在,缘何不能视听言动?所谓汝心,却是那能视听言动的,这个便是性,便是天理。有这个性,才能生这性之生理,便谓之仁……这心之本体,原只是个天理,原无非礼,这个便是汝之真己。这个真己是躯壳的主宰。若无真己,便无躯壳。真是有之即生,无之即死。(《传习录》上,第122条)

由此可以看出,王阳明所说的"心",不是指单纯的生理学或心理学意义上的感官知觉——视听言动,而是指"能视听言动"的那种道德能力,换言之,也就是指伦理学意义上的道德知觉,是指具有能够"知是知非"的道德判断能力。从根本上说,人心之所以有这种道德判断能力,其根据则是根植于人心中的"性"和"理"。就此而言,阳明一方面说"心即理",同时也可以认同程朱理学的"性即理"的命题。但是有一点需要说明,正像朱熹所说的"心具众理"一样,心与理的关系只是一种存有的关系,理存在于心中,对心而言,理具有规范作用,但两者毕竟是分属两端,而不具有同一关系。与此不同,阳明则认为性或理之在于心中,是本质地、先验地与心构成同一关系,换言之,心与理是本质的同一,无理便无此心,无心便无此理,所以说"有之即生,无之即死"。根据这一思路,"心即理"的"即"字不是判断陈述的系词,而是指相即不离、浑然合一,并且由此可以推导出"心外无理"、"心外无物"、"心外无事"、"心外无善"(《全集》卷四《与王纯甫》)等一系列命题,而这些否定性判断命题的目的则在于证明一个绝对命题:"心即理"。阳明通过"心即理"和"心外无理"这两个正反命题,从根本上推翻了朱熹理学的那种将心与理截然两分的观点。当然,所谓"截然两分",不是就存有论意义上而言,而是从本质论的角度来说的。若从存有论的角度看,朱熹也是承认理在心中、心具众理的,然而朱熹却绝不会承认此心此理在本质上的同一。

另需指出的是,阳明通过上述徐爱的问题,实际上是在跟朱熹对话。当阳明指出,作为道德法则的"理"不存在于道德行为的对象身上,这是在批评朱子学的"在物为理"的观点。阳明通过种种比喻,力图说明忠孝等伦理法则不存在于对象身上,而只能存在于行为主体的心中,只有通过主体的道德实践,使其在行为过程中呈现出来。这些说法无疑是正确的。但是,就徐爱的问题而言,他所担心的是,只在自己心中追求至善原理,恐怕于"天下事理"有所遗落。进而言之,问题的实质就是:所谓"至善"之理是否就能完全等同于"天下事理"。而这一问题的内在思路是:"天下事理"应当不仅仅是指道德原理,还应当包括自然、社会以及具体事物的规律、法则,亦即"一草一木,皆涵至理"的理不能等同于"至善"之理。由此推之,徐爱问题的关节点就在于:即便伦理学意义上的至善之理只在心中,但也不能由此证明天下事理都在心中。应当说,阳明的答案只回答了至善之理的问题,而天下事理是否直接等同于道德之理这一问题却被巧妙地搁置了起来,在这里并未从正面加以解答。事实上,对阳明来说,朱子学的那种"所以然之理"(事物之理)和"所当然之则"(道德之理)的划分并不重要,阳明认为将物之理和心之理区别开来无疑就是割裂了心与理的关系,也正是朱子学的弊端,从根本上说,"此心在物则为理"(《传习录》下,第321条),若无"心"之主体的介入,在物之理的意义是无法存立的,也是无法彰显的。从这个角度看,理之在心与理之在物,是不能同时成立的,二者非此即彼。"心即理"命题正是在"此心在物为理"的意义上得以成立的。

总之,一、"心即理"是阳明学的第一哲学命题,是区别于朱子学的一大标志;二、"心即理"命题是阳明经过一番刻苦的切身体验而得出的思想结论,绝非是为了"标新立异";三、从历史上说,该命题的提出在思想史上具有别开生面的意义,是对程朱理学的那套格物知识理论的公然批判;四、该命题与"心外无理"等命题相结合,揭示了伦理学意义上的心理同一,至于"在物为理"的问题则在这一命题的视域之外;五、该命题为人们的道德实践提供了一种思想依据,告诉人们道德行为必须诉诸于内在良心。

二、知行合一

"知行合一"是王阳明哲学的一大基本命题。根据有关记载,该命题的提出几乎与"心即理"说同时,从理论上看,知行合一与心即理是密不可分的,同样,阳明晚年提出的"致良知"命题与知行合一观点也有理论关联。

众所周知,知行观是中国哲学史上的一个古老问题,在宋代理学那里,更有集中的讨论,达到了一定的理论高度。其中,尤其是朱熹的"知先行后"说颇具代表性。事实上,阳明强调知行合一,是有其针对性的:一是针对宋儒以来的"知先行后"的主流观点;一是针对当时社会上普遍存在的"知而不行"的思想现象。在阳明看来,前者是因,后者是果。所以,有必要首先打破"知先行后"的观念,才能从根本上纠正"知而不行"的现象,而知行合一正是对症之良药,用阳明自己的话来说,正可以"正人心、息邪说"(《全集》卷八《书林司训卷·丙戌》)。可见,阳明对知行合一说自视颇高、期望甚大。以下分三个方面来谈。

1. 知行本体与知行工夫

关于知行关系问题,阳明首先从"知行本体"这一角度来谈的。譬如:

> 知行本体,原来如此。(《传习录》上,第5条)
> 知行体段亦本来如是。(《全集》卷六《答友人问·丙戌》)

这里所说的"本体"概念,意谓本来状态、本来属性,而与良知本体或心之本体中的"本体"概念所具有的"本质"这层涵义不同。阳明是说,知行合一是知行本来所具有的状态,是一种本然关系而不可分割。为什么这样说呢?徐爱提出了一个疑问:人们知道见父当孝、见兄当弟的道理,却不曾行孝行

弟,可见,知和行分明是两回事。对此,阳明指出:

> 此已被私欲隔断,不是知行的本体了。未有知而不行者,知而不行只是未知。圣贤教人知行,正是要复那本体。(《传习录》上,第5条)

这是说,知而不行已经不是"知行本体"了,知行本来所应具有的"合一"状态被私欲遮蔽了。在阳明看来,就原理而言,不可能存在知而不行的现象,知而不行,根本说不上是"知"。应当说,阳明的这一观点是其知行合一说的关键,但却不易理解。这里涉及到对知行这对概念从什么角度来理解的问题。

一般而言,知行问题与认识论问题密切相关,人们习惯以为知识来源于实践,但在具体的行为过程中,知识对实践又具有指导作用,因此即便不说知和行的先后关系如何,但两者应当是可以分开的。朱熹说"知先行后",实质上就是一个认识论命题。阳明用"知行本体"这一概念来否定知行割裂,实际上并不是从认识论的角度而是从道德实践的角度来讲的。这一角度非常重要,是知行合一说的基本特征,也是我们了解知行合一说的关键。从认识论的角度来看,知与行可以是一种辩证的、逻辑的关系,两者在根本上是一种对应的关系,亦即分属两端而又互相作用的关系。因此,知在先、行在后或知行并进互发,这在具体的认识过程或行为过程中,都是一种可能的状态,朱熹一方面说"知先行后",另一方面又说"知行并进",这是分别就认识过程和行为过程而言的,但其根本前提却是知与行毕竟属于两回事。在知行活动的过程中,道德主体、良知意识是否参与其间,则在朱熹的问题领域之外。阳明提出"知行本体"概念,是从道德实践的角度强调,知行本来就是"合一"的这层涵义。这是因为,德性之知和道德之行在具体的道德实践过程中必然是一时并在、同时显现的,不可能彼此隔绝、互不相关的,也并不存在一先一后的关系。阳明指出:"只说一个知已自有行在,只说一个行已自有知在"(同上),这是一个实践论命题。

在理解了"知行本体"的确切涵义之后,我们也就比较容易了解阳明为何还要强调"知行工夫"这一概念。阳明在强调知行合一是"知行本体原是如此"这层意思的同时,还特别强调"知行工夫"原本合一的观点。也就是说,不仅从知行的本来状态而言,两者是合一的;而且从工夫论的角度看,知行也必然是合一的。应当说,这后一层意思在阳明的知行观中也非常重要,充分反映了阳明重视"力行"的思想特色。这里的问题阳明基本上是从两个角度来阐述的:一是知行都是"就用功上说";一是"一念发动便是行"。

知者行之始,行者知之成:圣学只一个工夫,知行不可分作两事。(《传习录》上,第26条)

知行原是两个字说一个工夫,这一个工夫须著此两个字,方说得完全无弊病。(《全集》卷六《答友人问·丙戌》)

知行工夫本不可离。只为后世学者分作两截用功,失却知行本体,故有合一并进之说。真知即所以为行,不行不足谓之知。(《传习录》中,第133条)

所谓"知者行之始,行者知之成",意同"知是行的主意,行是知的工夫"(《传习录》上,第5条),这是就知行的结构关系而言,强调了知对行的统率作用,行对知的实践意义。但是,知是否就是单纯的知性活动,行是否就是单纯的行为动作,两者是否可以互不相关?这在阳明看来,则是不能认同的错误观点。若就工夫的层面看,儒家"圣学"所讲的工夫只有一个,不能说知有知的工夫,行有行的工夫,不能将知行分作两个工夫进程来理解。在这里,阳明强调了必须在行为过程中来统一把握知行关系,行固然是指工夫实践,而且知也是工夫实践。所谓"工夫",不仅仅是指一般意义上的社会实践这样一种外部的行为,更为主要的是指道德意识或德性知识在现实中展现自身的实践过程。

然而为什么说"知"也是一种行为?阳明在这里所强调的是,任何一种知识体系都离不开求知过程。这是就"知"的发生学角度而言的。在阳明看来,除了圣人是"生而知之"这一特殊情况以外,贤人以下只能是"学知"或"困知",而这些都离不开"利行"或"勉行"。阳明想要阐明的道理是:所有现实的人都离不开一个"行"字,知识的获得必然伴随着后天行为的努力。正是在此意义上,所以说知行二字是从"用功上说"的、"知行原是两个字说一个工夫"、"知行二字,即是工夫"。显然,这是强调了知行在工夫论意义上的合一,强调须从工夫的角度来审视和界定知行关系。应当说,这一观点是功上说；若是知行本体，即是良知良能。"(《传习录》中，第 165 条)这句话为我们提供了一个非常重要的信息：所谓"本体"，不仅是指知行关系的本然状态，而且还含有良知本体的涵义。换言之，"知行本体"可以理解为良知是构成知行之本质关系的依据。用阳明的话来说，良知是知行的"头脑"、"主宰"；用我们的话来说，良知是知行合一得以可能的根据。显然，这是阳明晚年提出致良知学说以后对知行关系问题的又一个重要补充。

通常以为，致良知命题中，致含有"行"之义，良知含有"知"之义。因此，致良知意味着知行合一。但即便这样说，也并不意味着两个命题的完全等同。事实上，致良知可以包含知行合一，知是指"良知"，行是指"致其良知"；良知在知行之上，同时又在知行之中；良知可以统帅知行，而知行必须在良知的指导之下才能实现合一。为了解这一点，有必要注意阳明的这一观点："知之真切笃实处，便是行；行之明觉精察处，便是知。"(《传习录》中，第 133 条)其中，"真切笃实"本应指实践行为，"明觉精察"本应指求知活动，而在阳明的上述叙述中，两者却颠倒了过来，表述为"知之真切笃实"、"行之明觉精察"。那么这样说的意旨究竟何在呢？

我们知道，行为讲求"笃实"，这是在《中庸》中就可看到的一个常识性说法，亦即"笃行之"。同样在该书中所说的"慎思"、"明辨"等词，则属于求知的思辨活动，其中"明"字，意思接近于"明觉精察"。然而在阳明学的概念体系中，良知被描述为"虚灵明觉"或"自然明觉"、"昭明灵觉"。也就是说，"明觉"一词是对良知的一种形容描述。另一方面，致良知工夫则要求做到实实在在，所谓"只消就自己良知明觉处朴实头致了去"(《全集》卷五《答刘内重·乙酉》)，讲的就是这层意思。可以说，真切笃实是对致良知工夫的一种要求。阳明特意指出：

> 行而不能明觉精察，便是冥行……所以必须说个知。
> 知而不能真切笃实，便是妄想……所以必须说个行。(《全集》卷六《答友人问·丙戌》)

由此得出知行"元来只是一个工夫"(同上)的结论。阳明旨在表达这样一个重要观点：行的过程必须有知的参与，知的过程也必须有行的参与，知行是同一过程中的不同方面。在阳明看来,"知之时"固然要求"明觉精察",但更要求做到"真切笃实";"行之时"固然要求"真切笃实",但更要求做到"明觉精察"。可见,在知行工夫的过程中,都要求做到明觉精察和真切笃实。再结合阳明的"乾知大始,心体亦原是如此"(同上)这一观点来看,则不难了解上述这些说法之所以得以成立是由于良知存在于知行过程中的缘故。在这里,"乾知"是良知的代名词,同样"心体"亦可涵指良知。上面提到的"知行本体,即是良知良能",亦可与此合观。要之,在阳明看来,如果在实践活动中,没有良知的监督明察,那么这些活动就是盲目的("冥行"),如果在从事知识活动时,没有"朴实头"致良知那样的认真笃实的态度,那么这些活动也将是盲目的("妄想")。

关于《尚书》的"知易行难"说,阳明以"良知自知,原是容易的,只是不能致那良知"(《传习录》下,第320条)之说来进行解释,这充分说明在阳明的思路中,知是指良知,行是指致良知。所谓良知,就是人皆有之的"是非之心",依此良知"决而行之者,致知之谓也"。可见,在阳明的理解中,所谓"致知"就是致良知。结论是:"此吾所谓知行合一者也。"(《全集》卷八《书朱守谐卷·甲申》)这表明,阳明认为致良知就是知行合一得以成立的根据。但是也应看到,虽然良知本心"人皆有之",但现实中的人却"不能致那良知",由此以观,良知与致良知的关系毕竟不完全等同于知与行的关系。按照阳明的良知学说,良知具有虚灵明觉的特征,无所不知、无所不在,无时无刻不在监督和审视人们的行为、意识,尽管如此,现实的问题是人们并不能经常做到"致那良知",这是否意味着良知能力的消失,变成了"知而不行只是未知"中的那个"未知"? 这显然是阳明所不能认同的。也就是说,良知作为一种本体存在,至少在逻辑上先于致良知工夫,这一思路与阳明早先提出的"知行本体"概念中所含有的知行原来合一的意思是不尽相同的。当然,致良知说的提出并不意味着阳明抛弃了知行合一的观点,恰恰相反,致良知命题中所含有的本体与工夫合一的思想,已经包含了知行本体和知行工夫的思想内涵。

那么,对阳明的知行合一说应当如何评价呢? 有一种观点认为,阳明知行观的实质是"以知代行"或"销行以归知",略晚于阳明的张岳和明末清初思想家王夫之就持这种观点。虽然，张、王的批评并非毫无理由，但这样的批评却与阳明哲学注重"力行"的思想特质不相符合。这里的关键是看，他们所说的"知"是指一般意义上的知识，还是指良知？很显然，他们所极力反对的正是阳明的那种将良知提升到知行关系之上的观点。就此而言，"以知代行"或"销行归知"的批评是有一定道理的。

的确，在阳明看来，良知即是"真知"，"真知即所以为行"，而行为之所以可能的根据就在于"真知"。应当说，这是阳明良知学说中的题中应有之义。但是，阳明强调良知在知行过程中的指导作用，是否意味着"知"可以取代"行"？回答是否定的。就阳明的本意来说，他对知行问题的思考，主要不是以认识论的角度，而是以实践论的角度为其主要出发点的。站在这样的立场上看，阳明仍然是强调"行"的，任何脱离行的、独立的知的过程，这是阳明所不能认同的。对阳明来说，良知是绝对存在，是其哲学体系中的核心概念，然而正如阳明所强调的那样："子无患其无知，惟患不肯知耳；无患其知之未至，惟患不致其知耳。"(《全集》卷八《书朱守谐卷·甲申》)不是良知能不能"知"的问题，而是行为主体的人"不肯知"、"不致其知"的问题才是阳明最为忧虑，也是最为关心的现实问题。由此看来，指责阳明是在主张"销行归知"，从根本上说，这是对阳明心学的根本精神未有深切体认的缘故所致。

总之，知行合一说突出的是，行为的重要性，道德行为是最终实现人的道德价值的决定因素。由于在知行过程中有良知的参与，使得知行问题能够超越认识论领域，从而得以合法地进入到伦理学领域之中。应当说，阳明对知行关系的观察是深刻的，他的知行合一观与心与理的合一以及致良知理论中的本体与工夫的合一，构成了阳明心学理论的有机体系，这是我们在思考阳明的知行合一问题时应当予以注意的，唯有这样才能对知行合一说获得一个真切的了解。

三、致良知

"致良知"是王阳明49岁(一说是50岁)时提出的一个思想命题。这一命题的提出标志着阳明心学思想的最终形成，阳明此后常把"致良知"说成是自己的"立言宗旨",又称其为儒学的"正法眼藏"。可以说,致良知就是阳明学的思想宗旨。

从思想上看,致良知这一命题包含了两个方面的内容:一是什么叫"良知"? 用阳明学的术语来说,也就是"良知心体"或"良知本体"的问题,属于本体论层面上的问题;一是应当如何"致良知"的问题,也就是如何把握良知的问题,属于工夫论层面上的问题。事实上,致良知命题包含了本体与工夫的关系问题。如何通过道德的实践工夫来实现良知本体的价值和意义? 或者如何通过把握良知本体来推动道德的实践工夫? 这是致良知学说所要面对和解决的一大理论问题。

那么,什么叫"良知"? 王阳明基本上采用孟子的"是非之心"说来理解和定义"良知"概念。也就是说,良知是指人的道德良心,属于伦理学的一个基本概念。同时,阳明从心学立场出发,强调了"良知是心之本体"、"良知即天理"等思想涵义,力图从心学本体论的高度来论证良知的绝对性、普遍性,强调了良知作为天理构成了宇宙和人心的本质,同时也是人类道德行为的形上依据。在阳明看来,良知既内在于人心,同时又是超越时空的普遍存在,其原因就在于良知具有天理的存在形式和本质内涵,所以说:

> 天理在人心,亘古亘今,无有终始,天理即良知。(《传习录》下,第284条)

这种从"心体"的角度,将良知提升为存有论意义上的"本体",并将良知与天理结合起来的论述方式,是对孟子良知学说的进一步理论发挥,由此也构成了阳明良知学说的独特风格和基本特征。

就良知概念的具体内涵来说,首先,阳明指出:

> 良知只是个是非之心。(《传习录》下,第288条)
>
> 是非之心,不虑而知,不学而能,所谓良知也。(《传习录》中,第179条)

可见,良知具有知是知非的道德知觉能力。同时,良知所具有的"他是便知是,非便知非"的这种知觉能力,不同于一般意义上的感官知觉,而是一种"自然会知"(《传习录》上,第8条)的道德知觉,这又叫作"自知",是一种道德意义上的根本知。由于"良知自知",所以良知又具有"自然明觉"的根本特征,换言之,良知的知觉能力是先天的、不待后天之人力安排的,由此推延开去,也就产生了"良知见在"或"现成良知"的观念,尤其在阳明后学那里,这一观念得到了不同程度的强调,也由此引发了一些争议。在阳明看来,即便是在"人所不知"、一人独处的情景之下,人的行为及其意识也无不为良知所察识、所监视,在此意义上,良知又可称为"独知"。由于良知是一种"独知",所以良知又具有自觉的根本特征,所谓"良知即是独知时,此知之外更无知";"知得良知却是谁,自家痛痒自家知"(《全集》卷二十《答人问良知二首》),亦即强调了良知的自觉能力。由于良知在根本上是自觉的,所以归根结底,良知又是"他人总难与力"(《传习录》中,第144条)的"自家准则",故云:

> 尔那一点良知,是尔自家底准则。(《传习录》下,第206条)

此外,从存在形式看,良知本体还具有"发用流行"、"无所不在"的基本特征,其云:"盖日用之间,见闻酬酢,虽千头万绪,莫非良知之发用流行。"(《传习录》中,第168条)便是此意。既然良知在日常生活中"发用流行"、当下落实,因此,作为道德实践的主体,如何在日常生活中把握良知,使其当下呈现,这才是重要的头等大事。然而在阳明看来:

> 今时同志中,虽皆知得良知无所不在,一涉应酬,便又将人情物理与良知看作两事,此诚不可以不察也。(《全集》卷六《答魏师说·丁亥》)

这是说,良知本体时时刻刻都在日常生活中"发用流行",因此必须就"日用之间"致其良知,不能把良知当作一种"光景玩弄"(钱德洪《刻文录叙说》),以为是与自己的生活状态、切身体验无关的,仅仅是一种概念而已,若此,则从根本上违反了良知本体在生活世界中当下呈现的原理。从历史上看,把良知当作一种"光景",这也正是后人对良知学容易引起误解的原因之一。

由于良知必然在"日用之间,见闻酬酢"中发用流行,也必然在人的意识活动、行为过程中当下呈现,所以致良知工夫也就要求"随时就事上致其良知"、"著实去致良知",而这也就是"集义"、"格物"和"诚意"之工夫(《传习录》中,第187条)。可见,良知本体的存在形式决定了致良知工夫的入手路径,既必须在"一念发动"处循其良知,又必须"随时就事"上致其良知,归根结底,也就是"只消就自己良知明觉处朴实头致了去,自然循循日有所至,原无许多门面摺数也"(《全集》卷五《答刘内重·乙酉》)。在此意义上可以说,致良知就是一种"至简至易"、直截了当的工夫,而不是向外追求、逐物寻讨"事事物物之定理"。总之,致良知作为一种工夫论学说,是良知本体论的必然结论;致良知就是实实在在的人生道德实践,与知识积累无关;人生的价值和意义,也只有通过致良知才能得以实现。

也正由此,所以阳明在晚年对自己一生的思想有过这样的总结:"我这个话头,自滁州到今,亦较过几番,只是致良知三字无病";(《传习录》下,第262条)"吾平生讲学,只是致良知三字。"(《全集》卷二十六《寄正宪男手墨二卷》)这表明致良知正是阳明心学的思想宗旨、最终归趋。

四、阳明学的历史评价

以上我们主要探讨了阳明学的三大命题:心即理、知行合一、致良知,对阳明学的思想要义、理论结构有了一个基本的了解。以下结合阳明晚年所强调的"万物一体"论以及"无善无恶"等思想观点,对阳明学的总体特征及其历史地位加以归纳。

阳明心学是在吸取和批判程朱理学的过程中得以形成的,与程朱理学偏向于"即物穷理"、"居敬涵养"的思想趋向不同,阳明心学更为突出了修身养性、尽心存性等伦理实践的重要性,极大地丰富了孔孟以来儒家心性哲学的理论内涵;阳明所强调的"心即理"的观念,是其整个思想的哲学基础,由于"心外无理",所以就应当即心而求理,这样就决定了阳明心学的基本倾向在于强调"心"在道德实践过程中的主体性地位;同时,求吾心之理,也就是儒学的知行合一之教,知行合一命题的成立是以心即理和良知观念为其理论依据的,知行合一作为一种实践论命题之所以可能,是因为在知行工夫的过程中必然有吾心和良知的参与;有关良知本体以及致良知工夫的论证和阐述构成了阳明心学理论的核心主题,通过对"良知是心之本体"、"良知即事件非常著名。事件的缘起是,王阳明的两大弟子王畿和钱德洪围绕阳明晚年提出的"四句教"有不同的看法,王阳明对他们两人的意见作了裁定。由于论辩发生在天泉桥上,故史称"天泉证道"。辩论主要围绕"无善无恶"与"为善去恶"的关系问题而展开,其中涉及到阳明心学的许多理论问题。清末梁启超曾指出:天泉证道"是王门一大公案,所谓'四有句'、'四无句'之教也。后此王学流派纷争,皆导源于此。"(《节本明儒学案》)虽然对于这个说法尚需具体分析,但大体上是有一定道理的。可以说,在后阳明时代,由"四句教"所引发的一系列思想争论,不仅构成了阳明后学的一个主要话题,甚至成为晚明思想界对阳明后学展开批判的一个焦点。而所有这些都与王畿在当时提出的"四无说"不无关联。

王阳明的"四句教"是:"无善无恶是心之体,有善有恶是意之动,知善知恶是良知,为善去恶是格物。"这是阳明晚年的思想宗旨。然而,王畿却认为这只是"权法,未可执定",因为"四句教"并不具有绝对的普遍意义,若从义理上作进一步推论,那么可以推导出"四无"的结论,亦即:"悟得心是无善无恶之心,意即是无善无恶之意,知即是无善无恶之知,物即是无善无恶之物。"(《全集》卷一《天泉证道纪》)这就是著名的"四无说",也是王畿思想的一个重要观点。

从四句教的义理结构来看,涉及到《大学》的"心、意、知、物"这一概念体系的定义问题。王畿以程颐的"体用一源,显微无间"(亦为阳明所认同)以及阳明的"心意知物只是一事"(参见《传习录》下,第201条)作为理论依据,认为如果站在本体与工夫本是一贯的立场,承认正心诚意、致知格物在工夫论上是彼此相通的,那么只要悟得心体是"无善无恶"的,在"意知物"等现象层面上亦无善恶对治的必要,即可实现"无善无恶"之境界。这是他提出四无说的一个主要思路。王畿认为,心之本体原是无善无恶的,这是"先天心体"的本质特征,而为学工夫也应当"从先天心体上立根",亦即"从无处入手",如此就可"一悟百了"、"即本体便是工夫"(《天泉证道纪》)。他强调指出:"若能在先天心体上立根,则意所动自无不善,世情嗜欲自无所容,致知工夫自然简易省力。"(同上)这一观点把心体良知说成是超越任何规定的本质存在,同时也将诚意、致知、格物等具体工夫降到了次要的地位,显然这是将王阳明的致良知学说推向了一个极端。明末儒者刘宗周认为使阳明学坠入禅学的责任在于王畿，原因就在于此。

关于"无善无恶"与"至善"的关系问题，王畿指出：

> 天命之性，粹然至善，神感神应，其机自不容已，无善可名。恶固本无，善亦不可得而有也，是之谓无善无恶。若有善有恶，则意动于物，非自性之流行，着于有矣。自性流行者，动而无动；着于有者，动而动也。意是心之所发，若是有善有恶之意，则知与物一齐皆有，心亦不可谓之无矣。(《全集》卷一《天泉证道纪》)

这是说，天命之性是纯粹至善的，既然是"至善"的，也就不能用相对意义上的"善"来规范它、定义它；同时，既然是"至善"的，也就不存在任何"恶"的可能，所以相对意义上的"善"也是不存在的。因此"无善无恶"正可用来解释"纯粹至善"。至于"有善有恶"，乃是心体落到意识层面以后的一种现象，而非"自性"(本性)的本质状态。现象一旦发生，便不免著于"有"；有则一齐皆有，于是心体亦显现为有，而"不可谓之无矣"。质言之，王畿的上述解释思路可以概括为"无善无恶是谓至善"。如他又说：

> 善与恶，相对待之义。无善无恶是谓至善。至善者，心之本体也。(《全集》卷五《云门问答》)

可见，在王畿的理解当中，"无善无恶"是指超越"对待之义"的绝对之义，亦即"至善"。其实，在宋明理学的诠释传统中，"至"字本身含有"无对"、"无待"或"至上"的涵义，意即绝对。就此而言，以"至善"释"无善无恶"，作为一种理论思维的推论方法，是不无道理的。因为，在心学的理论体系中，本体(良知心体)就是一种绝对的存在，其本身具有超越义、绝对义，是任何相对的"有"所无法描述和规定的。

但是，良知之"无"并不是指存在论意义上的非存在，也不是一无所有的空寂之义，其中含有至上的"善"之价值。要之，"无"只是良知本体的本然状态、作用形式，而伦理价值之"有"则是良知本体的本质内容。也正是在此意义上，王阳明对王畿的四无说作出了"明抑暗扬"的判定，他一方面告诫王畿，只讲四无，会令人"悬空想个本体"，忘却一切"事为"，便有可能坠入空虽然就为学方法而言，王畿承认儒学原有"从顿而入"与"从渐而入"的两种方法，但他自己显然偏向于"顿法"，这也反映在他所撰写的《悟说》一文中，该文对"悟"作了详细分析，他指出：

> 君子之学，贵于得悟，悟门不开，无以征学。入悟有三：有以言而入者，有以静坐而入者，有以人情事变练习而入者。得于言者，谓之解悟，触发印正，未离言诠，比之门外之宝，非己家珍；得于静坐者，谓之证悟，收摄保聚，犹有待于境，比之浊水初澄，浊根尚在，才遇风波，易于淆动；得于练习者，谓之彻悟，磨盘锻炼，左右逢源，比之湛体泠然，本来晶莹，愈震荡愈凝寂，不可得而澄淆也。（《全集》卷十七）

王畿指出有三种"悟"：解悟、证悟和彻悟，分别指"以言而入"、"以静坐而入"以及"以人情事变练习而入"的悟道方法。王畿还结合阳明的思想变迁来印证他的上述看法："先师之学，其始亦从言入，已而从静中取证，及居夷处困，动忍增益，其悟始彻。一切经纶变化，皆悟后之绪余也。"（同上）可见，三种悟法虽得自佛教的观念，但王畿对此作了儒家式的诠释转换，特别是他对由人情事变而入的"彻悟"的解释和彰显，其实是有取于陆九渊和王阳明的"事上磨炼"说，亦即：对本心或良知的把握必须落实在日常生活、人情事变之中。也就是说，所谓"彻悟"，是指对道德之心体或性体的根本了悟，亦即伦理学意义上的实践实修之悟，而不是指佛家主张的对"本性自空"的觉悟。应当说，王畿将"悟"的问题引入儒学领域，并提到了"悟门不开，无以征学"的方法论高度，而悟的对象是心体本源，悟的内容则是无善无恶或无是无非，显然这是对阳明的良知理论的一种改造。王畿的这一思想趋向，在王门中被称为于本体上"径超顿悟"之说，钱德洪指出：

> 师既没，音容日远，吾党各以己见立说。学者稍见本体，即好为径超顿悟之说，无复有省身克己之功。谓"一见本体，超圣可以歧足"，视师门诚意格物、为善去恶之旨，皆相鄙以为第二义。简略事为，言行无顾，甚者荡灭礼教，犹自以为得圣门之最上乘。噫！亦已过矣。自便径约，而不知已沦入佛氏寂灭之教，莫之觉也。（《王阳明全集》卷二十六《大学问·跋》）

结合四无说主张"从本源上悟入"、"从无处立根基"的观点来看,这里所谓的将师门"为善去恶之旨"视为"第二义",显然是指王畿之流。这段话清楚地表明,在主张工夫实践的一派人的眼里,这种"径超顿悟"的学说完全有可能导致各种实践上的严重弊端,最终与儒学之精神背离而坠入佛教的遗事物、弃人伦的"寂灭"之说。刘宗周批评王畿的思想特征在于"尊悟"(《明儒学案·师说》),是不无道理的。

三、以无念为宗

根据四无说的主张,王畿认为顿悟之法是"先天之学",渐修之法则是"后天之学"。因为顿悟所指向的是心之本体,而心之本体是先天存在,因此顿悟之法也就是在先天心体上用功的方法,与此相对,渐修则是在意念上作为善去恶之工夫,意念是心体发动之后的现象,是后天的而非先天的,因此渐修便是在后天意念上用功的方法。他指出:

> 心本至善,动于意始有不善。若能在先天心体上立根,则意所动自无不善,世情嗜欲自无所容,致知工夫自然易简省力,所谓后天而奉天时也。若在后天动意上立根,未免有世情嗜欲之杂,才落牵缠便费斩截,致知工夫转觉烦难,欲复先天心体便有许多费力处。(《全集》卷一《三山丽泽录》)

所谓"在先天心体上立根",其实也就是四无说主张的"从本源上悟入"、"从无处立根基"的另一种说法而已。那么如何做到这一点呢?王畿又提出了"以无念为宗"的主张,指出:"君子之学,以无念为宗。"(《全集》卷十五《趋庭漫语付应斌儿》)所谓"君子之学",是指儒家圣人之学。王畿在这里把"无念"两字归结为儒学之"宗旨",同时也表明这就是他自己的思想宗旨。从理学史的角度看,这种主张可以说是绝无仅有的。

必须指出,王畿此说与阳明的心学理论有关。阳明的致良知学说非常注重在"一念发动"处下工夫,阳明说:"(一念)发动处有不善,就将这不善的念克倒了。须要彻根彻底,不使那一念不善潜伏在胸中。此是我立言宗旨。"(《传习录》下，第 226 条)然而，如何使那"不善的念克倒了"，并且还要做到"彻根彻底"、"斩钉截铁"，实际上这正是王畿强调无念说的一个出发点，换言之，无念说正是要解决如何"克念"的问题。事实上，如能做到"彻根彻底"地"不使那一念不善潜伏在胸中"，也就达到了王畿所说的"无念"境界。不过按照王畿的说法，所谓"以无念为宗"，并不是指通过祛除不善的念，从"有念"复归"无念"，而是指"在先天心体上立根"，在此意义上，无念就是先天心体的本来状态，等同于良知心体之本身，因此"以无念为宗"的意思是说，应当直接"从心上立根"而不能"从意上立根"，这就叫作"以先天统后天"，亦即"先天之学"。他说：

> 意即心之流行，心即意之主宰，何尝分得？但从心上立根，无善无恶之心即是无善无恶之意，先天统后天，上根之器也。若从意上立根，不免有善恶两端之决择，而心亦不能不杂，是后天复先天，中根以下之器也。(《全集》卷十《答冯纬川》)

这里所说的"无善无恶之心即是无善无恶之意"，无非就是上述四无说的一个主要观点。可见，"以无念为宗"与从本源上悟入的先天之学是互为贯通、彼此一致的。

从概念本身的涵义来看，"无念"又可称为"正念"或"最初一念之本心"、"见在心"。王畿说：

> 人惟一心，心惟一念。念者，心之用也。念有二义：今心为念，是为见在心，所谓正念也；二心为念，是为将迎心，所谓邪念也。(《全集》卷十七《念堂说》)

"今心"即"见在心"，是最初一念之本心；"二心"就是"见在心"的失落状态，亦即转化为后天意念之心。王畿又结合孟子的"孺子入井"之喻对正念和邪念作了区别：

> 今人见孺子入井，皆有怵惕恻隐之心，乃其最初无欲一念，所谓元也。转念则为纳交要誉，恶其声而然，流于欲矣。(《全集》卷五《凭虚阁会语》)

其谓"最初无欲一念"亦即"正念"、"无念";所谓"转念"亦即"邪念"(又称"妄念")。在对"念"作出如上界定的基础上,王畿指出:"一念者,无念也,即念而离念也。"并进而引出了"故君子之学,以无念为宗"的结论。

要而言之,无念就是要求人们从先天心体出发,保持心体的纯洁性,从而使得心体之发的意亦能保持"一"或"正"的状态。用王畿的另一说法,这又叫作"不因念有,不随念迁,不与万物作对,譬之清净本地,不待洒扫而自然无尘者也"(《全集》卷十《答王鲤湖》)。可见,无念或先天心体又接近于佛教所谓的"清净本心"。事实上,"一念"、"无念"或"即念而离念"等说,都是佛家禅宗原有的说法,强调的是祛除意识之纠缠而达到"无住"、"无著"之境界。比如《坛经》有云:"我此法门,从上已来,先立无念为宗。无相为体,无住为本……无念者,于念而不念。"当然,王畿所谓的"无念"主要是指不为私心杂念所扰的一念之本心,亦即:良知心体的本来状态,与禅宗的"顿悟成佛"之教义以及对人的一切意识活动包括道德意识活动所采取的排斥态度有着根本不同。令人注意的是,王阳明则对无念说提出了批评:"自朝至暮,自少至老,若要无念,即是己不知。此除是昏睡,除是槁木死灰"(《传习录》上,第120条);"实无无念时"(《传习录》下,第202条)。应当说,王畿的"以无念为宗"以及将先天心体视作清净本心的观点是对阳明的良知学说的进一步推演,与阳明注重的"随时就事上"致其良知的思想精神不免有所背离。

然而,在阳明后学中,无念说却也引起了不少人的重视。譬如,与王畿的思想风格不尽一致的钱德洪便对无念说有正面的理解和肯定:"问:'何谓正念?'曰:'无念。'问:'何谓无念?'曰:'正念之念,本体常寂,才涉私邪,憧憧纷扰矣。'"(《王门宗旨》卷十《绪山语录》)这是将"正念"区别于意识强制的私念或邪念,在此意义上,"正念"也就是"无念"。显然,这与上述王畿的说法是非常接近的。同样,对王畿思想不无严厉之批评的刘宗周关于"正念"和"无念"也有正面的分析,他在《治念说》的开头便说:"予尝有无念之说示以学者。"(《刘子全书》卷八)当然,刘的无念说与王畿所说在旨意上并不相同。要之,钱、刘两人不得不正视"无念"问题,其根本原因在于他们对一念之起便容易流于私欲或杂念这一心学问题都怀有深切的关注。正是基于此,他们主张由"克念"而复归"正念",而"正念之念"也就是"无念"。

总之,无念说与四无说及"先天之学"的基本立场是一致的,王畿强调为学工夫之根本在于如何在先天心体上"立根",而不能在后天意念上"立根"。然而,他把"无念"这一观念提升到儒学宗旨的高度,这就未免绝对;且其中明显受到了禅学的影响,也是不容置疑的,尽管两者在思想内涵的实质上并不完全一致。同时也应看到,意识或念头(意和念)作为心学理论的核心问题之一,在阳明后学以及晚明心学的思潮中受到了普遍关注,无念说无非是这一思想背景中的产物。

四、以良知范围三教

王畿又有"以良知范围三教"的命题,反映出其思想有一种融合会通"三教"的趋向。应该指出,王畿的这一命题与王阳明的"三教观"有理论上的紧密联系。

如所周知,王阳明基于"道一而已"以及"公道公学"的理念,曾用"厅堂三间"之喻,来阐述三教的关系。他认为儒、佛、道之关系犹如一厅中的三间屋舍,原本是可以相安无事的,只是由于"后世儒者"不能领会"圣学之全",偏要与佛道二教争短长,"见佛氏,则割左边一间与之;见老氏,则割右边一间与之",导致三教彼此纷争的局面,然而归根结底,"圣人与天地民物同体,儒、佛、老、庄皆吾之用,是之谓大道。二氏自私其身,是之谓小道"。这是说,儒家学说是以"万物一体"为自身的根本价值,故是"大道",而佛老学说则以"自私其身"作为自身的价值趋向,故是"小道"(参见《阳明年谱》嘉靖二年十一月条)。受其影响,王畿指出:

> 先师尝有"屋舍三间"之喻,唐虞之时,此三间屋舍原是本有家当,巢许辈皆其守舍之人。及至后世,圣学做主不起,仅守其中一间,将左右两间甘心让与二氏。及吾儒之学日衰,二氏之学日炽,甘心自谓不如,反欲假借存活。洎其后来,连其中一间岌岌乎有不能自存之势,反将从而归依之,渐至失其家业而不自觉。(《全集》卷一《三山丽泽录》)

显然,"以良知范围三教"的理论前提便是"三间屋舍原是本有家当",而且,良知正是这个所谓的"本有家当"。基于此,王畿指出:"先师提出良知两字,范围三教之宗。即性即命,即寂即感,至虚而实,至无而有,千圣至此骋不得一些精彩,活佛老子至此弄不得一些伎俩。"(《全集》卷四《东游会语》)"良知者,性之灵,以天地万物为一体,范围三教之枢。"(《全集》卷十七《三教堂记》)可见,王畿心目中的这个"本有家当"——"良知",实质上也就是超越教派、统一各宗的普遍真理。

应当说,王畿的"范围三教"论实是阳明心学的必然结论,其理论依据便是"三教不外于心"(《龙溪会语》卷三《别见台曾子漫语》)。在王畿看来,"心"(或良知)作为一种具有普遍意义的真理,不应当是儒家的私有物,佛、道二家亦各自有"道"、各自有"心",故云:"此学公于天下,公于万世,非一家私事。"(《龙溪会语》卷二《答吴悟斋掌科书》)与此观念一致,王畿进而提出了"道非有大小"(《龙溪会语》卷五《南游会纪》)的观点。在他看来,道之用可以有大小之分,而道之体则没有大小优劣之区别,隐约对王阳明的将儒家称为"大道"而将佛老称为"小道"的观点提出了批评。也正是基于上述"公道公学"的思想立场,王畿认为儒、佛、道三教完全可以"并传而不废"(《全集》卷七《南游会纪》)。无疑这是基于心学立场之上的"三教合一"论。在他看来,儒、佛、道三家虽各有其固有的价值取向和思想旨趣,但在各家的思想体系当中,都同样存在着一种普遍意义的"道",否则的话,作为一种思想体系就无法成立,而良知就是贯穿于三教理论中的普遍性的"道"。这是王畿对三教问题的一个基本看法,也是他提出"以良知范围三教"的一个基本思路。

王畿的上述观点在当时产生了一定影响,也反映出其思想对于佛老的思想智慧有所摄取,以至于当时就有人称他为"三教宗盟",李贽更是称赞他为"三教宗师"(《焚书》卷三《祭罗近溪先生告文》)。当然也招致了批评。顾宪成指出:

> 阳明将儒与仙释设一厅三间之喻,殆不可晓……曰"一厅",言同也,俨然以"范围三教"为己任。曰"三间",源异也,又以自托于吾圣人

王畿对阳明的良知概念作了这样的解释：

先师提出"良知"二字，正指见在而言，见在良知与圣人未尝不同。（《全集》卷四《与狮泉刘子问答》）

这一解释与阳明之原意是相吻合的，其中"见在良知"亦即"现成良知"之意。王阳明的另一弟子孙应奎解释说："良知，见在之谓。致见在者，不息之谓也。夫既见在，则物格意诚而心正，一以贯之而无疑。"（《燕诒录》卷四《与友人论学》）此说与王畿的上述解释基本一致。可见，"现成良知"被理解为王阳明所开创的良知心学所具备的一个重要观点。

那么，在"良知"之前加上"现成"一词，究竟有何特殊的思想涵义？事实上，"现成良知"所要表述的是"良知是现成的"、"与圣人未尝不同"这层涵义。具体而言，"现成良知"主要含有两层意思：一是指良知的先天性，一是指良知的显在性。所谓"先天性"，意指良知是超越现象层次的本体存在，是先天赋予人心的道德本质。阳明说良知"人人自有，个个圆成"，"不假外慕，无不具足"（《传习录》上，第107条），又说良知是"本来天则"，就是指良知的先天性特征。但是，"先天"不能脱离"后天"，正如王畿所说的："非后天之外，别有先天也。"（《全集》卷七《南游会纪》）也就是说，作为"先天性"的良知同时又具有"显在性"。所谓"显在"，又称"普现"或"遍在"，原是佛教哲学中使用较多的术语。其实，在程朱哲学中的"理一分殊"这一命题，正是说明了理的先天性与显在性的关系问题。也就是说理既是先验的、形而上的存在，同时理又散在万殊，呈现于万象之中。理虽是超越的、绝对的形上存在，但绝不是与现象界完全割离，与我们的经验世界完全无关的存在。阳明指出："良知只是一个，随他发见流行处，当下具足。"（《传习录》中，第189条）讲的就是良知的显在性。这与程朱的"理一分殊"之说，内容虽不同，但在思维结构上却颇为相似。上面所引的"今日良知见在如此"，这个"良知"也是指在显现层次上的良知。因此，在阳明的良知学说当中，良知虽是构成人心之本质的本体存在，但绝不是可以脱离经验世界的抽象存在，它必然地同时又是"发见流行"、"当下具足"的具体存在。只是阳明并不使用"理一分殊"这一表述方式，而是更多地采用"万物一体"这一观念模式来强调良知的遍在性、显在性。要之,所谓"现成良知",旨在强调良知对于每个人来说都是先天具足的,同时,良知又必然在日常生活的每时每刻"发见流行",因此对于个人的道德生活实践来说,就应当首先对内在于自己心中的良知树立起一种坚定的信念,同时就当下即刻的日常行为中去把握良知,这又叫作良知的"当下呈现"。

然而在阳明后学当中,对良知的理解已不尽一致。王畿曾做过一个归纳,一共有六种不同的"异见",王畿对此一一进行了批判。其中,有一种意见与王畿自己的现成良知说形成了尖锐的冲突。这就是"良知无见成,由于修证而始全"(《全集》卷一《抚州拟岘台会语》)的观点。持这一见解的主要是良知归寂派,其代表人物罗洪先曾指出:

>世间那有现成良知?良知非万死工夫,断不能生也,不是现成可得。(《念庵罗先生文集》卷八《松原志晤》)

这是针对王畿的现成良知说所作的批判,具有典型的意义,在晚明心学史上非常著名。罗的意思很显然:良知作为一种道德意识对于现实状态中的个人来说,绝不是现成圆满的,若要体现和把握良知的本来意义,需要作一番刻苦的努力。他的基本思路是:"夫本体与工夫,固当合一,原头与见在,终难尽同。"(《明儒学案》卷十八《念庵论学书·答王龙溪》)若从工夫实践的角度看,"千古圣贤汲汲诱引,只是要人从见在寻源头"。(《石莲洞罗先生文集》卷十二《甲寅夏游记》)这里涉及到本体与工夫的关系问题。在罗洪先看来,两者的合一必须建筑在工夫实践的基础之上,抛开这一先决条件,妄谈"见在"即是"源头",这是万万不可的。在罗洪先的眼里,王畿所强调的现成良知说正是忽视了工夫的必要性,将"见在"的良知直接等同于"源头"的良知。可见,罗洪先是从工夫立论,反对本体即是"现成"的观点。而他所强调的工夫主要是指"断除欲根"。应当说,他的用意和出发点是可以理解的。然而也应看到,当王畿说良知是"现成"的,意指良知既是先天的又是现实的存在,指的是良知本体论的问题;当罗洪先说良知"不是现成可得"的,则是一个工夫论的问题。显然这是属于两个不同层次的问题。也正由此,王、罗两人就现成良知问题争论不休,却始终未能说服对方。

事实上，王畿虽然强调良知本体现成圆满、当下具足，因而提倡"从本源悟入"的先天之学，但他也承认这种"从心上立根"的工夫只适用于上根之人，对于中下根之人来说，"从意上立根"的后天之学也是必不可少的。所以他也曾向罗洪先明确指出：

> 苟不用致知之功，不能时时保任此心，时时无杂念，徒认现成虚见附和欲根，而谓即与尧舜相对，未尝不同者，亦几于自欺矣……世间熏天黑地无非欲海，学者举心动念无非欲根，而往往假托现成良知，腾播无动无静之说，以成其放逸无忌惮之私。(《全集》卷二《松原晤语》)

可见，王畿也反对"假托现成良知"以为"不须更用消欲工夫"之口实的观点。

围绕"现成良知"问题，在此后的晚明思想的发展过程中引起了不少反响。譬如，对王畿思想时有批评的耿定向就曾对罗洪先的"世间那有现成良知"之观点提出了反问："良知若非现成，又岂有造作良知者乎？"(《明儒学案》卷三十五《耿定向论学语·刘调父述言》) 耿定向的思路是：从人心的本来状态看，良知是先天具足的，如果说良知必须依赖于后天修证"而后全"，那么岂不等于说良知是后天"造作"出来的？若此，岂不有一个良知的"创造者"吗？显然，答案是否定的。与此不同，东林学派的代表人物顾宪成则为罗洪先作了辩解，大意是说：良知不是后天"做成"的，这个道理罗洪先不可能不知道，只因为人自有生以来，便容易堕落情欲之中，为追逐名利而不能自拔，反而使"那原初见成的"良知本性日渐疏远，"于此有人焉为之指示本来面目，辄将见成情识，冒作见成良知。这等乱话，岂不自欺欺人？"或又宣称"良知不虑而知，不学而能，本自见成，何用费纤毫气力？这等大话，岂不自误误人？"其后果必将是"为天下祸甚矣"。罗洪先正是洞察到了这一现象可能导致的后果，所以"不得已特开此口，以为如此庶几"。因此，对于"世间那有见成良知"之说，应当作这样的转换诠释："犹言'世间那有见成圣人？'"(《小心斋札记》卷十一) 这是说，罗洪先之所以反对"现成良知"说，其原因在于他"目击心恫"了阳明后学当中所存在的以"见成情识"为"见成良知"，以及认定良知为"不学不虑"之本体而无须用功等思想弊端。因此，罗洪先主张良知非现成，其根本用意在于否认"见成圣人"(罗洪先使用了"开手圣人"

一词,其意相同)。的确,如果把"良知是现成的"转换成"凡是现成的都是良知"这类命题,那么就会导致严重的后果:凡是经验层面的"情识"或"作用"都将是合理的,进而言之,主张每个人都有"现成良知",完全有可能引申出每个人都是"现成圣人"的结论。这正是罗洪先(包括顾宪成等人)所忧虑的现象。顾宪成指出,泰州学派的始祖王艮所说的"满街皆是圣人","正谓满街人都有见成良知尔"(同上)。与此略有不同,刘宗周则对现成良知说有部分认同,指出:"良知本是见成"(《刘子全书》卷二十一《重刻王阳明先生传习录序》),但他同时也强调指出:"自古无现成的圣人。"(同上书卷一《人谱·证人要旨》)

总而言之,关于王畿思想的特质以及阳明后学的思想展开之状况,可以做以下三点归纳:一、王畿对阳明的良知学既有继承又有新的开发,其思想归趣在于重构良知心学的解释系统,在这过程中,阳明学之于王畿,在义理方向上以及思想规模上均对王畿起到了规范作用,另一方面,王畿之于阳明学,也显示出他所具有的独到理解,并在晚明思想界引起了一定的反响。可以说,王畿思想不惟在阳明后学中,而且在晚明思想史上占有一定的重要地位。二、同时也应看到,从阳明学发展到阳明后学,如何在理论上把握良知学说的思想义理以及如何在实践上推动致良知的道德实践,出现了种种不同的见解。其结果是:一方面由于阳明后学对阳明心学的不断阐释,丰富了心学的思想内涵,另一方面在不断诠释的过程中也出现了诸多歧义,导致了心学内部的思想分化。三、由于王畿等人在理论上注重阐发良知的本体意义,强调良知本体具有"无善无恶"、"无是无非"的本来特性,在方法上注重从本源上"悟入",故而在有些人看来,不免有空谈心性、忽略工夫之弊病,甚至有将"见成情识"误认为"见成良知"等思想倾向,16世纪末叶以后,不少学者对心学末流之所以有严厉的批评,并由此形成了晚明思想的动荡局面,主要原因即在于此。

第三节 王艮与泰州学派

王艮(1483—1541),字汝止,号心斋,泰州安丰场人。泰州是明代重要盐场之一,王艮出身于"灶户"家庭,少年时家境非常贫困,7岁入乡塾读书,11岁因家贫而中辍学业,帮助治理家业,19岁奉父命,开始行商于山东和泰州之间,从事贩盐活动,根据有关记载,此后又有两次行商于山东,称他"目不知书,惟以贩盐为务"(《二曲集》卷二十二《观感录》),由于经商"措置得宜","自是家道日裕"(《明儒王心斋先生遗集》卷三《年谱》)。商业上的成功,使得王艮基本上摆脱了煎盐劳作,其后他的家族得以与当地的富豪大户联姻,而王艮自己也获得了时间上的闲暇,为他以后关心学术问题,并成为一位"布衣儒者"提供了客观条件。

王艮的主要著作是《明儒王心斋先生遗集》,为清末袁承业刻本(以下,简称《遗集》)。另有明万历年间刻本《重镌心斋王先生全集》以及日本刻本《王心斋全集》。

王艮在25岁(1507)那年,在山东拜谒了孔庙。以此为契机,开始发奋读书,以成圣成贤作为自己的终生理想。据说他常以《孝经》、《论语》、《大学》等书藏于袖中,"逢人质义",久而久之,对于这些儒家经书的道理达到了"信口谈解"的熟练程度。在29岁(1511)那年,王艮做了一个"天坠压身"之梦,梦见"万人奔号求救",于是,王艮"独奋臂托天而起,见日月列宿失序,又手自整布如故,万人欢舞拜谢"。醒来以后,王艮"汗溢如雨,顿觉心体洞彻,万物一体、宇宙在我之念,益真切不容已"。据载,这是王艮"悟入之始"(《遗集》卷三《年谱》29岁条)。应当说,这场梦对王艮的思想形成起到了决定性的作用,表现出王艮思想中具有强烈的拯救社会的救世意识以及"万物一体"的思想理念。自此以后,王艮自认为已经悟道,仿制《礼经》中的古代服饰,经常身着古冠古服,并以古圣人自居,向人宣讲自己的学问心得。

1520年,王艮听说王阳明的"良知"学说与自己的"格物"理论非常接近(日本刻本《王心斋全集》卷一《年谱》),[1]于是赴江西拜见阳明,他与阳明反复辩论,终于被阳明所说而折服,甘拜为师。王艮本名"银",阳明为他更名

---

[1] 按,根据《遗集》卷三《年谱》记载,王艮悟"格物"是在55岁之时,即1537年,与日本刻本所载"王公论良知,某谈格物"有出入。也许王艮的格物说的形成有较长的过程,1520年之前只是获得了初步的认识,直至1537年,才最终定型,形成为著名的"淮南格物"说。

为"艮",并字以"汝止",这是取自《周易》的《艮》卦之义,目的是要告诫王艮以后行事不可过于张皇。1529年,阳明逝世以后,王艮在自己的家乡开门授徒,其门人弟子主要以王氏家族以及泰州一带出身低微的平民为主,因而后来逐渐形成的泰州学派带有平民色彩,其中也出现了几位平民学者(或称"民间儒者"、"布衣儒者"),并在明代中晚期的思想界造成了一定的影响。

王艮作为阳明学的信徒,以推行致良知学说以及实现"万物一体"为自己的人生理想和政治抱负。他作为一位布衣儒者,竟成了后来风靡一时的泰州学派的创立者。下面,我们主要谈一下他的"良知现成"说以及"淮南格物"说,兼及泰州学派。

一、良 知 现 成

上面在谈到王畿思想时,已经指出阳明后学对良知学说有各种不同的见解,其中"现成良知"说是一个主要观点,这一观点强调了良知存在的先天性、见在性之特征。具体而言,所谓"现成良知"说,主张良知是"人人具足"的、"现成圆满"的,这主要是就良知本体的角度立论。引申开来,在致良知的工夫论问题上,也就要求顺其良知的"不学而能,不虑而知"的自然本性,反对思索安排、人为强制,主张在人伦日用中直接把握良知。对于上述观点,王艮也基本认同。他曾指出:

良知一点,分分明明,亭亭当当,不用安排思索。(《遗集》卷二《与俞纯夫》)

良知天性,往古来今,人人具足,人伦日用之间举措之耳。(《遗集》卷二《答朱思斋明府》)

中也,良知也,性也,一也。识得此理,则见见成成,自自在在……真体不须防检。(《遗集》卷一《答问补遗》)

所谓"人人具足"、"见见成成"、"自自在在",显然就是良知现成的观点。良知的这种"现成性"不仅表明良知先天地存在于人心之中,构成人性的本质,而且良知还无时无刻不在日常生活的一举一动中自然流行、展现自身,这也是良知在人的行为中自能作出是非善恶之判断的根本原因。所以，重要的是，既要树立起这样一种信念：良知存在于吾心是"分分明明、亭亭当当"的，同时又要做到在人伦日用中顺其良知自然而行，"不用安排"、"不须防检"。相比之下，王畿的现成良知说，更为突出了前面一层的涵义，即从本体立论，强调了良知存在的先天性特征，这与他主张"以先天统后天"的"先天之学"的思想立场有关；而王艮的现成良知说，则更为突出了后面一层的涵义，即突出良知在人伦日用中自然流行这层思想涵义。也正因此，所以王艮非常注重"以日用现在指点良知"（《年谱》51岁条），这构成了王艮思想的一个非常鲜明的特色。据载，王艮曾经用"童仆往来"为喻，提出了"百姓日用是道"的命题：

> 先生言"百姓日用是道"。初闻多不信。先生指僮仆之往来、视听、持行、泛应动作处，不假安排，俱是顺帝之则，至无而有，至近而神。（《年谱》46岁条）

这一命题所欲强调的是这样一层道理：良知之在人心是不假安排、人人具足的。然而，这一命题很有可能被理解为百姓日用直接等同于圣人之"道"，换言之，"道"就是百姓日用本身。事实上，该命题的真实涵义应当是：道存在于百姓日用当中。换言之，这是一个存有论命题，强调了道或良知具有见在性之特征，并不是无条件地指百姓日常生活中的一举一动之本身就是道或良知的体现、就是合伦理的行为。与此相关，王艮又有"百姓日用条理处，即是圣人之条理处"的说法。然而紧接着这句话之后王艮又说："圣人知，便不失，百姓不知，便会失。"强调的无疑是"百姓日用而不知"的观点。他又说："夫良知即性……惟'百姓日用而不知'，故曰'以先知觉后知'。一知一觉，无余蕴矣。"（《遗集》卷二《答徐子直》）这里同样也强调了"百姓日用而不知"的传统观点。可见，在王艮的观念中，百姓日用并不能直接与"道"等同起来。其实，在王艮看来，正因为"百姓日用而不知"，故而有学与教的必要。如其所说："愚夫愚妇，与知能行便是道。"（《遗集》卷一《语录》）在"愚夫愚妇"与"道"之间，须有"与知能行"作为前提条件。

从思想渊源看，"百姓日用即道"与阳明的良知学说有渊源关系。阳明曾指出："良知良能,愚夫愚妇与圣人同。"(《传习录》中,第139条)"与愚夫愚妇同的,是谓同德;与愚夫愚妇异的,是谓异端。"(《传习录》下,第271条)王艮所说的"圣人之道,无异于百姓日用。凡有异者,皆谓之异端。"(《遗集》卷一《语录》)显然源自阳明此说。值得注意的是,阳明此说是从良知本体论上立论,亦即就良知本体而言,良知存在"无间于圣愚"(《传习录》中,第179条),"良知之在人心,不但圣贤,虽常人亦无不如此"(同上),强调的是良知存在的普遍性。在此前提之下,可以说"圣愚无间"。但是阳明并没有因此得出"百姓日用即道"的结论。原因在于阳明认为圣愚之间虽然有着先天的同一性,但并不意味着两者具有现实的同一性,也就是说,就现实层面而言,圣愚之间仍然不可避免地存在差异,故阳明又强调指出:"惟圣人能致其良知,而愚夫愚妇不能致,此圣愚之不同处也。"(同上)不难发现阳明的这一观点也就是"百姓日用而不知"的另一种说法而已。王艮说"圣人知,便不失",也就是阳明的"惟圣人能致其良知"的意思;王艮说:"百姓不知,便会失",亦即阳明的"愚夫愚妇不能致"的意思。质言之,"百姓日用即道"是就本体立论,意谓道或良知遍在于百姓日用之中;"百姓日用而不知"则是工夫论层面上的命题,强调的是致良知工夫的必要性。应当说,这两个观点在王艮思想当中,只是表现为叙述角度的不同,并不构成观点上的矛盾冲突,而且与阳明心学之原意也是相契合的。对于王艮的另一著名命题:"见满街人都是圣人"(《传习录》下,第313条),也应当作同样的理解,亦即:这是基于"良知天性,人人具足"这一良知现成的观点,揭示了人人都有成为圣人的潜在本质这一道理。

不过,就"百姓日用即道"以及"见满街人都是圣人"的命题形式来看,容易被理解为符合同一律的逻辑判断命题,若此,则"百姓日用"与"道"、"满街人"与"圣人"也就被理解为直接的同一,甚至有可能把一切诸如"童子捧茶"、"搬柴运水"等日常生活行为之本身视为合伦理性行为,到了泰州后学那里,譬如颜均便说出了"率性所行,纯任自然,便谓之道"(《明儒学案》卷三十二《泰州学案》)之类的言论,以为"率性"(或"率心")的行为便必然符合"道"的规律,对行为具有规范意义的规矩准绳则变得无足轻重。必须指出的是,良知本体固然在人伦日用之间得以展现,但并不等于说人伦日用便是良知的真实展现；人固然皆可以成为尧舜,这是说每个人都有"成圣"之可能,但也并不等于说"途人"皆是圣人。因此,"良知天性,人人具足",这只是本体论意义上的设定,而不是说可以撇开具体的修行实践,直接得出"立跻圣地"的结论。

总之,正如顾宪成对王艮的"满街圣人"说所作的批评:"正谓满街人都有见成良知尔"(《小心斋札记》卷十一),王艮的"日用即道"、"满街圣人"之命题与其"现成良知"观念有着理论上的密切关联。其次,从现成良知说推论出"日用即道"、"满街圣人"的命题,应当是本体论意义上的设定,否则便会引申出"圣人也是现成的"这种荒谬的结论。再其次,泰州后学多讲"率性自然",亦与现成良知说以及王艮所倡导的"乐是学,学是乐"的"乐学"(《遗集》卷二《乐学歌》)思想有关,但其中已有轻视礼法、不讲修持工夫之倾向,其结果完全有可能导致"纯任自然"的放任主义,甚至"浸为小人之无忌惮"(刘宗周语)。

二、格物安身

在王艮的思想学说中,"淮南格物"说最为著名,几乎成了其思想的象征符号。关于格物,历来有不同的训解。朱熹"以至训格",强调"即物穷理";阳明"以正训格",强调"正念头",突出了诚意工夫在《大学》系统中的首要地位。淮南格物说则与朱子和阳明的训释角度均有不同,而是强调了"安身立本"的重要性。首先,王艮认为"格"者乃是"絜度"或"絜矩"之谓;其次,"物"字则是"物"有"本末之谓"。"身与天下国家"虽是"一物",但其中"身"为"本",天下国家为"末"。据此,所谓"格物",就可以作这样的解释:

> 絜度于本末之间,而知"本乱而末治者否矣",此格物也。物格,知本也。知本,知之至也。故曰"自天子以至于庶人,壹是皆以修身为本"也。修身,立本也。立本,安身也。(《遗集》卷一《答问补遗》。按,以下凡出此文,不再注明)

以上便是淮南格物说的基本要旨。其主要特色在于:一、释"格"为"絜矩"、

"格式"之意;二、释"物"为由本至末、无所不包之意,即:"身与天下国家"均为"物";三、以"安身"概念来补充《大学》经文"以修身为本"的思想涵义;四、又以"安身"作为"格物"的完成(即"物格"),并以此贯穿《大学》全文(特别是三纲领八条目)的义理系统。总之,其"格物"说的最大特色就在于"安身"二字。

那么,何谓"絜矩",又为何以"絜矩"释"格物",王艮又有具体的解释:

> "格"如"格式"之格,即后"絜矩"之谓。吾身是个"矩",天下国家是个"方"。絜矩则知方之不正,由矩之不正也。是以只去正矩,却不在方上求。矩正则方正矣,方正则成格矣,故曰"格物"。吾身对上下、前后、左右是"物",絜矩是"格"也。"其本乱而末治者否矣"一句,便见絜矩"格"字之义。

这是说,"絜"字应作动词解,即"絜度"之意;"矩"字则是指"吾身"。因此,"絜矩"便是修正吾身之意,质言之,亦即"修身"之意。相对于"矩"而言,天下国家是"方",方之不正由于矩之不正,所以絜矩必须在"吾身"上做,而不能"在方上求";矩正则方正,方正则意味着格物的完成。王艮以为,此即《大学》"格物"说之本义。再就"吾身"来看,相对于上下、前后、左右之物而言,身是本,物是末,"本乱"则不可能实现"末治"。由此便凸显出"絜矩"作为"格"字之义的重要性。接着上述"格字之义"一句,王艮进一步指出了"修身"、"安身"之于"格物"的意义:

> 修身立本也,立本安身也。安身以安家而家齐,安身以安国而国治,安身以安天下而天下平也。故曰修己以安人,修己以安百姓,修其身而天下平。不知安身,便去干天下国家事,是之谓失本也。

首先令人注意的是"修身立本"与"立本安身"这两种说法。就上文的脉络来看,修身与安身属于一种整合关系:修身即是"立本","立本"即是安身。在王艮看来,"修身立本"也就意味着"立本安身"。修身与安身彼此关联,但又有层次不同。"修身"作为一种具体的工夫手段,其目的是为了达到"安身"。所以说:"其身正而天下归之,此正己而物正也,然后身安也。"实现了"安身",也就意味着实现了齐家治国平天下的最终目标。由此看来,"安身"构成了"淮南格物"说的实质内容。王艮甚至认为,《大学》三纲领"明明德"、"亲民"、"止至善"均可通过他的这一套格物安身说来加以解释,他说:

> "明德"即言心之本体矣,三揭"在"字,自唤省得分明。孔子精蕴立极,独发"安身"之义,正在此。尧舜执中之传,以至孔子,无非明明德、亲民之学,独未知安身一义,乃未有能止至善者。故孔子悟透此道理,却于明明德、亲民中立起一个极来。故又说个"在止于至善"。"止至善"者,安身也;安身者,立天下之大本也。本治而末治,正己而物正也,"大人之学"也。

可见,"安身"之意义已经远远超过了"修身",不仅可以运用于解释八条目的本末关系,而且完全可以用来解释三纲领的结构关系。在他看来,"明明德"以及"亲民"之工夫,必须落实在"安身"上,才有可能。而"安身"所指向的便是"止至善";止至善便意味着为明德、亲民"立起一个极来"——即"立本"。反过来说也一样,明德、亲民正是为了实现安身,以达到"止至善"之境地。有弟子问:如此解释有何经典依据?王艮断然回答:"以《经》而知安身之为止至善也。《大学》说个'止至善',便只在止至善上发挥,知止知安身也。"总之,通过对安身观念的揭示和阐发,通过将安身解说为"立本",以此来涵盖三纲领八条目的结构意义,这是淮南格物说的一个主要特征,同时也应当是王艮在格物问题上的一个重要理论贡献。在王艮看来,"安身"足以统贯《大学》的三纲领八条目。王艮自信以他的格物说,"不用增一字"便可解释《大学》,而且《大学》"本义自足验之";进而以此合观《中庸》、《论语》、《孟子》、《周易》,也无不"洞然吻合"。

既然"安身"就是"立本",那么,什么是"身"? 就"身"与其他诸如心意知物等概念的关系来看,王艮赋予了"身"以一种"本"的地位。在"身心"关系这一基本问题上,王艮也突出了"身"相对于"心"的优越性。"安其身而安其心者,上也;不安其身而安其心者,次之;不安其身又不安其心,斯其为下矣。"(《遗集》卷一《语录》)可见,"身"是天下国家之本,这不是抽象地将"身"置于本体的地位,而是在具体的本末关系中将"身"至于一种"根本"的地位。所以,王艮说:

本末原拆不开。凡天下事，必先要知本。如我不欲人之加诸我，是安身也，立本也，明德止至善也。吾亦欲无加诸人，是所以安人安天下也，不遗末也，亲民止至善也。

治天下有本，身之谓也，本必端。端本，诚其心而已矣。诚心，复其不善之动而已矣。（《遗集》卷一《复初说》）

意思是说，在本末关系上以及在"端本清源"的意义上，身是本。因此，安身就意味着立本和端本。要之，所以说身具有根本的地位，这是说相对于外部世界而言，身处于主体性的位置，而且还具有涵盖其他一切诸如心意知物、家国天下的总体性特征。在此意义上，"身"便是一种整全意义上的人身，而不是与心处于另一极端的肉体存在。也正由此，所以说"安身之为止至善也"，"身与道原是一体"。他指出：

身与道原是一体。至尊者此道，至尊者此身。尊身不尊道，不谓之尊身；尊道不尊身，不谓之尊道。须道尊身尊才是"至善"。故曰：天下有道，以道殉身；天下无道，以身殉道。

也就是说，身与道同样是"至尊"的存在，"身道一体"，所以"尊身"与"尊道"犹如一体之两面的关系，缺一不可。惟有如此，格物之学才可顺理成章地理解为安身、保身、爱身、敬身、尊身，乃至安人、爱人、敬人、礼人等等。通过格物可以正己正物、爱人爱己，最终实现"人人君子"的社会理想。

王艮的另一重要主张"明哲保身"说亦与格物安身说有关。根据他的说法，"明哲"是指"良知"，"明哲保身"意谓保身是人心良知的必然体现或必然要求。而"保身"又意味着"爱身"、"保重"（《遗集》卷二《明哲保身说》）等多重涵义。归结而言，"安身立本"中的"身"不能看作仅仅是生理意义上的身体，同时"安身"也不能脱离个体的生命存在，所谓"心广体胖，身安也"，便是此意。王艮引孟子之说："守孰为大？守身为大。失其身而能事其亲者，吾未之闻。"以为孟子的用意亦在于强调"保身"、"爱身"在伦理行为中所具有的重要地位，特别是在"事亲"行为当中，保重受之于父母的身体，乃是行孝的第一要义。正是基于这一观念，王艮指出《大学》文本所说的"止于仁、止于敬、止于孝、止于慈、止于信"等伦理行为须以"安身"作为前提，"若不先晓得个'安身',则'止于孝',烹身割股有之矣;'止于敬'者,饿死结缨有之矣"。强调指出孝敬行为不能以损害身体为前提,否则便背离了安身原则。在此语脉中,"身"是指真实的生命,是指"内不失己,外不失人"的人己对比中的自己。

总之,在"格物"的诠释传统中,王艮的格物安身说可谓别树一帜,应当占有重要的历史地位。后人对淮南格物说的评价不一,刘宗周对此有较高评价:"后儒格物之说,当以淮南为正。"(《刘子全书》卷十二《学言》下)在我们看来,淮南格物说的特色在于强调工夫必须"真真实实在自己身上"、"实实落落在我身上"。就此而言,淮南格物说反映了王艮思想之重视力行实践的性格特征。由于王艮突出了"身"在《大学》文本中的重要地位,格物事实上已被安身所取代,因此淮南格物说实质上就是格物安身说,而其格物说的思想意义也正在于此。王艮之所以对安身问题如此关切,认为安身问题是贯穿整部《大学》之义理结构的首要问题,其目的在于强调个体之身与整全之身对于人来说所具有的根本意义,而这一思想观念的形成当与他早年的生活经历有一定关联。对王艮来说,格物不再是一个思辨的、知识的问题,而是一个与自己的生活方式密切相关的安身问题。

三、泰州学派

王艮是泰州学派的开创者。在黄宗羲的《明儒学案》中,特别设立了"泰州学案",共有5卷。从出身地域以及师承关系的角度看,只有开首两卷(泰州和江西)与王艮在思想上有直接的传承关系,其余3卷的代表人物分别为四川赵贞吉、湖北耿定向、浙江周汝登。该3卷的主要人物在思想倾向上各不相同,在师承关系上与王艮也没有直接关联。总起来看,在5卷当中,有传且有语录可察者,共计18人。较为著名的人物有:王艮次子王襞、王艮族弟王栋以及林春、徐樾。该四人为王艮的第一代弟子,其中徐樾是江西人,由他传颜均,颜均传何心隐、罗汝芳,遂形成了江西一系的泰州学派。从哲学史的角度看,王栋、罗汝芳最为重要。

1. 王栋的诚意说

王栋(1503—1581),字隆吉,号一庵,泰州姜堰镇人。以贡生授江西南城县训导,后转任山东泰安州学、江西南丰教谕等职。著作有《一庵王先生遗集》(以下,简称《一庵遗集》)。

王栋为王艮及门弟子,据传他从王艮那里"受格物之旨","得家学之传",及至晚年,提出了独特的诚意学说,而他的"诚意之旨,尤发前圣所未发"(《一庵遗集》卷上《年谱纪略》)。这是说,他在思想上对王艮有所继承又有所开发,主要就表现在他的诚意说。换言之,诚意说是他的思想特色之所在。黄宗羲指出:"先生(按指王栋)之学,其大端有二:一则禀师门格物之旨而洗发之……一则不以意为心之所发。"(《明儒学案》卷三十二《泰州学案·王栋传》)这是说,王栋在格物问题上秉承师说,而在意的问题上则有所创新。这里主要就其诚意说作一简单介绍。

"意"字历来被训作"心之所发",这是朱熹和王阳明都认同的一般见解。王栋对此提出了疑问:

> 旧谓"意者心之所发",教人审几于念动之初。窃疑念既动矣,诚之奚及?(《一庵遗集》卷上《会语正集》。按,以下引此会语不再注明)

"旧谓",系指朱熹(亦含阳明)对"意"的训释。王栋的疑问是:如果把"意"字理解为"心之所发",其结果是,人们只能随其念头发动处去做"诚意"之功,而实际上这是根本无法实现的。王栋认为,问题的症结就在于对"意"字的理解有误。他指出"盖自身之主宰而言谓之心,自心之主宰而言谓之意。心则灵虚而善应,意有定向而中涵,非谓心无主宰,赖意主之。自心灵虚之中,确然有主者而名之曰意耳"。质言之,王栋反对将"意"解释为"心之所发",认为"意是心之主宰"。这就是他对"意"的基本理解。

本来,"心"是绝对本体,是身之主宰,意是心之所发,换言之,意不能在心之上或心之外处于主宰的地位,这是阳明心学的一个基本观点。"意是心之主宰"显然与此不符。王栋提出"意是心之主宰"的命题,显然是要从根本上推翻"意是心之所发"这一观点。那么,为什么说"意是心之主宰"? 所谓"主宰"又作何解? 对此,王栋从两个层面来进行解释:

一、"意"是指"寂然不动"者:

> 大抵心之精神无时不动……然必有所以主宰乎其中,而寂然不动

者所谓意也。犹俗言主意之意,盖意字从心从立,中间象形太极圈中一点,以主宰乎其间,不著四边,不赖倚靠,人心所以能应万变而不失者,只缘立得这主宰于心上。

二、"意"是指"慎独"之"独"字:

诚意工夫在慎独,独即意之别名。慎则诚之用力者耳。意是心之主宰,以其寂然不动之处,单单有个不虑而知之灵体,自作主张,自裁生化,故举而名之曰独。

不难发现,以上两种解释是互为表里的,所谓"寂然不动"、"太极圈中一点"与"独"字以及"不虑而知之灵体",其意所指大抵相同。在阳明那里,"独"又称为"独体","不虑而知"即是"良知",两者都是指心之本体;无论是"独体"还是"灵体",都只能指心体本身,而不能成为心体之主宰,更不能是指涉"意"。如果说"寂然不动者所谓意也"、"独即意之别名",那么"意"就被赋予了本体的意义,成了能够"主宰于心上"的本体存在。这就不免与阳明心学大相径庭。

王栋之所以提出并坚持"意是心之主宰"这一观点,大致可以从两个角度来看。首先,正如上文开首所述王栋的疑问那样,如果意是心之所发,那么于念头发动处去做诚意工夫就会遇到"诚之奚及"这一重大问题,这是因为:

若以意为心之所发动,情念一动,便属流行。而曰及其乍动未显之初,用功防慎,则恐恍惚之际,物化神驰,虽有敏者,莫措其手。圣门诚意之学,先天易简之诀,安有此作用哉?

这是从工夫论的角度对"意"字之"旧解"所提出的根本怀疑。其次,从这一怀疑出发,他指出:"不睹不闻"乃是"心性中涵,寂然不动,目不可得而睹,耳不可得而闻之本体也。""不睹不闻即所谓独。"亦即说,"独"就是"心中所涵"之"本体"。显然,在王栋的理解当中,"意"即是"独",是"心中所涵"的本体,所谓"意是心之主宰",其根本理据就在于此。基于此,在诚意问题上,王栋认为"只争这主宰诚不诚耳。"其实,这就是他的诚意说的基本主张,同时也是他的诚意说的要旨所在。

他对阳明强调的"独知"概念也作了某种转换解释,指出:

> 世云"独知",此中固是离知不得,然谓此个独处自然有知则可,谓独我自知而人不及知,则独字虚而知字实,恐非圣贤立言之精意也。

这是针对阳明以"独"释"知"、以"独知"为"良知"之观点而提出的质疑,王栋认为"独"作为意之别名,不应是"虚说",而应是"实说",故云"诚字虚,意字实"。也就是说,"意"具有实质性内涵,而不是从属于心,由此凸现出"意"相对于心而言的主宰地位及其独立意义。基于此,不是"正念头"的格物工夫,而是诚意才是最为根本的工夫。应当说,这是对阳明的致良知学说的一个修正,同时也从一个侧面丰富了王艮所开创的泰州心学的思想内涵。当然,王栋并没有否认阳明的良知学说,他的思想立场基本上没有逸出阳明心学的范围;同样他在格物问题上,也基本上沿袭了王艮的以身为本的说法。不过,他的问题意识集中表现在"意"这一点上,确与阳明以及王艮在思想旨趣上有不同表现,他的诚意说具有鲜明的独特色彩,而其思想的历史意义亦在于此。

最后,须指出两点:其一,王栋的诚意说在当时并没有引起人们的广泛注意,直至1683年,才引起了刘宗周的弟子董瑒的关注,并由他向世人介绍了王栋的遗著《诚意问答》(按,现仅见于《明儒学案》卷三十二);其一,1693年,黄宗羲著《明儒学案》,对王栋的诚意说给予了很高的评价,他认为王栋对"意"的解释乃是刘宗周"意为心之所存"的理论先驱。不过,据黄宗羲称,刘宗周并不知道王栋其人其书,刘宗周是独自提出了与王栋相似的诚意说的。总之,从思想史的角度看,王栋的以"意为心之主宰"为基本特色的诚意说在晚明思想史上应当占有重要的地位。

2. 罗汝芳的仁学思想

罗汝芳(1515—1588),字惟德,号近溪,江西南城县人。为颜均的弟子,颜为徐樾的弟子,故罗汝芳为王艮的三传弟子。嘉靖三十二年(1553)进士,历任太湖知县、宁国府知府、云南副使等职。万历五年(1577),被弹劾而致仕。他的主要著作为《近溪子集》、《罗近溪先生全集》、《一贯编》等。

罗汝芳作为泰州王学的传人,对于王艮和阳明的思想学说均抱有强烈的认同意识,同时,他的思想也有其独特之风格。关于罗汝芳的思想特质,当时就有不少学者进行了分析和归纳,大致说来,主要有四点:以求仁为宗旨,以赤子之心为根本,以孝悌慈为工夫,以万物一体为最终目标。其中,赤子之心意同良知本心,万物一体则是阳明心学题中应有之义,而求仁宗旨以及提倡孝悌慈这两条,应说是罗汝芳思想的特色所在,与阳明的致良知以及王艮的格物安身之立言宗旨均有不同。以下主要就他的仁学思想以及孝悌慈学说作一简单介绍。

首先从罗汝芳的思想形成过程来看,他经历了一段由迷惘于"诸儒工夫"进而"回归孔孟"的思想历程。根据他的回顾,他自童蒙以来,"日夜想做个好人",却对《论》、《孟》所言"孝悌"未有深切之体认,于是循着宋儒所说的各种工夫"东奔西走",刻苦实践,结果"几至亡身";自从拜师颜均以后,经过一番"制欲体仁"之辩(《太史杨复所先生证学编》卷四《识仁篇序》),"从此回头",再来"细读"《论》、《孟》,"更觉字字句句,重于至宝","更无一字一句,不相照应",最终他发现,孔孟"极口称颂尧舜,而说其道孝弟而已"(《罗近溪先生全集》卷五《语录》)。事实上,罗汝芳要求回归孔孟的思想诉求对于其思想的最终形成起到了非常关键的作用。

那么,所谓回归孔孟,又有何具体所指?这必然与他对孔孟的思想宗旨的理解有关。就结论而言,他自信自己发现了孔孟宗旨在于"求仁"两字,他说:

孔孟宗旨在于求仁。(《近溪子集·庭训下》)
孔门之教主于求仁。(同上)
盖孔子一生,学只求仁。(《近溪子集》卷御)
孔门主教,只是求仁。(同上)
孔门宗旨只在求仁。(同上)

由此可见,所谓回归孔孟,实际上是要求人们回到孔孟的"求仁宗旨"上来。在他看来,《论语》、《孟子》所讲的"求仁"和"孝悌"已将《大学》、《中庸》的义理阐发殆尽,他指出:孔子所说的"仁者人也","其将《中庸》、《大学》已是一句道尽",孟子所说的"人性皆善,尧舜之道,孝弟而已矣","其将《中庸》、《大学》亦是一句道尽"(《一贯编·四书总论》)。显然,他将"求仁"和"孝弟"视作是孔孟的思想宗旨。正是基于这一观念,罗汝芳坚决主张:"一切经书,皆必会归孔孟";而孔子的"一切宗旨,一切工夫",皆"必归孝弟"、必归"求仁"(《一贯编·易》)。

关于仁与孝的关系,罗汝芳指出两者"亦无分别",理由是:"人固以仁而立,仁亦以人而成,人既成,则孝无不全矣。"(《一贯编·中庸》)他认为仁是人之所以为人的存在依据,孝是人之所以成就人的证明。"在父母则为孝子",必然同时意味着"在天地则为仁人"(同上)。"仁人"和"孝子"必然是同时成就的。人而非仁,仁而非孝,这在理论上是不可能的。不过,仁和孝在观念层次上毕竟存在区别。仁是抽象原理,孝是具体原则。他说:

> 仁义是虚名,而孝弟乃是其名之实也……仁义是替孝弟安个名而已。(《近溪子集》卷御)

这是就名实关系的角度而言。关于"仁"与"人"的关系,罗汝芳指出:

> 仁为天地之性,其理本生化而难已;人为天地之心,其机尤感触而易亲。故曰:"仁者人也"。此个仁德与此个人身,原浑融胶固、打成一片、结作一团。(同上)

这是说,仁是天地之性,人是天地之心,仁之理具有生生不已之特性,而人之心尤有感应之能力,故仁德与人身原自浑融一片,仁与人原自浑然一体。同时,罗汝芳还认为仁是根植于人心中的"真种子",因此在孔子那里,对"仁"字的"正经注脚",就是"仁者人也"、"亲亲为大",而"义礼智信"这些具体的道德条目则是"培养"仁之种子,"使之成熟"的具体条件(《一贯编·孟子下》)。与此相应,"仁"又是人身中的"主宰",在他看来,正是由于仁在心中、仁在身中,故能保证"心不放失",如果人能把握住这个自身的"真种子","便心即是仁,仁即是心;内则为主宰,发则为正路矣"(《近溪子集》卷礼)。然而由于"心是活物,应感无定而出入无常,即圣贤未至纯一处,其念头亦不免互动"(同上书卷射),所以"仁"作为人心之种子、人身之主宰,也就显得格外重要,"仁"是决定人心之走向、决定人的行为必然趋向于善的关键性因素。

事实上，罗汝芳将孔孟宗旨归结为"求仁"，亦正表明以"求仁"为主要特征的仁学思想实是他自己的思想宗旨。在他看来，仁不能直接等同于"应感无定"、"出入无常"的经验之心，但从根本上说，仁之全体就是"浑然本心"、"良心之知"（同上）。正是在此意义上，所以说"仁即是心，心即仁"（同上书卷数）。因为仁即是心体，而心体属于本体论层次上的概念，所以仁又是一种"虚名"，它必然有实际的指向、具体的落实。结论就是：仁是虚名，孝悌是实。也就是说，"孝弟"才是"仁义"的实质内容。故说："仁义之实，只是爱亲从兄。"（同上书卷射）"爱亲"指"孝"；"从兄"指"弟"。罗汝芳所欲强调的是：仁之德性必须在具体的孝悌行为中才能得以落实和实现；孝悌是对仁的一种充实，并构成仁的真实内涵，同时孝悌也是实现仁的根本方法。

我们知道，孝悌慈是儒家伦理思想的核心内容。罗汝芳认为"孝悌慈"是所有人伦情感的共同基本要素，并以此作为维系和调节国家、社会、家庭等各种关系的基本原则。在此基础上，他提出了一套具有独特之思想特色的伦理学说。他指出从家庭与国家、个人与社会的整体性来看，孝悌慈是人人皆有、天生具备的，既是"自不容已"的人伦情感，又是"天命不已"的道德天性。并强调指出：孝悌慈是推之于一家、一国乃至天下，由"缙绅士夫"乃至"群黎百姓"，由"供养父母"乃至"抚育子孙"的普遍道德法则（《会语续录》卷上）。也就是说，孝悌慈不仅是家庭伦常关系的基本要素，更是"治平天下"的基本原则。他说：

> 此三件事（按，指孝悌慈）从造化中流出，从母胎中带来，遍天遍地、亘古亘今。（《近溪子集》卷御）

> 天下原有此三件大道理，而古先帝王原有此三件大学术也。（同上）

在他看来，孝悌慈是人类社会乃至万千世界的普遍原则，是尧舜以来，圣人所讲的"三件大道理"、"三件大学术"，是家家户户依此"过日子"的法则，同时也是"帝王修己率人"的"规矩"，是使人人都能成就"大人"和"君子"的保证。因此，人之作为一个人，就必须首先明白"其为人孝弟"的道理，然后还必须"负荷纲常，发挥事业，出则治化天下，处则教化天下。必如孔子《大

学》,方是全人"。(同上)

总之,根据罗汝芳的理解,《大学》的孝悌慈就是《中庸》的天命之性、《孟子》的良知良能、《论语》的"为仁之本",是从《周易》"生生一语化将出来",而生生不已之天地生化原则"是替孝父母、弟兄长、慈子孙,通透个骨髓"(《一贯编·四书总论》),这是因为"生生"原理正是父母、兄弟、子孙乃至人类与宇宙能够彼此感通、互为一体的根本依据。罗汝芳所欲强调的是:孝悌慈实是贯通四书的普遍原理,且有易学思想作为其义理根据。从其言说的形式来看,他将良知本体等抽象观念落实在具体的道德情感上来加以叙说、推演;从其结论来看,德性、德学、德政以及民身、民心、民命等涉及社会政治伦理的普遍价值观念都可在孝悌慈这一基本道德情感中得以真实的体现。其理论意义在于:他通过对儒家经典文献的意义发掘,揭示出孝悌慈具有贯通家族伦理和社会伦理的普遍价值和意义,进而丰富了儒学的孝悌思想以及注重人伦亲情的人文传统;同时,与良知、本心等抽象的道德观念相比,孝悌慈这套言说方式无疑具有贴近普通百姓生活的世俗性特征,是以真实的个体生命、道德情感作为其理论基础的,因而孝悌慈作为一种伦理观念,可以打通"缙绅士人"与"群黎百姓"的界线,也不受家族/社会、道德/政治的局限,而成为普遍性的道德法则。

应当说,罗汝芳的有关孝悌慈的学说,既是建立在仁学思想的基础之上,同时也吸取了良知学说的思想资源,并对阳明的作为先验道德判断之准则的良知作了更具"世俗"意味的解释,是对阳明心学理论的进一步发挥,也是其思想风格的主要表现。

思考题:

1. 试析王守仁的"致良知"学说。
2. 试述王畿思想的主要观点及其特色。
3. 试述王艮思想的主要观点及其特色。

参考书目:

1. 陈来:《有无之境——王阳明哲学的精神》,人民出版社,1991年。

2. 杨国荣:《心学之思——王阳明哲学的阐释》,三联书店,1997年。

3. 牟宗三:《从陆象山到刘蕺山》,上海古籍出版社,2000年。

4. 牟宗三:《宋明儒学的问题与发展》,华东师范大学出版社,2004年。

5. 冈田武彦:《王阳明与明末儒学》,吴光、钱明、屠承先译,上海古籍出版社,2000年。

6. 吴震:《阳明后学研究》,上海人民出版社,2003年。

第四章 气学思想

第一节 罗钦顺

罗钦顺(1465—1547),字允升,号整庵,江西泰和人。弘治六年(1493)进士。历任翰林院编修、南京国子监司业、吏部左侍郎等职,官至南京吏部尚书、礼部尚书。60岁后致仕,此后二十余年,潜心学术和著述。他早年钻研佛学,有过很深的体认,继而遍读儒家经典和理学之书,是朱子学的继承者,但对朱子学的某些观点也有批评,对当时兴起的心学思潮、良知学说(特别是阳明、甘泉之学)则有更多的严厉辩驳。作为"朱学后劲",同时也作为心学思潮的批判者,他的思想在16世纪初叶的儒学思想史上占有重要的地位。在朝鲜朱子学、日本儒学的发展历史中,他的著作和思想曾受到较为广泛的注意,产生过一定的影响。

罗钦顺的主要著作有《困知记》(中华书局,1990年标点本)、《整庵存稿》、《整庵续稿》等。

一、理气为一物

从理学史上看,理气问题是理学家建构宇宙论的基本问题,同时又是建构心性论的基础性问题。朱子认为理是气之"主宰",是气之存在的"所以然",坚持了理是实体的立场,这是导致他得出理气"决是二物"以及"理先气后"之结论的思想原因;另一方面,就现实世界来看,理必然依附、挂搭在气上,没有无气之理也没有无理之气,两者在结构上不相分离,这是他得出"理在气中"之结论的思想原因。归结而言,朱熹的理气观可以"不离不杂"四字来作出归纳。要之,朱熹贯彻了自己的理本论思想,他认为理在气中而又构成气之本质,理才是宇宙的形上实体。然而,罗钦顺正是从批判朱熹的"不离不杂"之观点入手,进而建立了他的理气论思想。

对于朱熹所说的"气质之性即太极全体堕在气质之中"以及"理只是泊在气上"等观点,罗钦顺表示了怀疑,他指出:

> 仆之所疑,莫甚于此。理果是何形状而可以"堕"、以"泊"言之乎?"不离不杂",无非此意。但词有精粗之不同耳。只缘平日将理气作二物看,所以不觉说出此等话来。(《困知记》附录《答林次崖·二》)

意思是说,朱熹认为理相对于气而言,是一种"堕在"、"泊在"的关系,这是错误的,朱熹所讲的"不离不杂"就是指这种关系。不过,严格说来,所谓理"堕在气中"或"泊在气上",只是指明理气"不离"之关系,而并不含有理气"不杂"的涵义。朱熹所说的理气不杂,应当是指理堕在气中而又不与气混为一物之意。就此而言,罗钦顺的上述说法并不能构成对朱熹的"不离不杂"说的全面批判。然而,他根据上述立场,进而提出了"理气为一物"的命题,强调指出:"仆从来认理气为一物。"(同上书附录《与林次崖佥宪》)并批评道:"若类有一物主宰乎其间者,是不然。"(《困知记》卷上)显然这是反对将理视作气之"主宰"的观点。这里所表述的观点已含有这样的涵义:不是理气不杂而为二物,而是理气不离而构成一整体。

从思想渊源上看,他承认"理气为一物"之说"盖有得乎明道先生之言,非臆决也"(同上书附录《与林次崖佥宪》)。指的是程颢的"器亦道,道亦器"的观点。罗钦顺指出:"名虽有道器之别,然实非二物,故曰器亦道,道亦器。"(同上)而"道器"这对概念,在宋明理学家那里,往往可与"理气"概念互换。可以说,"器亦道,道亦器"乃是"理气为一物"说的一个思想根源。由道器相即不离的观点完全可以推演出理气相即不离的结论。值得注意的是,他并不认为自己有关"气"的问题的观点来源于张载。

具体而言,罗钦顺继承了朱熹的"理在气中"、"理不离气"的观点,但他反对朱子理依附于气以及理气决是二物的说法,指出：

> 有莫知其所以然而然,是即所谓理也。初非有一物依于气而立,附于气而行也。(《困知记》卷上)

这里涉及到如何理解"理"的问题。朱熹的观点很明确,理是气之上或气之先的形上实体,因此即便天地毁坏了,理毕竟还在(参见《朱子语类》卷一),由此他得出了"理在气先"的结论。而在罗钦顺看来,理乃是气之聚散离合、一往一来之条理、规律,理不能脱离气而存在,也不是依附于气的另一实体,所以说："(理)初非别有一物,依于气而立,附于气以行也。"(《困知记》卷上)又说：

> 理只是气之理,当于气之转折处观之。往而来,来而往,便是转折处也。夫往而不能不来,来而不能不往,有莫知其所以然而然,若有一物主宰乎其间而使之然者,此理之所以名也。(《困知记》续卷上)

这是认为,理只是气之运动的条理,可以从一阴一阳之气的往来运动过程中看到这一点,理便是这一往来运动的内在根据。正是在这一意义上,所以说"理气为一物"。

不过须注意的是,罗钦顺虽然强调了理气为一物的观点,但他也反对认气为理的观点。在他看来,理是对气之运动规律的一种抽象,具有相对独立性,因此从根本上说,理又不等同于气之本身。他指出："理须就气上认取,然认气为理便不是。"(《困知记》卷下)事实上,这已经接近于朱熹的理气不杂之观点。只是在朱熹的场合,理气不杂的理论前提是：理是气之体,"理与气决是二物"。而在罗钦顺的场合,他反对"认气为理",其理论前提是：理非气之实体,理只是气之条理。

必须指出,罗钦顺的"理气为一物"的观点是建立在"气本一也"、气是"实体"这一思想立场之上的,他说："盖通天地亘古今,无非一气而已,气本一也"(同上书卷上)。基于此,他强调所谓"理"绝非是圣人"悬空立说",而是"就实体(按指"气")上指出此理以示人"(同上书卷下)。这里,以"实体"指气,值得注意。在他看来,朱熹的理气为二说,是由于将理气视作二元存在的缘故,他指出："太极与阴阳果二物乎？其为物也果二,则方其未合之先,各安在耶? 朱子终身认理气为二物,其源盖出于此。"(同上)应当说,罗钦顺的这一批判触及到了朱熹理气观的实质：理气二元论。相应于此,罗钦顺自己的基本立场则是：理气一元——亦即理气一物的真实涵义。

总之,"理气为一物"这一命题,强调的是"理气不容分"(同上书附录《与林次崖金宪》)、"理即气之理"以及"就气认理"(同上书附录《答陆黄门浚明》)等观点,但是我们不能简单地以为该命题是在主张理气混一、两者同为一物,否则就会犯"认气为理"的错误。其次,必须看到这一命题的思想意义还在于：反对理是主宰气的最高本体、形上依据的理学观念,从理论上较为深刻地批判了朱熹的那种以"理先气后"为其根本特征的宇宙观。再者,从哲学上看,罗钦顺的"理气为一物"、"气本一也"等一组命题标志着其思想由"理学"向"气学"发生转化,换言之,其思想已有一定的气学因素,但其思想的基本属性仍是理学,而非气学。这是因为,他虽然从宇宙构成论意义上坚决反对理气分裂,但他还是承认理对于气而言,具有终极的、价值的意义。譬如,他指出："事事皆有定理",此"理"字"在天在人,在事在物,盖无往而不亭亭当当也"。(同上书附录《与林次崖宪金》)显然,这就是程朱理学的"一草一木,皆涵至理"的那种"定理"观。同样,从他对心学的批判中也可看到,他认为王阳明、湛若水的心学思想之所以错误百出、流弊丛生,其根本原因在于他们"寻个理字不着"、"不曾寻见理字"(同上)。可见,他批判心学的基本立场是理学而非气学。这也说明,罗钦顺最终未能摆脱理学的立场,所以他认为良知不能"作实体看",而"道、德、性、天字"才是"实体"(同上书附录《答欧阳南野少司成崇一·又》)。下面我们就将看到他从理学的立场出发对心学展开了批判。

二、心学批判

罗钦顺与王守仁、湛若水生当同时,且有交往,他对王、湛的心学思想有深刻批评,尤其是对于王门后学更持激烈的批判态度,在明代心学史及儒学史上,他的心学批判不容忽视。

首先,他对"心即理"这一具有典型意义的心学命题提出了批评：

心也者,人之神明,而理之存主处也。岂可谓"心即理",而以穷理为穷此心哉?良心发见,乃感应自然之机,所谓天下之至神者,固无待于思也。然欲其一一中节,非思不可,研几工夫正在此处……若此心粗立,犹未及于知止,感应之际,乃一切任其自然,遂以为即此是道,其不至于猖狂妄行者几希!凡象山之为言,误人多矣,其流祸迄今益甚。(《困知记》附录《答允恕弟》)

这段话的大意是说:"心"只是指人的知觉作用,这种知觉作用具有"神明"(意即神妙灵明)的特征,同时"心"也是理的存在场所,由于心只是一种"神明",所以不可说心就是理,"穷理"也不意味着穷心之理,意谓"穷理"必须是"即物穷理",穷其事事物物之"理"。显然这是朱熹的固有思路。其次,心学家所主张的所谓"良心发见",是指人与事物接触以后所发生的自然感应,感应虽是一种"自然之机",但是一旦发生感应,就必须下一番思勉工夫,以使自己的行为合乎礼仪规范,如果以为只要随其"良心发见"便可"任其自然",进而以为"即此是道",而无须后天的勉力工夫,那么完全有可能坠入到"猖狂无忌"的地步。最后他指出,陆象山的"心即理"说真是为害不浅、流毒至今。这里虽以宋代的陆九渊作为批评的对象,其实他的矛头所指乃是王阳明之流。应当说,他对心学的理解是外缘性的,是以朱熹理学为其判断标准的,从他对"心"字的理解中完全可以看出这一点,但是也须承认,他以"心即理"作为批评的对象,击中了心学的要害,因为该命题毕竟是心学的第一要义,这足以表明他的思想立场基本上还是属于程朱理学的。

其次,罗钦顺对"良知即天理"之命题展开了严厉的批评:

孟子曰:"孩提之童,无不知爱其亲也,及其长也,无不知敬其兄也。"以此实良知良能之说,其义甚明。盖知能乃人心之妙用,爱敬乃人心之天理也。以其不待思虑而自知此,故谓之良。近时有以良知为天理者,然则爱敬果何物乎?程子尝释知觉二字之义云:"知是知此事,觉是觉此理。"……正斥其认知觉为性之谬尔。(《困知记》续卷上)

以上所说,大意有三:第一,"知"与"能"是"人心之妙用",而"爱"与"敬"才是"人心之天理";因此第二,若"以良知为天理",则作为"天理"之"爱敬"岂非别为一物？其实第三，"以良知为天理"实是佛教的"认知觉为性"之谬说耳。显然，第二和第三点是在批判阳明，而上述三步推论的关键则在于第一点，亦即：良知是否就是知觉，就是人心之妙用？按照"心也者，人之神明"的观点，良知良能也只是人心中的一点灵明、一种妙用，而非实体之理，只有人心中的"爱敬"等人伦情感才是天理的真实内涵。

我们知道，"良知即天理"，这是阳明的一个重要观点，在阳明看来，良知若非天理，则良知便丧失了普遍的意义，可见，该命题是阳明的良知学说之所以成立的依据。同时，阳明坚持认为良知具有"自会知"、"自会觉"的根本能力，并根据良知"发用流行"这一基本观点，主张良知固非见闻知觉，又不离见闻知觉，也就是说，良知作为一种道德知觉，必然具有判断是非的能力，同时良知的发现以及对良知的把握，又离不开具体的日常生活。应当说，将良知等同于知觉，这是阳明所没有的观点。现在罗钦顺提出反驳，认为良知只是人心的妙用，意谓良知只是知觉，所以不能将良知与天理等同起来，这就从根本上推翻了阳明心学的立论依据。

罗钦顺的上述观点引起了阳明弟子欧阳德（1496—1554）的反驳，欧阳德认为，所谓"知觉"，只是指视听言动的感官知觉，不具有伦理学意义上的"善"，所谓"良知"，则是指"知恻隐、知羞恶、知恭敬、知是非，所谓本然之善也"，是指伦理学意义上的"天性之真，明觉自然"，因此"谓之良知，亦谓之天理"，而"良知者天理之灵明，知觉不足以言之也"（《欧阳南野先生文集》卷一《答罗整庵寄困知记》）。这个说法坚持了阳明学的良知本体论立场。针对于此，罗钦顺指出：

> 今以知恻隐、知羞恶、知恭敬、知是非为良知，知视、知听、知言、知动为知觉，是果有二知乎？夫人之视听言动，不待思虑而知者，亦多矣。感通之妙，捷于桴鼓，何以异于恻隐、羞恶、恭敬、是非之发乎？且四端之发，未有不关于视听言动者……知惟一尔，而强生分别，吾圣贤之书未尝有也。惟《楞伽》有所谓真识、现识及分别事识三种之别。必如高论，则良知之真识，而知觉当为分别事识，无疑矣。（《困知记》附录《答欧阳少司成崇一》）

这是说,以"知恻隐、知羞恶"等知觉能力为良知,而以"知视、知听"等知觉能力为知觉,是将"知"分而为二,说成是二种"知",然而仁义礼智的"四端"之发,无不与"视听言动"有关,因此"知惟一尔",是不能"强生分别"的。如若不然,则有可能坠入佛教之说,与佛教分别"真识"、"现识"、"分别事识"的思路无异。显而易见,罗钦顺的这一批判有一前提设定:"知惟一尔。"换言之,他根本不承认作为道德之知的良知与作为感官之知的知觉有何区别。也正由此,他得出了一个独断论式的判断:良知即知觉。从心学理论上看,这一判断并不符合阳明良知学说的思想实际,不过若从心学的发展历史来看,这一判断恰恰击中了阳明后学的某种流弊。用明末大儒刘宗周的话来说,这就是"猖狂者参之以情识,而一是皆良"(《刘子全书》卷六《证学杂解》)这一心学末流之弊。这里所谓的"情识",大致与知觉一词相当,都是指感性的、作用的经验心之现象。因此以知觉为良知或以情识渗入良知,其病症虽不同,然其病根则一:以经验之心等同于本体之心。可以说,罗钦顺的上述批评敏感地觉察到了这一点,在他看来,心学理论本身难辞其咎。

最后,罗钦顺对"良知"概念本身进行了批判:

> 但以理言,即恐良知难作实体看。果认为实体,即与道、德、性、天字无异。若曰:"知此良知。"是成何等说话耶?……今以良知为天理,即不知天地万物皆有此良知否乎?天之高也,未易骤窥,山河大地,吾未见其有良知也;万物众多,未易遍举,草木金石,吾未见其有良知也。(《困知记》附录《答欧阳少司成崇一·又》)

意思是说:理是实体,而良知不是实体;天理遍在于万物,而良知没有这种遍在性,因此良知不是天理。可见,问题之关键在于,罗钦顺所理解的良知与王阳明所揭示的良知,在思想内涵上已经发生了本质上的区别。罗钦顺反对把良知说成是天理、实体,只承认良知的"知觉"意义,这是他不认同良知学说,并对心学思想实施批判的根本原因。

总之,罗钦顺认为"良知"只具有知爱知敬的知觉功能,只是"人心之妙用",而所知之"爱"、所知之"敬"(还可以是"仁义礼智"之类)才是"人心之天理"、才是"实体"之存在。应当说,他的心学批判指向了一个关键问题:良知实体化(或人心实体化)的问题。在阳明心学当中,的确存在着将良知实体化的倾向,亦即:将作为人心本质的先验道德本性抽象为天地万物之所以存立的依据、价值的根源。就此而言,罗钦顺的批判是正当的、合理的。可见,他是用理学(而非气学)的思维模式来批判心学,并把心学等同于佛教禅学,虽然他的这一指责和批判是否符合心学的思想实际是不无疑问的,但是从历史的角度看,他对心学批判达到了一定的理论深度。他的思想有气学的因素,但其基本倾向则仍是理学,从他反对良知是实体,主张理是实体的观点来看,应当说其思想的基本属性并非是"气本论",从总体上看,"朱学后劲"是对他在明代思想史上的一个恰当的定位。只是在气的问题上,他有不少不同于朱熹的观点,构成了其思想的特色之一。

第二节 王 廷 相

王廷相(1474—1544),字子衡,号浚川,河南仪封人。弘治十五年(1502)进士,正德初年,曾与刘瑾等宦官势力进行抗争,遭到贬谪。后历任御史、南京兵部尚书、都察院左都御史等职。晚年居家,从事著述。

王廷相是明代文学史上"前七子"之一,在思想上继承和发展了宋代张载的气一元论,这一点与罗钦顺自认其气学思想源自程颢有所不同。王廷相以元气实体论以及理在气中等观点作为思想依据,对宋代以降的理学及心学的思潮做了深入批判。他有很深的儒学修养,同时又博学多识,注重对自然现象的观察,他的科学素养成为其气学思想的源泉之一。

王廷相的主要著作有《王氏家藏集》、《内台集》,其中的主要哲学著作是《雅述》、《慎言》,今人汇集成《王廷相集》(北京:中华书局,1989年标点本)。

一、气 为 实 体

王廷相认为"气"是构成宇宙万物的唯一根源,是宇宙造化的唯一"实体"。他指出:

天地之先,元气而已矣。元气之上无物。(《雅述》上篇)

天内外皆气,地中亦气,物虚实皆气,通极上下,造化之实体也。(《慎言·道体》)

所谓"元气之上无物"、气是"造化之实体",这是王廷相的气学思想的标志性观点。何谓"实体"?王廷相有另外一个说法,亦即:"实有。"也就是这里的"物虚实皆气"的意思。用我们的话来说,就是物质实在的意思。这个说法显然是继承了张载的"太虚即气"以及"太虚无形,气之本体"的观点。按照张载的理论,太虚虽然无形,但其中充满了气,气赋予太虚以实有,太虚则是气的本然状态。这个思想为王廷相所继承,他说:"气虽无形可见,却是实有之物。"(《答何柏斋造化论》)又说:

道体不可言无,生有有无,天地未判,元气混涵,清虚无间,造化之元机也。有虚即有气,虚不离气,气不离虚,无所始,无所终之妙也。不可知其所至,故曰太极;不可以为象,故曰太虚,非曰阴阳之外有极有虚也。二气感化,群象显设,天地万物所由以生也,非实体乎!(《慎言·道体》)

这里涉及到有、无与虚、气的关系问题。表面看来,虚是无,气是有,然而虚气相即不离,不能说在气之外,另有太虚。原因在于元气就是实体,构成太虚的本质。太虚只是气的一种形状,在元气尚未分判,处于"混涵"、"清虚"的状态下,可以称为太虚,此时尚未显现出"群象",一旦元气中阴阳二气发生"感化",则万物由以生也,在此意义上可以说,元气就是太虚的实体、宇宙的本质。也正由此,就元气而言,不论有形还是无形,其本身是不灭的,不可用"无"来指称元气,故云:"有形亦是气,无形亦是气,道寓其中矣。"(同上)

王廷相在另外的场合,又将元气实体称为元气本体,他说:"天地、水火、万物皆从元气而化,盖由元气本体具有此种,故能生出天地、水火、万物。"(《答何柏斋造化论》)实体和本体,表述不同,其意则一。可以说,王廷相的气学思想是一种元气实体论或元气本体论。

上面出现的"道寓其中"的说法,涉及到道、气亦即理、气的关系问题。由于气是宇宙的唯一实体,所以理只是气的规律、条理。这是王廷相有关理

气关系问题的基本思路。他指出:

> 气也者,道之体也;道也者,气之具也。(《慎言·五行》)
> 气,物之原也;理,气之具也。(《慎言·道体》)

我们知道,按照朱熹的说法,理是"生物之本",气是"生物之具"。就此而言,朱熹也能赞同"理寓气中"或"理气相即"的观点。但是理对气而言,是气的本质;气对理而言,只是理的表现。这是朱熹理气论的一个基本立场。值得注意的是,王廷相反过来说,把理说成是"气之具",这个"具"字,可作"具有"、"具备"讲,亦可作"工具"、"载体"讲。"理,气之具也",意思是说,理是气所具有的一种属性,或者说理是以气为载体的存在。再结合"气,物之原也"的观点来看,可以看出,王廷相事实上否定了理为"生物之本"的观点,由此就可推出理是"气之具"的结论。

基于上述立场,在理气关系问题上,王廷相指出:

> 理载于气,非能始气也。世儒谓"理能生气",即老氏"道生天地"也。(《慎言·道体》)

这里所说的"世儒",显然是指朱熹,因为朱熹曾有"理生气"之说。据考证,该说未见诸《朱子语类》或《朱子文集》,而见诸明初刊刻行世的《性理大全》以及吕柟(1479—1542)《宋四子抄释》中①,王廷相应当知道此说。他认为"理能生气"之说就是因为不了解"理载于气"的道理,从而坠入到老子道家主张的"道生天地"的窠臼当中。在他看来,理须以气为自身的"载体",不是理为气之体,而是气为"道之体"。因此,理不能在气之先、之上,也不可能产生气,理就在气中。他明确指出:

> 万理皆出于气,无悬空独立之理。(《太极辨》)
> 愚谓天地未生,只有元气。元气具,则造化人物之道理即此而在。故元气之上无物、无道、无理。(《雅述》上篇)

这是说,元气是天地的唯一根源,所以理是随气而在的,不可能在气之先还

---

① 参见陈来:《"理生气"考》,收入《中国近世思想史研究》,北京:商务印书馆,2003年。

有什么理的存在。可见,在理气关系问题上,王廷相坚持了元气本体论的思想立场。需指出的是,"理生于气"的"生"字容易引起误解,被理解为"派生",其实,王廷相的本意是想说理无独立之理、理随气而在,这是对的,但如果说"理生于气",则两者便成了生成论意义上的"派生"关系,这是王廷相对理学的矫枉过正之处。从学理上看,"理载于气"比"理生于气"更为严密。

王廷相基于"理载于气"的观点,对程朱理学的理气学说进行了批判,否定了作为实体的理,肯定了理只是一种气化规律,与此同时,王廷相还对程朱理学所认为的气有变化、理无变化,气有生灭、理无生灭的这一"理本论"观点提出了批评,指出:

> 气有变化,是道有变化。气即道、道即气,不得以离合论者。或谓气有变,道一而不变,是道自道,气自气,歧然二物,非一贯之妙也。(《雅述》上篇)

这是说,气有变化,道也随之发生变化,否则道与气便会割裂为二。这是因为气是道之体,理随气而在,故宇宙间没有不变之道、不朽之理。换言之,气的存在是永恒的,作为气之规律的理并不是永恒不变的。应当说,王廷相的这一思想是中国哲学史上的一个贡献。他指出:

> 天地之间,一气生生,而常而变,万有不齐。故气一则理一,气万则理万。世儒专言理一而遗万,偏矣。天有天之理,地有地之理,人有人之理,物有物之理……各各差别。统而言之,皆气之化,大德敦厚,本始一源也;分而言之,气有百昌,小德川流,各正性命也。(《雅述》上篇)

这是说,天地万物皆由气化而成,气是统一的,故理也是一,同时气又是分殊的、具体的,所以理也必然是分殊的、具体的,天、地、人、物由气构成,同时也各有自己特殊的规律。这里所说的"世儒",显然也是针对程朱而言。按照程朱理学的理一分殊的观点,虽然也承认理落实在具体事物当中必然表现为分殊,但是他们更为强调认识分殊之理的目的是要把握"理一",所以从目的论上看,把握统一的理是为学的根本方向,而且他们认为分殊之理在整体上与统一之理没有本质区别,所以归根结底分殊之理只是统一之理的不同表现形式,是与具体事物的变化发展无关的。王廷相认为,这一观点是根本

错误的,他针对宋儒所言"太极散而为万物,万物各具一太极"这一理一分殊的典型观点,批评道:

> 斯言误矣!何也?元气化为万物,万物各受元气而生,有美恶,有偏全,或人或物,或大或小,万万不齐,谓之各得太极一气则可,谓之各具一太极则不可。太极,元气混全之称,万物不过各具一支耳。(同上)

这是说,如果承认万物"各具一太极",各具一整全之理,那么就会抹杀具体事物的美恶偏全的特殊性。这与他的气变道亦变、气为道之体的观点是一致的。王廷相突出了理随气而在的观点,认为事物存在的条件变化必然导致其规律内容也发生变化,对程朱理学的理一分殊理论中所突出强调的理为永恒不变的观点作了较为深刻的批判。他尖锐指出:"儒者谓:'天地间万形皆有敝,惟理独不朽。'此殆类痴言也。……理因时致宜,逝者皆刍狗矣,不亦朽敝乎哉!"(《雅述》下篇)这一观点显然与他的气为实体的思想立场是密切相关的。换言之,由气为实体的立场出发,必然导致对以理为本的理本论思想的批判,而王廷相的气学思想的意义亦在于此。同时也须看到,其意义还表现在以下一个方面:由以气为宇宙之实体的立场出发,导致在人性论问题上推出只有气质之性才具有实质性意义的结论,从而反对义理之性与气质之性的截然两分以及离气言性的观点。

二、性出于气

我们看到,从明初薛瑄到罗钦顺、王廷相,在理气问题上提出了一些与朱熹理学不同的观点:理气"无须臾之相离"、"理气为一物"、"理为气之条理"、气是"实体"等等。然而当他们把视线由宇宙论问题转向人性论问题时,可以预料,他们必然面临着一个重大理论问题:从本来意义上说,性是由理所决定的,还是由气所决定的?根据程朱理学的立场,因为理是唯一实体,所以从本来意义上说,人性必然是由理所决定的,这就是"性即理"命题的一个内在思路。另一方面,人性之所以有偏离、遮蔽等现象,乃是由于人性中所具有的偏驳清浊等气质因素所导致的,属于后天现象,与本然之性并无必然关联。现在,如果坚持认为气为唯一实体,理只是气之条理,无论怎样"往上推",都不能说"理在气先",那么,决定人性之根本因素就不能诉诸理,而应当由气来决定。换言之,气是构成人性本质的唯一因素和根据。进而言之,义理之性、天命之性等概念设定及其与气质之性对言并举,就是值得怀疑的。由此怀疑出发,便有可能得出结论说:人性是否"本善"也成了可以讨论的问题。

罗钦顺曾指出:

> 程、张本思、孟以言性,既专主乎理,复推气质之说,则分之殊者,诚亦尽之。但曰"天命之性",固已就气质而言之矣,曰"气质之性",性非天命之谓乎?一性而两名,且以气质与天命对言,语终未莹。朱子尤恐人之视为二物也,乃曰"气质之性即太极全体堕在气质之中"。夫既以堕言,理气不容无罅缝矣。(《困知记》卷上)

他认为,二程和张载根据子思和孟子的性说,以理言性,并推出"气质之性"的概念,用来解释分殊界的恶之现象,此说虽有道理,但是若从"理气不容分"的立场出发,一旦讲到性,就已离不开气质之性了,即便是天命之性也是"已就气质之性而言之矣"。所以,气质与天命"对言"是值得怀疑的。基于此,罗钦顺又指出:"'天命之谓性',自其受气之初言也。"(同上)这无疑是说,天命之性只是指人生禀气的最初状态而言,换言之,天命之性已不得不落在气质之性上,所以说"自不须立天命、气质之两名"(同上)。这里就必然引申出一个重要结论:天命之性不能离开气质之性,离开气质也就无所谓天命,气质和天命只能是一个性。罗钦顺的这个思想在王廷相那里有更为显著的表现,相比之下,王廷相的理论阐述也更为深入和严密。

王廷相指出:

> 嗟乎!人有二性,此宋儒之大惑也……余以为人物之性无非气质所为者,离气言性,则性无所处,与虚同归;离性言气,则气非生动,与死同途;是性与气相资,而有不得相离者也。但主于气质,则性必有恶,而孟子性善之说不通矣。故又强出本然之性之论,超乎形气之外而不杂,以付(按,当作"附")会于性善之旨,使孔子之论反为下乘,可乎哉?不

> 思性之善者，莫有过于圣人，而其性亦惟具于气质之中，但其气之所禀清明淳粹，与众人异，故其性之所成，纯善而无恶耳，又何有所超出也哉？圣人之性，既不离乎气质，众人可知矣。气有清浊粹驳，则性安得无善恶之杂？故曰"惟上智与下智不移"，是性也者，乃气之生理，一本之道也。信如诸儒之论，则气自为气，性自为性，形、性二本，不相待而立矣。（《王氏家藏集》卷二十八《答薛君采论性书》）

这段话有几层意思。首先他指出，气质之性和天命之性之概念设定，乃是宋儒所犯的一个错误；这是因为，人物之性都是由气质之性所构成的，所以不能离气言性；同时，由于气中有性，故也不能离性言气，否则气质便失去了生命和价值。由此提出了"性与气相资"的命题。其中，王廷相叙述的着重点显然放在了人非有"二性"这一观点之上，后面举例说圣人之性纯粹至善也无非是禀受了"清明淳粹"之气的缘故，众人之性更勿用遑论，由此可证明人非有"二性"。通过对"人有二性"这一人性二元论的否定，王廷相想强调的观点是：性是由气质所决定的，禀受"清明淳粹"之气者便性善，反之，禀受驳杂昏浊之气者则性恶。很显然，这一观点与"性出乎气"有密切的理论关联。他说：

> 程子以性为理，余思之累年，不相契入……尝试拟议：言性不得离气，言善恶不得离道……性出乎气而主乎气，道出于性而约乎性。此余自以为的然之理也。（同上）

可见，他正是由对程朱学的"性即理"（亦即"以性为理"）之命题的怀疑出发，得出了"言性不得离气"、"性出乎气"的结论，并自以为这是不易之论。这一结论显然与上面我们所看到的"理载于气"等观点在思路上是互为连贯的。由于理只是气之理，所以性也必然是"气之生理"，归结而言，不能离气言性或以理言性。与"性出乎气"之立场有关，王廷相还提出了"性成于习"的观点，指出："凡人之性成于习。"（同上）这里的"习"，是指人生以后逐渐形成的习气。"性成于习"的命题是说：性不仅取决于气质的清明浑浊，还取决于后天的生活环境，如果注意变化气质，则"可变其气质而为善，苟习于恶，方与善日远矣"（同上）。因此重要的是，人性之善取决于"成于习"的过程。这一观点的思想渊源显然出自孔子的"性相近,习相远",而与孟子倡导的人性(或人心)"本善"的观念是不尽一致的。在上面引文中出现的"使孔子之论反为下乘"的说法,颇有为孔子的性说被孟子的性说所取代表示不满的意向,这也表明王廷相在人性论问题上有一种回归孔子的趋向。他甚至说:孔子、伊尹在人性问题上都表明了"善恶皆性为之矣"的基本立场,这是"古圣会通之见,自是至理",因此又"何必过于立异,务与孟子同也哉!"(同上)意思很显然,这是说我们不必用孟子的性善之论来取代孔子的"性相近,习相远"的基本立场。

由上述结论,不难想象王廷相在性的善恶问题上也提出了与众不同的看法,他针对世人普遍认为的"天命之性,则有善而无恶"的观点,感叹道:

嗟乎!斯言近迂矣。性果出于气质,其得浊驳而生者,自禀夫为恶之具,非天与之而何哉?……今日"天命之性有善而无恶",不知命在何所?若不离乎气质之中,安得言有善而无恶?(同上)

显而易见,这是对天命之性纯善无恶这一程朱理学以来的传统观点提出的重大质疑。在他看来,由于性出于气、成于习,所以不能以理言性,其结论自然是:不仅善是性之所有,恶也是性之所有,他又说"善固性也,恶亦人心所出,非有二本"(《王氏家藏集》卷三十三《性辩》),亦即此意。以上这些观点,在他人看来,未免过于大胆,然就王廷相而言,其中自有他的气学理论作为依据。可以说,他的人性论是其气学理论的必然推演,换言之,也是气学理论落实在人性论问题上所得出的一个必然结论。

总之,王廷相的思想性质属于元气实体论或气本论,他的气为实体、气为物之原、理载于气等命题具有鲜明的思想特色,在明代思想史上占有特殊的地位;他在理气问题上,对程朱理学的理气观进行了较为深刻的批判,其问题意识直接指向程朱理学,触及到了许多理学的基本问题,达到了一定的理论深度;他将气本论立场贯穿于人性论问题领域,反对以理言性,反对用天命和气质来分言人性,以及由此而导致的"形、性二本"的二元论观点,坚持了性只是一个性,"气之生理,一本之道也"的一元论立场;基于此,在人性善恶问题上，他甚至对程朱理学的"性即理"命题以及天命之性纯粹至善的观念提出了重大质疑；从哲学史的角度看，他的气学思想与明末清初出现的"气质之性即义理之性"（刘宗周）、"气质中之性依然一本然之性"（王夫之）等观念具有某种历史发展的逻辑关联。

最后须指出，王廷相在理气问题上对理学思想所进行的批判，要比罗钦顺来得深刻而全面，但在如何评判心学思潮的问题上，罗钦顺的心学批判则要比王廷相更有思想深度。然而，王廷相对心学的批评角度亦值得重视，他从现实政治的角度，批评心学家们空谈"心性"，于国家社稷非但无益，反而有害，他说：

> 近世好高迂腐之儒，不知国家养贤育才，将以辅治，乃倡为讲求良知、体认天理之说，使后生小子澄心白坐，聚首虚谈，终岁嚣嚣于心性之玄幽，求之兴道致治之术，达权应变之机，则暗然而不知。以是学也，用是人也，以之当天下国家之任，卒遇非常变故之来，气无素养，事未素练，心动色变，举措仓皇，其不误人家国之事者几希矣！此于南宋以来儒者泛讲之学又下一等。为社稷计者不及时而止之，待其日长月盛，天下尽迷，则救时经世之儒灭其迹矣……主盟世道者不可不加之虑矣。（《雅述》下篇）

所谓"讲求良知"、"体认天理"，分别是指王守仁和湛若水的学说。从这段文字中可以看出，王廷相对于当时的心学思潮的兴起怀有深深的忧虑，在他看来，心学家热衷于心性问题的空谈，最终将导致"误人家国"，其言词语调令人想起明亡以后的一些学者提出的心学末流清谈误国的论调。应当说，王廷相的这一心学批判涉及到了学术与政治、理论与现实的关系问题，他指责心学家的思想学说于天下国家缺乏关怀，于实际政治未免偏离，诚所谓"平日袖手谈义理，临难一死报君恩"，指的是在心性之学的影响下，风气败坏、人心扭曲的现象，从此后心学发展的某些迹象来看，不幸而被言中。当然，从心学理论本身来看，未尝不是一种以道德治家救国的理论，只是在王廷相的眼里，这样一种以发明本心为根本要务的心学理论是不切实际的。应当说，他对心学的这一批评态度与其坚持气为实体的气学立场也是密切相关的。

第三节 气学与明代思想

从宋明儒学的发展历史来看,除了程朱理学、陆王心学以外,还有一条思想发展线索不可忽视,这就是气学。在宋代可以张载为代表,在明代则可以王廷相为代表。需要说明的是,这里所说的"气学",是一个非常宽泛的概念,并不是说"气本论"或"气一元论"的思想才属于气学,凡是对气的问题有所思考和见解,都可承认是一种气学思想。事实上,即便是在程朱理学或陆王心学的思想体系中,也有不少气学思想。与宋代儒学不同,在明代思想史上,自曹端、薛瑄等人开始,不少思想家对气的问题的思考已逐渐从"理气论"的模式中摆脱出来,并对程朱理学的一套"理气论"思维模式展开了批评,与此同时也开始出现了从气的角度重新思考人性问题、身心问题以及养气与存心的关系等问题。那么,气学思想在明代思想史上应当如何定位和评价?这里仅就气学在明代思想历史发展中的一些问题略作阐述。

首先,气的问题是一个涉及面颇广的问题,既涉及到宇宙论的问题,又关联到修养论的问题。气的思想也是富有中国本土色彩的一种独特思想。在宋明儒学史上,不论是理学家还是心学家,对气的问题多少都有自己的看法,朱熹建立了一套理气论模式自不用说,阳明的心学理论也认可"一气流通"、"气即是性"等气学观点,只是从朱熹和阳明的问题意识以及根本关怀来看,如何通过居敬穷理来提升和完善人的道德人格,如何通过致吾心之良知来直接实现人的道德价值,才是他们所关心的主要课题。相比之下,气的问题并不构成他们的思想主题。另一方面,明代以后的气学思想家却对理学或心学采取了批判的姿态,从曹端、薛瑄开始,经由罗钦顺、王廷相,一直到王夫之,几乎无不如此,这一点值得引起注意,其中当有思想历史发展的必然性。举例来说,不少气学思想家通过对程朱理学的"理先气后"这一理气二元论之观念的批判,主张"理气为一物"、"理为气之条理",进而对理学将"气质之性"与"天命之性"并举对言的思维模式展开了批评,认为这是一种"人有二性"的错误观点。为了贯彻"理气不容分"的思想立场,在人性论高攀龙(1562—1626),初字云从,后字存之,号景逸,江苏无锡人。与顾宪成齐名,世以顾、高并称。万历十七年(1589)进士,后授行人司行人,不久便因直言,与权臣不合,谪广东揭阳典史。后因服母丧,家居不仕近二十六年。直到天启元年(1621)复出,先后任光禄寺卿,左都御史。天启五年,宦官魏忠贤等以结党等罪名,对东林党人开始了大肆镇压,高攀龙被削籍为民,杨涟、左光斗等六人被逮而惨死狱中。次年,继而下令逮捕高攀龙、黄尊素等七人(史称"七君子")。高攀龙闻悉,遂于三月十七日投湖自尽。高攀龙一生学无常师,与江右王门的传人罗懋忠、萧自麓等有来往,受到江右王门"归寂派"所传的"主静"之学的影响,并推崇朱熹的"半日静坐、半日读书"的为学方法以及薛瑄的"主敬"思想和李材的"止修"学说。曾自筑"水居",作为静坐读书之所,并作《复七规程》,推行七日静坐法。可见,在他的思想中主敬涵养与静坐体验是互为关联的。不过总体说来,其思想偏向于程朱理学,同时又有折中理学与心学的色彩。他在晚年,编成《朱子节要》一书,以宣传朱学为己任。他的著作被后人编为《高子遗书》(《四库全书》本)。

一、心 学 批 判

对于阳明的致良知说顾宪成和高攀龙都基本表示赞同,顾曾指出:"或问阳明先生之揭良知何如?曰:'此揭自是痛快。往往有驳之者,予不敢以为然也。'"(《札记》卷十一)并表示赞同高攀龙的观点,认为《大学》所讲的"明明德"之工夫"即是致良知"。顾宪成进而强调,一部《传习录》也应当从这一角度来进行解读(同上书卷十)。高攀龙则指出:"姚江(按指阳明)天挺豪杰,妙语良知,一破泥文之弊,其功甚伟,岂可不谓孔子之学!"(《高子遗书》卷九上《崇文会语序》)然而,对于阳明的某些观点及其心学流弊则有严厉批评,主要集中在"无善无恶"说这一点上。从某种意义上可以说,对无善无恶的批判,乃是东林学派诸子在学术思想上的一个基本共识。顾宪成在重新恢复东林书院,制定《东林书院院规》之际,就明确提出"以性善为宗",并规定"恪尊洛闽"、"以朱为宗"。高攀龙也指出顾宪成"辟东林精舍",旨在"讲明性善之旨"(《高子别集》卷六《顾泾阳先生小传》)。显然,在当时以"性善"为标识,并不是简单地重复孟子的性善宗旨,而是针对心学派大肆宣扬的"无善无恶"说,目的是"以'性善'扫除'无善无恶'"(《札记》卷十六)。

顾宪成认为,无善无恶说是造成当时思想危害最为严重的一种邪说。他指出:

> 见以为心之本体原是无善无恶也,合下便成一个空;见以为无善无恶只是心之不著于有也,合下便成一个混。空则一切解脱,无复挂碍,高明者入而悦之……混则一切含糊,无复拣择,圆融者便而趋之。(同上书卷十八)

这是说,无善无恶将导致两大弊端:"空"和"混"。"空"是指性中一切无有,"混"是指取消一切差别。由前者之弊终将导致这样的严重后果:"以仁义为桎梏,以礼法为土苴,以日用为缘尘,以操持为把捉,以随事省察为逐境,以讼悔迁改为轮回,以下学上达为落阶级,以砥节励行、独立不惧为意气用事者矣。"由后者之弊终将导致这样的严重后果:"以任情为率性,以随俗袭非为中庸,以阉然媚世为万物一体,以枉寻直尺为舍其身济天下,以委曲迁就为无可无不可,以猖狂无忌为不好名,以临难苟免为圣人无死地,以顽钝无耻为不动心矣。"要之,所有一切圣贤规矩、儒家礼法都将被无善无恶说所打破。顾还指出:"由前之说,何善非恶? 由后之说,何恶非善?"也就是说,善与恶的界限已不复存在,是与非也将完全颠倒。结论是:"此之谓以学术杀天下万世。"(同上)可见,顾宪成批判无善无恶之严厉几乎到了无以复加的程度。在他看来,无善无恶的思想弊端绝不单纯是理论上的问题,更是关系到世道人心、社会治理如何安顿的问题,从其结果来看,已然导致人伦败坏、道德沦丧等严重的社会弊病。

高攀龙对无善无恶所持的批评态度,与顾宪成完全一致。他指出:

> 曰无善无恶,夫谓无恶,可矣;谓无善,何也? 善者,性也。无善是无性也。吾以善为性,彼以善为外也。(《高子遗书》卷九上《许敬庵先生语要序》)

又说:

"性善"是自己的为学宗旨,并且"参之有年":

> 或问:"迩来谈学家,往往揭一宗指,子独无之,何也?子亟称'性善',莫便是宗指否?"曰:"吾于此亦颇参之有年矣。参来参去,委不如性善二字好。这里参得一分透,即有一分得力。参得二分透,即有二分得力。参得完完全全,便是圣人。"(《札记》卷七)

他还指出:

> 只提出性字作主,这心便有管束。孔子自言"从心所欲不逾矩",矩即性也。看来是时已有播弄灵明的了,所以特为立个标准。(同上书卷五)

可见,顾宪成是针对"播弄灵明"的心学之说,特意拈出"性"字,以此作为规范"心"的主宰。由此,他特别强调了"性"的规范义、主宰义,这也就是"矩即性也"的意思。换句话说,性之所以能主宰心,这是因为性具有作为准则的"规矩"之义。由此思路出发,他还对孟子的"尽心知性知天"之说作了重新诠释:

> 此章(按指《尽心章》)首条先提出一心字,后提出一天字,中间提出一性字,此意当理会……心何尝不可为宗,然而心之所以为心,非血肉之谓也,应有个根柢处,性是已。舍性言心,其究也必且堕在情识之内……故孟子特以一性字摄之。(《经正堂商语》)

这是借孟子之口,着重点出:舍性言心之不可。因为性是心之所以为心的依据,心须以性作为自己的"根底",所以心须由性来加以收摄、管束。

很显然,性之具有规范和主宰这两层涵义,是相应于心而言的。就性之本身而言,则具有另两层涵义:善和理。他说:"点出善字,正示性有定体。不可以歧见惑也。"(《札记》卷二)又说:"伊川曰'性即理也',此一语极说得直截分明,亘古亘今颠扑不破。"(同上书卷十)可见,善和理是性体的本质内涵。性之所以能够决定心的走向,引导行为必然向善,就是由于性中有善和理之本质。因此在他看来,只要坚信"性善"原理,就可以从根本上纠正由"无善无恶"而引发的放荡自恣、崇尚玄虚的心学流弊。

总之,顾宪成的性善说是针对时弊而发,是在"心即理"等心学言论大肆盛行的背景之下提出的,其中突出强调了"矩即性"的意义,构成了他的"性学"思想的一大特色。

三、格物是求放心

高攀龙与顾宪成一样,目睹心学末流倡言无善无恶,导致流弊滋生的思想现状深恶痛绝,对于顾宪成提出"性善"之旨以纠时弊亦深表赞同。他指出:

> 人不识这个理字,只因不识性。这个理字,吾之性也。人除了这个躯壳,内外只是这个理。程子云"性即理也",如今翻过来看,理即性也。夫人开眼天地间,化化生生,充塞无间,斯理也即吾性也。(《东林书院志》卷六《东林论学语》下)

可见,高攀龙同样突出了"性"及"理"的重要性。从某种意义上可以说,高攀龙的思想也是一种"性学"。

然而高攀龙在思想上也有与顾宪成略显不同的独特性,主要表现为他在工夫论问题上,极力主张通过格物以穷理,以此纠正只讲致知而不讲格物的心学流弊。首先他针对阳明以"正心"释格物的观点提出了批评,指出阳明所讲的格物,"却是诚意正心事矣,非格物也"(同上),其次他认为,阳明讲无善无恶正因为"不本于格物"而错认了"明德","遂认明德为无善无恶",进而指出:

> 明德一也,由格物而入者,其学实,其明也,即心即性。不由格物而入者,其学虚,其明也,是心非性。(《高子遗书》卷八下《答方本庵》)

这是说,格物是实现"明明德"的真实途径、切实方法,否则的话,"明德"就会被误解为心体的灵妙作用,其结果必然导致玄虚之学,"是心非性"。他又强调指出:

> 二先生(按,指陆王)学问俱是从致知入。圣学须从格物入,致知不

在格物,虚灵知觉虽妙,不察于天理之精微矣。(《东林论学语》下)

> 圣人之学所以与佛氏异者,以格物而致知也。儒者之学每入乎禅者,以致知不在格物也。致知而不在格物者,自以为知之真,而不知非物之则,于是从心逾矩,生心害政,去至善远矣。(《高子遗书》卷九上《王仪寰先生格物说小序》)

可以看出,高攀龙对格物问题的强调是针对时弊而发。那么,他对于历来众说纷纭的"格物"问题又有何具体解释?他指出:"格物者,穷究到天理至极处,即至善也。"(同上书卷八下《答方本庵》)又说:

> 格者,止也、通也、正也。格物则随物察则,物格则一以贯之,格物必穷至极处,物格则通彻无间,而物各得其正矣。天地间,触目皆物,日用间动念皆格。(同上书卷九上《王仪寰先生格物说小序》)

他还坦言他的这一格物说极少有人表示理解(同上)。的确,从其对"格物"的上述诠释来看,明显地与朱熹的向外穷理不同,也与阳明以正心化解格物的解释思路略异。尽管他一方面承认"格物是随事精察"(同上书卷一《语》),"一草一木亦皆有理,不可不格"(同上书卷八上《答顾泾阳先生论格物》);但另一方面,他又强调"格物是求放心"、"观物即是养心",旨在调和求知与养心(同上)。他指出"读书即明心也","才知反求诸身,是真能格物者也。"(同上书卷一《语》)也就是说,他既承认"读书穷理"的必要性,同时他也反对与自己身心之修养无关的所谓"格物之学"。他认为格物的最终目的在于"止至善也",亦即道德上的自我完善,而不在于客观知识的积累。就此而言,他赞成阳明的"致良知"学说:"因其已知而益穷之,至乎其极,致良知也"(同上),但也反对阳明把"格物"说成是"格心之物"的观点。由此可见,在他对格物的理解当中,具有调和朱王的色彩。"格物是求放心"之说,具体地反映了其思想所具有的这一特征。

最后须指出,高攀龙的"格物是求放心"之说与其所强调的"明经"须与"明心"相结合的观点也有理论关联。他指出:"六经皆圣人传心,明经乃所以明心,明心乃所以明经。明经不明心者,俗儒也;明心不明经者,异端也。"(同上)由此出发,他极力反对心学末流的那种"明心见性"的做法,也反对程朱理学的那种一味读书穷理而忽视内心修养的为学主张。应当说,高攀龙的这一思想与东林学派所提倡的"志在世道"的入世精神是一致的。不过由于高攀龙并不讳言静坐,而其为学又得益于静中一悟(参见同上书卷三《困学记》、《静坐说》),所以刘宗周有"今之忠宪,半杂禅门"(引自《黄宗羲全集》第十册《与顾梁汾书》)之评语,黄宗羲则说:"忠宪以阳明之学攻阳明,不过欲为朱子之调人耳,其实忠宪之格物与阳明之格物,无有二也。"(同上)这是说,高攀龙之思想调停于朱、王之间。这一对高攀龙的思想定位是有一定道理的。

总而言之,以顾宪成和高攀龙为首的东林学派是在对阳明心学运动的批判和反省过程中逐渐形成的。他们所面临的思想局面是:朱子学一蹶不振,阳明学风靡天下;而在心学的流传过程中也开始产生种种弊端。在顾、高看来,心学家们过分突出了心之本体的灵明知觉之作用,而忽略了性对心的规范和导向之作用;一味讲求破除执着、取消分别,以不落善恶为最高境界,而不顾圣贤训言、规矩礼法对人心的约束。前者之弊表现为"扫闻见以明心",导致了以见在情识或知觉作用为良知本体;后者之弊表现为"扫善恶以空念",导致了以虚见为圆通、以顿悟为高超,最终不惟助长了士人学子坠入一片虚无、狂荡的学术风气之中,甚至导致了世道人心走向衰颓、社会政治渐渐失序。要而言之,以顾、高为代表的东林学派所面对的以及所欲解决的问题是:学术与政治、思想与社会如何保持一种紧张、互动的关系,进而为家国天下的重新治理寻找到一条正确的道路。

从历史上看,以顾、高为首的东林学派在政治上以气节相标榜,讽议朝政;在思想上以理学为宗,批判心学。然而在政治上最终遭到了惨重失败,其间的是非曲直自应从政治史的角度来加以探讨。这里我们主要考察了顾、高的某些哲学观点,由此可以看到,东林学派对宋明以来思想现状的种种批判,使得明代心学日渐崭露出自身的理论问题,同时也预示着晚明思想因社会和政治的动荡变化而开始出现由道德议论向经世致用之学的转向。

第二节 刘宗周

刘宗周(1578—1645),字起东,号念台,浙江山阴人,因讲学于山阴县城北蕺山,后世称为蕺山先生。早在1604年,东林书院重建之初,刘宗周便与东林学派的刘永澄相识结交,此后更是经常与东林诸子往来问学,尤其受到高攀龙的赏识。黄宗羲曾说:"今日知学者,大概以高、刘二先生并称为大儒,可以无疑矣。"(《明儒学案》卷六十二)然而刘宗周虽与东林学派气味相投,但与顾、高等东林诸子在推崇理学的名义下来批判心学有所不同,刘宗周则是从心学内部来纠正心学之弊,建立了独特的"慎独"、"诚意"学说。

刘宗周于万历二十九年(1601)及第进士,此后历任礼部主事、尚宝司少卿、顺天府尹、左都御史等职。曾先后三次被革职为民,仕途并不顺利。根据记载,在他及第进士直至去世的四十五年间,任官不满六年半,在朝做官仅有四年。南明弘光元年(1645),亦即清顺治二年,清兵南下,南京沉陷,继而杭州失守,刘宗周见大势已去,遂绝食二十日,殉明而亡。他的著作有《刘子全书》及《刘子全书遗编》(清道光年间刻本)。现有标点本《刘宗周全集》五册(戴琏璋、吴光主编,台北中研院中国文哲研究所筹备处,1997年)。

一、思 想 变 迁

刘宗周在26岁时(1603)拜许孚远为师。孚远为湛若水的再传弟子,但其思想旨趣已与甘泉学派的心学思想不同,他在与罗汝芳、周汝登等人的辩论中,对王门后学特别是无善无恶说表示了批判的态度。许孚远向刘宗周着重宣扬了存天理、遏人欲之说,刘自称从此以圣人之学为志,"入道莫如敬",接受了许孚远所提倡的"主敬"和"克己"的思想观点。其后他一生"服膺许师"(《刘子全书》卷十九《与履思书》。按,下引此书只注卷数)。不过,就在拜师的次年,许便逝世。因此宗周对许孚远的尊敬主要是出于师道,在思想上许孚远对刘宗周是否有决定性的影响,则难以断言。

37岁那年(1614),宗周受到弹劾,罢职归乡,闭门读书,"久之,悟天下无心外之理,无心外之学。乃著《心论》"(卷四十《先君子蕺山先生年谱》。按,下引此篇只注《年谱》)。该《谱》作者为宗周长子刘汋,但经过了黄宗羲等人的修订)。此次体悟标志着刘宗周在思想上有所突破,由早年怀疑心学转而信奉心学,但尚未完整提出他的慎独理论。48岁那年(1625),刘讲学于蕺山的解吟轩,《年谱》记载"有慎独之说",正式确立了他的标志性学说——慎独。此后的十年间,刘宗周有一系列著作阐述了他的慎独观念,特别是57岁时落笔的《人谱》(此后数易其稿,直至逝世前不久,还在不断修改),颇能反映其慎独哲学的特色。59岁时(1636),刘在京师任职,作《独证篇》,《年谱》记载是年"始以《大学》诚意、《中庸》已发未发之说示学者"。诚意说的形成标志着宗周思想的最终定型,自此慎独和诚意成为宗周思想的两大支柱。此后直至逝世的数年间,他以诚意说为基本立场,对阳明心学以及先儒的某些观点展开了批判,完成了许多重要的哲学著作,如《阳明传信录》、《良知说》、《存疑杂著》等。

关于宗周的思想变迁,《年谱》中有如下归纳:

> 先君子学圣人之诚者也。始致力于主敬,中操功于慎独,而晚归本于诚意。诚由敬入。(《年谱》)
>
> 先生于阳明之学凡三变:始疑之,中信之,终而辩难不遗余力。(同上)

关于以上两段归纳,黄宗羲也有大体相当的说法,只是关于第一段的内容,黄宗羲的叙述略显不同:"先生宗旨为慎独。始从主敬入门;中年专用慎独工夫,慎则敬,敬则诚;晚年愈精微、愈平实。"(卷三十九《行状》)可以看出,对于《年谱》的"晚归本于诚意"这一叙述,黄宗羲在这里并没有着意点出,而是突出了宗周哲学的宗旨在于慎独。事实上,黄宗羲注意到了宗周针对"意为心之所发"而提出的"意为心之所存"的命题在思想史上所具有的重大意义,以为是"发先儒之所未发"(同上),为此黄宗羲还与宗周其他的一些门人发生了意见冲突。或许在黄宗羲看来,慎独与诚意在根本旨意上并无不同,而宗周在中年提出的慎独论,已经奠定了其思想的基本格局,因此在黄宗羲的判断中,慎独说是宗周思想的成熟标志。的确,由主敬到慎独,由慎独到诚意,形式上虽被分为三个阶段,但这并不意味着前后之间存在思想上的矛盾冲突,应当说前后变化仍有一贯之处,直至晚年,宗周也并没有放弃主敬观念和慎独学说。就慎独论和诚意论的关系而言,其实宗周只是把原有的思想观点落实在诚意理论的基础上作了一番提炼,而他对意识问题的强调和关注,更主要的是以此作为重新解读《大学》和《中庸》的依据,并以此作为批判武器,批评阳明的良知学说及其四句教,其错误之根源就在于"将意字认坏"(卷八《良知说》)。

以下,我们就慎独和诚意这两个方面来考察宗周思想的特质。至于说到宗周之于阳明学由疑而信、由信而疑的具体经过,我们将在叙述其慎独、诚意学说时,附带讨论。

二、以慎独为宗

黄宗羲说:"先生之学,以慎独为宗。"(《明儒学案》卷六十二《蕺山学案》)我们通过对宗周思想的考察,可以发现宗羲此说是有说服力的。

"慎独"一词出自儒家经典《大学》和《中庸》。《大学》云:"所谓诚其意者,毋自欺也。如恶恶臭,如好好色,此之谓自谦,故君子必慎其独也。"《中庸》说:"道也者,不可须臾离也,可离非道也。是故君子戒慎乎其所不睹,恐惧乎其所不闻。莫见乎隐,莫显乎微,故君子慎其独也。"两处出现的"慎其独",即"慎独"一词的来源。"慎"为"戒惧谨慎"或"戒慎恐惧"之意,是指意识的高度集中,不能有丝毫的放松和懈怠,同时又含应时刻保持一种敬畏心态。所谓"独",按照朱熹的解释:"独者,人所不知而己所独知之地也。"(《大学章句集注》)这一解释具有典范意义,亦为阳明所认同。意思是说,"独"就是指一人独处之时或独处之地。此时此刻,人的一切意识活动只有己知而不为他人所知,因此如果不加以谨慎小心,便会萌生种种邪思杂念,这便是自欺。总之,"慎独"作为一种道德修养方法,强调的是在诚意过程中不能自欺其心,并要时刻提撕此心不能有丝毫的放松。根据《中庸》的说法,它还告诉人们:由于"道"之本身是隐而不见、微而不显的,是人所不能"须臾相离"的,所以对"道"的最终把握就必须通过"慎独"工夫,在这里"独"又可以是指"道体"本身不睹不闻之特性。宗周指出:"《中庸》之慎独与《大学》之慎独不同。《中庸》从不睹不闻说来,《大学》从意根说来。"(卷十《学言上》。按,下引此篇只注篇名)便揭示了这一点。应当说,刘宗周的慎独说来源于《大学》和《中庸》,可以从以下两段叙述中略见一斑:

> 慎独是学问第一义。言慎独,而身、心、意、知、家、国、天下一齐俱到。故在《大学》为格物下手处,在《中庸》为上达天德统宗、彻上彻下之道也。(《学言上》)
>
> 《大学》之道,慎独而已矣。《中庸》之道,慎独而已矣。《论》《孟》六经之道,慎独而已矣。慎独而天下之能事毕矣。(卷二十五《读大学》)

这是从原则原理上,对"慎独"工夫的强调。在他看来,"慎独"成了儒家学说的"第一义",亦即至上真理。需要提问的是:"独"在宗周的理解中,又是什么涵义呢?就结论而言,宗周的理解实质上已对《学》《庸》的原意作了某种转化。在《学》《庸》的文本中,"独"本来是指独处之时、独处之地或是指"道"的隐而不见的微妙状态,宗周一方面汲取了这些思想资源,同时又创造出一个"独体"的词汇,把"独"提升到了"体"(本体义或根本义)的地位。

事实上,刘宗周喜欢讲"体"字,在其哲学用语当中,有"心体"、"性体"、"诚体"、"天体"、"仁体"、"独体"等重要概念,而这些概念又是彼此关联的。一般说来,在宗周哲学中,"独体"可以含指"心体"和"性体"。按照他的说法:

> 独是虚位。从性体看来,则曰莫见莫显,是思虑未起,鬼神莫知时也。从心体看来,则曰十目十手,是思虑既起,吾心独知时也。然性体即在心体中看出。(《学言上》)

这段叙述对"独体"作了明确的说明。所谓"鬼神莫知",是指性体天道"莫见莫显"之时,所以又可以说"独者,静之神,动之机也"(同上);所谓"吾心独知",是指心体意识处于"人所不知而己所独知"的微妙状态。要之,不论是从心体的角度还是从性体的角度来看,"独"都是"微"字之意,主要是指某种隐微不显的存在状态。所以宗周又说:

> 莫见乎隐,亦莫显乎见;莫显乎微,亦莫微乎显。此之谓无隐见、无显微,无隐见显微之谓独。故君子慎之。(同上)

也就是说,"独"是指显微无间的一种状态。既然是一种状态,所以"独"本身不是实指,更不是实体,就此而言,"独是虚位"。其实,按照我们的分析,宗周所谓的"独体",主要是指"意根",亦即深层的道德意识,是一种尚未现象化的根本意识,关于这一点,我们将在下面再来叙述。现在我们结合刘汋所描述的宗周在55岁时用慎独工夫的状况,来进一步说明何谓"独是虚位",刘汋说道:

> 按是时,先生用慎独工夫。独体只是个微字,慎独之功,只于微处下一著字,故专从静中讨消息。久之,始悟"独"说不得个"静"字。(《年谱》)

这一描述非常贴切,有助于我们了解宗周所说的"独体"之意,独不是指与动相对的静之本身,而是指"静之神、动之机",所以说:"合阴阳动静而妙合无间者,独之体也。"(《学言上》)换言之,即动即静便是独体。归结而言,不妨可以用"神"、"几"、"隐"、"微"来指称"独体",而宗周的"慎独"说正是建筑在"独体"这一概念之上的。

宗周提出并强调独体概念以及慎独学说,其目的之一在于纠正人们对慎独工夫的误解。在他看来,朱熹(亦含阳明)对"独知"的理解有一重大失误:把"独知""属之动念边事"(《明儒学案》卷六十二《蕺山学案》),亦即把"独知"认作心体的已发状态。这就从根本上误解了"独"的涵义。宗周强调,独就是"意根最微"之处,"独体只是个微字","无隐见显微之谓独",甚至《中庸》所说的"天命之性"也就是"独体"(《学言上》)。所谓"意根"或"独体",都是指"至隐至微"、"无声无臭"的存在状态。换言之,宗周所说的"独体"指的不是知善知恶的、一种业已显现化的知觉能力,而是指意识的根源——"意根",亦即"意"的最初之机。在宗周的思路中,意即是独,所以说"知藏于意,非意之所起"。他指出:

> 又就意中指出最初之机,则仅有知善知恶之而已,此即意之不可欺者也。故知藏于意,非意之所起也。又就知中指出最初之机,则仅有体物而不遗之物而已,此所谓独也。(同上)

一方面以意释知,一方面以独释意。可见,"独体"就是"意根",指的是人心意识的"最初之机"。宗周认为,这样就可把意与独统一起来,进而就可从"意之入微"处着手,而不是从"心之所发"、"念头流转"处去把捉良知。可以说，宗周由"独体"概念出发而建构起来的"慎独"说，目的就在于纠正心学以来的一个重大误解：就动念处、流行处去把捉心体良知，而未能了解良知的根源在于"无隐见"、"无显微"的深层意识之中。进而言之，既然良知心体和天道性体是"莫见莫显"的、"不睹不闻"的，因此"君子焉得不戒慎恐惧、兢兢慎之？"（卷八《中庸首章说》）这就是宗周的慎独说的主要思路。

总之，在宗周哲学中，慎独之对象——"独体"既是指"性体"，同时也是指"心体"。从本体的层面看，"独体"即"性体"、"意根"；就工夫上说，诚意、尽性即是慎独。宗周通过对"独"字的转换解释，并通过揭示"意"字的微密之义，旨在打合《大学》《中庸》的"诚意"和"慎独"，也就是"本体与工夫委是打合"（《学言下》）之意。而本体工夫"合一"之根据就在于"独之外别无本体，慎独之外别无工夫"（《中庸首章说》）。换言之，慎独学说包含了本体与工夫的合一。此外，宗周强调慎独说的目的还在于为了纠正心学末流"学不见性"等弊病，而导致这些弊病的缘由则在于王阳明"将意字认坏"。这是宗周后来为何又要提出"意为心之所存"之命题以及强调诚意学说的思想原因。

三、意为心之所存

上面提到，宗周在 59 岁时，开始提出自己的一套诚意理论。作于是年的《独证篇》（收在《学言上》）说道：

> 《大学》之教，只要人知本。天下国家之本在身，身之本在心，心之本在意。意者，至善之所止也。（《学言上》）

这里，从"知本"说起，再从"本"（本源）往上推，最终得出"意"是心之本的结论，并说"意"就是《大学》的至上纲领：止乎至善的"止"，意谓"意"是最后的本源。其中的核心概念显然不是心，而是意。这一说法值得注意。与此同时，还须注意的是宗周晚年强调诚意说的思想原因，事实上他是有感于心学流弊而发。在宗周看来，心学流弊主要有二：一是"猖狂者参之以情识"，一是"超洁者荡之以玄虚"（卷六《证学杂解》）。这是说，气质放狂者容易将情识视作良知,把一切现成的都说成良知的表现,故在行为上就未免"情识而肆";气质超洁者往往津津乐道于虚无,把良知也看成是虚幻的,故在行为上就未免"玄虚而荡"。他认为导致这两种弊端的根本原因在于不知"求之于意根",因此惟有用他的"以诚意为极则"(同上)的诚意说才能从根本上纠正此类弊病。

我们知道,"意"的问题原是指《大学》"心、意、知、物"这一概念系列而言,对于宗周来说,他所要解决的是"意"在其中的地位问题,特别是心—意的关系问题和结构问题。按照通常的理解,意作为一种表象化的意识活动,是心之"所发",而心则是意识活动的根源性存在,心既有"已发"的一面,又有"未发"的一面,这是自朱熹以来的传统诠释。在"意是心之所发"这一点上,阳明亦无异议。宗周则认为:

意者心之所存,非所发也。朱子以"所发"训意,非是。(《学言上》)

并指出王阳明的"有善有恶意之动"的观点更是"将意字认坏"(卷八《良知说》),其根本原因就在于将"意"错认为是心之"所发",而"意者心之所存"则能从根本上纠正这一误解。应当说,将"意"解释为"心之所存",并无儒学的训诂依据,乃是宗周的孤旨独发。然而也正由此,凸显出宗周哲学的独特风貌,同时也是其理论的独特意义之所在。

为了了解宗周哲学中的心—意结构,有必要先从其"心体"概念说起。首先,在宗周看来,"心"是宇宙万物的本体存在,他说"满世界皆心"(卷十九《与开美》),意谓"心"充塞于宇宙万物,故他在解释《大学》八条目时指出:"统而言之,则曰心;析而言之,则曰天下、国、家、身、心、意、知、物。"(《学言上》)也就是说,从统一性来看,宇宙即心,从多样性来看,天下万物无非是心的不同表现。心可以统括八目,进而言之,心也就可以统括天下万物。由此出发,他也强调了阳明所说的心学观点:"天下无心外之理。"(卷九《与王右仲问答》)"万物皆因我而名。"(卷十三《会录》)然而,所谓"心体"并非是没有任何规定性的东西,在他看来,心体离不开性体的存在,同时,心、性、理三者在本质上也是同一的,"天下无心外之性,惟天下无心外之性,所以天下无心外之理。"(卷七《原学》)理为心之理,性为心之性,理与性乃是心之条理的具体表现,他说:"性者心之理,心以气言,而性其条理也。"(卷十九《复沈石臣进士》)又说:"人之所以为心者,性而已矣。"(卷八《中庸首章说》)这是对心性关系的明确界定。也正是在此意义上,所以说"性体即在心体中看出"(引见上述)。但在其中"意"的地位并没有得到彰显。

及至晚年,宗周更为强调了"意蕴于心"的观点。他明确指出,心体之中有"意"作为其"主宰","心之主宰曰意,故意为心本"(卷十二《学言下》)。又说:

> 意者心之所以为心也。止言心,则心只是径寸虚体耳,著个意字,方见下了定盘针,有子午可指。(卷九《答董生心意十问》)

这是说,"意"作为一种意识指向,构成心体中的先验意识。在这层意义上的"意"与"意念"的"念"有着根本不同。由此引出了意与念之辩。宗周认为,"念"是感于外物而动的感性意识,是为"心祟"、"意病"(卷十一《学言中》)。因此,在工夫上有必要"化念归思"(实即"化念归心")。要之,心若无"意"作为其主宰,则心只是一团血肉之心,心体之意义便无由确立。另一方面,正因为意是心之"所存",所以实践工夫之关键并不在于"正心"而在于"诚意",而格物致知之工夫也必须"结在主意中,方为真工夫。如离却意根一步,亦更无格致可言"(卷六《证学杂解》)。由此出发,刘宗周提出了独特的"诚意"说。其独特性在于:无论从存有的角度还是从工夫的角度,亦即无论从心、意、知、物的存在关系来看,还是从正心、诚意、致知、格物的工夫次第来看,宗周坚持了"以意为本"和"以诚意为极则"这两个观点,并构成了其诚意学说的实质内涵和主要特色。

但须注意的是,说意是心之主宰或心之本,乃是指意是心的自主意识,而不是指凌驾于心体之上的实体存在。他说:

> 说意仍是说心,意不在心外也。心只是个浑然体,就中指出端倪来曰意,即惟微之体也。(卷九《答董生心意十问》)
> 意为心之体,而流行其用也。但不可以意为本、心为用耳。(同上)
> 意为本,不是以意生心,故曰本。(《学言下》)

要之,心不外意,意不外心,不能用"体用"这对概念,也不能用发生学的观点,来分析意与心的关系。说"意为心本",并不是说意是本体,心是作用,而是指在心体之中意与心的内在同一。在此意义上可以说意之于心"仍只是一个心"(卷九《答董生心意十问》)。与此同时,意也不是消极意义上的心之延伸(所发),而是对心体有着某种约束性、指向性的存在,因而更具积极的、根本的意义。所以说"意之于心,只是虚体中一点精神"(同上)。同时也须注意,意即"惟微之体"的说法,显然这与"意根最微"的观念有关。如上所述,独体乃是"惟微之体",由此推论,意根即是独体,诚意即是慎独。所以宗周又说:"指此意而言,正是独体"(卷十九《答门人》),"独即意"(卷十九《答史子复》),甚至断言:"诚意之功,慎独而已"(卷二十五《读大学》)。也就是说,在宗周哲学的体系中,其晚年提出的诚意说与稍早提出的慎独论,在内涵所指上是互为相通、彼此关联的,一方面诚意说丰富了慎独论的思想内涵,另一方面以"意为心之所存"为立论根据的诚意说又丰富了儒学历史上的诚意理论。

关于刘宗周"意为心之所存"这一命题在思想史上的意义,黄宗羲通过对明代思想的展开过程的概括总结,指出诸儒之言,无不曰"前后内外,浑然一体",然而后来却产生了各种思想弊端,究其原因,"则以'意者心之所发'一言为祟",如果"使早知'意为心之所存',则操功只有一意破除拦截,方可言前后内外,浑然一体也"(《南雷文案》卷二《答董吴仲论学书》)。这是从思想史的角度,对宗周以"意者心之所存"为主要特色的诚意学说所作出的评价和定位。意思是说,相对于先贤诸儒的观点而言,惟有宗周的"意为心之所存"之命题才是最终实现内外合一之学的关键。其实,所谓"前后内外,浑然一体",乃是阳明喜欢使用的措辞,从某种意义上说,也是阳明心学的思想归趋之所在。也正由此,所以黄宗羲认为宗周晚年对阳明心学"辩难不遗余力"的同时,另一方面又可说阳明心学之意旨却因而"复显"(《刘子全书》卷三十九《行状》)。意谓宗周哲学对于阳明心学有进一步的发展。

按我们的分析,则不妨可以这样说:宗周哲学通过其特有的慎独说和诚意说,从心学内部批判心学,并由此而建立了一种新心学。从总体上说,宗周哲学是以"意"为核心问题的慎独哲学。这一哲学的中心关怀是通过对独体和意根的深入挖掘,以使人们洞察人心中的"万恶渊薮"(卷一《人谱》),

并从根本上斩断过恶的意识根源,由此树立起正确的道德意识,最终使得"必证其所以为人"(同上)的"证人"之学(亦即"证圣"之学)成为可能。

最后须指出,刘宗周根据他的慎独说,特别是根据他对"意"的重新诠释,批评阳明"将意字认坏"、"将知字认粗",造成了理论上的"种种矛盾"(卷八《良知说》),在很大程度上,这是宗周哲学所面临和所要解决的问题,而未必是阳明心学的问题。也就是说,从哲学的角度看,宗周对"独"和"意"的独特理解和创造诠释,并由此引出"意蕴于心"、"知藏于意"、"物即是知"(《学言上》)等命题,这在宗周哲学内部固然可以自圆其说,但是若从哲学史的角度看,他却由此批评阳明的良知落于意念之后,导致"知为意奴"、"知为心祟"(卷八《良知说》),最终使得《大学》所说的种种工夫都颠倒了过来,不得不说这是源于宗周对阳明所说的良知有所误解——亦即以为良知是后天的经验意识的缘故,这就未必符合阳明心学的原意。宗周甚至批评道:"阳明之学,谓其失之粗且浅,不见道则有之。"(卷十九《答韩参夫》)这一批评也未免过度,对阳明来说,显然是不公允的。当然也应看到,宗周为了建立起自己的一套独特的慎独理论和诚意学说,应当如何面对阳明心学,却是宗周所不能回避的思想课题,尽管他所提出的问题未必是阳明的理论问题。归结而言,从宋明理学史的角度看,宗周哲学不同于程朱理学,明显地属于心学传统,他所提出的一套修养工夫理论,与阳明心学相比较,也显然更为深化和丰富了心学的内涵。称得上是明代最后一位大思想家,在宋明思想史上应当占有重要的地位。

思考题:

1. 试述东林学派对心学的批判。
2. 试析顾宪成的"矩即性也"之命题的思想内涵。
3. 试析刘宗周的"慎独"说以及"诚意"说的思想特色。

参考书目:

1. 侯外庐等主编:《宋明理学史》下卷,人民出版社,1987年。
2. 嵇文甫:《晚明思想史论》,东方出版社,1996年。

3. 东方朔:《刘蕺山哲学研究》,上海人民出版社,1997年。
4. 牟宗三:《从陆象山到刘蕺山》,上海古籍出版社,2000年。
5. 黄敏浩:《刘宗周及其慎独哲学》,台北学生书局,2001年。
6. 陈来:《宋明理学》,华东师范大学出版社,2004年第2版。

第七编 明末至清中后期哲学

绪　　论

本篇论述的范围及对象，是清代的哲学。按照目前学术界的共识，一般以清代道光年间（1840）发生的中英鸦片战争为中国近代的开始，因此本篇所论述的清代哲学，实际上是指由明清之际到鸦片战争（1640—1840）的二百年间为上下断限，而不包括鸦片战争以后的哲学。

清代开国，是在明末"天崩地解"的历史剧变中实现的，它与中国历史上任何一个少数民族建国一样，不仅具有征服者和曾经被征服者的双重特征，而且还带有浓厚的朴野文化战胜强大汉文化的虚怯心理。这就决定了清王朝建国后除了在政治上不得不沿袭明朝制度外，还必须实行吸收汉人知识精英协助满人掌实权的治国方略。为了加强思想文化乃至学术领域的控制，从清初顺治、康熙经过雍正直到乾隆，无不大力提倡程朱理学，重用理学名臣，刊刻理学著作。又通过威迫利诱、软硬兼施的两手，一方面推行开科取士，设立史馆，查禁反清书籍，另一方面大兴文字狱，寓禁书于修书等一系列文化政策，不仅圈定了清代知识分子治学的范围和个人的学术导向，而且也构成了清代哲学新的表现形态。

一、明末清初对理学的反思

明末清初，一批遗民知识分子，在残酷的现实面前，通过总结社会更迭和学术演化的历史，将明代灭亡的原因归咎于理学的空疏。他们对理学进行了深刻的反思，以弘扬儒家的经世精神为己任，从而在学界出现了一股反思理学的思潮。

1. 对"道学"的反思

明末清初,随着理学自身矛盾的日益突出,学者们对朱熹拟立儒家学说的统绪,深为不满。黄宗羲、毛奇龄、朱彝尊、费密等学者首先就"道学"之名和"道统论"提出怀疑。黄宗羲指出:"今无故出之为'道学',在周程未必加重,而于大一统之义乖矣。"(《南雷文定》卷四《移史馆论不宜立理学传书》)朱彝尊说:"故儒林足以包道学,道学不可以统儒林。夫多文之谓儒,特立之谓儒,以道得民之谓儒,区别古今之谓儒,通天地人之谓儒,儒之为义大矣。非有逊让于道学也。"(《曝书亭集》卷三十二《史馆上总裁第五书》)毛奇龄更认为:"道学者,虽曰以道为学,实道家之学。"(《西河合集》卷二十《辨圣学非道学文》)

"道学"之名见于南北朝道教典籍中,而作为理学的别称,则见于张载的《答范巽之书》:"朝廷以道学、政术为二事。"南宋末期,出现"理学"一词,后世每每与"道学"并称。元朝人编《宋史》,将周敦颐、程颢、程颐、张载、朱熹等二十余位著名理学家归入一类,列为"道学传",作为儒学的正统。这是因为朱熹认为在中国古代的学术史上,存有一个不可更易的"道统",这个道统便是尧、舜、禹、汤、文、武、周公、孔、孟世代相承,但孟子死后,其统中绝,直至北宋周敦颐与程颢、程颐兄弟才使孔孟不传之统绪得以延续,朱熹并自诩为二程的私淑弟子。朱熹所创立的"道统"说,历经元、明两朝,为数百年笃信程朱学说的理学家尊信不疑,以致成为思想学术领域的一个无形桎梏。因此,明末清初黄宗羲等人不遗余力地对"道学"名称和"道统论"的质疑,实际上是为传统儒学正名,否定程朱理学。

2. 对"天理"、"人欲"的反思

与反思"道学"相适应,明末清初学者还在否定"道统"论的基础上,对理学提倡"存天理,灭人欲"的人性论进行了反思。所谓"天理"、"人欲",原本是从儒家思想中的"君子谋道不谋食"、"舍生而取义"等观念中推衍而出的。如荀子就说过"养人之欲,给人之求",肯定人的欲望是人性的体现。董仲舒则认为"正其道不谋其利,修其理不急于功",偏重于道德实践。《礼记·乐记》明确提出"人化物也者,灭天理而穷人欲者也。于是有悖逆诈伪之心,有

淫逸作乱之事"。宋代理学家则糅合儒家关于人的道德理念与物质欲望的各家论述,强调"天理"与"人欲"的对立。程颐说"不是天理,便是人欲",朱熹说"革尽人欲,复尽天理"。虽然程、朱已领悟到理性与本能的冲突,但是他们主张人的价值取决于人的欲望必须符合社会道德规范,这是后来所有理学家奉之不移的信条。在明末清初的学者看来,它的直接后果,便是酿成清谈误国。于是他们对天理、人欲重新作出界定与诠释。王夫之就认为"天理"寓于"人欲"之中,所谓"礼虽纯为天理之节文,而必寓于人欲以见"(《读四书大全》卷八)。陈确则认为"人欲不必过为遏绝,人欲正当处,即天理也。"(《别集》卷二《近言集》)。费密说:"欲不可纵,亦不可禁者也。不可禁而强禁之,则人不从;遂不禁其纵,则风俗日溃。"(《弘道书》卷上《统典论》)虽然他们与理学仍保持着若明若暗的联系,对天理、人欲理解的出发点并不一致,但是反对将天理与人欲对立的立场则完全相通。由于他们对天理、人欲的反思,是以人的生存的基本要求(欲望)作为前提的,所以也必然会引发他们对理学家所提供的有关人的生命本质、生活意义等价值性问题的反思。

3. 对理想人格的反思

理学作为中国哲学史上的重要一环,它所展示的不仅仅是一种明心见性的内圣之学,而是以学习圣贤的形式,关注人格心性的涵养,它的价值座标是人格的理想化,即理学家推崇的所谓醇儒。它的具体表现就是在学习圣贤的途径中,依靠自觉的"修身"和"克己"工夫,不断地"惩忿窒欲,迁善改过",抵制行政干预与物质诱惑,从而完成个体的道德至善。因此,与理欲对立论相对应的,便是重新诠释儒家正统的义利观念。如朱熹就明确表述"义利之说,乃儒者第一义"(《朱子文集》卷二十四)。程颐曾指出:"大凡出义则入利,出利则入义。天下之事,惟义利而已。"(《二程遗书》卷十一)并进一步将之确定为个体与群体的界限,所谓"义利云者,公与私之异也。较计之心一萌,斯为利也"(《程氏粹言》卷一)。这里所谓的"私"与"公",实际是理学家对天理人欲的另一种表述,诚如程颐所说的"人心,私欲,故危殆;道心,天理,故精微。灭私欲则天理明矣"(《二程遗书》卷二十四)。这种重义轻利的价值取向走向极端,便成为典型的道义论。所以陆九渊直截了当地称:"私

意与公理,利欲与道义,其势不两立。"(《陆九渊集》卷十四《与包敏道》)

与理学家相反,明末清初学者则以理性形态重新确立了个体的重要价值。如黄宗羲强调人各有私,人各自利。他说:"有生之初,人各自私也,人各自利也,天下有公利而莫或兴之,有公害而莫或除之,有人者出,不以一己之利为利,而使天下受其利,不以一己之害为害,而使天下释其害。此其人之勤劳必千万于天下之人。夫以千万倍之勤劳而己又不享其利,必非天下之人情所欲居也。"(《明夷待访录·原君》)顾炎武说:"自天下为家,各亲其亲,各子其子,而人之有私,固情之所不能免也……合天下之私以成天下之公,此所以为王政也……此义不明久矣。世之君子,必曰有公无私,此后代之美言,非先王之至训也。"(《日知录》卷三《言私其豵从》)陈确指出:"有私所以为君子。唯君子而后有私,彼小人者恶能有私哉!……彼古之所谓仁圣贤人者,皆从自私之一念,而能推而致之以造乎其极者也。而可曰君子必无私乎哉!"(《陈确集》卷十一《私说》)人创造了经济、政治、意识形态相交的世俗社会,世俗又反过来创造着人的本质,个体在世俗中获得了发展,但大多数丧失了诸种自由。理学家虽然也主张"损益",提倡"入世",但是它更强调个体对群体——社会的适应与服从,完全丧失了作为人的自身存在的价值。明末清初学者正是从人各有私的理论出发,认为如果生命的意义仅是出于道德责任,自觉地放弃个体,甚至连人的七情六欲、衣食住行的权利也被剥夺殆尽,那么生命也就不复存在。但是高尚的生命正是以财富、功名等欲望为基础,即所谓"先衣服饮食而后祭祀婚媾,先私恩而后公义"(《弘道书》卷中《圣门传道述》)。费密指出:"生命,人所甚惜也;妻子,人所深爱也;产业,人所到要也;功名,人所极慕也;饥寒困辱,人所难忍也;忧患陷厄,人所思避也;义理,人所共尊也。然恶得专取义理,一切尽舍而不合量之欤?论事必本于人情,议人必兼之时势,功过不相掩,而得失必互存。不尽律人以圣贤,不专责人以必杀,不以难行之事徒侈为美谈,不以必用之规定指为不肖。"(《弘道书》卷上《弼辅录论》)这无疑揭示了人生价值的真实意义。因此,从开物成务、经世安邦的历史需要出发,锻铸一种经天纬地的人格理想,从而提升生命的意义和个体的价值,成为明末清初学者在反思理学过程中所形成的新的人生理念。

4. 提倡经世致用

明末清初学者对个体生命的重视,重铸新的人格范型,不只是单纯地翻出理学所强调居敬穷理的旧轨,而是在动荡的社会剧变中,以深入的历史反省为前提,扬弃蹈空的心性之学而向原始儒学复归,并积极提倡经世致用之学。黄宗羲明确表示:

> 儒者之学,经天纬地。而后世乃以语录为究竟,仅附答问一二条于伊洛门下,便厕身儒者之列,假其名以欺世。治财理赋者,则目为聚敛;开阃扞边者,则目为粗材;读书做文者,则目为玩物丧志;当心政事者,则目为俗吏。徒以生民立极,天地立心,万世开太平之阔论钤束天下。一旦有大夫之忧,当报国之日,则蒙然张口,如坐云雾。世道以是潦倒泥腐。遂使尚论者以为事功建业,别是法门,而非儒者之所与也。(《南雷文定后集》卷三《赠编修弁玉吴君墓志铭》)

黄宗羲提出的儒者之事,应该是经天纬地,建功立业,绝不鄙弃治理财赋,开阃扞边,读书做文,留心政事种种实际事务,不徒作什么为天地立心、为生民立极、为万世开太平的纸上空谈。国家有忧,便蒙然张口,如坐云雾的腐儒,并不是真儒。真儒应该向传统儒学回归,张扬儒家以天下为己任的经世精神。

黄宗羲的这一历史意向,也得到了被誉为"开国儒宗"的顾炎武的明确赞同,那就是他提出的"天下兴亡,匹夫有责"那句名言。在顾炎武看来,人的真正价值,就体现在"今日拯斯人于涂炭,为万世开太平,此吾辈之任也"(《亭林文集》卷三《病起与蓟门当事书》)。正是从"为万世开太平"的历史要求出发,黄宗羲"扶危定倾之心,吾身一日可以未死,吾力一丝有所未尽,不容但已。古今成败利钝有尽,而此不容已者,长留于天地之间"(《黄梨洲文集·兵部左侍郎苍水张公墓志铭》)。王夫之说得更为明白:"以身任天下,则死之与败,非意外之凶危;生之与成,抑固然之筹画。生而知其或死,则死而知其固可以生;败而知有可成,则成而抑思其可以败。生死死生,成败败成,流转于时势。"(《读通鉴论》卷二十八《五代上》)这种经天纬地的人格理想,在一定程度上,反映出明末清初学者对理学的反思,早已超越了个体的自我完善而转向经世致用的外部世界。

二、清代前期的哲学特点

　　清代前期的哲学,主要是指康熙时期的理学。这一时期的理学,在清廷的积极扶植下,也呈现出新的态势。一方面是以李光地、陆陇其、张履祥等为代表的独尊朱学;另一方面则有以孙奇逢、李颙、陈确等为代表的修正王学。前者扮演的是官方角色,他们的理学,基本上是接着朱熹讲,学风也一同于论理道心性,而且他们的任务是传授"帝王心法",借法令来维护理学的存在。如陆陇其力主定朱学于一尊,确认朱熹"道统论"的合法性,认为"今日道统之辨,溯其源,则本于洙泗,而述其要,则必宗于宋儒"(《三鱼堂文集·外集》卷四《道统》)。张履祥则在朱熹"居敬穷理"的工夫基础上提出"顺应之道",认为"推行天理于事事物物"(《杨园全集》卷五《与何商隐书》),从而迎合了官方提倡的处世之道。然而,他们在一些具体方面,也不完全是朱学的延续。如李光地确信古本《大学》,认为知本、诚身是《大学》的主要思想。又如他解释"仁人"为心与性合一,"不仁之人"则心与性为二,这显然与朱熹的人性理论并不一致。陆陇其反对理先气后、空谈心性,主张"实行必由乎实学",这已不是朱学的本来面目,而是转向经世致用和德行笃实方面。

　　与前者不同,后者主要是活跃在民间社会,他们虽然是王学的信从者,但是与王学已有所不同,更多的是对王学的反思和修正。他们以王学为本,朱学为用,既讲究工夫,也强调心的作用,走的是王学与朱学兼采的路数。如孙奇逢就认为"朱则成其为朱,陆则成其为陆。圣贤豪杰,豪杰圣贤,即有不同,亦不失建安姚江面目,又何病焉。……间尝思之,固不敢含一家之言,亦不敢调停两是之念。不坠之绪,即剥丧蔑贞,必存乎其人。譬之适都者,虽南北之异,远近之殊,要以同归为止"(《夏峰集》卷七《寄张莲轩》)。李颙则采用程朱的"理"、"敬"等词,更强调王学那种自我炯炯不昧的灵明的独立性。并且在此基础上提出"悔过自新"说,虚拟了一个通向自我修养的新路,其目的是"明体适用",强调的是道德和气节的挺立。

　　正因为在清代前期新的历史条件下出现了上述"尊朱"和"崇王"两种绝

然不同的理学派别,所以到康熙时期便引发了理学与心学之间的争辩。两派在"心即理"、"格物致知"、"知行合一"等理学命题上,互相攻驳、反复辩难,始终未能达成共识,观点、立场依旧。而且在各自对对方的肆意攻击下,王学从此一蹶不振而趋于式微,朱学同样也威信扫地而失去了神圣的光环,可以说是两败俱伤。在这样的一种情况下,理学逐渐走向衰弱也是势在必然。因此,从总体上说,清代前期的理学尽管有官方的扶植,仍是当时学术界的主流,但是与宋明时期相比较,无论是形式或内容都没有出现新的发展,仅仅是宋明理学的余绪而已。

三、清代中后期的哲学特点

本书所言"清代中后期",指乾嘉至道光二十年之前。这一时期,经典考证之学兴起,学者治学的兴趣是发掘庋藏尘封的先秦古籍,搜辑久被遗忘的汉代经典注疏和早已失传的古字古音,以及宋元时代的各类木刻本或手抄本,所以长期以来被认为是一种不问世事的蠹鱼之学,似乎与哲学毫无联系。其实,这是误解。因为乾嘉学者无论是解经之作,或者是整理古籍,都是以恢复传统文化为己任的,他们是在当时文化专制主义的形势下所作出的学术选择,他们在经典考证的外衣下坚持清初以来的经世致用传统,人们每每将他们的学风与清初顾炎武提倡的朴实学风相联系,就是一个证明。因此,从哲学的角度而论,乾嘉学者是从语言学入手,通过对字词的考证、归纳,准确理解经典的意义,然后进一步阐发自己的哲学思想。如戴震的《孟子字义疏证》就是通过"由故训以明义理"这一治经原则,阐发了他关于"人道本于性,而性原于天道"这一基本哲学观点。

同样,焦循、阮元、凌廷堪等学者也以此作为治学的原则,而且在从事经典考证的同时,仍然非常关注理学经典与理学理论,并且都进行了严肃而又认真的讨论,重新评估了理学中的人性理论以及社会道德责任等命题。如焦循提倡"实测而知",辨析"一贯"与"异端","人道"与"天命"之间的关系;阮元以"相人偶"解释"仁学",凌廷堪主张"以礼代理"等,都显示了作为考据家的哲学思想特色。牟宗三曾在评价焦循的易学时说:"焦里堂的'旁通情也,而元亨利贞',皆是人间的真正发现,皆是抉破人间的秘密而超向于赤裸的真人生,这是人间的复活,人间的自我实现,丝毫不必藉助于万能的神及超越的宗教。实是有功于人类的发现,他把道德哲学的系统之完美,在这个人间是不多见的。"(《周易的自然哲学与道德涵义》)此说虽然不免有些借题发挥,但是恰恰说明乾嘉学者的经典考证工作,不完全是纯粹的训诂学问,而是体现和阐述哲学思想的。

乾嘉学者固然有凡古皆实、唯古是求的汉学倾向,但他们还有"求是"的追求,也就是所谓的"实事求是",即对客观真理的探索。这就使乾嘉时期"实事求是"的经典考证活动上升为一种哲学思考,与清代前期的理学相比较,具有某种哲学转向的重要特征。

嘉庆末年到道光初期,经典考证日趋淡化,由古文经学走向今文经学的复兴之路,探讨经典的"微言大义"成为时代思潮,龚自珍、魏源虽然抛弃了乾嘉古文经学的传统,但是也没有将今文经学的传统引向宋明理学的修身养性,而是将"公羊学"所主张的历史循环法则纳入他们的经世致用的框架之内,为他们的社会改良思想张目,他们所体现的哲学是一种历史哲学。龚自珍"一事平生无齮齕,但开风气不为师",魏源"胸中何止四大洲,神光往来鞭赤虬",他们的哲学思想不仅为清代哲学画上了句号,而且也为近代哲学作了理论上的准备。

第一章 明末清初对理学的反思

明末清初,社会剧烈动荡,时局骤变,一些由明入清的汉族知识分子,不得不放弃了复明逐清的幻想,而是在探讨明亡原因的反思中寻求精神寄托,通过理性的思辨去实现心灵的自由。其中,黄宗羲对理气、心性的辨说自成一家。顾炎武提倡"博学于文,行己有耻","以务本原之学"相号召。王夫之全面总结宋明理学,糅合新的时代精神,在本体论、辩证法、认识论、伦理学说、历史观等方面,都提出了许多卓越的理论,形成了一个博大精深的哲学体系。颜元与李塨则强调实行、经世与事功,提倡儒学的经世致用的精神。方以智知识渊博,又考辨西学,精于"通几"、"质测"之学,形成"太极一元论"的思想体系。他们不仅是明末清初的大家,而且开了一代学术的风气,对有清一代的思想文化产生了积极的影响。从这一章开始,我们按照他们出生的先后,系统地介绍他们的哲学思想。

第一节 黄 宗 羲

黄宗羲(1610—1695),字太冲,号南雷,又号梨洲。学者称梨洲先生,又称南雷先生,余姚(今浙江余姚县)人。父亲黄尊素,东林人物,曾任御史。明天启年间,因得罪宦官魏忠贤,屈死狱中。崇祯即位,平反冤狱。黄宗羲草疏入京,为父讼冤,与阉党对簿时,携铁锥刺许显纯、李实等,于是名震京师。后根据父亲的遗命,师从当时浙江绍兴著名学者刘宗周。崇祯年间,领导"复社"人员坚持反对宦官权贵的斗争,几遭残杀。清兵南下,他招募义兵,成立"世忠营",进行武装抵抗,被明鲁王任命为左副都御史。兵败后,结寨自保。明亡,隐居不出,潜心学术研究。康熙初(1682)举博学鸿词,荐修《明史》,屡次征召,均以老病力辞。黄宗羲博学广通,于经、史、天文、历法、数学、小学、乐律都有研究。代表黄宗羲哲学思想的主要经史著作有:《易学象数论》、《孟子师说》、《明儒学案》、《宋元学案》、《明夷待访录》等。这些著作已收入于浙江古籍出版社从1985年起整理出版的《黄宗羲全集》中。

一、理气是一

理和气这两个概念,在先秦哲学中就已经出现,但是理和气作为哲学的根本范畴,只是在宋明理学中才普遍使用。然而理学家们在具体解释理气关系的问题上,往往产生分歧,有的主张"理在气先",还有的主张"气在理先",长期争论不休。但罗钦顺、刘宗周等人明确提出"理气是一"(《明儒学案·师说·罗钦顺》)的思想。作为蕺山弟子,黄宗羲在理气问题上亦持相同观点。

首先,黄宗羲认为气是实体,理非实体,非实体之理依附于实体之气,理即气之理,气是理的基础,理气统一,统一于气,主张"天地万物同体"。他说:

  覆载之间,一气所运,皆同体也。(《孟子师说》卷一)
  通天地,亘古今,无非一气而已。气本地也。(《宋元学案》卷十二《濂溪学案下》)

所谓"体",即实体,"同体"就是指天地万物有共同的实体,也即是"气"。在黄宗羲看来,"盈天地间皆气也",气是构成天地万物的唯一实体,超越于气之上或者气之外的实体是不存在的。所以他认为程朱理学强调的"理"不存在,理不是离开气而独立存在的,而是气所固有的,是气运动变化的条理、秩序、规则。他说:"抑知理气之名,由人而造,自其浮沉升降者而言,则谓之气;自其浮沉升降不失其则者而言,则谓之理。盖一物而两名,非两物而一体也。"(《明儒学案》卷四十四《诸儒学案上二》)这是说,气是一物,理不是一物,理与气是统一的,气是理的基础,理依附于气而存在。

其次,黄宗羲认为理气不相离。由于气是理的基础,是实体,所以有气即有理,有理即有气,二者不可截然分开,也没有先后之分,理与气的关系是统一的,不相离的。他说:

> 夫大化流行,只有一气充周其间。时而为和谓之春,和而升温谓之夏,温降而凉谓之冬。寒降而复为和,循无端,所谓生生之为易也。圣人即以升降之不失其序者,名之为理。(《黄宗羲全集》第十册《与友人论学书》)

在黄宗羲看来,气是产生天地万物与人类的本原,也是构成宇宙的唯一实体,理则是气升降消长的一定的秩序。这说明理不是独立存在的,而是依附于气而存在的,离开气也就谈不上所谓的理。在茫茫的宇宙中,既有"浮沉升降"的气,同时也会有"浮沉升降不失其则"的理。所以黄宗羲的结论是:"羲窃谓理为气之理,离气则无理。"(《明儒学案》卷七《河东学案上》)

黄宗羲的这种"理气是一"论,并不是他的首创。宋代学者张载就曾经认为,世界的存在虽然有无形或者有形的区别,但是它们都是气的表现形式:"太虚不能无气,气不能不聚而为万物,万物不能不散而为太虚,循是出入,是皆不得已而然也。"(《正蒙·太和》)气不仅可以贯通有无,还可以统一整个世界。明代学者罗钦顺也说过"通天地、亘古今,无非一气而已"(《明儒学案》卷四十七《诸儒学案中一》),甚至黄宗羲的老师刘宗周也明确表示"盈天地间,一气而已",这表明,黄宗羲的"理气是一"论,是有选择地汲取了前人关于气的理论后所作出的。

不过,黄宗羲之所主张"理气是一",其中最主要的原因是批评程朱理学将理气分为二物,将"理"作为世界的本原。他说:

> 理本无物也,宋儒言理能生气,亦误认理为一物。(《明儒学案》卷四十九《诸儒学案中四》)

> 世儒分理气为二,而求理于气之先,遂坠佛氏石章中。(《明儒学案》卷二十《江右王门学案五》)

这里提到的宋儒和世儒,都是指程朱理学各家。朱熹就认为理与气"决是二物"(《朱文公文集》卷四十六《答刘叔文》),主张理生气,理在气先;气是有形的,为形而下之器;理是无形的,为形而上之道。在有形世界未出现之前,有一个理的世界,而这个理的作用结果,便产生了天地万物。黄宗羲对理气关系的论述,一方面否定了程朱的气二元论,另一方面也是对前人气一元论作出更深层次的阐明。

二、盈天地皆心

黄宗羲作为心学一系的学者,他的哲学思想与心学始终是联系在一起的。清代章学诚在《浙东学术》一文中说他"上宗王(阳明)、刘(宗周),下开二万(万斯大、万斯同)",是有历史根据的。黄宗羲继承了王、刘心学的基本思想,又在哲学思辨上突破了心学的自限,表现出对心学流弊的修正,这就是他在《明儒学案原序》中所提出的"盈天地皆心也"的哲学命题。他说:

> 盈天地皆心也,变化不测,不能不万殊。心无本体,工夫所至,即其本体,故穷理者,穷此心之万殊,非穷万物之万殊也。是以古之君子,宁凿五丁之间道,不假邯郸之野马,故其途亦不得不殊。奈何今之君子,必欲出于一途,使美厥灵根者化为焦芽绝港。夫先儒之语录,人人不同,只是印我之心体,变动不居。若执定成局,终是受用不得,此无他,修德而后可讲学,今讲学而不修德,又何怪其举一而废百乎?

"盈天地皆心也"的哲学命题,是由黄宗羲的老师刘宗周首先揭橥出来的:"盈天地间皆心也,人与天地万物为一体,故穷天地万物之理,即在吾心之中。"而黄宗羲的这段话,体现了他对心学新的哲学思考。首先,他认为"心"是活泼泼的,是"变化不测"的,体现在人们思想中的"心"没有一成不变的,所以要"穷此心之万殊"。其次,如果一定要使各种思想学说"出于一途",那么就会使本来完美通灵、智慧悟性的"心",变成枯涸闭塞的"焦芽绝港"。再次,他认为先儒表达的思想虽然有所不同,归根结底都是由"心体"来印证和决定的。

同时,黄宗羲还将"心"赋予"意"的涵义,即"意是心之主宰"。他说:"意是心之主宰,以其寂然不动之处,单单有个不虑而知之灵体。自故主张,自裁生化,故举而名之曰独。少间掺以见闻才识之能,情感利害之便,则是有商量倚靠,不得谓之独也。"(《南雷文定》后集卷一《先师蕺山先生文集序》)这里黄宗羲虽然不赞成刘宗周的"慎独"说,但是他所强调的"主宰",实际上是由刘宗周所强调的"慎独",即要求人们把持自己行为取向要有一定的准则的"意为心之所存"转语而来。此外,黄宗羲还将"心"与他的气论相联系:"盈天地皆气也,其在人心,一气之流通","人受天之气而生,只有一心而已"。将心与气等同起来,显示了黄宗羲试图用气的理论对心学作出一种新的解释。但是他最终还是认为"理在心,不在天地万物",穷心即穷万物,心之本体见诸于万物,万物运行皆有条理,穷心自然亦在穷理。这些都说明,黄宗羲对"盈天地皆心"的论述,并没有完全超越心学的基本观点。

三、工夫与本体

正是通过"盈天地皆心"的哲学思考,黄宗羲进一步阐明本体与工夫之间的关系。本体与工夫,是王阳明在阐发四句宗旨的天泉证道中提出的哲学概念。本体是指心之本体,工夫则指恢复其心之本体的具体实践过程。在王阳明去世后,王学形成了众多的派系,本体、工夫之辨,成为王门后学以及中晚明理学的重要论题。由于他们大都致力于探讨人的灵明心性,而轻视工夫的重要性,所以往往以本体取代工夫。如阳明弟子王畿、王艮、王襞、罗汝芳、何心隐为代表的"良知现成派"就主张所谓的"一悟本体,即是工夫",强调良知现成,人人具足,不须工夫,直证本心,其结果抛弃了一切道德工夫和道德戒律。同样,以钱德洪、邹守益、聂豹、欧阳德、罗洪先为代表的工夫派则主张"由工夫以悟本体",强调事上磨炼,结果本体也未能得到彰显。为了纠正这种舍工夫或专事工夫而谈本体的弊端,晚明刘宗周曾反对抛弃工夫、直证本体的学说,主张工夫与本体的统一,由工夫中显现本体。黄宗羲继承了刘宗周的这一思想。他说:

心无本体,工夫所至,即其本体。

若工夫、本体,同是一心,非有二物,如欲歧而二之,则是有二心矣,其说之不通也。(《明儒学案》卷八)

在黄宗羲看来,本体和工夫,都是从心上说的。换言之,道德本体与道德修养统一于心,本体发用为工夫,工夫体现了本体。纯粹的本体是不存在的,本体存在于工夫之中,离开了工夫,就谈不上本体,工夫与本体不是二物而是同一个心,不是独立的两个事物,而是工夫与本体两者的有机统一。

那么工夫究竟是什么呢?黄宗羲说:"以力行为工夫","以救空空穷理"。显然,本体是通过力行来获取的,而力行也就是所谓的在事上磨炼。不过,在黄宗羲看来,仅仅是依靠力行的工夫还是不够的:"行有不得,皆反求诸己,反己是格物的工夫","格之又格,愈研愈精,本体之物,始得呈露",这表明黄宗羲所强调的"工夫所至,即是工夫",实际上包含了"事物上磨炼"与"格吾心之物"两个方面。这样,黄宗羲既纠正了阳明后学"当下本体"说的流弊,也阐明了工夫与本体之间的关系。

四、《明夷待访录》

黄宗羲亲身经历了由明亡到清兴的时代骤变,作为明代的忠臣遗民,他参与了一系列复明抗清的活动,失败后潜心书斋,从总结明亡教训的角度,编写了《明夷待访录》一书。今本《明夷待访录》全书分为二十一篇,其中《原君》、《原臣》、《原法》、《置相》、《学校》、《建都》、《方镇》、《胥吏》一篇,《取士》、《阉宦》分上下二篇,《田制》、《兵制》、《财计》各分三篇。全书比较系统地批判了封建专制政体与独裁政治,初步提出了中国未来社会的构想,集中体现了黄宗羲的政治思想和社会史观。

首先,《明夷待访录》从人的本性与国家起源的角度分析了君主的产生。他说:

有生之初,人各自私也,人各自利也。天下有公利而莫或兴之,有公害而莫或除之。有人者出,不以一己之利为利,而使天下人受其利,不以一己之害为害,而使天下释其害;此其人之勤劳必千万于天下之

人。(《明夷待访录·原君》)

黄宗羲认为,人类的本性就是自私自利的,人类的生活与一切行为都是从维护自己的利益出发的,民众是作为自私自利的个人而存在的,即使圣人和帝王也是如此。于是,在个人的私和利的基础上,就形成了社会性的公利。最初,为了统一与调和个人私利与公利之间的关系,就产生了君主与国家,而君主则是为天下之人兴利除害而不考虑自己利益得失,是不图谋自己利益的公仆。所以黄宗羲说:"古者天下之人爱戴其君,比之如父,拟之如天,诚不为过也。"古代的君民关系融洽,百姓热爱君主像热爱自己的父亲一样,而君主也像天一样庇护百姓。但是,由于后来君主以个人的私利凌驾于公利之上,把天下国家作为他个人的私有财产,"独私其一人一姓",剥削百姓,荼毒天下,以供他一个人淫乐,这样的君主就成为"天下之害"。也正因此,为了"使天下之人不敢自私,不敢自利",就必须"以我之大私为天下之大公"。正是在这样一种"公天下"观念的支配下,《明夷待访录》将"以君为主,天下为客"的"家天下",演绎为"以天下为主,君为客"的"公天下"的主客关系:"今也以君为主,天下为客,凡天下之无地而得安宁者,为君也。"从而进一步论证了现实的君民关系:"今也天下之人怨恶其君,视之如寇仇,名之为独夫,固其所也。"(同上)这说明黄宗羲的"人各有私"的人性论,实际上是以"公天下"的观念去批判"家天下"的皇权专制政体的。

其次,《明夷待访录》在批判皇权专制政体的基础上,进一步批判古代法制的不合理性。黄宗羲认为法制有两种:一种是"天下之法",一种是"一家之法"。"天下之法"是为天下人谋取利益而制定的"法",而"一家之法"则是以满足君主一家一姓利欲而制定的"法",目的是维护皇权,为了子孙帝业长久而设立的,它"藏天下于筐箧者","利不欲其遗于下,福必欲其敛于上",所以是"一家之法"而"非天下之法",它的危害"使兆人万姓崩溃之血肉,曾不异腐鼠",从而直接造成天下不安定和战乱纷繁的社会格局。为防患于未然,黄宗羲认为"法"不仅仅是行政上的法律,它还应该包括军事、土地、教育、礼乐、赋税制度等一套完整的社会制度,这样才能养民、利民、求民、保民,"使先王之法在,莫不有法外之意存乎其间,其人是也,则可以无不行之意,其人非也,亦不至深刻网罗,反害天下。故曰有治法而后有治人"(《明夷待访录·原法》)。这说明黄宗羲已经具有以法制社会取代人治社会的构想。

再次,《明夷待访录》对封建政体的批判,强调法治高于人治,归根结底是为了构建一种新的政治理想。他说:"天下之大,非一人所能治,而分治以群工。故我之出而仕也,为天下,非为君也;为万民,非为一姓也。"社会整体是由众多的个体组成的,君臣关系是一种师友关系:"君臣之名,从天下而有之者也。吾无天下之责,则吾在君为路人。出而仕于君也,不以天下为事,则君之仆妾也;以天下为事,则君之师友也。"(同上)既然君臣关系是师友关系,而师友关系也就谈不上谁领导谁,谁必须服从谁,而是一种既相互制约,又互相依存,君臣不仅共同享有同等的政治地位,而且还应该共同担负起治理天下、服务天下的重大职责,所以黄宗羲有"君与臣,共曳木之人也"的比喻。

正是在论证了君臣、君民关系之后,黄宗羲进一步阐明了他的政治理想。在他看来,限制"家天下"式的皇权专制政治,就必须实行平民议政,而学校是最适合实行平民议政的场所。他说:"天子之所是未必是,天子之所非未必非,天子亦遂不敢自为非是,而公其非是于学校。"(《明夷待访录·学校》)在古代,学校既是培养人才的地方,也是参与国事决策的机构,但是在专制政治的体制下,君主一言九鼎,天下之是非,取决于君主之是非,学校直接为维护皇权服务。黄宗羲则认为,学校不只是培养人才的地方,而是事关天下盛衰的场所,"必使治天下之具皆出于学校,而后学校之意始备"。根据这样一种思路,黄宗羲提出,中央设置"太学",皇帝与宰相以及政府官员都要到太学听祭酒讲课,祭酒的职权与宰相相同,可以批评政治得失。地方官员也必须到各级地方学校,听学官讲课,学官对地方政事及官员有"小则纠绳,大则伐鼓号于众"的权力。这表明黄宗羲的公众议政,实际上是以学校"所非是为非是",改变君主与官员决定是非的专制主义格局,从而使政治逐步走向平民化。

此外,由于《明夷待访录》是基于黄宗羲对明代灭亡历史进行深刻反思的著作,所以在他论述了自己的政治思想与社会理想后,黄宗羲就转向对"重本抑末"的传统价值观念进行检讨。他说:"世儒不察,以工商为末,妄议抑之。夫工固圣王之所欲来,商又使其愿出于途者,盖皆本也。"(《明夷待访录·财计三》)这就是黄宗羲著名的"工商皆本"论。在中国古代社会,从秦汉以来直至明清,在经济基础、政治决策与意识形态方面,始终是围绕着"重本抑末"这一主题的,重视发展农业,抑制工商,是每一个朝代的基本国策和传统的价值观念。因此,黄宗羲提出"工商皆本",一方面是希望改变儒家传统的"重农抑商"的价值观念,另一方面是他看到明末清初土地过分集中,成为社会的一大痼疾,而且以市民为代表的经济发展受到抑制,改变与过去市肆商人仅仅是为了宫廷贵族和佛巫倡优的享乐和消费而存在的现象。这说明黄宗羲的"工商皆本"的主张,实际上是把工商作为立国之本,也是时代向社会提出的新课题。

第二节 顾 炎 武

顾炎武(1613—1682),原名绛,字忠清,明亡后,改名炎武,字宁人,曾自署蒋山佣,一署顾圭年,学者称亭林先生。江苏昆山人。少入复社,因屡试不第,便绝意科举。清兵南下,遵循继母遗训"勿事二姓",参加苏州、昆山两次抗清斗争。清顺治十四年(1657),顾炎武变卖家产,弃家遍游华北,结交天下豪杰,观察山川形势,始终不忘反清复明。60岁后定居于陕西华阴。康熙十年(1671),翰林院掌院学士熊赐履邀他参加编修《明史》,他力拒不从。康熙十七年(1678),清廷开"博学鸿词",内外大吏一致推举顾炎武,顾炎武作书与门人及在京师的朋友说:"刀绳俱在,无速我死",终身未事清廷。顾炎武学识渊博,对经学、诸子学、音韵训诂学、历史学、国家典制、地理、天文仪象、河漕兵农等都有研究,是清初著名大学问家。康熙二十年(1681)八月,不幸染疾,病逝于山西曲沃。代表他学术思想的著作有《日知录》、《音学五书》、《天下郡国利病书》等。中华书局于1959年整理出版了《顾亭林诗文集》,其中收入了顾炎武的主要思想资料。

一、道 寓 于 器

道器是中国传统哲学中的一对范畴。"道"与"器"的对举使用,则始见于《周易·系辞传上》"形而上者谓之道,形而下者谓之器"一语。由于《易传》作者对此没有作出具体的解释,所以历代哲学家就道器关系问题上展开过激烈的论辩,阐述了各自不同的理解。如唐代孔颖达就认为"凡器从道而生",程朱理学则认为道器不可分离,"器亦道,道亦器"(《河南程氏遗书》卷一),认为"道器一也,示人以器,则道在其中"(《朱文公文集》卷七十二《苏黄门老子解》)。对此,顾炎武则认为"非器则道无所寓",即道寓于器中。他说:

> 形而上者谓之道,形而下者谓之器。非器则道无所寓,说在乎孔子之学师襄也。已习其数,然后可以得其志。已习其志,然后可以得其为人。是虽孔子之天纵,未尝不求之象数也。故其自言曰"下学上达"。(《日知录》卷一《形而下者谓之器》)

顾炎武从《周易》的角度,认为形而下者就是象和数,也就是器。形而上者的道就寄寓于象数即器之中。顾炎武这种对道器关系的解释,实际上是说明认识过程的一般规律是"下学而上达"的,即通过对具体、个别事物的感性认识,上升到对事物的一般本质的理性认识。所以"非器则道无所寓"也就成为他提倡"下学上达"的理论根据。

从表面上看,顾炎武将道器关系理解为"非器则道无所寓",这与二程"器亦道,道亦器"和朱熹"道器一也"(即道在器中)的说法并没有什么不同,都是说明"道"与"器"之间的关系是不可分离的关系。但是朱熹所讲的"道在器中",是基于他的"理是本"的思想而提出的。朱熹认为道是物理,无形可见,而器有形有质,是可以为人的感官所感知的具体事物。所以"道在器中",不是说"道"必须依赖于"器"才能存在,而是说"器"是"道"的安身之处,"道"必须挂搭在"器"上,所以从根本上来说,"道"依然是独立存在的,是第一性的。顾炎武则不同,他将"道"解释为"路","夫道,若大路然"(《亭林文集》卷四《与人书四》)。道是天地万物本身的运行法则,它存在于天地万物之中,不能脱离天地万物而独立存在。这不仅与程朱截然划分道器的思想不一致,而且也否定了程朱认为道(理)是天地万物之外一个永恒不变的宇宙本体存在。那么,这个在天地万物之外的永恒不变的宇宙本体又是什么呢？顾炎武认为就是"气"。

二、一气相感

由于顾炎武强调"非器则道无所寓"，所以他认为现实世界的统一性基础不是"道"，而是"气"。他认为"盈天地之间者，皆气也"(《日知录》卷一《游魂为变》)。这表明，顾炎武关于"气"的思想，是继承了张载"太虚即气"的学说。他说：

> 张子《正蒙》有云：太虚不能无气，气不能不聚而为万物，万物不能不散而为太虚。循是出入，是皆不得已而然也。(同上)

根据张载的解释，有形有象的万物本原于"气"，无形的"太虚"也是"气"。"气"凝聚时形成有形的万物，万物消散时则回归"太虚"。回归"太虚"即是回原为"气"。那是因为"太虚无形，气之本体，其聚其散，变化之客形尔"(《正蒙·太和》)。"太虚"是气本来的存在状态，回归"太虚"，也就是还原为"气"的本来状态。"气"聚为物和物散为"气"，都是"气"变化过程中存在的暂时状态，而"气"的运行变化则是无穷尽的。可见，顾炎武转引张载这段关于"气"的论述，不仅表明他同意张载的观点，而且还接纳了张载关于"气"有运动、变化的思想。顾炎武认为，"聚"和"散"是"气"变化的基本形式："聚而有体，谓之物；散而无形，谓之变。唯物也，故散必于其所聚；唯变也，故聚不必于其所散。是故，聚以气散，散以气散。"(《日知录》卷一《游魂为变》)这是说"气"在它的聚散变化过程中表现为"有体"和"无形"两种基本状态："精气为物，自无而之有也，游魂为变，自有而之无也。"(同上)这显然也是继承了张载认为宇宙之间有形与无形的变化都只是气的聚散而已的思想。

不过，顾炎武虽然继承了张载的"气"论思想，但是还吸纳了《易传》关于乾坤阴阳各以类相应相求的理论，从而为他的气论注入了新的内容。他说："善与不善，一气之相感，如水之流湿，火之就燥，不期然而然，无不感也，无不应也。"(《日知录》卷二《惠迪吉从逆凶》)其中"一气之相感"的说法，就是脱胎于《文言传》:"九五曰:飞龙在天,利见大人。何谓也?子曰:同声相应,同气相求。水流湿,火就燥。云从龙,风从虎。圣人作而万物睹。本乎天者亲上,本乎地者亲下。则各从其类也。"意思是说,相同的声音相互感应,相同的气息相互追求,水往湿处流,火往干处燃,云从龙生,风由虎出。圣人兴起而万物清明可见。受气于天的亲附于上,受气于地的亲附于下,各自归从于自己的类别。可以说,顾炎武是在《文言传》中的"同声相应,同气相求"的理论基础上,把它发展为"一气相感"的理论,认为"一气相感"是宇宙中一个不变的原理,事物之间的这种应求关系都是按照"各从其类"的原则进行的。如现实世界的"善与不善",善的应求关系只能在善类中发生,而不善(恶)的应求关系只能在不善类中发生,它们之间都会发生"相感"的关系。

顾炎武"一气相感"的意义在于,他不再停留在探讨传统气论作为一种超现实而存在的宇宙观念上,而是将其转化为与现实世界有着密切的关怀,从而对传统气论作了重要的补充和发展。

三、行己有耻

"行己有耻"是顾炎武的处世哲学。康熙六年(1667)他在给朋友的一封信中说:

> 愚所谓圣人之道如之何?曰:博学于文,行己有耻。自一身以至天下国家,皆学之事也。自子臣弟友以至出入、往来、辞受、取与之间,皆有耻之事也。耻之于人大矣!不耻恶衣恶食,而耻匹夫匹妇之不被其泽。故曰:万物皆备于我,反身而诚。呜呼!士而不先言耻,则为无本之人;非好古而多闻,则为空虚之学。以无本之人,而讲空虚之学,吾见其日从事于圣人而去之弥远也。(《亭林文集》卷三《与友人论学书》)

"博学于文"、"行己有耻"是儒家的传统观念,是由孔子在不同的场合,回答弟子提问时所提出的两个主张,分别见于《论语·颜渊》和《子路》两篇。按照孔子所讲的原意,一是提倡广泛地学习文化知识,二是对自己的行为要抱有羞耻之心。这里，顾炎武把"博学于文"、"行己有耻"合在一起讲，是想通过对"文"与"行"两个方面的论述，来表明他的一种处世态度。从文的方面讲，"文"不仅仅是指文字、文章之类的著作，而且包含着广泛内容的社会知识。他说："君子博学于文，自身而至于家国天下，制以度数，发为音容，莫非文也。"(《日知录》卷七《博学于文》)从行的方面讲，是指立身做人的基本原则，要在出处进退上讲道德情操，即"保天下者，匹夫之贱与有责焉耳矣"(《日知录》卷十三《正始》)，后来人们便将顾炎武的这种处世态度，归结为"天下兴亡，匹夫有责"。

不过，从上述论断来看，顾炎武主要着眼于"耻"对于为人的意义。在顾炎武看来，做人首先要立本，立本就是按照儒家规定的礼义廉耻原则行事。他说："礼义廉耻，国之四维；四维不张，国乃灭亡。善乎管生能言也。礼义，治人之大法；廉耻，立人之大节。盖不廉则无所取，不耻则无所不为。人而如此，则祸败乱亡亦无所不至，况为大臣而无所不取，无所不为，则天下其有不乱，国家其有不亡者乎？然而四者之中，耻尤为要。故夫子之论士曰：行己有耻。孟子曰：人不可以无耻，无耻之耻，无耻矣。又曰：耻之于人大矣。为机变之巧者无所用耻焉。所以然者，人之不廉而至于悖礼犯义，其原皆生于无耻也。故士大夫之无耻，是谓国耻。"(《日知录》卷十三《廉耻》)由此可见，顾炎武所强调的"行己有耻"，主要是从政治层面来讲的，即明代灭亡对他的刺激，以及他对明代灭亡历史原因的反思，所以他说："古人治军之道，未有不本于廉耻者……呜呼，自古以来，边事之败，有不始于贪求者哉？吾于辽东之事有感。"(同上)在顾炎武看来，如果明朝的士大夫都能做到"行己有耻"的话，那么明朝也就不会灭亡了。同时，从学术层面来讲，顾炎武认为"耻"既然为立人之本，所以还应该包括摒弃"明心见性之空言"，代之以"修己治人之实学"，亦即他提倡的"以务本原之学"(《亭林文集》卷四《与周籀书书》)。那么，什么是"本原"之学呢？顾炎武认为就是恢复经学。

四、经学即理学

"经学即理学"是顾炎武哲学的特点之一，也是他的主要学术思想。

他说:

> 理学之传,自是君家弓冶。然愚独以为,理学之名,自宋人始有之。古之所谓理学,经学也,非数十年不能通也。故曰:君子之于《春秋》,没身而已矣。今之所谓理学,禅学也,不取之五经而但资之语录,校诸帖括之文而尤易也。又曰:《论语》,圣人之语录也。舍圣人之语录,而从事于后儒,此之谓不知本矣。(《亭林文集》卷三《与施愚山书》)

顾炎武的这段话,意思是说经学就是理学,舍去经学,无所谓有理学。后来全祖望在《顾亭林先生神道表》中又转引并解释为:"古今安得别有理学者?经学即理学也。自有舍经学以言理学,而邪说以起。不知舍经学则其所谓理学者,禅学也。"(《鲒埼亭集》卷十二)由于顾炎武在当时没有亲自写下"经学即理学"这五个字,导致后来学者对全祖望的这种解释都有怀疑,纷纷提出不同的看法。有的赞成全祖望的解释,认为它基本上符合顾炎武所说的原意。有的则认为全祖望曲解了顾炎武的文义,将经学与理学二者混为一谈。还有的是认为顾炎武所批评的理学,不是程朱理学,而是指陆王心学。这些说法都有一定的理由,很难说清楚究竟谁对谁错。其实,按照顾炎武所说的本意来看,古代虽然没有理学之名,却有理学之实,但是理学也还有古与今的区别,一种是"非数十年不能通"的"古之所谓理学(经学)",一种是"不取之五经而但资之语录"的"今之所谓理学"。顾炎武对于前者持有肯定态度,对后者则持批评态度。

那么他所持批评态度的"今之理学",究竟又是怎样界定的呢?它是指明末以来的阳明后学呢,还是指整个明代理学呢,或者还包括宋元时期的理学在内呢?顾炎武在这里没有作出明确的交代。不过,从现今所保存他的其他材料来看,顾炎武是有明确指向的。他在《华阴县朱子祠堂上梁文》一文中说:

> 两汉而下,虽多保残守缺之人;《六经》所传,未有继往开来之哲。惟绝学首明于伊洛,而微言大阐于考亭,不徒羽翼圣功,亦乃发挥王道,启百世之先觉,集诸儒之大成。(《亭林文集》卷五)

这就清楚地说明,顾炎武不仅崇尚两汉经学,而且还赞扬二程和朱熹都有传播、阐发《六经》之功,是经学的集大成者,可以称"继往开来之哲",所以他进一步说:"程、朱各自为书,附以诸家异同之说,此则必传之书也。"(《蒋山佣残稿》卷三《与王山史》)当然,顾炎武对程朱也有批评,但是一般情况都是针对那些被他理解为不符合孔孟的论点。因此,所谓"古之理学",实际上就是经学。同时,它也证明宋元理学不在顾炎武所批评的"今之理学"的范围之内。也正因此,他说的"今之所谓理学,禅学也",似是指明代以王阳明为代表的心学和明末以来的阳明后学。因为在明清之际的反思理学思潮中,学者批评明代王学的一个重要特征,就是普遍地认为它的本质与佛学比较接近,所以认为它是一种禅学。对此,顾炎武也说:"近世喜言心学,舍全章本旨而独论人心、道心,甚者单撮道心二字,而直谓即心是道,盖陷于禅学而不自知,其去尧、舜、禹授受天下本旨远矣。"(《日知录》卷十八《心学》)由此可见,顾炎武这里说的"近世喜言心学"为"禅学",实际上与上面所讲的"今之所谓理学,禅学也"是同一个意思,都是批评它不符合孔孟思想,已经堕入禅学的泥潭,亦即说王学是"以终日言性与天道,而不自知其堕于禅学也"(《日知录》卷七《夫子之言性与天道》)。据此,全祖望将顾炎武的这段话归纳为"经学即理学"大致不错,因为顾炎武所想强调的正在于说明"舍经学则其所谓理学者禅学也"。

总之,"经学即理学",不是说顾炎武否定"理学",而是说他希望以经学的方式,来探求圣人之道,"鄙俗儒而求《六经》",在经学中去理解圣人的思想,顾炎武认为这才是真正的"务本原之学"。

第三节 王 夫 之

王夫之(1619—1692),字而农,号姜斋,湖南衡阳人。晚年因隐居湖南衡阳石船山,学者称船山先生。他出生于一个书香门第,父亲王朝聘精通春秋之学。在父亲的影响下,王夫之从小就研习《春秋》。24岁时,他与长兄王介之同赴武昌应乡试,中式第五名《春秋》经魁。王夫之生活的时代,是一个社会大震荡的时代,是明王朝覆灭和清王朝入关不久,统治尚未巩固的时代。王夫之的一生饱经忧患,青年时代他目睹明王朝风雨飘摇的局势,参加

"行社"、"匡社"、"须盟"等,立志改革社会。明亡后,清兵直下江南,清顺治五年(1648),王夫之在衡阳举兵抗清;失败后,退广州肇庆,投奔南明桂王朱由榔政权,任行人司行人小官,因弹劾权奸王化澄等,险遭残害,脱险后辗转逃回湖南。顺治九年(1652)以后,他为了反抗清王朝的剃发令,隐伏湖南一带,过了近四年的流亡生活。晚年隐居衡阳石船山麓,从此著书立说以终一生。王夫之提出了许多卓越的理论,形成了一个博大精深的学说体系。由于他的著作在生前没有来得及刊行,加上他又长年隐居不出,这就局限了他的学术成就和思想的传播。所以王夫之的上述哲学思想,在明末清初并不具有影响。直到晚清,《船山遗书》刊刻后,他的著作才流传开来,他的学术思想才引起学术界的重视。而他的一些哲学理论,也成为近代启蒙思潮的重要思想源泉之一。特别是他的社会历史思想,对19世纪末的爱国维新运动和20世纪初的排满革命运动,产生过积极而广泛的影响。

王夫之哲学思想方面的主要著作有:《周易内传》、《周易外传》、《张子正蒙注》、《读四书大全说》、《读通鉴论》、《宋论》、《思问录》等多种。这些著作均被收入岳麓书社从1988年起整理出版的《船山遗书》中。

一、太虚即气

"气"是王夫之哲学的最高范畴。他继承了张载"气本"、"气化"的哲学思想,并在张载"知虚空即气则无无",即懂得了太虚就是气,那么就不存在"无"的基础上,进一步确立了"太虚即气"、"太虚一实"的气本论。他说:

> 人之所见为太虚者,气也,非虚也。虚涵气,气充虚,无有所谓无者。虚空者,气之量。气弥纶无涯而希微不形,则人见虚空而不见气。凡虚空,皆气也。聚者显,显则人谓之有;散则隐,隐则人谓之无。阴阳二气充满太虚,此外更无他物,亦无间隙,天之象,地之形,皆其所范围也。(《张子正蒙注·太和》)

王夫之认为,人们所见到的虚空,实际上是一种物质性的"气"的存在形式,宇宙间除了"弥纶无涯"和"希微不形"的气之外,就"更无他物,亦无间隙"了。而且这个气的本身又具有运动变化的基本属性,即所谓"虚空即气,气则动者也"和"太虚者,本动者也",它是"莫之为而为"的,它永远处于一种"絪缊生化"的运动过程中。"絪缊"二字出自《周易》,张载曾把它当作"太和"或阴阳二气的对立与变化的意思来使用。王夫之对此作了更为深刻的发挥,赋予了新的内容。他说:"言太和絪缊为太虚,以有体无形为性,可以资广生大生而无所倚,道之本体也。二气之动,交感而生,凝滞而成物我之万象。"在王夫之看来,太虚不仅包括阴阳对立交感,引起运动,而且万物都由"有体无形"的"太和絪缊之气"所化生,它的运动不是一成不变的往来重复,而是"变化日新"的,在絪缊化生的过程中,旧的因素始终被新的因素所取代,自然界总是处于一种新陈代谢的自我更新之中。他认为从天上的日月风雷,到地下的江河湖泊和人的爪发肌肉无不如此。他说:"天地之德不易,而天地之化日新。今日之风雷非昨日之风雷,是以知今日之日月非昨日之日月也。""江河之水,今犹古也,而非今水之即古水。""爪发之日生而旧者消也,人所知也。肌肉之日生而旧者消也,人所未知也。人见形之不变而不知其质之已迁,则疑今兹之日月为遂古之日月,今兹之肌肉为初生之肌肉,恶足以语日新之化哉!"(《思问录·外篇》)这样,王夫之以运动变化的"絪缊"观点,说明气是永远存在于运动之中。

既然"气"是作为世界的本原、万物的本体,所以王夫之又从哲学上给予概括,提出了"太虚一实"。他说:"太虚一实也,故曰诚者天之道也。"(《思问录·内篇》)"诚也者,实也。实有之,固有之也。无有弗然,而非他有耀也。"(《尚书引义》卷四)在王夫之看来,世界现象归根结底是"虚"和"实"两大类:"虚空者,气之量;实者,气之充周。"(《张子正蒙注·太和》)这就是说"虚"是"气"的本体形式,"实"是"气"发用而聚结的形式。这一由"虚"到"实",再由"实"返"虚"的过程,就是气的生化过程。王夫之对"气"这一概念的哲学抽象,实际上已发展了张载关于气的学说,并在由此展开了他对气与理之间关系的探索。

二、理 依 于 气

正是在"太虚即气"的基础上,王夫之认为天地人类最本质的不是"理"

而是"气",除气之外,不存在"虚托孤立"的所谓"理",他的基本观点是"理依于气"。他说:

> 天人之蕴,一气而已。从乎气之善而谓之理,气外更无虚托孤立之理也。(《读四书大全说》卷十)

> 气者,理之依也。气盛则理达。天积其健盛之气,故秩叙条理,精密变化而日新。(《思问录·内篇》)

> 理本非一成可执之物,不可得而见;气之条绪节文,乃理之可见者也。故其始之有理,即于气上见理;迨已得理,则自然成势,又只在势之必然处见理。(《读四书大全说》卷九)

在王夫之看来,气并不是虚空之物,是一个实体,理只是这一实体"变化而日新"过程中的法则和条理,是事物发展过程中的一种自然之势,它不能脱离具体的事物而存在。因此,气外无理,气中涵理,理气不离,理气互相为体。同样,理是气之理,气是理之气,理是势之理,势是理之势。

由于程朱理学从"理本气末"、"理气各为一物"的思想出发,认为"气傍之理行",从而强调以"理"代"气"。对此,王夫之批评说:

> 程子言天,理也;既以理言天,则是亦以天为理矣。以天为理,而天固非离乎气而得名者也,则理即气之理,而后天为理之义始成。浸其不然,而舍气言理,则不得以天为理矣。何也?天者,固积气者也。(《读四书大全说·孟子·尽心篇》)

程朱理学将"理"视为"天理",认为它是主宰天地万物的,是一种至高至善的精神境界,提倡向作为天理化身的"圣人"学习,以圣人的言论行为为指归。同时又将理气分开,视理气为两物而各不相干。因此,王夫之的"理依于气",实际上是强调"理即气之理"、"不得以天为理"的观点,其意义在于引导人们重新回到气一元论的立场上来。

三、道器之辨

正因为王夫之强调的是气一元论,所以他又将其对理气的辨析引向道与器的辨析。

首先,王夫之认为,器用来规定物的最基本的特征在于它是具体的、可感知的东西。他说:"所以然者不可以言显,能然者言所不能尽;言者,但言其有形之器而已。"(《张子正蒙注·天道》)意思是说只有从具体的感性的东西出发,才能深入到事物的背后,认识其所以然。"所以然"是无形的,为"形而上";"器"是有形的,为"形而下"。所以任何事物都是形而上与形而下的对立统一体,这个道理是永远不会改变的。他说:

> 天下唯器而已矣。道者器之道,器者不可谓之道之器也……形而上者。非无形之谓。既有形矣,有形而后有形而上。无形,亘古今,通万变,穷天穷地,穷人穷物,皆所未有者也。(《周易外传》卷五《系辞传上》)

程朱理学曾认为"理"是哲学最高范畴,把形而上的道看作理。程颐说"气是形而下,道是形而上",朱熹明确说:"形而上者谓之道,形而下者谓之器。道是道理,事事物物,皆有个道理;器是形迹,事事物物,亦皆有个形迹。有道须有器,有器须有道,物必有则。"在朱熹看来,道是物理,是事物的观念、道理、规律,无形可见,而器是有形有质,以为人感官所感知的具体事物。王夫之则认为形而下的器才是根本,形而上的道与形而下的器不是道先器后的关系,这就将一般的、抽象的、观念性的道存在于特殊的、具体的、现实的事物之中,比较圆满地解决了道器二者之间的辩证关系。

其次,王夫之认为有形之器是形而上的基础,有了器才有道,即"无其器则无其道"。所谓"道"就只能是"器之用",它依存于人类"治器"、"作器"的生活与实践之中所体现出认识的能动作用。他说:

> 成必有造之者,得必有予之者,已臻于成与得矣。是人事之究竟,岂生生之大始乎?有木而后有车,有土而后有器,车、器生于木土,为所生者之始。揉之斫之,埏之埴之,车、器乃成,而后人乃得之。(《周易外传》卷一)

人的创造活动需要客观条件,没有土就不能成器,没有木就不能成其车。但是仅仅只有这种客观条件,没有人的"揉之斫之,埏之埴之"的创造活动,木、土也就不会变成车、器。人利用客观条件参与生化,"象日生而为载道之器",不只是为了"生生之大始",更应该彰显"人事之究竟",所以"述器"的内容不只是自然生化史,而且也是人类的创造史。

再次,王夫之认为"器"可以随着时间的推移而发生变化,"道"也随之发生相应的变化。他说:"洪荒无揖让之道,唐、虞无吊伐之道,汉、唐无今日之道,则今日无他年之道者多矣。"(《周易外传》卷五)在王夫之看来,人类社会的发展,其"道"不是永恒不变的,唐虞之"道"只适应于治理唐虞社会,汉唐之"道"只适应于治理汉唐社会,今日之"道"只适应于治理今日,而未来的社会还有待于"他年之道"。可见,这与朱熹所强调的"道只是这个道,岂有三代、汉、唐之别"(《朱文公文集》卷三)正相反,王夫之的道器观则是一种发展的观点,鼓励人们在社会生活实践中"趋时更新"、"与时偕进"。这种道器观对后世产生过很大的影响,也为近现代知识分子宣传改革社会所援用。

四、理欲合性

在人性论方面,王夫之从"理依于气"的气一元论出发,提出了"理欲合性"、"性日生则日成"、"习性而性与成"的命题,他批评理学家"悬一性于初生之顷,为一成不易之例,揣日无善无不善也,有善有不善也,可以为善可以不为善也,呜呼!岂不妄与!"(《尚书引义·太甲二》)强调人性是由后天形成的,离开后天的环境空谈先天人性,只能是随意揣测。这就使他的人性论与宋明理学家提倡"去人欲,存天理"的人性论具有不同的特点。

首先,王夫之认为人性中包含"欲"与"理"两种要素,二者的有机结合,才是完整的人性。他说:

> 盖性者,生之理也。均是人也,则此与生俱有之理,未尝或异;故仁义礼智之理,下愚所不能灭,而声色臭味之欲,上智所不能废,俱可谓之性。(《张子正蒙注》)

程朱理学提出"性即理",他们认为只有符合仁义礼智的"理"才是性,而人们对物质生活的欲望是不包括在人性之内的。然而王夫之不仅认为仁义礼智之理是性,而且还认为声色臭味之欲也是性。他说:"礼虽纯为天理之节文,而必寓于人欲以见(自注:饮食,货;男女,色)……故终不离人而有天,终不离欲而别有理也。"(《读四书大全》卷八《梁惠王下篇》)在王夫之看来,理和欲二者都是人性的组成部分,"欲"是指人的生存和发展的需要,即他所说的"饮食男女",而"理"则是协调个体相互关系的准则和规范,目的在于保障群体的利益,个体的"欲"与群体的利益相一致,所以其"欲"也即是"理"。"理"寓于"欲"中,消灭了"欲","理"也不复存在。它们正如气与理不是对立的一样,"欲"与"理"也不是对立的关系,而是一种"合两者而互为体"关系。他说:

> 天以阴阳五行之气生人,理即寓焉而凝之为性。故有声色臭味以厚其生,有仁义礼智以正其德,莫非理之所宜。声色臭味,顺其道则与仁义礼智不相悖害,合两者而互为体也。

这里,王夫之所说的"理",首先是讲人的生之理和欲之理,也包括仁义礼智的道德之理,所以说是"莫非理之所宜"。那么二者是怎样的关系呢?王夫之认为理以欲为体,理只有通过欲才能表现出来,任何一种人性理论,如果只讲道德方面的理,而不讲声色臭味方面的欲,都不是"合两者而互为体"的正确的人性论。

其次,既然天理人欲不相离,理欲合性而互为体用,所以王夫之一方面继承了儒家的"天命之谓性"的传统说法,另一方面接纳了《易传》的"继善成性"的观念,从而提出了自己的人性"日生日成"的理论。他说:"夫性者,理也,日生日成也。则夫天命者,岂但初生之顷命之哉?"(《尚书引义》卷三《太甲二》)性不是固定不变的概念,它是随着人的生长而逐渐形成的。那么,人性为什么可以变革、改造而"日生日成"呢?王夫之认为有两方面的因素所促成。一是天之所授,一是人与动物不同,人有自己的自由选择的权力。他说:

> 生之初,人未有权也,不能自取而自用也。惟天所授,则皆其纯粹以精者矣。天用其化以与人,则因谓之命矣。已生之后,人既有权也,能自取而自用也。自取自用,则因乎习之所贯,为其情之所歆,于是而

纯疵莫择也。(同上)

这说明王夫之虽然也承认性有天生的一面,但是从这一段话来看,他更主张人性实际上是顺着自己的"习"和"情",不断地进行"自取自用",后天习成的结果,于是人性也就有了纯疵之别。总之,王夫之从"理欲合性"到"性日生日成",最后强调"习与性成"的论述,是对中国传统哲学人性论的一种新解释。

五、行可兼知

"知行"是中国古代哲学史认识论的一对重要范畴,也是理学史上的一个重要论题。知,指知道、知识、认知;行,本义是道路,又引申为行动、践履。儒家的所谓"知行",主要是指对伦理规范的认识和践履。"行可兼知"则是王夫之在批评程朱理学的"知先行后"和陆王心学的"知行合一"两种不同的知行观后提出的。其中主要观点有二:一是明确肯定了"行"在认识过程中的地位,得出了"行可兼知"的结论;二是深刻阐明了"知"、"行"在认识中互相促进、一同深化的思想。

首先,王夫之从学理上批评了陆王心学的"知行合一"论。他说:

> 若夫陆子静、杨慈湖、王伯安之为言也,吾知之矣。彼非谓知之可后也,其所谓知者非知,而行者非行也。知者非知,然而犹有其知也,亦惝然若有所见也。行者非行,则确乎其非行,而以其所知为行也。以知为行,则以不行为行,而人之伦、物之理,若或见之,不以身心尝试焉。(《尚书引义》卷三《说命中二》)

在王夫之看来,陆王心学以一念所动即为行,表面上是重视行,实际上是一种克服杂念的意识活动,以不行为行,把知与行混同起来。接着王夫之又批评程朱的"知行先后"论。他说:

> 宋诸先儒欲折陆、杨"知行合一,知不先,行不后"之说,而曰:"知先行后",立一划然之次序,以困学者于知见之中,且将荡在以失据,则已异于圣人之道矣。(同上)

王夫之认为,程朱虽然反对陆王的"知行合一",但是他们所提出的"知先行后",也同样割裂了两者的联系,与圣人强调知行同步进行的思想相背离。在他看来,程朱和陆王在知行观上走了两个极端。程朱在知、行之间"立一划然之次序",以为"知常为先";陆王则混淆知、行两者的界限,取消先后秩序,结果是前者以"离行为知",后者则以"销行以归知",可以说殊途同归。

其次,王夫之在批评了程朱与陆王的知行观后,便从分析"知"与"行"的具体差别着手,提出了他的"行可兼知"思想。他说:

> 知行之分,有从大段分界者,则为讲求义理为知,应接事物为行……知行不相需,存心亦有知行,致知亦有知行,而更不可分一事以为知而非行,行而非知。(《读四书大全说·中庸》)

王夫之认为,"讲求义理"是"知","应接事物"是"行",这仅仅是大原则上的区别。其实,知与行的区别是相对的,因为知的本身就包含着行。知与行是一个统一过程,一定要对知行加以区别,那是非常困难的。于是他从"凝道"的角度来确定"知行"在认识论中的地位和作用。他说:"凝也者,道之有于心也;行也者,道之措于事也。有于心而后措于事,故行在凝之后。"但是,行可兼知,反之则不然:"且夫知也者,固以行为功者也。行也者,不以知为功者也。行焉可以得知也,知焉未可以收行之效也……行可兼知,而知不可以兼行。下学上达,岂达焉而始于学,君子之学,未尝离行以为知也必矣。"

再次,王夫之一再强调"行",并不是想否定"知"对于"行"的作用,而是要证明二者貌似"必分"而实质上互动的关系。他说:

> 知行相资以为用,惟其各有致功而亦各有其效,故相资以互用,则于其相互,益知其必分矣。同者不相为用,资于异者乃和同而起功,此定理也。(《礼记章句》卷三十一《中庸衍》)

这表明王夫之的"知行相资并用",是以承认二者各自所具备的功用差别为前提的,这与程朱的"知先行后"、陆王的"知行合一"有着本质上的不同。同时他还认为这种知行相资的并进过程,就是在实践的基础上,随着认识内容的不断深化,认识能力也随之提高的过程,即所谓的"君子知此,念道之无穷,而知能之有限"。

六、理势相成

王夫之不仅建立了自己精深的哲学体系,而且还积极从事社会历史的研究,写下了《春秋世论》、《读通鉴论》、《宋论》等一系列著名的史学理论著作,系统地阐明了自己的社会历史观。

王夫之认为社会历史发展总是后代超越前代,这是不以人的意志为转移的必然趋势。他依据"理依于气"、"气无非理"的自然观,把中华民族历史发展的客观存在称之为"势",把历史发展中的规律性称之为"理",提出了"理势相成"的观点。他说:

> 顺逆者,理也,理所制者,道也;可否者,事也,事所成者,势也。以其顺成其可,以其逆成其否,理成势也。循其可则成,用其否则逆,势成理者也。(《诗广传》卷三)

王夫之认为,"势"和"理"之间是辩证统一的,天地之间既没有固定不变的"理",也没有一成不变的"势"。"理"有顺、有逆的问题,"势"有可行、不可行的问题。正因为"顺理",即可行,能行而成"势";反之,正因为"势"已形成,就应该遵循这个势而行,这就是"合理",所以是"理势相成",这就是"理"与"势"的区别和统一。

不过,王夫之又将"理势相成"统称为"天",他说:"势字精微,理字广大,合而名之曰天。"(同上)这说明王夫之的所谓"天",实际上已不具备任何意志的天,而是"即民以见天"之天。他说:

> 圣人所用之天,民之天也;不专于己之天,以统同也;不滥于物之天,以别嫌也;不僭于天之天,以安土也。(《尚书引义》卷一)

王夫之认为"天"的运动变化规律,都是通过人类的实践活动来反映的,他看到了人类社会生活与其他动物和自然界有着本质的不同,所以他接着说:"盖天显于民,而民必依于天立命,合天人于一理。"(同上)从而从"理势相成"的角度,对传统的天命观作出了历史的解释。

王夫之认为历史发展是"理势相成",他的目的是立足现实,以求"经世之大略"。他认为历史之所以重要,那是因为它可以给后人提供经世致用的方略。他说:"所贵乎史者,述往以为来者师也。为史者,记载徒繁,而经世之大略不著,后人欲得其得失之枢机,以效法之,无由也,而恶用史乎?"(《读通鉴论》卷六)这就清楚地表明,王夫之的"理势相成"的社会历史观念,始终是为他的经世致用思想服务的。

综上所说,王夫之上述的哲学思想,是17世纪中国特殊历史条件下的产物,反映了明末清初的时代精神,他的哲学思想达到了他那个时代所能达到的最高水准。

第四节 颜元与李塨

颜元(1635—1704),字浑然,又字易直,号习斋,博野(今属河北)人。颜元的父亲颜昶从小过继给蠡县朱姓作养子。颜元生于朱家,从朱姓。颜昶在颜元4岁时只身往关东,一去无音讯。母亲在颜元12岁时改嫁去,颜元便随养祖父母一起生活。颜元8岁至12岁就学于吴持明,吴懂医道,通武艺,能骑射剑戟。颜元19岁时考中秀才。20岁以后攻读经世之学,遂弃举业。24岁时,开设家塾,教授生徒,名其斋曰"思古",自号"思古人",作《王道论》,后更名论《存治编》。颜元39岁时,养祖父死。丧事后颜元归宗,复颜姓,在族中教授子弟。康熙十八年(1679),李塨前来问学,此后成为颜元最主要的弟子,"颜李之学"自是逐渐形成。代表颜元的主要哲学思想的著作有《存性编》、《存学编》、《存治编》、《存人编》等,1987年中华书局整理出版了《颜元集》上下两册。

一、人性皆善

对人性的探索,是颜元哲学思想的重要内容。他所著《存性编》,大部分是讨论人性问题的。他说:

著《存性》一编,大旨明理、气俱是天道,性、形俱是天命,人之性命、气质虽各有差等,而俱是此善;气质正性命之作用,而不可谓有恶。其所谓恶者,乃由"引蔽习染"四字为之祟也。期使人知为丝毫之恶,皆自玷其光莹之本体,极神圣之善,始自充其固有之形骸。(《存学编》卷一《上太仓陆桴亭先生书》)

根据颜元的这段概括表述,他对人性问题的探讨,首先是从理气关系出发的。他认为天下没有"无气之理",也没有"无理之气",理与气是"融为一片"的(《存性编》卷二)。天下万物与人是理与气相合而形成:"天之生万物与人也,一理赋之性,一气凝之形。"(《四书正误》卷四)这就是说性是由理所赋予的,形则是由气所凝聚而成的。既然理与气融合为一体,那么性与形也是不可分离的。在颜元看来,这个"形"实际上就是"气质"。他说:"此形非他,气质之谓也。"(《存性编》卷一)所以,颜元在此基础上,又提出人性就是"气质"之性,即所谓的"非气质无以为性,非气质无以见性"(《存性编》卷一)。那么"气质之性"又是什么呢?颜元认为,气质之性包括两个方面:一是指耳目、口鼻、手足、五脏、六腑、筋骨、血肉、毛发等人之形体的生理和心理机能。二是指人所具有的仁、义、礼、智四种德性。也正因此,颜元认为完整的人性,就应该是性、情、才三者统一的有机整体。他说:

(性之)发者,情也;能发而见于事者,才也;则非情、才无以见事,非气质无所为情、才,即无所为性。是情非他,即性之见也;才非他,即性之能也;气质非他,情、才之气质也。(《存性编》卷二)

这是说,以气质为根本,性发而为情,才能得到体现,才能见于事物。而性本身就具有发为情、见于事物的能力。在颜元看来,只有将道德感情付诸道德行为才是真正的人性。

正因为气质之性就是人性,所以人性的本质也就不应该是恶的。他说:"若谓气恶,则理亦恶,若谓理善,则气亦善。盖气即理之气,理即气之理,乌得谓理纯一善而气质偏有恶哉!"(《存性编》卷一)在颜元看来,理与气本来就是"融为一片"的,既然理为性、为善,那么气或气质之性也应该是善的。颜元赞同孟子的性善说。他说:"孟子于百说纷纷中,明性善及才情之善,有功万世。"(《存性编》卷一)认为程朱"未得孟子性善宗旨"(《存性编》卷二)。

这样,颜元既否定了程朱理学将理与气、性与气质分为对立的二物,认为性(理)是"至善"的,而且也否定了程朱理学将性分为"天命之性"和"气质之性"的合理性。

二、习 行 经 济

"习行经济"是颜元提倡实学的主要思想。颜元说:"求蔽之道,在实学,不在空言……实学不明,言虽精,书虽备,于世何功,于道何补!"(《存学编》卷三)他的主要代表著作之一的《存学编》,便被称为"是编所以明实学耳"(《颜习斋先生传序》)。可以说,颜元的学术活动,始终是围绕着"倡实学"这一主题而展开的,具体则主要体现在他提倡"三事三物"的治学内容和"实习实行"的治学途径两个方面。

1. 三事三物

颜元认为治学的目的是弘扬尧、舜、周、孔的"圣道",而尧、舜、周、孔的"圣道"就是"三事三物"之道。他在《存学编》中开宗明义地指出:

> 著《存学》一编,申明尧、舜、周、孔三事、六府、六德、六行、六艺之道,大旨明道不在诗书章句,学不在颖悟诵读,而期如孔门博文约礼,身实学之,身实习之,终身不懈者。(《存学编》卷一)

所谓"三事三物",颜元在《朱子语类评》中说:"尧、舜名其道曰'三事',周孔名其道曰'三物'。"因此,"三事"亦即《尚书·大禹谟》中所说的"正德、利用、厚生"。而"三物"则指《周礼·大司徒》中的"乡三物",即六德(知、仁、圣、义、忠、和),六行(孝、友、睦、姻、任、恤),六艺(礼、乐、射、御、书、数)。颜元认为,六德即尧舜所谓正德,六行即尧舜所谓厚生,六艺即尧舜所谓利用,所以三事实际就是三物。它不仅代表古圣先贤的学术统绪,而且"实学"与"实习"也不能离此三事三物。"唐虞之世,学治具在六府三事,外六府三事而别有学术,便是异端;周孔之时,学治只有个三物,外三物而别有学术,便是外道"(《言行录》卷下《世情第十七》)。不过,颜元虽然将实学内容圈定在三事三物之中,但颜元所重视的只是"六艺"一物。他说:"盖三物六德,其发见为六行,而实事为六艺,孔门'学而时习之'即此也,所谓格物也。"这表明人的道德修养和道德表现都依赖于礼、乐、射、御、书、数等六门技能的学习与掌握。

正是按照这个"三事三物"的治学内容,颜元在漳南书院中的课程设置与教育内容,也与当时其他书院完全不同,分别设有:文事斋:课礼、乐、书、数、天文、地理等科。武备斋:课黄帝、太公及孙吴兵法,攻守、营阵、陆水诸战法,并射、御、技击等科。经史斋:课十三经、历代史、诰制、章奏、诸文等科。艺能斋:课水学、火学、工学、象数等科。理学斋:课静坐,编著程、朱、陆、王之学。帖括斋:课八股举业等六种科目。同时,在学舍建筑布置上,将其中的理学斋和帖括斋两斋都面向北面,表示与周、孔正学敌对;而静坐、八股举业等课程则是被作为表现理学空疏学风的反面教材而陈列出来的。因此这些课程的设置,同样体现了颜元以"三事三物"是为"实用"为宗旨的治学思想。

颜元的"三事三物",是与他的人性论相联系的。他说:"惟言乎性道之作用,则六德、六行、六艺也。"(《存性编》卷二)"六行乃吾性之设施,六艺乃吾性材具,九容(足容正,手容恭,目容端,口容止,声容静,头容直,气容肃,立容德,色容庄)乃吾性发现,九德(当指三事六府)乃吾性成就"(《存性编》卷一),正因为人性对于三事三物的作用,所以三事三物也直接影响到人的扬善抑恶,完善人的善良本性。"先王知人不习于性所本有之善,必习于性所本无之恶,故因人性之所必至,天道之所必然,而制礼乐射御书数,使人习其性之所本,而性之所本无者不得而引之蔽之。不引蔽,则自不习染,而人得免于恶矣"(《习斋先生言行录》卷上)。这说明颜元的"三事三物"是基于他对人性的理解为基础的。

2. 实习实行

由于颜元以"三事三物"为治学内容,这就决定了他必然以"实习实行"为治学途径。于是他从"习行以致知"和"习行以致用"两个方面作了论证。从习行致知方面讲,颜元认为熟读书本知识不等于就知"道"明"理",关键是"见理于事,则已彻上彻下"(《存学编》卷二)。即通过对具体的"事"的认识,领悟"理",然后融会贯通来求得真知。所以无论怎样读书、讲问、思考,都不能认为是真知,要取得真知,必须"玩东玩西","亲下手一番","学而必习","习而必学",真知是通过反复学习与实践,在积累了一定经验的基础上获取的。从习行以致用方面讲,颜元认为应该像孔子和他的三千弟子那样"习而行之,以济当世"(《四书正误》卷一),读书的目的,是为了致用。在颜元看来,"读得书来,口会说,笔会做,都不济事,须是身上行出,才算学问"(《习斋余记》卷四),真正的学问就在于实习实行。

总之,颜元以"习行以致知"和"习行以致用"为主要内容的实习实行思想,一方面批评了程朱理学因为不重视"习行",而造成学用脱节、空疏的学风,从而推动了清代前期经世致用思潮的形成和发展。另一方面肯定了行对于知的决定作用,表明他对于实践是认识的源泉这个道理的朴素理解。由于他认为行是知的唯一目的,结果也使他的哲学思想产生了重经验之"行"而轻视理论之"知"的缺陷。

三、效法三代

正是在"三事三物"、"习行经济"的实学思想基础上,颜元进一步宣传了他"效法三代"的政治理想。他著《存治编》,主张恢复井田、封建、学校等所谓的"王道"政治。他说:

> 欲法三代,宜何如哉?井田、封建、学校,皆斟酌复之,则无一民一物之不得其所。是之谓王道,不然者不治。(《存治编·王道》)

所谓"封建",本指周代实行公、侯、伯、子、男五等爵位的"封国建藩"的政治制度。它是鉴于当时"天下共苦战斗不休",为维护诸侯世代相传的特权而制定的。这里,颜元明言恢复"封建"是出于"天下安康"与"长治久安"的动机。在颜元看来,夏、商、周三代享国的时间之所以都比后世历代都长,其原因主要是实行了"封建"制度,天下才得到了久治长安,即他所说的"盖民生天地,咸沐封建之泽,无问兴亡,皆异于后世如此"(同上)。那么在现行的社会中怎样来恢复"封建"制度呢?颜元提出了自己的治世方案。他说:

> 如天不废予,将以七字富天下:垦荒、均田、兴水利;以六字强天

下：人皆兵,官皆将;以九字安天下：举人才、正大经、兴礼乐。(《颜习斋先生年谱》卷下)

这表明,颜元是通过经济、军事、社会三方面来论证他的政治理想的。首先,就经济方面而言,颜元主要是主张"均田"。他认为如果土地不均,各项政治措施无法实施,而他提出效法三代的"井田",正是为达到均田的目的。他说:"思天地间田,宜天地间人共享之。若顺彼富民之心,即尽万人之产而给一人,所不厌也。王道之顺人情固如是乎？况一人而数十百顷,或数十百人而不一顷,为父母者,使一子富而诸子贫,可乎？"(《存治编·井田》)孟子曾说过"方里而井,井九百亩,其中为公亩,八家皆私百亩,同养公田"(《孟子·滕文公上》),这种"八家皆私百亩"的井田制,其本身就含有均田的涵义。不过在颜元看来,实行均田可以"因时而措","可井则井,不可井则均",不必考虑是否一定符合古代的"沟洫之制,经界之法",目的是为消除社会上的贫富悬殊。

其次,就军事方面而言,颜元提出"人皆兵、官皆将"六字强天下。它的实际内容,是兵农不分,亦兵亦农。他认为这种兵农合一的机制有多方面的优点:

一曰素练。陇亩皆阵法,民恒习之,不待教而知矣。一曰亲卒。同乡之人,童友日处,声气相喻,情义相结,可共生死。一曰忠上。邑宰千百长,无事则教农、教礼、教艺,为之父母;有事则执旗、执剑,为之将帅,其孰不亲上死长。一曰无兵耗。有事则兵,无事则民,月粮不之费矣。一曰应卒难。突然有事,随地即兵,无征救求援之待。一曰安业。无逃亡反散之虞。一曰齐勇。无老弱顶替之弊。一曰靖奸。无招募异域无凭之疑。一曰辑侯。无专拥重兵要上之患。(《存治编·治赋》)

从上述颜元列举的九条优点来看,他实际上是强调无事为民,有事则为兵;无事为官吏,有事则为将帅。这样不仅可以不误农事,减少军事费用,而且还可以减轻百姓的赋税。这种寓兵于农的主张,在历史上的"府兵制"即有先例,说明颜元是从减轻百姓经济负担的愿望来施行他的政治理想的。

最后,就教育和人才而言,在颜元看来,现行的以科举取士,其弊病是以八股猎取功名富贵,对于圣人之"道"和治天下之"道",则茫然不知。为了考试,家家程注、朱注,人人套文、钞子,其危害"胜于焚坑"。所以他提出以"征举"来取代"科举"。他说:

> 窃尝谋所以代之,莫若古乡举里选之法。仿明旧制,乡置三老人,劝农、平事,正风;六年一举,县方一人。如东,则东方之三老,视德可敦俗,才堪莅政者,公议举之,状签某某深知其才德,兼以事实之。县令即以币车迎为六事佐宾吏人。供用三载,经县令之亲试,百姓之实征,老人复跻堂言曰某诚贤;则令荐之府,呈签某令深知其才德,亦兼以事实之,则守以礼征至。其有显德懋功者,即荐之公朝,馀仍留为佐宾三载,经府守之亲试,州县之实征,诸县令集府言曰某诚贤。则府守荐之朝廷,呈签某守深知其才德,亦兼以事实之,则命礼官弓旌车马征至京。其有显德懋功者,即因才德受职不次,余留部办事。亲试之三载。凡经两举,用不及者,许自辞归进学。老人、令、守,荐贤者受上赏,荐奸者受上罚,则公论所结,私托不行矣。九载所验,贤否得真矣。(《存治编·学校》卷六)

这种由基层公议推举人才的征举制,对于整肃学风与吏治,有其积极的一面;但为国家输送有真才实学的合格人选,仅以"公议"的单一形式,在封建社会也同样难以杜绝通过关系与贿赂进入仕途的弊端。虽然颜元一生不断吁请改革科举,如57岁时南游中州,仍不懈地宣传这一主张,认为"不复乡举里选,无人才,无治道"。但是他试图从早已实现过的往古中寻求答案的良好愿望,与现实毕竟相去甚远,因此也难以使这一主张付诸实行。

总之,在儒家的传统思想中,中国历史上的夏、商、周三代,是一个令人向慕的太平盛世,一个近乎完美的社会。它虽然已经一去不返,而且在人们的记忆中也仅存一种模糊的轮廓,但它却提供了后世人们值得永远追求的价值目标,依然是儒士努力仿效的楷模。颜元曾坦言:"仆抱禹、稷之心,而为沮、溺之行。如函剑而欲露寸光者。"(《颜习斋先生年谱》卷下)正因为如此,颜元提倡"效法三代",从历史发展的角度而言,这固然是一种历史的倒退。然而颜元正是通过论证"封建"、"井田"等三代制度,来表明他崇尚王道政治的一种社会理想和人生态度,显示了一个儒者兼济天下的入世精神与独善其身的出世思想之间的矛盾。

四、李塨对颜学的发扬与修正

颜元的实学思想,所以能在清初学界风靡一时,是与其弟子李塨的积极宣传和传布分不开的。李塨(1659—1733),字刚主,号恕谷,河北蠡县人。他是颜元"习行经济"思想的主要继承和发扬者。康熙十八年(1679),年过弱冠的李塨遵父命师从颜元,学习六艺之学,至夜不息。颜元曾勉励他说:"学者勿以转移之权委之气数,一人行之为学术,众人从之为风俗。民之瘼矣,尚忍膜外?"(《恕谷年谱》卷二)李塨听了感动泣下。此后,他谨记颜元的教诲,一生注重"习行经济"。虽然李塨晚年南游时,在治学方法上已染上考据学风,甚至自语"流连三古经成癖"(《恕谷年谱》卷五),热衷于考据学,但是就李塨的思想而言,主要体现在他对颜学的继承与修正。他的主要哲学著作有《大学辨业》、《四书传注》及《恕谷后集》等,收入《颜李丛书》。

首先,李塨继承了颜元的"习行经济"的思想,他认为"古之学实,今之学虚",注重"实事实物",其内容大致以六艺为崇。如他认为"古之为学也……六德、六行、六艺为物"。又如他提出以"有用"、"无用"来区分"古学"与"今学"的差异,认为"今世之学,徒事记诵,与古迥异,古四术三物,仕即其学,学即其仕,今学徒佔毕非所用,用责干济非所学,而世事坏矣"(《恕谷年谱》卷二)。李塨还从学术流变史的角度,进一步论证今学之虚。他认为自秦焚书之后,学术的发展为之一变,古代圣贤的"口传身示之实绩"早已失传,不得已而求诸典籍,并直接影响到后世只能从典籍中探寻古代圣人的思想精华,最终导致"习行少、讲说多",实践与理论的分离,学术研究也由原来的崇"实"而趋于务"虚",即"有用"变为"无用"。这显然是对颜元"以实疾其虚",用"实学"反对程朱之"虚学"的继承和发展。

其次,在反对宋明理学家所说的天命之性和气质之性方面,颜元盛赞孟子的"性善论"。颜元认为,天下没有"无理之气",也没有"无气之理",气即理之气,理即气之理。他认为只有气质之性,才是人性。他赞同孟子确定人性本善，是有功于万世。强调理、气、性、形不二；指出人的恶行是由后天的"引蔽习染"导致的结果。并提出性、情、才三者相统一的人性论。李塨继承了颜元"理气融为一片"的观点。认为"气外无理"，主张理气不可分，提出"理在事中"的命题，认为"夫事有条理曰理，即在事中"，"离事物何所为理乎"（《论语传注问》）。李塨还进一步发扬颜元注重实际知识的思想，认为"纸上之阅历多，则世事之阅历少"（《恕谷先生年谱》卷二），倡导亲身习行践履。指出理学家空谈"致虚守寂"之害，是宋明亡国的原因。认为"不行不可谓真知"，又提出"知固在行先"，"学胜行，学先行"，这与颜元"学而后知，知而后行"，行重于知、先于知的思想中所包含的以实践作为认识的观念也并不一致。

在社会理想方面，李塨对颜学也有所变通和修改。如颜元提倡"封建"，阐扬自己的社会理想。然而在是否应回到"封建"问题上，李塨表示了不同的意见。他说："惟封建以为不必复古。因封建之旧而封建，无变乱；今因郡县之旧而封建，启纷扰。"（《存治编·书后》）这就是说，当时改郡县为封建是一种"复古"，它将给社会带来不安定的因素。对此，颜元、李塨师徒之间"商榷者数年"，最终未能取得一致的意见。

李塨对颜学的修订，主要体现在与颜元为学路径的异趋，即由弘扬师说的"习行经济"之学逐渐转入经典考证之学。康熙三十四年（1685）后，李塨曾数次南游，先后结识浙江名流毛奇龄、万斯同、胡渭等著名汉学家，深受经典考证治学方法的影响。他认为考辨经书与"习行经济"并行不悖，"取其经义，犹以证我道德经济"，并师从毛奇龄研习《尚书》、《周易》以及婚丧祭礼。对此，颜元似已有觉察，曾告诫他"此行历练可佳也，惟勿染南方名士习耳"。所谓"南方名士习气"，便是指南方学者治学特重经典考证的学风。当李塨第二次南游时，颜元再度告诫他"用实功，惜精力"，并恳请李塨继续张扬"实学"，以完成自己未竟的事业。然而此时的李塨已深受考据学风的浸染，先后完成了对《周易》、《诗经》、《春秋》、《论语》等一系列经典的注释和考辨工作。

那么如何理解李塨与颜元治学路径的异趋呢？一般都认为是当时经典考辨学风对李塨的学术思路发生影响。其实，李塨当时受到两方面的压力。

一方面要发扬师说,继续贯彻颜元的"习行经济"的经世之学,另一方面则来自学术界经典考辨学风的影响,他面临着两难选择的困惑。他说:"颜先生以天下万世为己任,卒而寄之我。我未见可寄者,不得不之书,著书岂得已哉!"(《恕谷后集》卷五)又说:"予……至于五十始衰,自知德之将耄,功之不建矣,于是始为《周易传注》,续之《四书传注》,立德无能,立功何日,而乃谆谆立言,怅如之何!"(《诗经传注题辞》)弘扬师说,本来是他的精神支柱,但他又不得不顺从学术发展的趋势,走入"返证之《六经》、《语》、《孟》,历历可据,而向未之见"的考据一途。但是就其思想立场而言,李塨并未放弃"习行经济"的理念,而是与汉学家打成一片,以效法孔子的名义推行实学思想,更有利于贯彻和发扬颜学。"颜李之学"之所以有其特色,原因也就在这里。

第五节　方　以　智

明清之际的学界,虽然程朱理学与阳明心学并存,但是随着明政权的灭亡,理学渐成颓势。在反思与批判理学时,由西方传教士输入的自然科学引起了学者的重视。他们试图通过中西两种不同文化的比较研究,寻求重建中国传统文化的途径,其中方以智是最具代表性的清初学者之一。

方以智(1611—1671),字密之,号曼公,自号龙眠愚者、浮山愚者、宓出愚者、泽园主人、鹿起出人、密山子、愚者密等。明亡后,他更名吴石公,或称愚道人,流离岭南。逃禅以后,又更名弘智、行远、无可、药地、极丸、浮庐等。人称木大师、青原尊者、四真子,安徽桐城人。方以智家学渊源颇深,世传他的名字即取自《周易大传·系辞上》"卦之德方以知"。方以智恃才自负,佯狂傲物。或以结社为因缘,评品人物,讽议朝政。或披缁为僧,潜心学术,授徒讲学。他虽幻想凭借自己的笔锋为无厚之刃,开创一代新风,但最终只能以"了生死以尽人道"而自慰。他是与陈贞慧、吴应箕、侯方域等名噪一时的"明季四公子"之一。崇祯十三年(1640),方以智中进士,担任工部主事、翰林院检讨、明皇子定王和永王讲官。1644年,李自成农民起义军攻克北京。

方以智亡命南京,投奔南明弘光政权,为马士英、阮大铖所不容,遂逃至南海,以卖药为生。明亡在梧州出家,后皈依天界寺高僧觉浪禅师道盛,继承佛教曹洞宗的法裔,遁身空门,恪守明遗民之志,始终不与清廷合作。清康熙十年,因粤事牵连下狱,囚于南昌,后在押解岭南途中病逝。方以智一生著述宏富,除有目可考的几十种佚著外,现存的主要学术著作有:《通雅》、《物理小识》、《东西均》及《浮山文集》前后编等。1963年中华书局出版了由侯外庐等校点的《东西均》。

一、气一元论与太极一元论

气一元论与太极一元论是方以智的主要哲学思想。他提出"一切物皆气所为"、"太极不落有无"等命题,试图把世界的物质统一性与物质运动的不变性结合起来,从而构建了从气一元论到太极一元论的哲学体系。

1. 一切物皆气所为

由于方以智认为"盈天地间皆物也",肯定"物"是世界一切存在现象,所以他又指出:"一切物皆气所为,空皆气所实也。"(《物理小识》卷一《天类》)在方以智看来,"物"与"空",无论是有形无形,都是由气而成,气是对宇宙万物本质的一种抽象,这显然是继承了中国哲学史上气一元论的传统。那么物与气又是如何产生和运动的呢?他说:"气形于天曰五运,产于地曰五才,七曜列星,其精在天,其散在地,故为山为川,为鳞、羽、毛、介、草、木物,声、色、臭、味,别其端几。"既然从天到地,从日月星辰到山川草木,都是一气运动变化的产物,所以他接着又进一步说明气的五种属性:"水为润气,火为燥气,木为生气,金为杀气——以其为坚气也;土为冲和之气,是曰五行。"(《同上》)五行即是五材,它既是古代构成各种物质的五种元素,也是古代人们处世的五种行为,在方以智看来,这五种气的属性是气的不同存在方式:"气凝为形,蕴发为光,窍激为声,皆气也。而未凝、未发、未激之气尚多,故概举气、形、光、声为四几焉。"(同上)

为了进一步说明气运动不息而化生万物的内在根源,方以智提出了"火"和"水"的概念。他不仅认为火与气为一,而且认为气的运动变化根源于火:"凡运动,皆火之为也,神之属也。下袭水土,凡滋生,皆水之为也,精之属也。"(同上)"气动皆火,气凝皆水,凝积而流,动不停运。"(《物理小识》卷三《人身类》)以"火"来解释事物运动的属性,不是方以智的发明,早在金元时期的医学家朱震就提出过"天恒动,人生亦恒动,皆火之为也"的命题。方以智的祖父方大镇也说过"满空皆火,物物之生机皆火也。火具生物、化物、照物之用",可以说方以智将"火"视为事物运动的根源,实际上是来自于他的前辈学者对物理科学发展中所提出的一种假设。然而方以智也有所贡献,他在论证"气动皆火"的同时还提出了"水火两行交济"的观点。他说:"《易》曰一阴一阳之谓道,非用二乎?谓是水火二行可也,谓是虚气实形二者可也。虚固是气,实行亦气所凝成者,直是一气而两行交济耳。"(《物理小识》卷一《天类》)火的属性为物质运动,是动态的;水的属性为万物滋生,是静态的。水火分属阴阳二气,它既是气的两种不同的表现状态,又是"阳统阴阳,火运火水"相互矛盾运动的统一。这样,方以智一方面以气为出发点,然而在论证水、火矛盾运动统一的过程中,最后回到气一元论的哲学元点上。另一方面,他又以易学的阴阳理论来证明水、火矛盾运动的合理性,从而为气一元论注入了新的思想内容,成为气—火一元论哲学,并且由此来论述他的"太极不落有无"的"太极一元论"。

2. 太极一元论

在方以智的哲学中,他不仅建立了气—火一元的自然哲学,而且还指出"太极"是哲学的最高范畴。他说:

> 太极者,先天地万物,后天地万物,终之始之,而实泯天地万物,不分先后、终始者也。生两而四、八,盖一时具足者也。自古及今,无时不存,无处不有,即天也,即性也,好心也。一有一画,即有三百八十四。皆变易,皆不易,皆动皆静,即贯寂感而超动静。此三百八十四实有者之中,皆有虚无者存焉。孔子辟天荒而创其号曰太极。太极者,犹言太无也。太无者,犹言不落有无也。(《东西均·三征》)

"太极"是指原始混沌之气,"太极"一词,语出《系辞传》:"易有太极,是生两仪,两仪生四象,四象生八卦。"气运动而分阴阳,由阴阳而生四时,因而出现天、地、风、雷、水、火、山、泽八种自然现象，推衍为宇宙万事万物。方以智认为"太极"在天地万物还未产生之时，就已经存在，当天地万物消亡之后，它仍然不灭而存在，它是一个无时不在，又无处不有的客观实在。"太极"是天，是说它能够主宰一切，"太极"是性，是说它为天地万物生性之所本，"太极"是命，是说它为一切所禀，"太极"是心，是说它自身虚灵，莫测神妙。在方以智看来，"太极"不是生物之气，而是主气的所以然者。他说："人不之见，谓之太虚。虚曰生气，气贯两间之虚者、实者，而贯直生之人独灵。生生者，气之几也，有所以然者主之。"（《东西均·所以》）既然生生不已是根植于"所以然者"，而这个所以然者就是指"太极"："以故新其号曰太极，愚醒之曰太无，而实之曰所以。"（《东西均·反因》）就本体论的角度而言，宇宙间的所有现象，不外乎分为虚与实两大类，既然方以智认为有与无都是"太极"的显现，所以"太极"就是宇宙间一切现象的本体，所以这个本体也就是"太极"。

那么这个既超然于精神之上，又超然于物质之上的"太极"，究竟是怎样形成的呢？他说："太极寓于中五。"（《易余·绝待·并待·贯待》）又说："五之前，一二三四；五之后，六七八九，皆成四象，何以前为位而后为数也？盖以五居中，象太极。"（《周易时论合编》卷一《河图洛书旧说》）所谓"太极寓于中五"，是说"中五"这一时空方位正好体现了太极不离不落的特性。因为在易学中，图书学派认为《河图》中四方之数总汇于中间之五，《洛书》中的四正四隅也总汇于中间之五，而《河图》、《洛书》的中间之五又可总汇于一。由一而五，而四正，而四隅，即是宇宙"一本散于万殊"之理。反之，则是"万殊归于一本"。五中之一即是太极。由于五又是十位自数之中，中五之为数又来自中一，方以智认为有了五与一就可以推衍出一切数来。他说："五加一即六，五加二即七，五加三即八，五加四即九，五加五即十，十满即成一，而一则无非一也。"（《周易时论合编》卷一《诸家冒示》）"五即一，乃无实无虚，无可无不可，冥应双超者也。"（《东西均·三征》）这说明方以智之所以选择"太极"作为他的哲学的基本概念，并且以此来说明世界所以运动的终极原因，实际上是脱胎于易学中图书学派的易学理论。因此，就易学而言，它是对象数易学理论的推进和发展。就哲学而言，象数易学是它的外壳，而其内核就是"太极一元论"。

二、"质测"、"通几"与"宰理"

"质测"、"通几"与"宰理"是方以智的主要科学思想,也是他的哲学方法论。对此,方以智曾作过简要的说明:

> 盈天地间皆物也。人受其中以生,生寓于身,身寓于世,所见所用,无非事也。事一物也。圣人制器利用以安其生,因表理以治其心。器固物也,心一物也。深而言性命,性命一物也,通观天地,天地一物也。推而至于不可知,转以可知者摄之。以费知隐,重玄一实,是物物神神之深几也。寂感之蕴,深究其所自来,是曰通几。物有其故,实考究之,大而元会,小而草木蠢蠕,类其性情,征其好恶,是曰质测。质测即藏通几者也。有竟扫质测而冒举通几,以显其宥密之神者,其流遗物。谁是合内外、贯一多而神明者乎?万历年间,远西学入,详于质测而拙于言通几。然智士推之,彼之质测犹未备也。儒者守宰理而已。圣人通神明,类万物,藏之于易,呼吸图策,端几至精,历律医占,皆可引触,学者几能研极乎?(《物理小识自序》)

这里,方以智首先指出世界统一于物,并且对"质测"、"通几"、"宰理"等术语作了解释。在他看来,所谓"质测",是指探求"物之故"的方法,它包天文、地理、算学、动植、矿物、医学等方面的知识,相当于我们今天所说的自然科学,也就是方以智说的"大而元会,小而草木蠢蠕"。所谓"通几",也就是《系辞传》"极深而研几"的意思,相当于我们今天所说的哲学,也就是方以智所说的"寂感之蕴,深究其所自来,是曰通几"。关于质测与通几之间的关系,方以智认为质测包含通几,两者互补兼用,"质测即藏通几","通几护质测之穷"。他说:"或质测,或通几,不相坏也。"(《物理小识·总论》)意思是说,在运用"质测"时还必须兼用"通几",如果废弃"质测"专讲"通几",就会出现"流遗物"的情况。

正是根据这样一种思想,方以智对当时西方传教士传入的西方自然科学作出了正确地评估,认为西方自然科学虽然有其可取之处,但是还不能称得上通几,因为他们不懂宰理。儒者恰好相反,"儒者守宰理而已"。不过,这里方以智所说的儒者虽然也包括汉儒,但是主要是指宋明理学家,而"宰理"指的自然就是理学。他说:"汉儒解经,类多臆说;宋儒惟守宰理,至于考索物理时制,不达其实,半依前人。"(《通雅·考古通说》)"世所谓儒者,多有二病,穷理而不博学,闻道而不为善。"(《稽古堂文集·旷达论》)方以智正是通对理学的反思与批判,否定了宋明以来蹈虚空谈的学风,从而提倡一种"深求其故"务求实证的精神。

方以智对质测、通几与宰理的论述,是他对中国传统学术形态全面考察的结果,在当时,也有着十分重大的现实意义。首先,清初是汉代经学复兴的时期,而汉代经学是以文字训诂为其特征,它近似质测,宋明理学则善于思辨,擅长理论探索,它近似通几。方以智通过对汉、宋两种学术形态自身弊端的揭示,正说明固守质测或通几,都不是真正的、全面的学问,而他强调二者的相辅相成关系,则昭示了他希望调和经、理学术,重建中国学术的主观愿望。同时,方以智还提出"考世变之言,通古今之诂"与"经以穷理,史以征事"的理论,认为研究学问,重在考证名物制度,穷源溯委,以求古训。而他研究史学,更以考证见长,他说:"吾惟望读史之士,见卓识、观大端,若欲断论,必应旁证,考究之功,其可忽诸!"(《曼寓草》卷中《史断》)他的传世史著《岭外稿》、《青原志略》等也是词必有证,考据精核。正因为方以智更多地强调实证活动的重要性,所以被后来的乾嘉学者一致推举为清代考据学的先驱人物。其次,方以智所活动的时代,也正是西学通过传教士输入中国的时代。方以智与一些传教士交往甚密,对当时输入的西学十分熟悉。他大胆地提出要"借泰西为郯子",像孔子向郯子问学一样,有选择地吸收和借用西方文化,改变当时中国传统的科学文化知识结构,这证明他在论述质测与通几的过程中也曾借鉴了西方的质测实证之学。

三、三教归《易》

易学是方以智哲学思想的重要基础,也是方以智的家学。他的曾祖父方学渐著有《易蠡》,祖父方大镇著有《易意》,父亲方孔炤著有《周易时论》,

外祖父吴应宾著有《学易斋集》,从而形成了方氏三世家传易学的主要的学术传统。方以智继承了这个学术传统,融贯象数、义理各家之说,鼎薪炮药,自成一家之言。同时,方以智又不以家学自限,吸纳儒、释、道三家学说,从而构成了三教归《易》的学术史观。

首先,方以智认为,在历史的长河中,儒、释、道三家,并没有根本上的区别,而是我中有你,你中有我,实际上三家为一家。他在一首题为《夜宿青原与二愚对坐戏作儒道释行》的诗中是这样解释儒、释、道三家的:"儒何儒,白头赤笠无安居;道何道,箨冠药里驰前导;释何释,只支大缝两袖黑。胡为相聚一堂上,孔李牟尼图洗象,生天生地均男子,出身青云谁相让?延秋门外树鸟噪,惊散同群迹如扫,我自堕落尔出世,讲堂高峙释宫坳,要参三教为一原,哑钟击磬山水喧。纷纷门下互比拟,道者之言无乃是。有客堂上谈娓娓,蝴蝶且吞金翅矣。三一异同辨方起,老大拍掌大笑曰:是皆吾门之弟子。"这首诗,方以智虽然自称"戏作",而且语气也多属调侃一类,但是从他提出"儒何儒"、"道何道"、"释何释"、"要参三教为一原"、"是皆吾门之弟子"等语来看,方以智希望会通三教的用意也极明显。如他对其弟子说:"楼阁千门,基贯始终,上律下袭一弹指。体无内外,道无彼此,三代礼乐在此矣。古人道个如如当当,亦是曲为今时。"(《冬灰录》卷四《谢戒日示》)这是说,儒道两家虽然教门不一样,但是都统贯于同一种"道",既不分你我,也没有内外之分,都是传承了三代以来的礼乐传统。所以他说:"方氏之学,集儒、昙、道教之大成。"(《芦中全集》卷五《方氏报亲庵记》)

其次,正是在三教合一的思想基础上,方以智进一步提出"三教归于《易》"的学术史观。他认为孔子说"无言",老、庄说"无为无不为",佛家说"见一切身",在本质上并没有区别。他说"教无所谓三也。一而三,三而一者也。譬之大宅然,虽有堂奥楼阁之分,其实一也。门径相殊,而通相为用者也"(《愚山先生学余文集》卷九《无可大师六十序》)。他认为《庄子》、《华严经》、《大般若经》都与《周易》相通,互相表里,这就把包括中国化了的佛道文化在内的传统文化视"大宅"一般的整体,而视佛道等学术思想是这个整体中的有机组成部分,它们不仅"通相为用",而且是"溯其源同,则归于《易》

耳"(《东西均》附录《象环寤记》),施闰章说他:"其先父廷尉公湛深《周易》之学,父中丞公继之,与吴观我太师上下羲文,讨究折中,师少闻而好之。至是研求,遂废眠食。忘生死。以为《易》理通乎佛氏,又通乎《老》、《庄》。"(《愚山先生学余文集》卷九《无可大师六十序》)这就是说,方以智的所谓"三教归于《易》",实际上是将《老》、《庄》和佛学归于《易》。

方以智的三教归于《易》的学术史观的形成,是有其特定的社会历史原因的。明清之际,一方面是融和儒、释、道三家之说的呼声渐高,已成为当时学术界的一种时髦。云栖袾宏、紫柏真可、憨山德清、蕅益智旭等佛学禅师都积极提倡三教合一于理的学说。方以智的外祖父吴应宾,即是憨山德清的门人,"其学通儒释,贯天人,宗一以归"(《桐城耆旧传》卷四《吴观我先生传》),也是一个坚定主张三教会通的学者。方以智生活在这样的一种社会环境中,这对他的学术史观的形成,不能说不产生一定的影响。另一方面,他出生于三代传《易》世家,对易学有精深的研究,也深受易学所谓"天下同归而殊途,一致而百虑"思想的启迪,从而也使他领悟到人类认识发展由异趋同的一般规律。

总之,方以智所活动的时代,也正是西学通过传教士输入中国的时代。方以智与一些传教士交往甚密,对当时输入的西学十分熟悉,他有选择地吸收和借用西方文化,形成了"质测即通几"的思想,改变当时中国传统的科学文化知识湮灭停滞的状况。同时,他对"气"、"火"、"太极"的哲学思考和论述,都继承和发展了中国气哲学的传统;甚至提出儒、释、道三教合一的思想,形成其三教归于《易》的学术史观。这些都说明,方以智是明清之际最具特色的哲学家之一。

思考题:

1. 明清之际哲学的基本特征是什么?
2. 明清之际反思理学提出了哪些著名观点?
3. 明清之际思想是怎样塑造理想人格的?
4. 明清之际宇宙天体论中的自然哲学内涵是什么?

参考书目：

葛荣晋等：《明清实学思潮史》，上、中、下卷，齐鲁书社，1989年。
王茂等：《清代哲学》，安徽人民出版社，1992年。
姜广辉：《走出理学》，辽宁教育出版社，1997年。
陈来：《诠释与重建》，北京大学出版社，2004年。
朱义禄：《黄宗羲与中国文化》，贵州人民出版社，2001年。
李明友：《一本万殊》，人民出版社，1994年。
周可真：《顾炎武哲学思想研究》，当代中国出版社，1999年。
萧萐夫、许苏民：《王夫之评传》，南京大学出版社，2002年。
蒋国保：《方以智哲学思想研究》，安徽人民出版社，1987年。

第二章 清代前期的理学

清初顺治、康熙年间,程朱理学经过清朝廷的极力提倡,再度成为官方哲学。以李光地、陆陇其为代表的官方理学家,一尊朱学,罢黜王学,为程朱理学张目。以孙奇逢、李颙为代表的北方理学家,则维护王学,并逐渐走上了调和"朱王异同"、"兼采朱王"之路。平民理学家张履祥,由王学返回朱学,延续了程朱倡导的"居敬穷理"的路数,并由此提出"顺应之道"。陈确作《大学辩》,否定了程朱关于道德修养实践的理论,成为清初心学理论的总结者。可以这样说,理学仍然是清代前期学术界的主流,它对后来的学者都产生了深远的影响。这里,我们主要介绍李光地、陆陇其和李颙的理学思想。

第一节 李 光 地

李光地(1642—1718)字晋卿,号榕树,又号厚庵,福建安溪人。康熙九年(1670)进士。官至翰林院掌院学士、巡抚、尚书、文渊阁大学士。"三藩"之乱时,福建也因靖南王耿精忠的反叛而陷于战火之中。当时正值李光地返乡探亲,他与老友陈梦雷共谋,遣人暗藏蜡丸进京密提情报,建议平叛,得到康熙皇帝的赏识。"三藩"之乱被平定后,李光地独据其功,而陈梦雷却以附贼之罪被流放。因此,当时人们便有"卖友"之讥,李光地也为此声誉扫地。李光地曾奉旨编纂《周易析中》、《朱子全书》、《性理精义》等,后经康熙皇帝的审定,作为"御纂"、"御定"颁行学宫,成为清代前期官方哲学思想的范式。

李光地一生著述宏富,代表他理学思想的主要哲学著作有《周易通论》、

《周易观象》、《二程遗书纂》、《朱子语类四纂》等。李光地去世后,他的后人将他的这些著作汇辑为《榕村全书》。

一、折中理气

李光地作为清代前期理学的官方代表,为学一尊程朱,毕生以宣传程朱理学的正统地位为己任。他声称"近不敢背于程朱,远不敢违于孔孟"(《榕村全集·进读书笔录及论说序记杂文序》)。他认为,自孔子以来,只有程颐与朱熹才是"继绝学,承圣统"的圣人。他批评王阳明"晚年之说也,其异于孔孟之旨",遵循和发挥了理学家的"理"、"气"之辨。李光地说:

  气也者何也?阴阳、动静、明晦、出入、浮沉、升降、清浊、融结,盈乎天地之间,而淆以降命。曰:离气而有理,孰从何证诸?夫阴阳动静,振古而然也,至于今不异也。出入、明晦、浮沉、升降、清浊、融结,振古而然也,至于今不异也。不异之为常,有常之为当然,当然之为自然,自然之为其所以然。(《榕村全集》卷八《尊朱要旨》)

李光地虽然没有直接提出"理"字,但是通过他对气的分析,证明理气不是一物,而是有离气之理。为了进一步说明这一点,李光地在分析了朱熹"理先气后"、"理即气也"、"气即理也"的观点后接着又说:"是故,上下无位者,先后无时者也。虽无位,不得不有上下;虽无时,不得不有先后。知此谓之知道,明此谓之明理。"(同上)这说明理是无形体、无方位的。就理气关系而言,理是形而上的;然而当理无时时,从宇宙本原上来说,那么理又是在气之先。所以,表面上李光地对理气关系的解释持折中的态度,实际上仍然是继承了朱熹理先气后的理气观。

二、心与性合

李光地虽然继承了朱熹理先气后的理气观,但是在有关心性的认识方面,他与朱熹并不完全一致,而是认为心与性合。他说:

> 孔子所谓"仁者,人也",心性之合也。孟子所谓"仁,人心也",心性之合也。然且有不仁之人,有不仁之心,是心与性不合也。心不与性合,而曰即心即性,可欤不可欤?(《榕村全集》卷八《尊朱要旨·心性》)

那么为什么心与性合一就是"仁人",心与性为二就是"不仁之人"呢?李光地从"气"的角度,作了这样的解释:

> 夫性无不善,而及夫心焉,则过也,不及也,杂糅不齐,于是乎善恶生焉。天命无不善,而及乎气也,则过也不及也,杂糅不齐也,于是乎善恶生焉。或曰:无理则无气,过也不及也,亦理也。举归之气者何?曰:理统其全,气据其偏。全乎理者,中气也。过乎中,不及乎中,则谓之偏气。杂揉不齐之气,而理不受焉。理者,当然也。过焉不及焉,可谓之当然乎,否乎?当然者,常然也。过焉不及也,可谓之常然乎,否乎?(《榕村全集》卷八《尊朱要旨·气质一》)

按照李光地的解释,气有中气、偏气之分,中气表现为符合性善之理,而偏气则表现为性和理的过或者不及,即所谓的气质不纯的"杂揉不齐"者。所以李光地进一步解释说:"气之偏者,亦理也,而非理之全者也","心之偏者,亦性也,而非性之正也。"(同上)这等于将性善理全统归于人的气质而非天命所致,这显然与朱熹一贯强调的天命"得于天而具于心"的性论有着较大的区别。同时,李光地既认为气的中气、偏气之分,直接关系到理的全不全和性的正不正,却又认为"理统其全","理者,当然也",这就使他的心性合一理论陷入了自相矛盾之中,也使他的理学思想始终带有折中的色彩。

总之,李光地对理学本身并没有作出什么重要的建树,但是因为他积极提倡程朱理学而得到了康熙皇帝的信任,作为清代前期官方理学的代表,李光地在推动清代前期理学成为清代官方的主要意识形态和理学发展方向方面,起到了重要的作用。

第二节 陆陇其

陆陇其(1630—1693),初名龙其,后改为陇其,字稼书,浙江平湖人。他的家族自五世祖以下,皆以儒术有名庠序。他的父亲年轻时家道殷盛,后来在明亡的丧乱中逐渐凋落,于是以授书为生。陆陇其在儿时即由父亲教授《左传》,又授六经子史,能"上口成诵,少长励志圣贤之学"。陆陇其14岁时,母亲去世,次年明亡。当兵荒马乱之时,他与父亲四处奔避,仓皇中仍读书不辍。康熙五年(1666)陆陇其37岁中举乡试,这年冬北上入京,次年春会试不第,仍归馆于倪氏。康熙九年(1670)春二月会试,中第三十五名。三月初一在太和殿前殿试,赐二甲第七名进士出身。这一年他已经40岁了。康熙十四年(1675)四月,陆陇其选授江南嘉定县知县。康熙十五年(1676),嘉定发生一件杀人命案,有人诬陷陆陇其讳匿盗凶,他因此被引例革职,不久罢归。康熙十七年(1678),陆陇其至常熟赴席氏馆。当时康熙诏廷臣纂修明史,有人推荐陆陇其,说他"理学入程、朱之室,文章登韩、柳之堂",陆陇其便进京应试。同年,魏象枢上疏荐陆陇其,极论陆陇其嘉定落职之冤。康熙十八年(1679)再疏,称陆"清操饮冰,爱民如子"。不久,下旨恢复原官。出任嘉定、灵寿知县,后卒于四川道监察御史任上。代表他理学思想的主要哲学著作有《问学录》、《松阳讲义》、《松阳钞存》等。后人将其著作汇编为《陆子全书》。

一、尊朱辟王

陆陇其在青年时代曾学习王学,对王阳明的学术与事功十分推崇。后来他在思考明代灭亡的历史原因时,深感王阳明"良知"之学的空疏和危害,于是转向对王学的批判。

首先,他从政治上批判王学,认为明代的灭亡是亡于阳明学。在他看来,自从明代中期王阳明的"良知"之学兴起之后,直接造成了晚明社会的荡轶礼法,蔑视伦常,从此"风俗愈坏,礼义扫地,以至于不可收拾",最终导致明代的灭亡,所以他的结论是:"明之灭亡,不亡于寇盗,不亡于朋党,而亡于学术。"(《三鱼堂文集》卷二《学术辨上》)其次,陆陇其从学术上批判王学,认为王学是以佛学的形式取代了传统儒学,同时也冲击了程朱理学,"其流害固不可胜言矣"。陆陇其从政治和学术上全盤否定了王学,那么以什么学说去取代王学呢？在清代前期崇尚程朱理学的历史条件下，陆陇其选择了独尊朱学。他说：

> 今之世，当尊朱子。朱子者，周程张邵所自发明，而孔子之道所自传也。尊朱子，即所以尊周程张邵，即所以尊孔子，而非孔子之术者，皆绝其道，勿使并进。尊朱子，而非朱子之说者，皆绝其道，勿使并进。（《三鱼堂文集·外集》卷四《道统》）

为了尊朱，他首先确立程朱理学为儒学正统。他说："及考有明一代盛衰之故，其盛也，学术一而风俗淳，则尊程朱之明效也。其衰也，学术歧而风俗坏，则诋程朱之效也。"（《三鱼堂文集》卷八《周云虬先生四书集义序》）其次，他要求明定程朱理学的"道统"说。他指出："天下之盛衰，自道统之明晦始。君子之欲维持世教者，亦辩道统始。"（《三鱼堂文集·外集》卷四《道统》）而陆陇其维护"道统"说的目的，就是希望人们继承程朱学脉，即"朱子之学，孔孟之门户也。学孔孟而不由朱子，是入室而不由户也"（《三鱼堂文集》卷五《答嘉善李子乔书》），为了要求朝廷定朱学于一尊，陆陇其还建议以法令形式来禁绝王学。

> 陇其尝窃以为，孔孟之道，至朱子而大明……是故前朝以其书列于学官，使学者诵而法之……今之学者，必尊朱子而黜阳明，然而是非明而学术一，人心可正，风俗可醇。阳明之学不熄，则朱子之学不尊。若以诋毁先儒为嫌，则阳明固尝比朱为杨墨，洪水猛兽矣！（《三鱼堂文集》卷五《上汤潜庵先生书》）

陆陇其的尊朱辟王，是否就是简单地向朱学回归呢？当然不是。他的独尊朱学，也仅仅是借用这一学术形式，为自己的理学思想注入了新的时代内容。如他对理气、太极等理学范畴的解释就是如此。

二、一本之理气

陆陇其虽然在学术上尊朱黜王，但是对哲学上的理气问题，他有自己的理解。他认为，理气不应该分为先后，宇宙间一切都是气，气之中有理，气与理都不能独立存在，而是互相依存的，天地间的一切事物都是由理气共同构成的。他说："天下一气而已。天下之气一理而已。气不能离理，而理亦不能离气。天得之而为天者，人得之而为心。古今圣贤之所以发明者，不越此理气，不越此理气之在天地与理气之在人心者耳。"(《三鱼堂外集》卷二《策·理气》)正是在强调"天下一气"，强调理气没有先后，互相依存的基础上，陆陇其认为，理气还可以从自然与人心两个不同的角度来进行解释。他说：

> 但其言有就理气之浑沦言之者，有就理气之散殊言之者，有就天地而言其浑沦、散殊者，有就人心而言其浑沦、散殊者。此源流分合，所以若不相一，而实无不一也。(同上)
>
> 其於穆不已而循之不见其端者，天地之理气之浑沦。其万物各得而著之莫穷其际者，天地之理气之散殊。
>
> 其无思无为而卷之退藏者，人心之理气之浑沦。其随感而应，而放之则弥六合者，人心之理气之散殊。(同上)

这就是说，可以从天地和人心两种不同的角度来理解理气学说。从天地的角度来看，可以从"理气之浑沦言之"，即将宇宙视为一个总体(浑沦)，从整体来加以讨论。同时，也可以从"理气之散殊言之"，即从理气互相依存的具体事物(散殊)，从宇宙中的具体现象来讨论。从人心的角度来看，心之未发是说"理气之浑沦言之"，而心之已发则是指"理气之散殊言之"。在陆陇其看来，天与人，浑沦与散殊，是总体与局部、一般与个别的关系，两者虽然有区别，但始终是统一的。他说："言天言人虽分，而天之所以为天，人之所以为人，未尝不合也。言浑沦言散殊虽分，而浑沦者即在散殊之中，散殊者不出浑沦之外，又未尝不合也。"(同上)这就说明，自然界与人虽然不同，但是都受到同一个普遍规律的支配，"浑沦"与"散殊"的关系，不是"离"，而是"合"。所以，陆陇其进一步探讨了理与气的本原问题。他认为"理气之辨，不难乎明万殊之理气，而难乎明一本之理气"，"有是理则必有理所会归之处，有气则必有气所摄之处，天下未有无本而能变化无穷者，未有无本而能流行不竭者。而理气之本果安在哉？"(同上)所谓"一本"，就是说构成宇宙的理与气都有一个统一的本原,这个本原既是宇宙流行不竭的根源,也是各种现象变化无穷的根源。这不仅与朱熹"天下未有无理之气,亦未有无气之理"坚持理先气后的理气观并不完全一致,而且明确指出了理气问题除了是一种宇宙论之外,还可以扩大到用来解释心性和修养问题。由此可见,陆陇其所提出的"一本之理气",实际上对宋明以来理学家长期争论不休的理气先后离合问题,作了更为细致的梳理和哲学思考,并由此进一步探讨了有关"太极"的问题。

三、人身之太极

太极是中国传统哲学中表示世界本原和本体的哲学范畴。宋代理学家将太极概念纳入理学的范畴体系,给予了极高的重视。周敦颐作《太极图说》,以太极为阴阳混沌未分的状态,并且认为在太极之外还有一个"无极",即所谓的"无极而生太极"。朱熹则利用《太极图说》的思想材料改造了周敦颐的说法,提出"无极而太极",太极就是理。后来心学派如陆九渊等则认为"心即理","心为太极"。到了明末清初,一些思想家在反思理学的过程中,对太极的性质又展开了新的论证,从而引起了清代前期理学家的关注。在陆陇其看来,探讨太极问题,最重要的是落实到道德意识的层面,即"人身之太极",而不是作形而上的玄思冥想。他在《太极论》一文中说:

> 论太极者,不在乎明天地之太极,而在乎明人身之太极。明人身之太极,则天地之太极在是矣。先儒之说太极所以必从阴阳五行天地生物之初言之者,惟恐人不知此理之原,故溯其始而言之。使知此理之无物不有,无时不然,虽欲顷刻离之而不可得也。学者徒见先儒之言阴阳五行言天地万物,广大精微而不从我身切实求之,则岂先贤示人之意哉!……是故善求太极者,求之远不若求之近;求之虚而难据,不若求之实而可循。(《三鱼堂文集》卷一《太极论》)

在朱熹的哲学思想中,不仅整个宇宙有一个太极,而且人人都有一个太极。陆陇其认为,宋明理学家讲到太极,往往是从阴阳、五行、万物生成等层面去作解释，这是因为他们不了解理的本原究竟是什么，所以追求的是一种天地之太极。在陆陇其看来，即使是讲天地之太极，最后还是应该落实到人之太极，理解人之太极，才是学者追求太极的真正目的。因此，从人之太极的层面来讲，一个人的思想行为应该符合义理。他说："学者诚有志乎太极，唯于日用之间，时时存养，时时省察，不使一念之越乎理，不使一事之悖于理，不使一言一动之逾乎理。斯太极存焉矣。"（同上）陆陇其认为，追求真正的太极，应该是每一个念头，每一件事，人的一举一动，都必须遵循义理，即把太极与自己的身心实践完全结合在一起的"实而可循"，而不是脱离日常生活，盲目追求"虚而难据"的天地之太极。这显然是将理学的形上思考的"太极"引向了人的具体生活和道德实践上来，即把"太极"从天地宇宙拉回到身心修养的范围，从而对"太极"作了人生论的解释。

总之，陆陇其哲学思想中的尊朱辟王，对理气、太极的解释，表现出他与程朱理学的差别，也包含了对程朱理学的改造，而这种特征，无疑是受到了明末清初反思理学社会思潮的影响。

第三节 李 颙

清代前期虽然有代表官方哲学的程朱理学，但是同属理学的阳明心学，在民间仍有一定的影响，其中最具代表性的人物就是李颙。

李颙(1627—1705)，字中孚，号二曲，一号惭夫，又自署二曲土室病夫，陕西周至人，人们称其为二曲先生。李颙自幼家贫失学，崇祯十四年(1641)，他父亲应征从军，翌年二月，与农民军战于河南襄城阵亡。从此李颙母子靠为人纺棉维持生活。为了求学，李颙只能去舅父家开设的私塾借读，但遭到舅父的冷遇。不得已，又投奔邻村的私塾，却因无力交纳学费而不得入学。他连遭屈辱，决心自学。终于在一个同县藏书家的支持下，得以借书苦学，博览经史，旁及诸子，得其会通。30岁后，他主持关中书院讲席，关中人士，多从他受学。康熙九年末(1670)，受常州知府骆仲麟之请，赴常州讲学，转无锡、江阴、宜兴诸地，所至听者云集，为江南学界所倾倒，被誉为"江左百年来未有之盛事"（《二曲集》卷十《南行记》）。清廷屡以博学鸿词征召,不应;后又荐,绝食六日,拔刀自刺,吏不敢强。康熙二十四年(1685)西巡,指名召见,以老病为由拒不出门,不久病逝。李颙一生无意著述,致力于授徒讲学,传播自己的理学思想。他曾说:"人生吃紧要务,全在明己心,见己性,了切己大事。诚了大事,焉用著述!如其未也,何贵著述!口头圣贤,纸上道学,乃学人通病。"(《二曲集》卷十六《答徐斗一第二书》)正是基于这样的一种思想,他在中年以后,尽行焚毁了自己早年所有的著作。到了晚年,更是不近笔砚,并发誓"此生断不操笔"。因此,李颙一生的主要学术著作,传世的仅有《四书反身录》、《二曲集》两种。

一、兼取朱王

清代前期,学术界批判王学成为一种时尚,李颙则肯定王学并为之辩护。他说:"姚江当学术支离蔽锢之余,倡致良知,直指人心一念独知之微,以为是王霸、义利、人鬼关也。当机睹体直下,大有功于世教。而末流多远,实致者鲜。"可见,李颙为王学辩护,是肯定王学积极事功的一面,而对王学末流的"空疏杜撰"和"恍惚虚寂杂于禅"则持批判态度。为了弥补王学末流的这个弊端,李颙认为必须兼取朱王。他说:

> 以致良知为本体,以主敬穷理,存养省察工夫。由一念之微致慎,从视听言动加修。庶内外兼尽,姚江、考亭之旨,不至偏废。上学下达,一以贯之。故学问两相资则两相成,两相辟则两相病。(《二曲集》卷十五《富平答问》)

从字面上可以看出,李颙虽然将朱熹与王阳明并提,但是他所谓的"主敬穷理",这原是二程的理学主张,而朱熹所强调的则是"格物",即今日格一物,明日格一物,以穷天下之理。所以,尽管李颙认为:"朱子教人,循循有序","中正平实,极便初学";"陆之教人,一洗支离锢蔽之陋,在儒者中最为徵切。"(《二曲集》卷四《靖江要语》)然而在实际的论学过程中,他对程朱的"理"和"敬"的含义作出了自己理解。他说:

> 学固不外乎敬,然敬乃学中一事。谓由敬以复初则可,若直指之,

学为敬,则是效先觉之所为以复敬,非复初也。心也,性也,其犹镜乎。镜本明而尘混之,拂拭所以求明,非便以拂拭为明也。知此则知敬矣。(《二曲集》卷十一《会语》)

这里,李颙将"敬"理解为"复初",认为"敬"并不是如程朱所强调的内心的敬畏和外表的严肃,而是恢复人所固有的良知。因为心性如镜,拂拭浮尘就是一种敬的表示,敬的目的就是使它恢复本来的明亮,所以敬实际上是一种手段,而不是朱熹所说的"主敬涵养"。至于理,李颙说:"理者,人心固有之天理,即愚夫愚妇同然之良而已。"(《四书反身录》卷七《孟子》)这表明李颙所谓的"理",与程朱所讲的天地万物之理具有相同的一面,但是他又认为这个理同样可解释为"同然之良",即"良知"。可见,李颙对理与敬的理解和解释,虽然是"兼采朱王",但是他的基本立场还是属于王学。

二、悔过自新

李颙在30岁时,通过回顾与总结程朱理学和陆王心学的道德修养方法,提出了"悔过自新"的立身学说。他说:

古今名儒倡导救世者非一,或以"主敬穷理"标宗,或以"先立乎大"标宗,或以"心之精神为圣"标宗,或以"自然"标宗,或以"复性"标宗,或以"致良知"标宗,或以"随处体认"标宗,或以"正修"标宗,或以"知止"标宗,或以"明德"标宗。虽各家宗旨不同,要之总不出"悔过自新"四字,总是开人以"悔过自新"的门路。但不曾揭出此四字,所以当时讲学,费许多辞说。愚谓不若直提"悔过自新"四字为说,庶当下便有依据。所谓心不妄用,功不杂施,丹府一粒,点石成金也。(《二曲集》卷一《悔过自新说》)

所谓"悔过自新",顾名思义,即为纠正自己的过失,重新选择正确的道德修养方向。但是根据李颙上面所列的十项内容而言,"悔过自新"的着重点虽然是纠正个人的身心之失,要求人在内心深处筑起一个"检身心过失"的堤防,亦即他所说的"悔其前非,断其后续,亦期至于无一念之不纯,无一息之稍懈而后已"(同上)。但是具体的内容主要有两个方面。一是以"义命廉耻"为立身之本,摒弃明末以来理学家的空谈心性之风,即所谓的"义命廉耻,此四字乃吾人立身之基,一有缺焉则基倾矣。在今日,不必谈玄说妙,只要于此著脚,便是孔孟门人"(同上)。二是恢复人所固有的至善无恶的本性,即他说的"性,吾自性也,吾自德也。我固有之也。曷演乎新? 新者,复其故之谓也"(同上)。可见,李颙所谓的"悔过自新",并不是另立新的行为标准,而是恢复人所固有的至善无恶的本性。从这一意义上来讲,他与程朱的"天命之性"并没有本质上的区别。不过,由于李颙在论证自己的"悔过自新"时,摒弃了理学家热衷于讨论"性与天道"的积习,所以在他提出"悔过自新"说之后,又提出了"明体适用"的理学思想。

三、明 体 适 用

"明体适用"是李颙理学思想的重要组成部分。他认为"儒者之学,明体适用之学也"(《二曲集》卷十一《周至答问》),"《六经》、《四书》,儒者明体适用之学也"(《二曲集》卷十五《富平答问》)。那么什么是儒者的"明体适用"呢? 他解释说:

> 穷理致知,反之于内,识心悟性,实修实证;达之于外,则开物成务,康济群生,夫是之谓明体适用。(同上)

这说明,李颙所强调的所谓"明体适用",实际上是由两个方面的内容所组成。一是"识心悟性,实修实证"的明体,二是"开物成务,康济群生"以适用。明体与适用二者是统一的整体,如果侧重于任何一个方面,那就不是真正的儒者。所以李颙进一步分析说:"明体而不适于用,便是腐儒;适用而不本于明体,便是霸儒;既不明体,又不适用,徒汩没于辞章记诵之末,便是俗儒。"(《四书反身录》卷一《大学》)那么如何去实践"明体适用"之学,成为真正的儒者呢? 李颙认为,首先要从有选择地去阅读那些既能明体又能适用的书籍开始。他说:"体非书无以明,用非书无以适,欲为明体适用之学,须读明体适用之书。否则,纵诚笃虚明,终不济事。"(《二曲集》卷十六《答王天如》)

为此,李颙列举了王畿的《龙谿集》、罗汝芳的《近溪集》、杨简的《慈湖集》和陈献章的《白沙集》为"明体中之明体"类书。随后列举二程、朱熹、薛瑄、吴与弼,一直到吕柟多、冯从吾等程朱学派的著作为"明体中之功夫"类书。这表明李颙所谓的"明体",实际上走的是以陆王为体,程朱为工夫,会通朱陆的为学蹊径。同时,李颙又以《大学衍义》、《文献通考》、《实政录》、《武备志》、《农政全书》、《泰西水法》等一类书籍为"适用"类著作,认为"以上数种,咸经济所关,宜一一潜心。然读书易,变通难,赵括能读父书,究竟何补实际?神而明之,存乎其人,识时务者在于俊杰,夫岂古板书生所能办乎!"。(《二曲集》卷七《体用大全》)因此,根据李颙所开的一些书目来看,李颙的"明体适用",其目的主要还是落实在"开物成务,康济时艰"的"适用"上,所以他一再表示要"为天地立心,为生民立命,为往圣继绝学,为天下后世开太平"(《二曲集》卷十五《授受纪要》),可以说这就是李颙"明体适用"思想的基本特征。

总之,李颙提出的"兼采朱王"、"悔过自新"、"明体适用",体现出他的理学思想已由道德修持的立身旨趣转向反对理学的空谈心性积极经世的学术态度,这不仅与明末清初反思理学的思潮合流,而且也是清代前期理学所呈现出来的一种新的学术取向。

思考题:

1. 清初理学有哪几种类型?
2. 清初理学是怎样改造宋明理学的?
3. 怎样理解清初理学在清代哲学中的地位?

参考书目:

葛荣晋等:《明清实学思潮史》,上、中、下卷,齐鲁书社,1989年。
王茂等:《清代哲学》,安徽人民出版社,1992年。
杨向奎:《清儒学案新编》,齐鲁书社出版社,1988年。

第三章　清代中后期的哲学思想

由康熙经雍正转入乾隆、嘉庆、道光时代,即清代中后期,考据学成为学术界的主流,朴实的经典考证取代了擅长思辨的清代前期理学。但是,理学作为一种哲学思想,自它产生之后,便有它自己的生命,随着时代的推移,它后来发展的路向虽然由主流变为潜流,但是它并没有中断,而是继续在发展。考据家在从事经典考证的同时,仍然非常关注理学经典与理学理论,并且都进行了严肃而又认真的讨论、重新评估了理学中的人性理论以及社会道德责任等命题,显示了作为考据家的哲学思想特色。这一时期的代表性学者,主要有戴震、焦循、阮元、凌廷堪、龚自珍和魏源等。

第一节　戴　震

戴震(1723—1777),字东原,又字慎修,安徽休宁人。自幼好学善思,读《诗经》至《秦风·小戎》,便能自绘《小戎图》;读《说文解字》,三年而尽通其义。他博闻强记,于《十三经》古注,也都能全部背诵。十六七岁时,就具有学问上的深厚根底。23岁时,因著《考工记》,名扬大江南北。后因避仇逃至北京,穷困潦倒,备受饥寒之苦。他携带自己的著作去谒见钱大昕,说经论文竟至终日,被钱大昕誉为"天下奇才"。刑部侍郎秦蕙田邀请他参加《五礼通考》的编撰工作。新科进士如纪昀、王鸣盛、王昶、朱筠等也都"观其书,莫不击节叹赏。于是声重京师,名公卿争相交焉"。戴震虽然名重京师,但仕途却不顺利。39岁才得中举人,以后六次会试均不第。50岁以举人身份特召担任《四库全书》纂修官。52岁时会试再次落第,特准参加殿试,授翰林院庶吉士,两年后病卒。戴震学识渊博,长于考证,研究领域遍及音韵、训诂、名物、制度、经籍的考证,对天文、历法、数算、史地也有研究,是清代中后期的著名学者。戴震的哲学著作主要有:《法象论》、《孟子字义疏证》、《原善》、《绪言》、《中庸补注》、《大学补注》等。1997年安徽黄山书社出版社整理出版了《戴震全书》。

一、气化即道

戴震继承了张载"太虚即气"的气一元论思想,提出"气化即道"、"气在理先"等基本观点。他说:

> 道,犹行也。气化流行,生生不息,是故谓之道。《易》曰:"一阴一阳之谓道。"《洪范》:"五行,一曰水,二曰火,三曰木,四曰金,五曰土。"行亦道之通称。举阴阳则赅五行,阴阳各具五行也;举五行则赅阴阳,五行各有阴阳也。(《孟子字义疏证·天道》)

戴震认为行即是道,气的阴阳与水火木金土,构成了世界的种种事物,事物的变易运动,就是"气化流行,生生不息"。同时,戴震又将这个不断运动的气化即道细分为天道与人道两种。他说:"大致在天地则气化流行,生生不息,是谓道;在人物则人伦日用,凡生生所有事,亦如气化之不可已,是谓道。故《易》曰:'一阴一阳谓之道',此言天道也。《中庸》'率性之谓道',此言人道也。"(《绪言》卷上)戴震认为,所谓"天道",实际上就是气,是宇宙本身。他借《易·系辞》"形而上者谓之道,形而下者谓之器"分析说:"形而上犹曰形以前,形而下犹曰形以后。"(《孟子字义疏证·天道》),这就等于把气化流行分别解释为事物产生以前的初始物质和由阴阳气化而产生人和物以后的两种形态,从而将气与道有机地结合起来。这是戴震对"形而上"、"形而下"所赋予的新涵义。至于"人道"虽然是泛指人类社会,但是它也"由天道以有人物",也如气一样的发展变化。因此,戴震的"气化即道"实际上是坚持了以气作为宇宙本原的气一元论。

正是在坚持气一元论的基础上,戴震批评程朱理学把"气"、"理"割裂为二,认为理生于气,理是第一性的,阴阳或气是第二性的,理是本原和主宰。如朱熹就说:"未有物而已有物之理。"戴震认为,天地只是气,而人生只是物。理为气之理,理为事之理,它是贯穿于自然界与人类社会的气和事。他说:"天地、人物、事为,不闻无可言之理者也,《诗》曰'有物有则'是也。物者,指其实体实事之名,则者,称其纯粹中正之名。实体实事,罔非自然,而归于必然,天地、人物、事为之理得矣。"(《孟子字义疏证·理》)"有物有则"是说事物有事物的法则。换言之,理是事物之理,先有事物而后才有事物的法则、秩序,离开事物也就谈不上什么理了,这就从本质上批评了程朱理学提出的"理在气先"、"理在事先"的理学命题。那么怎样来寻求这个"理"呢?戴震又提出了"理在事中"、"就事求理"的思想。

二、就事求理

戴震为了进一步说明"理"不是世界的本原,也不是超越阴阳之上的主宰,而是阴阳气化自身的规律,是具体事物内部固有的规律,所以戴震认为"理"都体现在具体的事物中,而每一事物之中又有"分理"、"条理"的区别。他说:"理者,察之而几微必区以别之名也,是故谓之分理;在物之质,曰肌理,曰腠理,曰文理,得其分则有不紊,谓之条理。"(同上)在戴震看来,"理"是具体事物的基本属性,而具体的事物又都有它的特殊性和发展的特殊规律,二者是相互联系不可分离的。先有物而后才有理,理就是事物之理,离开了具体的事物,也就无所谓理了。也正因此,要寻求这个"理",那么就应该"就事求理"。他说:

就事物言,非事物之外别有理义也。物有必有则,以其则正其物,如是而已。就人心而言,非别有理以予之而具于心也。心之神明,于事物咸足以其不易之则。(《孟子字义疏证·理》)

戴震在这里说了两层意思,一是强调理为事物之理,离开具体的事物就没有什么所谓的理,理不是在人心中,而是在事物之中。寻求事物之理,不能求诸内心,只能"求诸其物"。二是事物之理,可以通过人们的心知,即人认识事物的本质和规律的能力"就事物剖析至微而后理得"(《孟子字义疏证·权》)。因此,戴震提倡"就事求理",实际也就否定了程朱主张"理得于天而具于心"和陆王主张"心即理"的"冥心求理"。

三、理存乎欲

理欲之辨,是戴震的重要哲学思想。在中国哲学史上,人性是善还是恶的问题,理与欲之间的关系问题,一直是争论不休的议题。程朱理学把人性分为"天命之性"和"气质之性",认为人欲出于"气质之性"就是罪恶的渊薮;而理出于"天命之性"即道心、即天理,所以是至善的。因此,他们认为天理与人欲是对立的,不相容的,只有"革尽人欲",才能"复尽天理",所以他们提出"存天理,灭人欲"的人性论。戴震则与程朱理学的人性论相反,他从"人道本于性,而性原于天"的基本观点出发,认为人性是善的,理与欲是统一的,从而提出"欲出于性"、"理存于欲"的人性理论。

首先,戴震认为"人欲"就是人的自然情欲。他说:

> 好货好色,欲也。(《戴东原遗墨》,《安徽丛书》,第六期)
>
> 有是身,故有声色臭味之欲。(《孟子字义疏证·才》)
>
> 举凡饥寒愁怨,饮食男女,常情隐曲之感,则名之曰人欲。(《孟子字义疏证·性》)

在戴震看来,人都有喜怒哀乐、怀生畏死之情;都有对饮食男女的需求;这些都是人性中固有的东西,也都是人的自然情欲。如果没有这些欲望和要求,那么人也就不存在了。在戴震看来,"人生而后有欲、有情、有知,三者,血气心知之自然也"。这就是说人有血气,就有欲望;人有心知,就懂得道理。人有血气心知,那么理也就存在于人的欲望之中,理与欲合起来就是完整的人性。

其次,既然人的感性情欲从根本上说是人的自然本性,所以人就不能无欲,但是戴震认为不能因此就可以随心所欲,而是要"有而节之",使人的自然情欲既能得到满足,也应该有正常的发展,只有这样才能说是理、仁和善。所以他说:"天理者,节其欲而不穷人欲也。"(《孟子字义疏证·理》)这也就说明理并不在人欲之外,而是在人欲之中,即戴震所说的"今以情之不爽失为理,是理者存乎欲者也"(《孟子字义疏证·理》)。

再次,戴震为了说明人欲的合理性,又从社会伦理的角度作了进一步的论证。他认为,道德的价值就在于满足人的自然情欲,离开了人的自然情欲,也就没有道德可言。他说:"天下之事,使欲得遂,情之得达,斯已矣。唯人之知,小之能尽美丑之极致,大之能尽是非之极致,然后遂人之欲者,广之能遂人之欲;达己之情者,广之能达人之情。道德之盛,使人之欲无不遂,人之情无不达,斯已矣。"(《孟子字义疏证·才》)戴震对人欲的充分肯定,其目的是从学理上否定程朱理学"存天理,灭人欲"的理欲观念,并且在此基础上批判程朱理学"以理杀人"的本质。他说:

> 尊者以理责卑,长者以理责幼,贵者以理责贱,虽失,谓之顺。卑者、幼者、贱者以理争之,虽得,谓之逆。于是下之人不能以天下之同情,天下所同欲达之于上,上以理责其下,而在。人死于法,犹有怜之者,于理,其谁怜之?

在戴震看来,"理"的社会作用,就是压制人的自然情欲,所以社会上的"下之罪,人人不胜指数",而"理"则是社会上尊者、长者、贵者赖以生存的特权,是卑者、幼者、贱者等一切"下人"的桎梏。如果一个人因违反国家制定的法律而被处死,那么还会得到一些人的同情,如果一个人因违反礼教(理)而死,那么你就是活该,自作自受,得不到任何社会的同情。戴震这种对程朱理学的批判,被当时指责为"丑詈程朱,诋侮董韩"。这也表明,戴震从人性论的角度已完成了对程朱理学的批判。而他的"理存乎欲"的思想,也为"五四"时期所兴起的谴责"礼教吃人"的社会思潮开了先路。

四、由词通道

"由词通道"是戴震进行哲学思考的主要方法,也是戴震哲学思想中的重要组成部分。戴震认为圣人所说的道理都记载在儒家的《六经》中,只有读懂《六经》,恢复孔孟之书的本来意思,就可以得"道"。而读懂《六经》,要恢复孔孟之书的本来意思,就必须在字、词上下一番功夫。在戴震看来,因为"道"是由词来表达的,而词则由字来组成的,所以研究圣人的思想,不重视语言文字的考证训诂,就不能把握《六经》和孔孟之书的本来意思。他在《与是仲论学书》一文中说:

> 经之至者道也,所以明道者其词也,所以成词者字也。由字以通其词,由词以通其道,必有渐。

这就是说,戴震对经书的理解和阐发,实际上来自对语言文字的分析。如他的重要哲学著作《孟子字义疏证》,就是从《孟子》一书中选出"理"、"天道"、"性"、"才"、"道"、"仁义礼智"、"诚"、"权"等十余字,通过对这些字的语义的分析,表达了他自己的哲学观点。如他对"理"的解释:

> 理者,察之而几微,必区以别名也。是故谓之分理,在物之质曰肌理,曰腠理,曰文理(亦曰文缕。理、缕,语之转耳)。得其分则有条而不紊,谓之条理……《乐记》曰:"乐者,通伦理者也。"郑康成注云:"理,分也。"许叔重《说文解字》序曰:"知分理之可相别异也。"古人所谓理,未有如后儒之所谓理者矣。(《孟子字义疏证·理》)

这显然是运用语言学上的"转注"、"假借"对"理"字所作出的解释。戴震对语言的分析,主要是经验的实证方法。他一般是借助古代字书如《尔雅》、《说文》、《方言》等为工具,然后举证文献,训释词义,以求得合理的解释。如《尚书·尧典》中有"光被四表"一语,戴震以前的学者都把"光"字解释成"充实的光"。戴震则指出,"光"字原为"桄"字,古音是"古旷"两字的反切,"光"与"桄"字音相同,而唐代陆德明的《经典释文》说:"横,古旷反。"可见"光"就是"横"的通假字,或者说"光"是"桄"的讹写。而"桄"又是"横"的古字,所以"光被四表"即为"横被四表","横被"又可说"广被",原句有"横于天下"、"横乎四海"的意思。后来钱大昕在《后汉书·冯异传》、姚鼐在班固《西都赋》、戴受堂在《汉书·王莽传》中也都查得"横被四表"一语,从而证实了戴震所说不诬。当然,戴震运用语言学方法并不是纯粹为了考证古人解释经典中

所存有的错误,而是"由词通道",即通过语言这一工具来准确阐发经典的所蕴含的意义。他说:

> 学者体会古圣贤之言,宜先辨其字之虚实,今人谓之"字",古人谓之"名"……以字定名,有指其实体实事之名,有称夫纯美精好之名。如曰人,曰言,曰行,指其实体实事之名也。曰圣,曰贤,称夫纯美好之名。曰道,曰性,亦指其实体实事之名也。道有天道、人道,天道,阴阳五行是也。人道,人伦日用是也。曰善,曰理,亦称夫纯美精好之名也。曰中,曰命,在形象,在言语,指其实体实事之名也。在心思之常察,能见于不可易不可逾,亦称夫纯美精好之名也。(《绪论》上)

由"实体实事"到"纯美精好",实际上是对"由词通道"的深化。戴震编撰的《孟子字义疏证》,从形式上看,如同一本字典,但实际上是专讲古代哲学概念范畴的,他于每一个范畴下运用训诂考据的方法加以分疏,重新概念化,赋予新的哲学内涵。这也就是他所说的"由故训以明理义"的方法。

戴震所提出的"由词通道"的哲学方法论思想,一方面注重由经书细节的理解上升到整体的理解,另一方面又注重由经书整体的理解来指导经书细节的理解。这也就表明,戴震的"由词通道",实际上是强调探索的经典意义应该建立在对经典的客观分析上,即将中国传统哲学建立在语言学的基础上。它摆脱了宋明理学那种"摆脱襄诂,直寻义理"的构筑哲学体系的思辨色彩,具有清代中后期哲学研究范式转向的意义。

第二节 焦 循

焦循(1763—1820),字理堂,一字里堂,晚号里堂老人。江苏江都人。他出生于一个礼义耕种之家,先世拥有比较丰厚的资产。他的父亲焦葱曾继承了祖上田产八九百亩。到焦循出世后,家境更坏,所剩良田仅几十亩了,遇到饥荒年,只能以山薯代粮。乾隆四十四年(1779),焦循17岁,应童子试,取为附学生。乾隆五十二年(1787),逼于生计,他出外教书。乾隆六十年(1795)到嘉庆五年(1800)间,应阮元的邀请,一游山东,三赴浙江。嘉庆六年(1801)秋,中辛酉科举人。嘉庆七年(1802),入京参加会试不第,从此无意仕禄,归卧北湖。后因修撰《扬州府志》得酬金筑雕菰楼,深居简出,托足疾十多年不入城,砺节读书,综经研传,潜心著述。焦循学识渊博,尤其精通《周易》,对于史学、文字、音韵、地理、水利、医学、生物、数学等各个领域均有研究,在乾嘉之际与钱大昕并列为通儒。形成了由算学而《易学》,借《易》理而发挥其哲学思想的特征。

焦循著述宏富,代表他哲学思想的主要著作有:《雕菰楼易学三书》(《易章句》、《易通释》、《易图略》)、《孟子正义》等。

一、实测而知

"实测而知"是焦循哲学思想的重要命题。所谓"实测",即指一切真正的知识,都来源于自己的亲身考察。如他在研究《周易》时说:

> 夫易,犹天也。天不可知,以实测而知。七政恒星,错综不齐,而不出乎三百六十度之经纬;山泽水火,错综不齐,而不出乎三百六十四爻之变化。本行度而实测之,天以渐而明;本经文而实测之,易亦以渐而明。非可以虚理尽,非可以外心衡也。(《雕菰集》卷十六《易图略·叙言》)

这里,焦循虽然是以"实测"来说明他研究《周易》的方法,但是所体现出来的却是他对世界事物的总体认识。在焦循看来,宇宙万物虽然"错综不齐",有很多的变化,但是它终究是客观存在的,并不神秘,可以通过"实测"来了解它、认识它。焦循认为,世界的本源不是理学家所说的"理",而是张载所讲的"气","一气反复往来","阴阳变化,生生不已"(《易通释》卷五),产生宇宙万物。事物是客观的,也是错综复杂的,所以对事物的认识,不能"先已立乎其心",而必须要有"无我之心",需要按照事物的本来面目去认识事物。

根据焦循的分析,所谓"实测",其实是包括"求实"与"贯通"两个方面。求实就是要正确认识和把握事物的客观规律,认识事物的本质特性。他说:

> 事之所在,或天象算数,或山川郡县,或人之功业道德,国之兴衰隆

替,以及一物之情状,一事之本末,亦明其事而止,明其事,患于不实。(《雕菰集》卷十四《与王钦莱论文书》)

在焦循看来,没有求实的态度,是无法获取真知的。然而一个人的生命是有限的,而宇宙事物则是无限的,它不仅需要一个人在有限的生命中去事事实测,而且还需要人们一代一代地继续"身亲实测",这样才能够得到真知。他说:"儒者之学,非身亲而心入之,其说不精,一人之身,不能尽天下之地而尽历之,人人各就其所历之地,精加考可考核……积数十年之久,萃数百人之力,一邑一地,俱有所订焉。"(《雕菰集》卷十五《豫章沿革考序》)焦循还认为,宇宙万物虽然是"错综不齐"的,但是事物与事物之间都是互相贯通、彼此相互联系的,既"相反又相成",又"相灭相生"(《论语通释·释据》)。因此,在求实的过程中,还要加以"贯通"。焦循说:

> 贯者,通也。所为通神明之德,类万物之情也。唯事事欲出于己……而与人异。人与人同而与人异,执一也,非一以贯之也。《易传》曰:"天下何思何虑,天下同归殊途,一致而百虑。"(《雕菰集》卷九《一以贯之解》)

这说明,焦循的"实测而知",一方面需要对事物正反两方面都加以考察,另一方面还需要对事物与事物之间互相联系的考察。任何一种孤立地考察事物,或者仅仅注意事物的一方面,都不是正确认识事物的态度,只有将求实与贯通二者结合起来,才能将前人的知识和前人的经验变化为自己的知识。

焦循提出"实质而知",强调一切真知来源于实测,强调求实与贯通,已初步认识到科学实验在认识中的作用和意义,显示出一些近代的思维方式和科学方法。

二、一贯与异端

"一贯"与"异端"是焦循哲学思想中的精华。所谓"一贯",即"一以贯之"的省称,语出《论语》的《里仁》和《卫灵公》二篇中的"吾道一以贯之"、"予一以贯之"。根据孔子自述,他的学说始终贯穿着一个基本观念,即由他的学生曾参所说的"忠恕"之道。然而自汉代以来,孔子所强调的"一贯"之说,歧说纷纭,始终没有一个完整的解释。魏何晏《论语集解》解释说:"善有无,事有会,天下殊途而同归。百虑而一致。知其元,则众善举矣。故不待多学以一知之。"梁皇侃解释说:"言我所以多识者,我以一善之理贯穿万事,而万事自然可识。故得知之,故云予一以贯之也。"宋明理学家又将其视为"穷理"与"致良知"的学圣工夫。清代孔广森《经学卮言》则说:"告子贡之一贯与告曾子之一贯语意不同,彼以道之成体言,此以学之用功者言也。"上述诸家对"一贯"的解释,都有一定的理由,但未必尽合孔子的原意。对此,焦循从易学的角度作了详细的论证。他说:

> 《系辞传》云:"天下何思何虑?天下同归而殊途,一致而百虑。"韩康伯注《易》云:"少则得,多则惑。途虽殊,其归则同;虑虽百,其致不二。苟识其要,不在博求,一以贯之,不虑而尽矣。"……孔子以"一贯"语曾子,曾子即发明之云:"忠恕而已矣。"(《雕菰集》卷九《一以贯之解》)

在焦循看来,曾参以"忠恕"解释"一贯",是符合孔子思想的。按照孔子的解释,忠即诚,恕即仁,忠与恕既有其相同的道德功能,又有其各自的行事准则,两者的统一才能真正体现"一以贯之"的精神,所以孔子说"吾道一以贯之"。

当然,焦循之所以强调孔子的"一贯",目的主要是维护儒家学说的纯真,反对后世的各种曲说。他认为:"凡后世九流二氏之说,汉魏南北经师门户之争,宋元明朱陆阳明之学,其始缘于不恕,不能舍己克己,善与人同,终遂自小其道,近于异端,使明于圣人一贯之指,何以至此?"(同上)也正因此,焦循在论证"一贯"的同时,接着又阐明孔子的"异端"之说。他说:

> 孟子以杨子为我,墨子兼爱、子莫执中为执一而贼道。执一由于不忠恕,杨子惟知为己,而不知兼爱,墨子惟知兼爱,而不知为我,子莫但知执中,而不知有当为我、当兼爱之时(事)也。为杨者必斥墨,为墨者必斥杨。杨已不能贯墨,墨已不能贯杨。使杨子思兼爱之说不可废,墨子思为我之说不可废,则恕矣,则不执一矣。圣人之道,贯乎为我、兼

爱、执中者也。(《论语补疏》卷下"予一以贯之"条)

"异端"一说,见于《论语》的《为政》篇:"子曰:'攻乎异端,斯害已矣。'"意思是说,抵制那些不正确的议论,它的祸害也就没有再生的市场。然而关于"异端"的解释,历代不同。何晏认为"小道为异端",皇侃认为是有别于"五经正典"的"杂书"为异端,宋代邢昺则提出是"诸子百家之书"为异端,朱熹指出杨墨佛老之流为异端。然而在孔子时代,还未见形成所谓的"诸子百家",自然也谈不上有诸子的书籍,但是当时与孔子思想不完全相同的主张、言论未必没有。至于是否指扬朱、墨子等诸子,也难以判定。宋代学者陆九渊曾说:"孔子时,佛教未入中国,虽有老子,其说未著,却指那个为异端?"(《陆九渊集》卷三十四《语录上》)孔广森《经学卮言》说:"杨墨之属行于战国,春秋时未有攻之者。"由于孟子曾经批评过杨、墨的"为我"、"兼爱"等思想,所以朱熹不过是引申了孟子的观点而已。然而焦循却认为"异端者,各为一端,彼此互异。惟执持不能通,则悖,悖则害矣"。这说明焦循的所谓"异端",是指事物的两端,无论是执哪一端,都可视为异端。若按焦循的思路,儒家也仅是两端中的一端,与杨朱、墨子没有什么两样,关键是将两端贯通,即所谓的"圣人之道,贯乎为我、兼爱,执中者也。"这表明焦循的所谓"圣人之道",实际上还包括接纳除了儒家之外的诸子思想。换言之,儒家学说与诸子百家的整合,才能充分体现真正的"圣人之道"。同时焦循又将"攻"训释为"治"、"错",亦即"切磨"之意;解释"已"为"止",意思是互相切磨攻错而不执一,其危害才能自止。所以焦循又进一步说"异端,犹言两端,攻而摩之,以用其中而已"。焦循对"一贯"与"异端"的解释,可以说是他对儒家核心学说的一种新的哲学解释。

三、人道与天命

在焦循的哲学思想中,还有他对儒家学说中的"人道"和"天命"等哲学观念的阐发。首先,他为"道德"一词作了如下的界定:

> 何为道?道者,行也。凡路之可通行者为道,凡事之可通行者为道

也。通而四达不穷者为大道,即为达道。虽通行而致达则泥者为小道。其偏僻险仄,孤危高峻不可通行者,非道也。(《易话上》)

何为德? 德者,得也。得乎道为德,对失道者而言也。道有理也,理有义也。何谓理? 理者,分也。何为义? 义者,宜也。其不可行者非道矣,可行矣,乃道之达于四方者,各有分焉,即各有宜焉。(《同上》)

根据"道德"两字的初始语义,然后引申为儒家的人道观念,是焦循阐发"人道"和"天命"观念的基本思路。在焦循看来,"道"就是圣人所立的"人之道",因此它的内容也就必须符合圣人的思想。于是,焦循以自己最为擅长的易学论证方式,对"人之道"作了一番论证。他说:"立人之道,曰仁与义。仁配阳,谓由阳交而生阳也;义配阴,谓由阳易而通阴也。应乎其间,而不失等杀者,为礼。仁、义指二五,礼属初四、三上,以其应二五为亨;以其二五而成《既济》为贞,亨、贞皆属乎礼。以其不成《既济》,变而旁通为有孚,则为信,有孚而不失是,则为知。知其盈而悔,知其非而悔,知也。'知周乎万物,而道济天下,故不过',此知所以崇法天也。"(《易通释·仁义礼信知》)可见仁、义、礼、信、知是人道的主要内容。《礼记·丧服四制》也说:"仁义礼知,人道具矣。"不过,从上面焦循的分析来看,他更重视"仁"和"礼"。仁和礼是儒家伦理道德价值观念的核心,也是儒家塑造自我形象的最高理想境界。在古代人与人之间,虽存有五伦、九族、亲疏、远近的种种差别,但是人类都应该遵循仁与礼的道德准则是始终不变的。所以焦循又进一步分析说:"惟多学乃知天下之性情,名物不可以一端尽之,不可以一己尽之,然后约之以礼。以礼自约,则始而克己以复礼。既而善与人同,大而化之。礼以约己,仁以及人,约己斯不执己,执己斯有以及人。仁、恕、礼,相为表里,而一贯之道视此。"(《论语通释·释礼》)在焦循看来,仁是发自内心的道德意识,而礼是以人们的道德情感和道德理性为基础的行为节度,两者的统一,融为一体,才能组成社会的人伦关系,从而就会形成既有严格的尊卑、亲疏分明的等级秩序,又具有相互和谐,人与人爱的伦理模式,孟子说:"道在迩而求诸远,事在易而求诸难,人人亲其亲,长其长,而天下平。"这就是圣人所强调的一以贯之的人道。

由于一以贯之的人道并不是人为的,而是由天之所"命"而生的,人生的存在是感受天命自然而成,所以焦循进一步阐明"人道"与"天命"的关系。他说:

> 知命之说,详于孔孟,而皆本于《易》。命有宜顺者,口目耳鼻四体是也。命有宜改者,仁义礼智天道是也。顺则不任力,改则任力,岂至无可奈何,而推之于命乎? 委命而任力,圣人之权也,顺命而不任力,亦圣人之权也,或顺或改,惟圣人之心主宰而斡旋之。能用命,不为命所用,是为知命。(《易余籥录》卷十二)

所谓"命",也就是"天命"。在儒家的思想体系中,天命观念的涵义并不是完全一致的。如孔子就说过"君子有三畏:畏天命,畏大人,畏圣人之言"(《论语·季氏》),所谓"君子",是相对于"小人"而言的,从道德意义上来讲,小人是"不知天命","轻视圣人之言","轻视王公大人"的,所以"畏天命",亦即表现对天意的敬畏,而"畏大人"与"畏圣人之言",则是对替天行事或代天立言的"圣人"和"大人"的绝对顺从。不过,"命"在很多场合并不一定就体现为天的意志,而是一种客观的抽象的必然性。如孔子认为"道之将行也与,命也;道之将废也与,命也",这就将"命"体认为一种超乎自然而依靠人力无法改变的力量以支配人们的社会生活。而焦循认为"命"通过圣人的"斡旋",便能达到象征仁义礼知的天道。他说:"圣人在尊位,君天下,则可造天下之命。君一国,则可造一国之命。故自王侯至令长,皆有以司人之命,孔子不能得位,则道不行,而天下命之不能造。故云:'道之将行也与,命也;道之将废也与,命也。'……《易传》曰:'乐天知命,故不忧。'乐天者保天下,保天下,则溺由己溺,饥由己饥,各正性命,保合太和矣。如是为乐天,即如是为知命。第以守穷任运为知命,非孔子之所云知命也。"显然,这正是孟子"尽其道而死者,正命也。桎梏死者,非正命也"(《雕菰集》卷九《知命解下》)强调存心养性修身立命,知命而顺受其正,追求尽道而死的"正命"思想的另一种说法。但是焦循却将其概括为"能为命,不为命所用,是为知命",其中不仅包含着焦循对"人道"与"天命"的体认,而且也包含着对人生的潜能与强烈的生存意义的一种积极解释,因而是一种乐天知命的态度。而这样一种对"人道"、"天命"的积极解释和态度,客观上具有深化儒家"忠恕"之道的意义。

总之,焦循强调"实测而知",他对"一贯"与"异端"、"人道"与"天命"的哲学思考,不仅是对当时乾嘉时期那种为考据而考据,轻视理论探索学风的一种反拨,而且在清代中后期的意识形态方面也起到了转换革新的作用。

第三节 阮 元

阮元(1764—1849)字伯元,号芸台,江苏仪徵人。阮元26岁考中进士,入庶常馆读书,充任《万寿盛典》纂修。第二年授职翰林院编修。27岁时,大考翰詹,列一等第一名,升少詹事,补文渊阁直阁事,充石经校勘官,分校《仪礼》。30岁出任山东学政,两年后转调浙江学政。嘉庆四年(1799)充经筵讲官,会试副考官,兼国子监算学,奉命巡抚浙江。嘉庆十四年(1809)因受刘凤诰科场案牵连革职。嘉庆十六年复官,出任漕运总督。此后,历任江西巡抚、河南巡抚、湖广总督、两广总督等,为清廷特别倚重的南方大僚。道光十八年(1838),以大学士致仕。

阮元在任职期内,提倡学术自任,积极提倡经学研究,组织编纂《经籍纂诂》,创建了学海堂、诂经精舍,培养了许多从事经典训诂研究的学者,他撰写《十三经注疏校勘记》,组织汇刻《十三经注疏》、《皇清经解》等。他不仅有宏富的考据学成果,而且在哲学(义理)方面也有重要建树。

一、相人偶为仁

自儒家创始人孔子提出"仁"的思想后,历经二千余年,人们的对它不断地理解与诠释,形成了所谓的"仁学",它不仅是中国儒家思想的精粹,而且也是阮元哲学思想体系的核心。阮元的"仁学"思想集中反映在《论语论仁论》和《孟子论仁论》两篇论文之中。

什么是"仁"?"仁"字在《论语》中出现的频率较高,达一百零九见,分散于《论语》全书的五十八章之中。由于孔子所说的"仁"是在不同的场合使用的,所以并没有一个具体的明确定义,因此引起后来学者的种种猜测。但是从现存《论语》中对"仁"的记录来看,"仁"大致是指道德理性,即一种普遍的人类关爱之情。如《论语·学而》:"子曰:弟子,入则孝,出则弟,谨而信,泛爱众,而亲仁。"《论语·颜渊》:"樊迟问仁。子曰:爱人。"正因为"仁者爱人",所以一般都以"爱人"作为"仁"的基本精神。

孟子是孔门嫡传,他在解释"仁"时,除了遵循孔子的"爱人"之义外,还将仁视为人心。这就表明"仁"不但是一种普遍的"爱",而且还是人们的本心,因此"仁"也就成为一种道德心。换言之,凡属道德情感的"仁爱",都是出自人的本心,所以孟子把恻隐之心视为"仁之端"。同样,既然"仁"是我的本心,而本心自然就是"我所固有之"而非"外铄于我"的,所以"仁"也就是我心的体现,这就将孔子仁学思想纳入孟子的心学,成为后来宋代心性学的主要内涵。如程颢就认为"生之性便是仁"。朱熹不仅将仁比喻为"与天地万物同体",而且认为"仁乃天地万物之心而在者",将仁本体化,由"爱"的"仁"变成了有"天地之心"的"仁"。所以明代阳明学派干脆将"仁"说成是"心",即所谓的"满腔子是仁"。宋明理学家对孔子仁学思想的这种解释,曾引起清代许多学者的不满,他们指责宋明理学家曲解圣人的思想,纷纷为之正本清源,考证"仁"字的初始意义。阮元同样从文字训诂上对"仁"字作了一番辨章学术、考镜源流的归纳工作。他指出:

> 夏、商以前无仁字(《虞书》德字、惠字即包仁字在内)。《虞书》"克明峻德",即与《孟子》仁字无异,故仁字不见于《尚书》虞、夏、商书……《诗》雅、颂,《易》卦、爻辞之中。此字明是周人始因相人偶之恒言而造为仁字。孔子《易文言》曰:"君子体仁足以长人。"《论语》曰:"虽有周亲,不如仁人。"著于经矣。然非始于孔子也……惟《周礼大司徒》:"六法,知仁圣义中和。"为仁字初见最古者。然则仁字之行,其在成、康以后乎?而其原则分于《虞书》之德字、惠字也。(《揅经室一集》卷八《论语论仁论》)

追溯"仁"字的起源出现在成、康之后,这是有一定理由的。在一般收录古文字的书籍中,殷墟甲骨文字有类似"仁"的文字,但是否一定就是仁字,目前尚无定论。至春秋时,仁字的出现较多,而将"仁"解释为"相人偶",并不是阮元的发明,早在汉代的郑玄便有这种解释。不过,在阮元看来,虽然郑玄以"相人偶"来解释"仁",但是未能揭示"仁"的思想意义。于是他根据《说文解字》《中庸》《大射仪》《聘礼》《公食大夫礼》等古代文献中关于"仁"的字义的解释,通过对"仁"字初始意义的考证,确认"仁"为"相人偶",并且从三个方面来论证"仁"的思想意义。

首先,阮元认为孔子的"仁",主要体现在"克己复礼为仁"。他说:

> 颜子克己,己字即自己之己,与下文"为仁由己"相同,言能克己复礼,即可并人为仁。一日克己复礼而天下归仁,此即己欲立而立人,己欲达而达人之道。仁虽由人而成,其实当自己始,若但知有己,不知有人,即不仁矣。……视听言动专就己身而言,若克己而能非礼勿视、勿听、勿言、勿动,断无不爱人,断无与人不相人偶者,人必与己并为仁矣。俚言之,若曰:我先自己好,自然要人好;我要人好,人自与我同作好人也。(《揅经室一集》卷八《论语论仁论》)

"颜子克己"语出《论语·颜渊》篇:"颜渊问仁。子曰:'克己复礼为仁。一日克己复礼,天下归仁焉。为仁由己,而由人乎哉?'颜渊曰:'请问其目。'子曰:'非礼勿视,非礼勿听,非礼勿言,非礼勿动。'"所谓"克己",据东汉学者马融的解释:"克己,约身也。"孔安国也解释说:"复,反也。身能反礼,则为仁矣。"扬雄称:"胜己之私为约。"梁皇侃则说:"言若能自约俭己身,返反于礼中,则为仁也。"可见,阮元对"仁"的理解,实由马融对"克己"的解释而来。既然"克己"是为了"约身",并使它不违于礼,而不是克制私欲,那么只要遵循孔子所说的"四勿",即非礼勿视、听、言、动,便能爱人而人相偶,能做到相人偶,也就达到了"克己复礼为仁"的境界。这里,阮元非常明白地说明了"仁"不仅是思想修养问题,而且还是一个如何循礼寻仁的功夫问题。

其次,阮元认为既然"仁"为"克己","克己"又为"约身",那么"约身"也就离不开行事而言"仁",所以"实行实事为仁"。他说:

> 孟子论仁,至显明,至诚实,未尝有一毫流敝贻误后人也。一介之士,仁具于心,然具心者,仁之端也,必扩而充之,著于行事,始可称仁。孟子

虽以恻隐为仁,然所谓恻隐之心,乃仁之端,亦谓仁之实事也。孟子又曰:"仁之实,事亲是也。"是充此心,始足以事亲,保四海也。……不能充仁之实事,不能谓之为仁也。孟子论良能、良知,即心端也;良能,实事也。舍实事而专言心,非孟子本指也。孟子论仁,至显明,至诚实,亦未尝举心性而空之,迷惑后人也。(《揅经室一集》卷九《孟子论仁论》)

"仁"一方面端具于心,另一方面又见之于行。这表明,"仁"不仅仅体现在道德层面,更重要的是落实在行的层面。只有通过"实事",见之于"实行",成为"事实"的仁,才是现实的仁。

复次,阮元认为"孝"是仁学思想的重要内涵,即"孝弟为仁之本"。他说:

孝弟为仁之本,君子务本为急,自天子至庶人,莫不以事亲为首务。舜之事亲,孔子言孝为仁本,皆是道也。(同上)

夫孝,天之经也,地之义也,人之行也。君子务本,本立而道生。孝弟也者,其为仁之本与!(《揅经室一集》卷八《论语论仁论》)

可见,阮元所论述的仁与孝的关系,实际上还是在强调立人和达人的关系。而立人与达人,按照孔子的解释,主要是讲怎样做人的道理,也即孔子所提倡的"仁者,己欲立而立人,己欲达而达人"。

从"克己复礼为仁"、"实行实事为仁"到"孝弟为仁之本",阮元较为完整地论述了儒家关于"仁"的这一基本命题。阮元"相人偶"的仁学思想的提出,是与他较深刻地体认到"仁"的现实意义分不开的。如他一再强调"仁之有益于人民者甚大","仁道以爱人为主,若能保全千万生民,其仁大也"。这种视万民忧乐重于一姓兴亡的仁学观,已具有民贵君轻的民本思想。在清代,黄宗羲、顾炎武、钱大昕等都曾先后重提儒家这个具有民本意识的思想,反映了那个时代的一种思潮。阮元以"相人偶为仁"再次诠释了这种民本思想,这表明,阮元对"仁"的理解,始终与他的"实践"之学相表里,并由此进一步探讨人性问题。

二、性命与节性

阮元曾著有《性命古训》与《节性斋铭》两篇重要论文,都是讨论"性命"

的。前者通过对"性命"两字的考证与训诂,阐发了他的哲学思想,从而对宋明理学的性命之学提出了批评;后者则以韵文的形式来总结他的性命理论。

"性命"一词,始见于《易传》:"乾道变化,各正性命。"性命,指本性,《荀子·正名》:"生之所以然者谓之性。"《礼记》:"分于道谓之命,形于一谓之性,化于阴阳象形而发谓之生,化穷数尽谓之死,故命者,性之终也。"意思是说,万物和人类都受自然规律和社会规律的变化支配,能够适应这种支配,万物和人类各得其属性之正,亦可各得其生命之正。在中国儒家思想中,所谓"命",一般都是指"天命"。如《诗·周颂》:"昊天有成命,郊祀天地也。"孔子说他自己"五十而知天命",西汉董仲舒则有所谓的"受命于天"、"受命之君,天之所以大显也"。由于性往往被理解为人性,所以天命与人性的结合,也就形成了中国的天人之学。阮元的《性命古训》,主要罗列四十条古代经籍中有关"性命"的记载,其中据以发挥的主要是《尚书·召诰》和《孟子·尽心》等篇。如阮元说:

> 《召诰》所谓"命",即天命也。若子初生即禄命福极也。哲与愚,吉与凶,历年长短,皆命也。哲愚受于天为命,受于人为性,君子祈命而节性,尽心而知命,故《孟子·尽心》亦谓耳目口鼻四肢为性也。性中有味色声臭安佚之欲,是以必当节之。古人但言节性,不言复性也。(《揅经室一集》卷十《性命古训》)

这里,阮元解释"命"有两种含义。一为"禄命","禄"即盛衰兴废,"命"指富贵贫贱,"禄命"就是指人的命运。人的命运是由天主宰的,按照孔子"五十而知天命"的说法,这个"命"既神秘又不神秘,神秘是说它存在的不可知,不神秘是说它的无所不能,主宰着人世间万事万物,什么都看得见,什么都听得见,谁都欺骗不了谁,体现了古人尊天认命的心态。一为"德命",即人受天之命。孔子自己说过"不知命,无以为君子",古代君子是与小人相对而言的,君子往往被视为具有道德情操高尚的人,而小人则指那些闻见浅薄之人。而阮元在这里主要是讨论"德命"。在阮元看来,德命又主要体现在"节性"和"敬德"两个层面。

首先,阮元引孟子说:

孟子曰："口之于味也，目之于色也，耳之于声也，鼻之于臭也，四肢之于安佚也，性也；有命焉，君子不谓性也。仁之于父子也，义之于君臣也，礼之于宾主也，知之于贤者也，圣人之于天道也，命也，有性也，君子不谓命也。"（同上）

"性"字从"心"、从"生"，说明它与"生"有密切的关系。如告子曾说过"生之谓性"，孟对此做过批评。这里孟子主要分析了"性"的二种含义：一种是味、色、声、臭、安佚，一种是仁、义、礼、知、圣，前者指人所具有的本能，后者是指人的道德性，由于这两种"性"都是天所禀赋于人的，所以二者都兼有"性"与"命"的性质。阮元认为人的本能与道德都兼有天性和命运，然而过分地追求人的本能，听之任之，必然导致性与命的分离，所以要节性，不节性也就谈不上敬德，敬德是节性的具体表现。可见，阮元所讲的"性"，实际上是指人的自然欲望，人如果没有欲望，也就失去了本性。

其次，虽然阮元主张节性，但是并不主张无欲，他所反对的是纵欲而不是绝欲。他在《孟子论仁论》中曾说："告子曰：'食、色，性也。仁内也，非外也。'此章告子首曰'食色性也'，此四字原不错……孟子以味、色、声、臭、安佚为性者，乃圣贤之常，人世之恒情……后儒皆以告子食色为性之说而为非攻之……孟子曰：'形色，天性也。'形与色尚直谓之性，何况味、色、声、臭、安佚也。孟子曰：'如使口之于味也，其性与人殊犬马之与我不同类也，则天下何耆牙之于味也？'此一节更为明显，与告子'食色性也'四字无异。"我们知道，告子所说的"食、色，性也"，是指人的饮食和好色的本性，仁是内在的，不是外在的；义是外在的，不是内在的。然而在阮元看来，孟子与告子的根本分歧，不在食色为性的问题上，而是在怎样理解"义"的内外关系的问题上，即他所说的"其错在'义外也，非内也'六字，故孟子但力辟义之非外，使与仁之实为事亲、义之实为从兄较然画一。告子'食、色，性也'之说，亦与'孟子味、色、声、臭、安佚，性也'之说较然画一，未之辟也"（同上）。既然阮元认为孟子与告子在人欲问题上持相同的态度，那么"形"与"色"同样也体现"性"，所以有孟子"形色，天性也"一说。在阮元看来"形与色尚直谓之性，何况味、色、声、臭、安佚也"。这显然是在批评宋儒曲解了孟子的原意。如朱熹在解释这句话时说:"人之有形人色,无不各有自然之理,所谓天性也。践如践言之践。盖众人有是形而不能尽其理,故无以践其形;惟圣人有是形而又能尽其理,然后可以践其形而无歉也。"(《四书章句集注·孟子章句》)把"形色"归结为自然之理,当然不算错,但不为阮元所取。

阮元的性命论,并没有形成一个完整的体系,多依经言而随文解释,正如他自己所说的"余之学多在训诂,甘守卑近,不敢矜高以贤儒自命,故《论仁》、《论性命古训》皆不过训诂而已"。也正因此,他在《节性斋铭》中,用韵语来概括他的性命之学:

> 周初《召诰》,肇言节性。周末孟子,互言性命。性善之说,秉彝可证。命哲命吉,初生既定。终命弥性,求至各正。迈勉其德,品节其行。复兴说兴,流为主静。由庄而释,见性如镜。考之姬孟,实相径庭。若合古训,尚曰居敬。(《揅经室续集》卷四)

阮元不同意"主静"的学说,因为那是来自"二氏"的理论,因而提出"居敬"。但是"居敬"同样是程朱理学的修养方法,所以有的人就认为与他批评理学的立场不一致。其实,所谓"居敬",恰恰是阮元反对程朱理学"主静"的另一种说法而已,也是他"性命"之学的重要补充。

第四节 凌廷堪

凌廷堪(1755—1809),字次仲,又字仲子。原籍安徽歙县,后随父迁居江苏海州。12岁时即弃学经商,后在友人家看到《词综》、《唐诗别裁集》,即借归夜读,并能做诗填词,称为奇才。乾隆五十五年(1790)进士,例选知县,改宁国府教授。因慕江永、戴震的学问,发奋读书。与当时扬州学者汪中、焦循、阮元等人友善,深得考据家法。长于考辨,通经史、音律,尤其是他对《仪礼》的研究,发凡起例,一以贯之,成为乾嘉礼学研究的"登峰造极"之作。又因他提出凡"理"皆虚、唯"礼"最实、"以礼代理"的礼学思想而饮誉当时学界,被推崇为"一代礼宗"。代表凌廷堪主要哲学思想的论著有《复礼》上中下三篇,《好恶说》上下篇,《慎独格物说》等,这些论著都收入于1998年由中华书局标点整理出版的《校礼堂文集》中。

一、以礼代理

清代乾嘉时期,在回归元典的学术取向下,复兴礼学,重新探索礼学的思想意义,受到了学者的关注。"圣人之道一礼而已",就是凌廷堪提倡礼学的思想基础。首先,凌廷堪对"礼"作了如下的说明:

> 夫人之所受于天者,性也。性之所固有者,善也。所以复其善者,学也,所以贯其学者,礼也。是故圣人之道,一礼而已矣……父子有亲,君臣有义,夫妇有别,长幼有序,朋友有信,此五者,皆吾性之所固有也。圣人知其然也,因父子之道而制为士冠之礼,因君臣之道而制为聘觐之礼,因夫妇之道而制为士昏之礼,因长幼之道而制为乡饮酒之礼,因朋友之道而制为士相见之礼,自元子以至庶人,少而习焉,长而安焉。礼之外,别无所谓学也。(《校礼堂文集》卷四《复礼上》)

在凌廷堪看来,"礼"既是人生学习的终极目的,又是作为个人行为规范。实履礼仪还必须正心诚意和对自己不断地约束以礼。《礼记·冠义》说:"凡人之所以为人者,礼义也。礼义之始,在于正容体。齐颜色、顺辞令。容体正、颜色齐、辞令顺,而后礼义备,以正君臣,亲父子,和长幼。君臣正,父子亲,长幼和,而后礼义立。"当然,随着历史的变迁,那些琐碎的行礼程式与动作,已经废而不行,但是它所包含的道德实践功能是不会改变的。如《礼记·檀弓下》曾记载子思因祭母哭错地方而后悔不已,不断自责"吾过矣!吾过矣!遂哭于他室"。这说明,"礼"是圣人以五伦关系来维持社会秩序而制定的,它所体现的就是人间秩序的和谐,所以说"圣人之道一礼而已"。

其次,礼作为外在的一种制度,具有协调社会生活、规范人际关系的功能。而作为人的内性的东西呈现时,它往往又具有节制人的情感和欲望的功能,所以它和人性是密切联系在一起的。凌廷堪说:

> 夫舍礼而言道,则空无所依;舍礼而复性,则茫无所从。盖礼者,身

心之矩则,即性道之所寄焉……后人尊孟而抑荀,无乃自放于礼法之外乎!(《校礼堂文集》卷十)

关于礼与人性的关系,孟子与荀子有不同的理解,孟子认为礼出于人的"辞让之心",即所谓"辞让之心,礼之端也",它作为人性的具体体现,本来就是善的,所以学礼也就意味能尽其性善。荀子则相反,他认为礼是由圣人制订出来矫正人性的,人的本性是恶的,如任其发展,势必破坏社会统一和谐的格局而出现社会群体之间的争乱。凌廷堪则接受了荀子性恶论的思想,认为礼是教化人的根本所在。他说:"好恶者,先王制礼之大原也。人之性受于天。目能视则为色,耳能听则为声,口能食则为味,而好恶实基于此。节其太过不及,则复于性矣!"(《校礼堂文集》卷十六《好恶说上》)这显然是荀子"目好色,耳好声,口好味,心好利,骨体肤理好愉佚,是皆生于人之性情"性恶论的引申。

再次,由于凌廷堪主张性恶论,否定孟子的性善说,而宋明理学的道德实践理想是建立在孟子思想基础上的,"理"是支配和衡量人们日常行事的原则。因此凌廷堪采用了考据家擅长的考证方法,以证明"六经无理字",并且认为凡"理"皆虚,唯"礼"最实,从而提出以"礼"来取代"理"的要求。他说:

若舍礼而别求所谓德者,则虚悬而无所薄矣,盖道无迹也,必缘礼而著也,而制礼者以之;德无象也,必借礼为依归,而行礼者以之。(《校礼堂文集》卷四《复礼中》)

圣人之道,本乎礼而言者也,实有所见也。异端之道外乎礼而言者也,空无所依也。(《校礼堂文集》卷四《复礼下》)

凌廷堪的"以礼代理"思想,是与他批评宋明理学分不开的。他曾以丧服为例,指出"宋以后儒者因陋生妄,于其所不知,辄以己意衡量圣人,由是说丧服者日益多,而礼意日益晦"。宋明理学虽然也强调"礼",但是更重视对"理"的体认,从而导致"礼"、"理"的价值标准的失重与人的情感重心的偏移,客观上是对乾嘉后期理学挑战的回应。同时,乾嘉时期正是先秦诸子学开始复兴之际,凌廷堪的"以礼代理",无疑是这种思想形势的理论反映。

二、慎 独 格 物

凌廷堪正是从"以礼代理"的思想出发,对理学家所提倡的"慎独"、"格物"等命题又作出了新的解释。他说:

《礼器》曰:"礼之以少为贵者,以其内心者也。德产之致也精微,观天下之物,无可以称其德者,如此,则得不以少为贵乎? 是故君子慎其独也。"此即《学》、《庸》慎独之正义也。慎独指礼而言。礼之以少为贵,《记》文已言之。然则《学》、《庸》之慎独,皆礼之内心精微可知也。后儒置《礼器》不观,而高言慎独,则与禅家之独坐观空何异? 由此观之,不惟明儒之提倡慎独为认贼作子,即宋儒之诠解慎独亦属郢书燕说也。(《校礼学堂文集》卷十六《慎独格物说》)

"慎独"一词来源于儒家经典《礼记》中的《礼器》、《中庸》、《大学》等三篇中所说的"慎其独"一语。如《中庸》说:"道也者,不可须臾离也,可离非道也。是故君子戒慎乎其所不睹,恐惧乎其所不闻,莫见乎隐,莫显乎微,故君子慎其独也。"《大学》也说:"如恶恶臭,如好好色,此之谓自廉,故君必慎其独也。"凌廷堪认为,按照《礼器》所说"慎独"的意思,"慎"是"谨慎","独"是"少",慎独就是说君子行礼应该谨慎地用少礼来体现内心的德性。同时,它还可以作《大学》与《中庸》关于"慎其独"的解释。凌廷堪批评宋明理学家不考虑《礼器》的解释,而是将《大学》、《中庸》中的"慎其独"推衍为人的一种道德修养方法,即强调在修身养性中不能自欺其心,不能有丝毫的放松和懈怠。这在凌廷堪看来,理学家无疑是将"慎独"作了佛学的解释,结果是曲解了经书的原意。

为了进一步说明宋明理学家解释经书的穿凿附会,他重新论证了理学家强调"格物"的含义。他说:

(《礼器》)又曰:"君子曰:'无节于内者,观物弗之察矣。欲察物不由礼,弗之得矣。'故作事不以礼,弗之敬矣。出言不以礼,弗之信矣。故曰:'礼也者,物之致也。'"此即《大学》格物之正义也。格物亦指礼而言。礼也者,物之致也,《记》文亦明言之。然则《大学》之格物,皆礼之器数、仪节可知也。后儒置《礼器》不问,而侈言格物,则与禅家之参悟木石何异?由此观之,不惟明儒之争辨格物为床下斗蟹,即宋儒之补传格物亦属鬻沙为饭也。(同上)

"格物"一词来源于《礼记》的《大学》篇:"致知在格物,格物而后知至,知至而后意诚,意诚而后心正,心正而后身修,身修而后家齐,家齐而后国治,国治而后平天下。"《大学》所说的格物、致知、诚意、正心、修身、齐家、治国、平天下,后来被宋代理学家称之为"八条目"。这"八条目"中的后七条,《大学》都作了解释,只有第一条的"格物"没有阐述,因此导致了后来学者种种不同的解释。如北宋程颐就认为格物致知是指人的修养工夫,通过格物的途径来达到穷理的目的:"格犹穷也,物犹理也,犹曰穷其理而已也。"(《二程集》第316页)南宋时,朱熹对格物的理解,也继承了程颐的观点。凌廷堪则认为,按照《礼器》所说的"礼也者,物之致",就是以礼作为分辨事物的标准,而古人所说的格物往往是指礼之器数、仪节,所以格物实际上就是复礼,这不仅与他提出的"以礼代理"思想基本一致,而且与宋明理学家对格物的解释完全不一样了。

总之,凌廷堪提出"以礼代理",并以汉儒的训诂方法来解释"慎独"、"格物"等命题,这是与他所生活的那个时代汉学思潮的普遍影响密切有关。

第五节 龚自珍

龚自珍(1792—1841),字瑟人,号定庵,一名易简,字伯定,又名巩祚。浙江仁和(今杭州)人。他出身于官宦世家,祖父和父亲都曾在礼部做过官,母亲是著名汉学家段玉裁的女儿。他自幼从外祖父段玉裁学习文字学,接受过严格的汉学训练。外祖父段玉裁对他非常器重,希望他走正统的古文经学派的老路。由于受社会危机的刺激,他在青年时期即"贯穿百家,究心经世之务"。后受清代经学家刘逢禄等人的影响,研究《公羊》"微言大义"之学。此外,他还从江铁君等人学佛,信奉天台宗。龚自珍为文奥博纵横,自成一家;诗歌瑰丽奇肆,有"龚派"之称。他26岁中举,后来屡次落第,到37岁才应会试中式第九十五保,然殿试时虽然举策惊公卿却因"书法不合楷式"而屈居三甲第十九名,结果被"赐同进士出身",失去了进入翰林院资格。在官场中他先后担任内阁中书、宗人府主事、礼部主事等职,都是"冷署闲曹"。道光十九年辞官回原籍。道光二十八年卒于丹阳云阳书院。龚自珍的主要学术著述和诗文,今人编为《龚自珍全集》,分别有中华书局本(1959年)、上海人民出版社重印本(1975年)和上海古籍出版社版(1999年)三种。

一、我气造天地

龚自珍没有形成自己的哲学思想体系,但是他一生都在积极地进行哲学探索。他反对当时占统治地位的程朱理学,又信从今文经学派的"微言大义",后来还吸收了不少佛学思想。他有强烈的经世治国愿望,公开声明不愿像汉学家那样毕生从事"写定经书"的事业,志在修"天地东西南北之学",自称"但开风气不为师"。他依据今文经学的"三世"说,对封建"衰世"和封建专制进行了猛力的抨击。龚自珍认为"世有三等",即"治世"、"衰世"、"乱世"。他尖锐地指出,当时的中国正处于衰世。衰世表面上类似治世,还维持着虚假的太平,实际上却潜伏着严重危机。它如同"将萎之花",正无可奈何地走向没落,处于乱世的前夜。他愤怒地谴责、控诉封建专制统治者对人、对人才的摧残。他认为,在当时的社会,人的价值被抹煞,个性被束缚,人被扭曲,多数人成了无个性、无思想、无意志的木偶。为了强调人的价值、自我的价值,因此提出了"我气造天地"的哲学观点。他说:

  天地,人所造,众人自造,非圣人所造。众人之宰,非道非极,自名曰我。我光造日月,我力造山川,我变造毛羽肖翘,我理造文字言语,我气造天地,我天地又造人,我分别造伦纪。众人也者,骈化而群生,无独始者。人所自造,非圣造,非天地造……有众人已恧日月,有日月已恧昼夜,日月旦昼人所造、众人所造,非圣人所造。(《壬癸之际胎观第一》)

这里的"人"是指人类,而"人"的主宰是"我",即每一个人的"自我"。在龚自珍看来,天、地、日、月、山川乃至整个宇宙,都依存于每个人的"自我"。因此,以"我"为主,我造天地日月,我造人与众生,我造伦纪,造文字语言。"我"是众人之宰,"我"不仅是宇宙的创造者,而且还是人类的创造者,"我"是有史以来最至高无上的人。

龚自珍的这种对"自我"的推尊和夸大,是基于他对"心力"的重视。他说:"心尊,则其官尊矣;心尊,则其言尊矣。官尊言尊,其人亦尊矣。"(《尊史》)"无心力者谓之庸人。报大仇,医大病,解大难,谋大事,学大道,皆以心之力。"(《壬癸之际胎观第四》)那么,龚自珍所谓的"心"为什么有如此伟大神奇的力量呢?换言之,他的"心"又是指什么呢?他在《知觉辨》一文中这样说:

> 知,就事而言也;觉,就心而言也。知,有形者也;觉,无形者也。知者,人事也;觉,兼天事言矣。知者,圣人或与凡民共之;觉,则先圣必俟后圣矣。

这里,龚自珍所辨析的虽然是"知"与"觉"的异同,即人们的认识活动在层次上的区别。"知"是对有形的具体事物的认识,它有形迹可察,是人们可知的,它的内容局限于"人事",属低级认识,是凡人与圣人共有的。而"觉"则是指内心的认识活动,它无迹可察,是一般的人所不可知的,其内容既包括"人事",也包括"天事",属于高一级的认识,是圣人独有的。但是他把"觉"(心)的认识大大神化了,实际上还是在强调人的主观作用,肯定的仍是一种"自我",而他的"我气造天地",也正是龚自珍强调"心力"的具体呈现。

龚自珍的这种"自我创世"意识,是有其哲学基础的。在他之前,宋明心学家如陆九渊、杨简、陈献章、王守仁等都宣扬过类似的观点。如陆九渊就说过"宇宙便是吾心,吾心便是宇宙"的话,而王阳明在解释"心"时说过,它(心)"只是一个灵明",那么什么是"灵明"呢?王阳明进一步说:

> 我的灵明,便是天、地、鬼、神的主宰有我的灵明,谁去仰他高?地没有我的灵明,谁去俯他深?鬼、神没有我的灵明,谁去辨他吉、凶、灾、祥?天地、鬼、神、万物离却我的灵明,便没有天、地、鬼、神、万物了;我

的灵明离却天、地、鬼、神、万物,亦没有我的灵明。(《传习录》下)

既然王阳明将"灵明"称为"心",所以"我的灵明",也就是"我的心",既然天、地、鬼、神、万物是我的"心"的体现物,那么也就意味着"我的心"造就了天、地、鬼、神、万物。这种对"心"的作用的夸大,王阳明将其归纳为"心外无物"、"心外无理"。因此,龚自珍对"自我"的描绘,实际上可以看成是以王阳明哲学思想来肯定作为普通人的自我的伟大尊严,而他的"我气造天地",同样也可以认为是以王阳明的"心学"作为其哲学基础的,虽然龚自珍没有明确说过他受到王学的影响。

不过,龚自珍与王阳明也是有差别的。他不但把"我的灵明"换成了更为明确的"我",而且只强调"天、地、鬼、神、万物离却我的灵明,便没有天、地、鬼、神、万物"了,却完全撇掉了"我的灵明,离却天、地、鬼、神、万物亦没有我的灵明"的一面,因而只鼓吹"我"是天地、日月、山川乃至整个宇宙的创造者,而不提天地、日月、山川等一切外在的东西对"我"的制约。不仅如此,王阳明在提倡"心学"时,强调人人皆可为圣人,而龚自珍的上述理论则把"我"与"圣人"相对立,从而否定了"道"与"极"对"我"的主宰作用;加以他的《论私》中又明确宣称人人都是从"私"出发的,因而龚自珍的"我气造天地"实际上是把"私欲"的"我"作为宇宙的创造者,并要以"私欲"的"我"来否定圣人,否定自古相传的"道"和"极",而另立一种标准。这不仅超越了王阳明的哲学观念,而且也超越了李贽的思想。

二、性无善无不善

正是一切从"私"的"自我"出发,龚自珍既反对孟子的性善论,又反对荀子的性恶论。他以告子的人性学说的继承者自居,赞同并发挥告子的"性无善无不善"的人性论思想。他说:

> 龚子之言性也,则宗无善无不善而已矣,善恶皆后起者。夫无善也,则可以为桀矣;无不善也,则可以为尧矣。知尧之本不异桀,荀卿氏之言起矣;知桀之本不异尧,孟氏之辨兴矣。为尧矣,性不加菀;为桀

矣,性不加枯。为尧矣,性之桀不亡走;为桀矣,性之尧不亡走。不加
菀,不加枯,亦不亡由以走。是故尧与桀互为主客,互相伏也,而莫相偏
绝……告子曰:"性无善,无不善也。"(《阐告子》)

龚自珍认为,人性本来就没有善与恶的区分,而只存在着为善为恶的可能性。人既可以成为尧,也可以成为桀,这就如同告子所举的杞柳的例子,它可以成为桮棬,也同样可以成为溺器。人如果成为尧时,恶的可能性依然存在。同样,人如果成为桀时,善的可能性也依然存在。在龚自珍看来,人性所表现出来的善恶,不是先天固有的,而是后天形成的,所以他说:"善非固有,恶非固有,仁义、廉耻、诈贼、很忌非固有。"(《壬癸之际胎观第八》)由于程朱理学把人性区分为"天命之性"和"气质之性",宣传的是性善情恶,提倡的是"存天理,灭人欲",因此龚自珍接受告子的"无善无不善"的人性论,也就表明他否定了程朱理学的人性论。

那么人性究竟是什么呢?按照告子的界说,即为"生之谓性,食色性也"。然而龚自珍对此却没有明确的说明,只是含糊其辞地说:"是故性不可以名,可以勉强名;不可以似,可以形容似。"那么"勉强名"、"形容似"又是什么呢,龚自珍还是没有具体说明。不过,我们可以在他认为人人都从"私"出发的理论中得到答案。他说:

天有闰月,以处赢缩之度,气温逆虚,夏有凉风,冬有燠日,天有私也。地有畸零华离,为附庸闲田,地有私也。日月不照人床闼之内,日月有私也。圣帝哲后,明诏大号,劬劳于在原,咨嗟于在庙,史臣书之。究其所为之实,亦不过曰:庇我子孙,保我国家而已。何以不爱他人之国家,而爱其国家?何以不庇他人之子孙,而庇其子孙?……忠臣何以不忠他人之君,而忠其君?孝子何以不慈他人之亲,而慈其亲?寡妻贞妇何以不公此身于都市,乃私自贞私自葆?(《论私》)

在龚自珍看来,不仅天、地、日、月有私,而且帝王、忠臣、孝子、寡妻贞妇也都有私,人人有私,只有禽兽才是无私的。他说:"且夫狸交禽媾,不避人于白昼,无私也。若人则必有闺闼之蔽,房帷之设……今日大公无私,则人耶、则禽耶?"(同上)正因为"私"是人的本性,所以人们对于私欲的追求,也就是符

合人性的。同时，由于人们对于私欲追求的不同，所以显示出来的个性也就不同。这样，龚自珍虽然是接受了告子"无善无不善"的人性论，但是他却将"私"代替了告子的"食色"而作为人性的主要体现了。龚自珍这种"私"是人类本性的思想，对后来的一些思想家也产生过影响。

三、尊德性与道问学

在如何看待人的道德修养方面，龚自珍主张"尊德性"与"道问学"并重。尊德性与道问学这两个概念，出自《中庸》"君子尊德性而道问学，致广大而尽精微，极高明而道中庸"。意思是说，"尊德性"与"道问学"是两种道德修养的方法，只有用这样的方法，才能达到最高明的"中庸"境界。这两种道德修养方法，本质上没有主次之分，并行不悖。所谓"尊德性"，是指根据人性之中存有善性的原理，把本性中善的方面发挥出来的一种修养方法。所谓"道问学"，是指通过学习古代典籍，提倡博学、审问、慎思、明辨、笃行这样一种循序渐进的修养方法。《中庸》提出的这两种修养方法，引起了后世许多学者的争论，其中尤以南宋朱熹和陆九渊江在江西鹅湖的争辩最为著名。朱熹和陆九渊都认为这两种道德修养是重要的，但是这两者之间却有先后之分。朱熹认为，只有通过广泛的学习，才能上升到德性层面的修养，道问学应该先于尊德性；而陆九渊则认为，为学的目的只是实现道德的境界，人的本心就是道德的根源，因此只要扩大与完善人的良心，就能实现这个目的，所以尊德性先于道问学。对此，龚自珍则首先认为二者都是孔孟之论，不应有所偏重。他说：

  孔孟之道，尊德性、道问学，二大端而已矣。二端之初，不相非而相同，祈同所归，识其初，又总其归，代不数人，或数代一人，其余则规世运为法。(《江子屏所著书序》)

这里，龚自珍认为尊德性与道问学都是孔孟学说的精粹，两者没有谁重要谁不重要的区别。可以说，这是一种比较客观的态度。同时，对于尊德性与道问学各自的性质，龚自珍又给予了新的解释。他说：

> 入我朝,儒术博矣,然其运实为道问学。自乾隆初元以来,儒术而不道问学。所服习非问学,所讨论非问学,比之生文家而为质家之言,非律令。小生改容为闲,敢问问学优于尊德性乎?曰:否否。是有文无质也,是因迭起而欲偏绝也。圣有之道,有制度名物以为之表,有穷理尽性以为之里,有训诂实事以为之迹,有知来藏往以为之神,谓学尽于是,是圣人有博无约,有文章而无性与天道也。(同上)

在龚自珍看来,清代的学术思想都围绕"道问学"所展开,特别是乾隆以后,"道问学"成为学术界的主要取向,"尊德性"处于一种从属地位。龚自珍认为,"道问学"与"尊德性"的两者的关系,是一文一质,一表一里的关系。"道问学"是"文"是"表",而"尊德性"是"质"是"里"。"圣人之道"有制度名物之表,也有穷理尽性之里。如果以"道问学"优于"尊德性",那么就是有质无表,有文章而无性与天道,所以龚自珍赞成尊德性与道问学并重。他认为,要了解性与天道,那么就不能只重视道问学而轻视尊德性,也不能只重视尊德性而轻视道问学,应该"必两进之,两退之"(同上)。这表明,龚自珍试图将清代中前期以前偏重"道问学"的学术取向扭转为"尊德性"与"道问学"二者并重、二者兼顾的新方向。

不过,在尊德性与道问学二者先后的关系上,龚自珍则明显主张尊德性先于道问学。他说:"儒尊德性,问学次焉;德性曷尊,万物备与。"(《南岳大师像赞》)在龚自珍看来,如果主体不确立正确的道德取舍标准,而去广泛读书学习并不能增进道德,因而没有独立的价值和意义,其结果必然有害于个人的道德修养。也正因此,所以他一再表示要在"一物一名之中能言其大本大原,而究其所终极,综百氏之所谭而知其义例,编入其门径,我从而管钥之,百物为我隶用"(《与人笺一》)。从这一意义上讲,龚自珍对尊德性与道问学的新解释,仍然未能走出儒家由格物而正名,由正名而知物之本,以达到齐家治国平天下的传统。

龚自珍不是严格意义上的哲学家,他的上述哲学思想也都充满着矛盾,但是"一事平生无龃龉,但开风气不为师",可以说是龚自珍一生思想的真实写照。

第六节 魏 源

魏源(1794—1857),原名远达,字良图,又字默深,湖南邵阳人。少年时代曾研究过王守仁的学说,又酷爱史。14岁时,魏源因县学考试名列第一,有"神童"之称。后又求学于岳麓院。师从刘逢禄学习今文经学。道光六年(1826)与龚自珍同时在北京参加会试,虽然试卷经策奥博,但终因不合时好,没有中式。先后入幕贺长龄、陶澍、林则徐、裕谦等府。直到道光二十五年(1845),52岁时才中进士。历任内阁中书、知县、知州等职。他与龚自珍齐名,时称"龚魏"。魏源与龚自珍一样,也没有形成自己的哲学思想体系,他的一些哲学观点往往自相矛盾,但是也不乏提出一些新颖的见解。魏源的学术著作大多散佚,1983年中华书局整理出版了《魏源集》。

一、以天为本

在中国古代哲学史上,如何确立人在宇宙中的地位,即"天人关系",可以说是长期争论不休而始终未能取得一致的论题。争论的焦点,主要集中在两点:一是强调"天人相分",二是肯定"天人合一"。前者认为天与人各有其存与发展的法则,两者之间没有必然的联系,所以天与人是相分的;后者则认为天与人相参、相类、相通,和谐统一,所以天与人是合一的。魏源的哲学思想也正是从探索天人关系开始的。首先,他接受了董仲舒的"为人者天也,人之为人本于天"的思想,提出"以天为本,以天为归"的哲学命题。他说:

> 万事莫不有本,众人与圣人皆何所本乎?人之生也,有形神,有魂魄。于魂魄合离聚散,谓之生死;于其生死,谓之人鬼;于其魂魄、灵蠢、涛夭、苦乐、清浊,谓之升降;于其升降,谓之劝戒。虽然,其聚散、合离、升降、劝戒,以何为本,以何为归?曰:以天为本,以天为归。(《默觚·学篇一》)

在魏源看来,宇宙间的一切事物,其中也包括凡人与圣人在内,都有一个共同的本根,那就是"天"。这个"天"无处不在,既存在于主本之外的一切客体之中,也存在于任何的主体身内,它是"至隐至微,莫见莫显"的一个实体。那么,这个万物之本的"天",究竟是指什么呢?魏源又根据陆王心学的观点作了解释,认为它就是"人心"。他说:"人知地以上皆天,不知一身内外皆天也","人之心即天之心","人知心在身中,不知身在心中也。"(《默觚·学篇五》)魏源认为"天"就是人心,人心代表天,而人心的本质是"仁"。他说:"仁者天地之心也,天生一人,即赋以此种子之仁。"(《默觚·学篇十三》)在魏源看来,人心之仁如同果实之仁,植物的种子可以繁衍化育,转化成为"千百万亿之仁于无穷,横六合、亘古今,无有乎不同,无有乎或变者也"(同上)。这样,吾心之仁(即天)就成了化生万物的种子了。也正因此,魏源进一步夸大"心"的作用。他说:

> 人赖日月之光以生,抑知身自有其光明与生俱生乎?灵光如日,心也;神光如月,目也。光明聚则生,散则死;寤则昼,寐则夜;全则哲,昧则愚。火非此不明,水非此不清,金非此不莹,木非此则不生成。故光明者,人身之元神也。神聚于心而发于目,心照于万事,目照于万物。目不能容一尘,而心能容多垢乎?诚能心不受垢如目之不受尘者,于道几矣。回光反照,则为独知独觉;彻悟心源,万物备于我,则为大知大觉;自非光明全复,乌能"与天地合德,与日月合明"哉?(《默觚·学篇一》)

在魏源看来,人自身存在一个神秘的"光明"本体,人的认识受制于这个本体,只要人的认识不被蒙蔽,使这个光明本体得以"回光反照",即客体为主体所消融。换言之,人们如果做到"心不受垢",保持吾心所固有的仁,并使人心"光明全复",就能达到"与天地合德,与日月合明",达到天人合一的境界。也正因此,魏源否定天人相分说。他说:"世疑天人不合一久矣,惟举天下是非、臧否、得失一决之于利不利,而后天与人合,故曰:乾始能以美利利天下,不信所利,大矣哉!甚哉!是非之与利害一也,天道之与人事一也。知是非之与利害一,而后可由利仁以几于安仁;知天道与人事一,而后可造命立命以成其安命。王道之外无坦途,举皆荆棘,而不仁者安仁矣;仁义之外无功利,举皆祸殃,而不知命者安命矣。"(《默觚·学篇八》)这里,魏源虽然以《易传》为立论依据,证明"天人合一"的合理性,但是从他强调"造命立命"等语来看,他的"以天为本"并非是消极的"祈天永命",而是积极地参与天,与天相通,人便能决定自己的命运,用魏源的话来说,就是"造化自我立焉"(《默觚·学篇二》)。因此,魏源的"以天为本"的思想,虽然接纳和汲取了董仲舒和陆王心学的一些理论,但他希望实现人的"自立自造"的人生价值仍有其积极的意义。

二、及之而后知

在关于知识的来源上,魏源主张"行而后知"。他说:

"及之而后知,履之而后艰",乌有不行而能知者乎?繙十四经之编,无所触发,闻师友一言而终身服膺者,今人益于古人也;耳聒义方之灌,若罔闻知,睹一行之善而中心惕然者,身教亲于言教也。披五岳之图,以为知山,不如樵夫之一足;谈沧溟之广,以为知海,不如估客之一瞥;疏八珍之谱,以为知味,不如庖丁之一啜。《诗》曰:"如彼行迈,则靡所臻。"(《默觚·学篇二》)

这里山、海、味都是客观事物,一足、一瞥、一啜,及之、履之,都是指对这些客观事物、对象的直接接触,并且通过"及之"、"履之"的亲身实践,才能真正获得所要认识事物的知识。为了进一步说明"行"对于"知"的重要性,魏源还举例说:"山居难与论舟行之险,泽居难与论梯陟之艰。处富不可与论贫,处暇不可与虑猝,处亨不可与言困,处平不可与论患难。"(《默觚·治篇四》)意思是说,山里的居民无法理解水上行船的危险,水上的人家无法理解翻越山岭的艰难,富人无法理解穷人的辛酸,长期处于顺境中的人无法理解身处困境中的人的不幸,太平盛世的人无法理解乱世人的所遭受到的灾难。在魏源看来,没有亲身的"行",也就谈不上有真正的"知",所以行在知先,知在行后。

正是从"行而后知"出发,魏源否定了"生而知之"的天才论,认为人的知识是后天获得的,即使是圣人不是生而知之的。他说:

> 圣其果生知乎?安行乎?孔何以发愤而忘食?姬(周公)何以夜坐而待旦?文(周文王)何以忧患而作《易》?孔何以假年而学《易》乎?(《默觚·学篇三》)

魏源的这一些反问,实际上是强调说圣人决不可能"生而知之",而是和普通人一样都不能不行而知。在魏源看来,圣人与普通人的差别,只是表现在聪明程度稍有不同而已。前者能知过、改过,而后却往往会重犯同样的错误,所以魏源的结论是:"乌有不行而知者乎?"

魏源"及之而后知"的提出,在一定程度上批判了宋明理学视知行为自我认识和自我实现的道德实践,肯定"知"是对客观外物的认识,而"行"则是改造自然的物质活动,从而发展和丰富了中国哲学的"知"、"行"范畴。

三、历 史 观

作为今文经学家,魏源崇尚的是《春秋公羊传》,他与龚自珍一样,表面是为了学术上复西汉今文经学之古,然而实质是将经学作为治术而引向现实的"经世致用",从儒家经典的微言大义中找出治国治民的对策。他发挥公羊学的变易思想,来阐发了他的历史观。他说:

> 三代以上,天皆不同今日之天,地皆不同今日之地,人皆不同今日之人,物皆不同今日之物。
>
> 古乃有古,执古以绳今,是为诬今;执今以律古,是为诬古;诬今不可为治,诬古不可语学。(《默觚下·治篇五》)

魏源认为,天地万物从古到今是不断变化的,已经变化发展了的历史,已经成为过去,无法使它恢复。他批评一般知识分子往往赞美三代,言必称圣人复作,认为今不如古。他说:"庄生喜言上古,上古之风必不可复,徒使晋人糠秕礼法而祸世教。宋儒专言三代,三代井田、封建、选举必不可复,徒使功利之徒以迂疏病儒术。"(同上)对此,魏源根据历史事实作了进一步的论证,他说：

> 后世之事，胜于三代者三大端：文帝废肉刑，三代酷而后世仁也。柳子非封建，三代私而后代公也……三代用人，世族之弊，贵以袭贵，贱以袭贱，与封建并起于上古，皆不公之大者……自唐以后，乃仿佛立贤无方之谊，至宋明而始尽变其辙焉。虽所以教之未尽其道，而其用人之制，则三代私而后公也。（《默觚·治篇九》）

魏源通过上述所举三大端，具体论证了后世远胜"三代"，古不必尽是，尽不必全非，以古非今和以今非古都是不对的。

不过，魏源所强调的历史发展变化，主要是讲"气"和"势"的变化。在他看来，"道"是亘古不变的。它反映在哲学上的就是"势变道不变"。他说："气化无一息不变者，其不变者道而已，势则日变而不可复者也。"（《默觚·治篇》）在魏源看来，"王道之外无坦途"（《默觚·学篇八》），封建制度一些具体章程法则应该顺应历史的发展而有所变化，但是其封建制度本身是固定不变的。所以他说："乾尊坤卑，天地定位，万物象之，此尊无二上之谊焉。是以君令臣必共，父命子必宗，夫唱妇必随。"（《默觚·学篇十一》）这样的一种历史观念，一方面是超越了他所处的时代，另一方面又带有宿命论的痕迹，这种矛盾使他进化的历史观具有浓厚的循环论色彩。如他说："气华递嬗，如寒暑然。"（《论老子》二）认为事物的变化如寒来暑往的循环不已。又说："天下之生久矣，一治一乱。治久习安，安生乐，乐生乱。乱久习患，患生忧，忧生治。"这就认为人类社会的发展总是按照治、安、乐、乱、患、忧、治这一循环模式展开，并且依据《春秋公羊传》的"三世"说，将历史的演变分为"太古"、"中古"、"末古"三个阶段，即黄帝、尧舜时期是淳朴的太古之世，春秋、战国到秦而终。又从汉代至元代而终。从明代开始，又进入第三次循环。这些都说明，魏源历史观最终未能摆脱传统经学的束缚。

需要指出的是，正因为魏源历史观念有了上述的这些特征，所以他在对待西方文化的问题上，提出了"师夷之长技以制夷"、"四海之内皆兄弟"的著名思想，这无疑是对当时中国人每每以天朝自居，尊己卑人，盲目排外的陈旧观念的一种挑战，成为清代"睁眼看世界"的第一批先进人物之一。

思考题:

1. 清代中后期哲学的特色是什么?
2. 考据学的哲学内容和哲学意义是什么?
3. 考据学是通过什么途径批判宋明理学的?
4. 为什么说龚、魏的哲学思想为近代哲学作了理论上的准备?

参考书目:

王茂等:《清代哲学》,安徽人民出版社,1992年。

蒋国保等:《晚清哲学》,安徽人民出版社,2002年。

张锡勤:《中国近代思想史》,黑龙江人民出版社,1988年。

张寿安:《以礼代理——凌廷堪与清中叶儒学思想之转变》,台湾"中央研究院"近代史研究所专刊,1994年。

李汉武:《魏源传》,湖南大学出版社,1988年。

陈居渊:《焦循儒学思想与易学研究》,齐鲁书社出版,2000年。

后　　记

今年适逢复旦大学哲学系建系五十周年。我们这部《中国古代哲学史》教材在此时出版,自然别具意义。半个世纪以来,复旦大学中国哲学学科与整个哲学系一样,在几代同仁薪火相传的努力下,取得了长足的进步,这部教材的出版,应该是一个证明。

在半个世纪的时间里,复旦大学中国哲学学科在胡曲园、严北溟、王蘧常、潘富恩诸先生先后的领导、经营和培育下,从无到有,从小到大,为我国中国哲学的研究事业和人才培养,作出了自己的贡献。编一部具有我们自己特色的中国哲学教科书,是复旦中国哲学学科几代同仁的共同愿望。可以告慰前辈的是,在系庆五十周年之际,复旦大学第一部中国哲学教科书,终于在中国哲学教研室同仁的共同努力下,得以完成。我们希望,这部教科书既是一个记录复旦中国哲学同仁半个世纪奋斗的里程碑,又是一个新的起点,在不远的将来,它将被我们超越。

我们原本想要撰写一部从古到今完整的中国哲学史,但考虑到目前这部教材的篇幅已经不小;更考虑到中国近代以后的哲学由于西方哲学的巨大影响,在内容、形态、规模和方法上都与古代哲学有很大的不同,因此决定在条件成熟时再单独编一部近现代中国哲学史的教科书,以成完璧。

本书撰写的具体分工如下:

本书导论由张汝伦教授撰写;第一编的绪论、第一章、第二章、第四章、第七章、第八章、第十章的第四节由杨泽波教授撰写;第一编的第三章、第五章、第六章、第九章、第十章的第一节由钱宪民副教授撰写;第十章的第二节由郭晓东博士撰写；第十章第三节由交通大学余治平副教授撰写。第二编的绪论由徐洪兴教授撰写；第一章由刘康德副教授撰写；第二章、第三章由余治平副教授撰写；第四章、第五章由苏州大学聂保平博士撰写；第六章由郭晓东博士撰写。第三编由聂保平博士撰写。第四编绪论由北京大学李四龙副教授撰写；第一章由上海古籍出版社罗颢副编审撰写；第二章由浙江商业大学宋道发博士撰写。第五编绪论第一至第四节、第一至第五章由徐洪兴教授撰写；第五编绪论、第五节、第六至第九章由林宏星教授撰写。第六编绪论、第二至第五章由吴震教授撰写；第一章由上海大学方旭东副教授撰写。第七编由陈居渊副教授撰写。

第一编由杨泽波教授统稿；第二编、第三编由徐洪兴教授统稿；第四编由李四龙副教授统稿；第五编、第六编由吴震教授统稿；第七编由张汝伦教授统稿。

上海古籍出版社的同仁为此书的出版付出了大量劳动，他们一丝不苟的专业精神让本书的编写者感佩不已，谨此特表谢忱。

学海无涯、学无止境，本书缺失之处，望海内外方家不吝赐教。

复旦大学中国哲学学科
2006年3月3日